BIG MONEY
빅 머니 씽크 스몰
THINKS SMALL

Big Money Thinks Small

Copyright © 2017 Joel Tillinghast
All rights reserved.

Korean translation copyright © 2020 by Water Bear Press
This Korean edition is a complete translation of the U.S. edition,
especially authorized by the original publisher, Columbia University Press
through EYA(Eric Yang Agency)

이 책의 한국어판 저작권은 EYA(Eric Yang Agency)를 통해
Columbia University Press와 독점 계약한 워터베이프레스가 소유합니다.
저작권법에 의하여 한국 내에서 보호를 받는 저작물이므로 무단 전재 및 복제를 금합니다.

BIG MONEY
THINKS SMALL

빅 머니 씽크 스몰

편견과 무지를 극복하는
단단한 투자의 원칙

Biases, Blind Spots, and Smarter Investing

조엘 틸링해스트 지음
백진호, 니승민, 박주연 옮김 | 설윤성 감수

WATER BEAR PRESS

감수의 글

현직에서 활동 중인 진짜배기 투자 대가가 30여 년간 습득한 자신의 경험담과 지혜를 담아 솔직 담백한 톤으로 책을 썼다. 그리고 그것의 참 가치를 알아보는 훌륭한 펀드매니저 출신 출판인과 능력 있는 번역자가 열정을 합쳐 국내 독자에게 천만금 값어치의 작품을 책 한 권 가격에 선사한다. 정말이지 이 책이야말로 가치 투자가 아니면 무엇이겠는가? 이렇게 훌륭한 작품에 나는 염치없이 수저만 올리게 되었다.

지난 십수 년간 대한민국 증시의 여러 기업을 분석하면서 간혹 '피드 로우 프라이스FID LOW PRICE' 펀드라는 곳의 지분 공시를 종종 접했었다. 지금은 은퇴한 투자 대가 피터 린치Peter Lynch 덕분에 세계적으로 유명해진 미국 자산운용사 피델리티Fidelity가 운용하는 펀드이다. 이 펀드는 한국 원화 가치로 환산하면 수탁고 규모가 36조 원가량 된다고 한다. 이런 대형 펀드가 대한민국의 중소형 기업에 투자하고 있다는 사실이 참 흥미롭기도 했고, 그들의 투자 결정 뒤의 생각과 인물들이 늘 궁금했었다. 그러던 중 이 펀드의 CIO인 조엘 틸링해스트Joel Tillinghast가 직접 책을 썼다고 하여 원서가 나오자마자 구매했던 기억이 난다.

경력 투자자 또는 심지어 나처럼 가치 투자에 대한 설득이 필요 없는 투자자마저도 서로 노트 비교를 하는 느낌으로, 투자 결정에 있어 아주 구체적인 각론에서의 비교와 대조를 할 수 있는 재미가 있다. 투자 입문자에게는 자신의 투자 방법론을 정립해 나가는 데 있어 경험 풍부한 선배 투자자의 좋은 예시를 볼 수 있는 장점이 있는 것 같다. 학술적인 내용도 많지 않아서 좋다.

우선, 개인적으로는 독자들이 이 책 2부의 5장, 3부의 11~12장을 가장 강조해서 읽기를 바란다. 특히 5장 중에서도 '부채에 대한 무서운 진실'에서 레버리지^{leverage}, 즉 차입이 사실 얼마나 손해 보는 장사인지, 한번의 강한 음의 복리 효과$^{negative\ compounding}$가 얼마나 무서운지, 그리고 추후에 아무리 높은 수익률을 내더라도 왜 복구가 어려운지, 그리고 레버리지 ETF의 예시를 깊이 마음에 새겼으면 한다. 5장의 나머지 내용과 11장, 12장에서는 자본 시장이라는 정글에서 우리 스스로가 늘 경각심을 갖고 조심하지 않으면 너무도 쉽게 그리고 처참하게 이른바 '호갱(호구 고객)'으로 전락할 수 있음을 보여준다. 우리에게 금융 상품을 파는 금융 상품 운용사와 판매사의 동기부여 구조는 어떻게 우리와 상충되는지, 우리가 사는 채권이나 주식을 발행하는 기업 경영진의 동기부여 구조는 어떻게 우리와 상충되는지 이 책에서 과거의 주요 사례를 익히고 자본 시장의 구조를 익힘으로써 이를 현명하게 대처할 수 있는 도구를 장착하자.

그렇다고 책 속 과거의 사례가 꼭 현 시대에 똑같이 재현될 것이라 생각한다면 오산이다. "역사는 꼭 반복하는 게 아니라, 종종 라임을 맞춘다$^{History\ doesn't\ repeat\ itself,\ but\ it\ often\ rhymes}$"라고 마크 트웨인은 말했다. 책을 여러 번 읽고 깊이 생각하면서 과거 사례들의 굵직한 주제가 무엇인지, 과거의 주제들이 우리가 살고 있는 현 시대에서 어떤 '라임^{rhyme}'으로 발현되고 있는지 실생활에서 또한 주시하자.

이 책을 통해 사업 모델 분석이나 기업 가치 평가를 완벽하게 습득하지 못하더라도, 앞서 언급한 것들만 평생 잊지 않고 지킬 수 있다면 평균 이상을 한참 뛰어넘는 투자자가 될 수 있음을 본 감수자는 감히 보장한다. 기억하자. 아무리 큰 숫자도 0을 곱하면 0이다. 우선은 잃지 않아야 불릴 수 있는 돈이 내일도 존재하는 것 아닌가.

하방을 투철하게 지켜야 되는 이유와 경각심을 장착했다면, 다음으로 각각의 투자처의 수익률과 채산성을 계산할 수 있도록 재무의 수리적 개념들을 익히자. 이는 5부 17~20장에서 접할 수 있다. 금융학 천재가 되거나 첨단 장비 따위는 필요 없다. 올바른 철학과 개념만 가지고 있다면, 그리고 남들의 번지르르한 언변이나 아우라에 기죽거나 왜곡된 진실에 현혹되지만 않으면, 이면지 몇 장과 쌀집 계산기가 정교한 엑셀 금융 모델보다 훨씬 우월하다. 즉, 깊은 사고를 통해 얻은 핵심 주제 몇 개를 바탕으로 얼추 맞는 숫자를 생성해내는 것이 여러 장의 엑셀 시트를 거친 수십 개의 변수를 반영한 화려하고 아주 구체적인 해 값을 제시하는 모델보다 지적 오만 및 모델 오류가 적다는 것이다.

어떤 특정 투자 분석이 어렵다면 미련 없이 다음 아이디어로 넘어가자. 버핏이 말하듯, 투자에서는 삼진아웃이 없다. 내 스트라이크 존이 좁은 건 부끄러운 것이 아니다. 자꾸만 내 스트라이크 존 밖에서 배트를 휘두르다가 아웃되어서 내일은 투자할 수 있는 돈이 없다는 것이 더 부끄러운 것이다. 다시 말하지만, 아무리 큰 숫자도 0을 곱하면 0이다.

해당 투자처의 가치 판단을 돕는 재무 개념들의 수리적 상관관계를 익혔다면, 마지막으로 내가 해당 변수들에 대입하려는 숫자들이 과연 정당한지 넓고 깊게 조사하고 고민해보자. 이는 위에서 언급하지 않은 나머지 장들에서 저자의 사고체계의 예시를 통해 접할 수 있다. 저자에게 꼭 동의할 필요는 없다. 하지만 저자가 이처럼 생각한 이유를 살펴보는 것 자체가 큰 공부이며, 더 나아가 저자와 의견이 다르다면 그 근거가 무엇인지도 비판적으로 성찰해 보자. 사업 모델의 정성적 분석을 할 때, 이 책에서 언급하는 확증 편향$^{confirmation\ bias}$과 이야기 짓기 오류$^{narrative\ fallacy}$ 등을 내 투자 분석에서는 최소화하기 위해 경계하고, 다른 시장 참여자들이 이에 빠진 상황들을 잘 활용하자.

말이 쉽지 이 모든 일에 적잖은 노력이 필요하다. 또, 실전에서도 많은 시행착오가 기다리고 있다. 어떻게 보면 그래서 더 희망적이다. 피와 땀을 투자하는 자에게만 보상이 있을 테니까.

행운을 빈다.

2020년 1월

토터스자산운용㈜ 대표이사 설윤성

CONTENTS

감수의 글   4
피터 린치의 추천사   10
감사의 글   17

1부
마음의 함정

1. 서론: 투자의 5원칙   20
2. 오판을 줄여라   40
3. 투자는 도박이 아니다   55
4. 훈련된 직관을 키워라   67

2부
투자자의 맹점

5. 기본적인 정보를 간과하지 마라   80
6. 어려운 주식은 피하라   93
7. 작게 생각하라   107
8. 나무를 보지 말고 숲을 보라   131

3부
대리인의 딜레마

9. 차별화된 캐릭터를 찾아라	148
10. 자본 분배를 확인하라	158
11. 불량 기업을 걸러라	177
12. 속임수를 경계하라	196

4부
기업과 번영

13. 가치의 4요소를 이해하라	218
14. 가격 변동이 심한 시장에서의 투자	237
15. 새로운 기술에 투자하는 법	254
16. 과도한 부채를 조심하라	277

5부
가치의 평가

17. 성장률과 주가수익비율에 주목하라	294
18. 이익을 올바르게 정의하라	316
19. 나쁜 주식을 피하는 4가지 질문	332
20. 시장이 들썩일수록 차분해져라	354
21. 결론: 두 가지 투자의 패러다임	373

옮긴이 후기		394
부록 1	한국 투자자와 조엘 틸링해스트의 인터뷰	397
부록 2	피드로우 펀드의 한국 기업 보유 주식 및 전체 보유 주식 목록	410

피터 린치의 추천사

나는 내 인생의 거의 대부분을 유망 주식 종목을 발굴하여 투자하는 액티브 종목 투자자active stock picker로 살아왔다. 그래서 그동안 많은 비평가가 "액티브 펀드매니저는 벤치마크Benchmarks(나스닥, S&P 500, 코스피, 코스닥 등과 같이 전체 주식시장 수익률을 대변하는 인덱스펀드를 지칭한다 - 옮긴이) 수익률을 넘을 수 없다"라고 말하는 것을 안타깝게 생각했다. 나는 투자자인 당신에게 세상의 모든 펀드매니저가 똑같은 능력을 갖고 있지 않다는 사실을 말하고 싶다. 이 말은 이미 오랜 기간 동안 벤치마크를 뛰어넘는 수익률을 유지하며 펀드를 운용하고 있는 액티브 매니저가 많이 있다는 사실이다. 조엘 틸링해스트Joel Tillinghast도 그중 한 명이다. 그는 지금까지 내가 피델리티 인베스트먼트Fidelity Investments의 마젤란 펀드Magellan Fund를 운용한 기간보다 2배는 긴 기간 동안 피델리티 인베스트먼트의 저가주 펀드를 성공적으로 운용해 왔다.

지금까지 당신의 투자를 도와줄 책은 수도 없이 많이 출간되었다. 그러나 당신의 투자와 사업이 성공적으로 이루어질 수 있도록 경험과 지식적인 측면을 같이 엮어낸 책은 드물었다. 이러한 점에서 이 책은 최근 30년간 가장 성공적인 주식 종목 선정가로 이름을 날린 조엘의 실제 경험을 바탕으로 쓰였기 때문에 더욱 실전에서의 투자를 성공적으로 이끌도록 도와줄 것이다. 특히 이 책은 당신이 투자 전문가든 초보 투자자든 상관없이 투자할 때 벌어지는 무수한 속임수와 함정으로부터 실수하지 않도록 이끈다.

나는 지난 50년간 투자업에 종사하며 마리오 가벨리Mario Gabelli, 존 템플턴John Templeton, 워런 버핏Warren Buffet, 윌리엄 다노프William Danoff와 같은 투자 업계에서 가장 뛰어난 인물들과 만나며 일의 기쁨을 누렸다. 간단히 말하자면 조엘은 이들과 비견할 만한 인물이라고 말하고 싶다.

나는 조엘을 30년 동안 알고 지냈는데 그 시작은 내가 그를 피델리티에 직접 채용한 때부터였다. 덕분에 나는 그가 투자 전문가로서 성장하는 모습을 가까이에서 지켜볼 수 있었고, 그가 수백 개 기업의 막대한 정보를 분석하며 장기적으로 투자할 종목을 골라내는 안목에 매번 놀랄 수밖에 없었다. 그의 분석 능력과 고객을 우선으로 생각하는 마음가짐은 그와의 첫 통화에서도 느낄 수 있었다.

그는 내 비서를 통해 연락을 했는데, 비서는 내게 "이 사람과 꼭 이야기해 보세요. 전화 속 목소리가 굉장히 상냥해요. 아마 중서부 사람인데 농부일지 몰라요"라고 말했다. 나는 곧 조엘과 통화를 하게 되었고 그와 이야기를 하며 어느새 깊은 인상을 받았다. 그는 주식에 관해서는 사냥개와 같이 날카로운 모습을 보였으며, 내가 전혀 들어보지 못한 저축대부조합에 대한 이야기를 시작하며 나를 흥분시켰다. 우리는 계속 크라이슬러Chrysler와 암스트롱 러버Armstrong Rubber와 같은 기업에 대한 이야기를 나누었다. 처음 나는 그에게 5분 정도의 시간만 내주려고 했지만 결국에는 한 시간도 넘게 통화를 했다. 나는 그와 이야기를 끝내자마자 피델리티의 투자 부서의 팀장에게 전화를 걸어 "내가 꼭 추천하고 싶은 사람이 있어요. 이 사람만큼 우수한 운용사를 본 일이 없어요. 꼭 채용해야 합니다"라고 이야기했다. 이 일이 1986년

9월의 일이었고, 그 후의 일은 말하지 않아도 알 것이라 생각한다. 물론 과거의 실적이 미래의 결과를 보장하는 것은 아니지만 그는 28년이라는 임기 동안 무수한 투자자가 눈부신 성과를 낼 수 있도록 도왔다.

내게 최고의 주식 종목 투자자를 꼽으라고 한다면 단연 조엘이 그중 하나가 될 것이다. 그는 그야말로 성공적인 액티브 매니저의 빛나는 표본 같은 존재다. 사전에서 '알파alpha'라는 단어의 정의를 찾아보려고 한다면 그 정의 안의 예시로 조엘의 이름과 사진이 있어야 할 것이다. 그의 성공은 지식과 경험만으로 얻을 수 없을 만큼 유일무이하며, 투자 기법은 그 어떤 것으로도 복제할 방법이 없기 때문이다.

조엘은 훌륭한 투자자에게 필요한 모든 자질과 특성을 가지고 있다. 인내심이 있고, 편견 없이 유연한 사고방식을 가지고 있다. 이중 가장 큰 장점은 투자의 성공을 위해 세상의 각종 뉴스거리를 무시할 수 있는 능력과 그 성공에 필요한 연구와 수행 능력이다. 그러나 끈기는 있지만 고집스럽지는 않아서 자신의 판단이 조금이라도 틀렸거나 상황이 어그러질 때면 그 모든 상황을 재빨리 인정하며 빠져나갈 대안을 마련한다. 내가 그동안 겪은 좋은 투자자는 이런 자질 중 몇 가지를 가지고 있지만 조엘과 같은 위대한 투자자는 이 모든 능력을 갖추고 있었다.

조엘이 다른 투자자와 크게 다른 것은 남들이 눈여겨보지 않는 곳에서 가치를 찾아내는 능력에 있다. 그가 쓴 책에서도 상하수도 기업 주식에 대해 이야기하는 것을 볼 수 있는데, 이 주식은 사람들이 많이 찾지 않을 만큼 지루한 주식이다. 여기에 웨일즈 수자원 주식Dwr Cymru, 시번 트렌트Severn Trent, 노섬브라이언 수자원Northumbrian Water과 같은 이름까지 더해지면 이 주식을 보는 사람의 수는 더욱 줄어들 것이다. 적어도 구글과 애플 등의 주식을 담당하는 애널리스트의 눈에 띄지 않을 것이라는 사실은 너무도 확실하다. 만약 이 주식을 눈여겨본 사람이 있다고 해도 이 지루한 주식의 스토리를 이해하고,

투자할 기회를 찾기 위해 필요한 연구와 수행할 능력을 온전히 쏟지는 않을 것이다. 나는 조엘과 상하수도 주식에 대해 이야기하며 이 기업들의 이야기에 굉장한 설득력이 있었다는 것을 기억한다. 아마 조엘 말고 그 누구도 이 주식들을 살펴보지 않았을 것이다.

조엘은 장기성장주long-term growth stocks의 가격이 상승하기 전에 찾아내는 능력을 지속적으로 보여 주었다. 투자자라면 상승하는 주식을 놓치는 일만큼 가슴 쓰린 일도 없는데, 그는 이런 손해를 용납하지 않았다. 이 책에서 조엘은 성장 주기의 초기를 찾아내어 결국 피드로우의 실적을 크게 올린 사례들을 들려준다. 그 예로 로스 스토어Ross Stores, 오토존Auto Zone, 몬스터 베버리지Monster Beverage, 앤시스Ansys 등이 있다.

대부분의 투자자는 10~15퍼센트 정도의 수익이 발생하면 주식을 현금화하여 다른 투자 기회를 찾는다. 그러나 단순히 주가가 올랐다는 사실이 추가적인 상승 여력이 없다는 것을 의미하지는 않는다. 그래서 성공적인 투자자는 주식을 장기적으로 소유하며 지속적으로 기업의 펀더멘털을 살핀다. 펀더멘털에 변화가 없다면 계속해서 주식을 보유하고, 변화가 생기면 포지션을 변경하는 것이다. 이러한 조엘의 장점과 역량은 그를 성공적인 투자자로 만들기에 충분했다.

이 책에서 조엘은 노련한 액티브 주식 뮤추얼펀드매니저active mutual fund portfolio managers로서 어떠한 투자 이론이 성공하고 실패하는지 자신의 경험을 바탕으로 보여 준다. 물론 그는 경력을 통해 자신의 성공을 증명했지만 그도 다른 투자자와 마찬가지로 완벽한 존재는 아니다. 주식을 선별하는 작업은 어려운 일이며 30년이라는 긴 시간을 업에 종사하다 보면 때로 조엘과 같은 최고의 베테랑도 실수를 할 수밖에 없다. 그래서 투자자로서의 성패를 하나하나 가리기보다 전체적인 관점에서 그의 경력과 업적을 평가하는 것이 의미가 있다. 이 책에서 조엘은 그가 범한 실수의 원인을 매우 효과적으로 분석하며 독자가 그와 같은 실수를 저지르지 않도록 방법을 제시한다.

조엘은 이 책으로 위대한 투자자가 되는 방법을 배울 수 없다 하더라도 적어도 실수에서 벗어나 성공적인 투자자가 되는 방법은 배울 수 있다고 말한다. 세상에는 설득에 능한 일부 펀드매니저가 있는데, 이들은 평범한 투자자가 자만에 빠져 경솔한 결정을 내리도록 유도할 수 있다. 그러나 조엘은 리스크를 감내한 대담한 투자보다는 주의 깊게 사고하며 행동하는 것이 실수를 줄이고 더 큰 보상을 받을 수 있는 방법이라고 말한다.

조엘은 이 책에서 투자 실수를 방지할 수 있는 다섯 가지 원칙을 소개한다. 당신은 자신의 물컵에 물이 차 있는 것을 보고 반이나 남았다고 생각하는 사람인지 아니면 반밖에 없다고 생각하는 사람인지에 따라 다음의 항목들은 따라야 할 원칙이 될 수도 있고 피해야 할 원칙이 될 수도 있다.

1. 감을 믿고 감정적으로 투자하지 마라. 인내심을 갖고 합리적으로 투자하라.
2. 지식이 없는 상태에서 이해조차 되지 않는 것에 투자하지 마라. 아는 것에 투자하라.
3. 사기꾼이나 바보에게 투자하지 마라. 능력 있고 정직한 경영인에게 투자하라.
4. 유행에 민감하거나 부채가 많은 사업에 투자하지 마라. 틈새시장을 확보하고 튼튼한 재무 상태를 가진 회복력이 강한 기업에 투자하라.
5. 화제의 주식에 투자하지 마라. 저렴하게 거래되는 주식에 투자하라.

이 책은 주식시장을 '다루는 법^{play}'에 관한 책이 아니다. 그 표현은 늘 나를 불편하게 한다. '다룬다'라는 표현은 투자적 맥락에서 매우 위험함을 명심해야 한다. 주식 투자가 쉽지 않은 일임은 분명하지만, 그렇다고 고통스럽지도 않아야 한다. 아주 명확하고 단순한 일이다. 투자는 노력을 요구하며 주가는 기업의 순익 추세를 따르게 된다는 것을 이해하면 된다.

예를 들어, 로스 스토어의 이익은 지난 24년 동안 71배 상승했으며 같은 기간 주가는 96배 상승했다. 또한 몬스터 베버리지의 이익은 지난 15년간 119배 상승했으며, 같은 기간 주가는 495배 상승했다. 이와 같은 상관관계는 기업의 순익이 감소하는 상황에서도 존재함을 아는 것도 중요하다. 이러한 사례는 역사상 수없이 많았기 때문이다. 이미 절대 다수의 주식은 적정 수준의 가격에서 거래되고 있다. 10개의 주식을 살펴본다면 그중 투자할 가치가 있는 주식은 하나밖에 찾지 못할 것이라고 말하고 싶다.

만약 당신이 투자할 주식을 총 20개를 살펴본다고 가정하면 이중 실제로 투자할 가치가 있는 주식은 2개 정도일 것이고, 100개를 살펴본다면 아마 10개 정도일 것이다. 결국 가장 많은 돌을 뒤집어 본 사람이 승자가 된다. 그런데 여기서 조엘의 능력을 한 번 더 칭찬하자면, 그는 단순히 돌을 많이 뒤집어 보는 것으로 만족하는 것이 아니라 좋은 돌이 어떤 땅에 있는지 가늠하는 천부적인 자질이 있다.

조엘은 주식시장 환경에 민감하게 반응하지 않는다. 그는 모든 개별 주식을 연구하는 데 시간과 노력을 들이며 주식을 보유하고 있는 기간에도 이러한 노력을 유지한다. 그래서 나는 그가 그 어떤 최고의 투자 전문가와 견주어도 전혀 부족하지 않을 만큼 부지런하고 성실하다고 생각한다. 물론 그의 펀드 실적이 내 생각을 뒷받침하기도 한다.

대부분의 사람은 주식으로 돈을 벌 수 있는 능력이 있다. 그러나 그럴 만한 배짱을 가지고 있는 사람은 실제로 많지 않다. 조엘은 이 두 가지 능력을 모두 갖추고 있을 뿐만 아니라 누구나 쉽게 주식에 대해 이해하고 투자할 수 있도록 단계별로 도와줄 수 있다. 만약 자신의 재무 상황과 투자 노하우를 알지 못하고 있다면 그에게 이 모든 방법을 배울 수 있다.

이 책에는 당신이 그동안 알지 못했거나 알아도 제대로 이해하지 못한 채 넘어간 정보로 가득하다. 그래서 주식 투자로 성공하고 싶다면 이 책을 읽는 것이 큰 도움이 된다. 다 읽고 나면 어느새 당신은 지금보다 더 쉽게 주식 투자에 도전할 수 있게 될 것이다.

감사의 글

많은 사람의 도움과 지도가 없었다면 이 책을 쓰지 못했을 것입니다. 피터 린치가 아니었다면 피델리티에서 일할 수 없었을지도 모르며, 이 책을 구성하는 경험과 논의도 없었을 것입니다. 할아버지와 아버지의 뒤를 이어 애비 존슨Abby Johnson이 운영하고 있는 피델리티는 제가 투자자로서 배우고 성장할 수 있도록 필요한 자유를 제공해 주었습니다. 많은 의견을 제공해 준 톰 앨런, 저스틴 베넷, 리처드 뷰크, 엘리엇 매팅리, 피터 헤이지, 에밀리 매콤, 마우라 메키니, 데릭 젠슨, 아빈드 나바랏남, 레슬리 노턴, 배리 넬슨, 브라이언 팰트넌, 그리고 찰스 살라스와 피델리티 소형주minor issue팀 여러분 전원에게 정말 감사합니다. 기술적 자문을 제공해 준 제프 케이시, 대니얼 갤러거, 숀 개빈, 스콧 괴벨, 살림 하트, 마크 라피, 조슈아 룬드와일드, 크리스린, 수밋 메라, 캐런 콘, 러모나 펄사우드, 더그 로빈스, 켄 로빈스, 제프 탈린, 그리고 존 윌헴슨에게도 감사의 말을 전합니다. 컬럼비아 대학 출판사의 마일스 톰프슨이 보내준 격려와 조너선 피들러, 메러디스 하워드, 벤 콜스테드, 레슬리 크리젤, 스티븐 웨슬리의 편집과 교정, 충고에 대해서도 감사한 마음입니다. 그리고 그 무엇보다 내 부모님, 그리고 원고를 쓰는 동안 지원해 주고 인내해 준 앤 크롤리, 에릭 몽고메리, 밸러리 틸링해스트에게 감사한 마음을 전합니다.

BMTS
Big Money Thinks Small

1부

마음의 함정

1. 서론: 투자의 5원칙
2. 오판을 줄여라
3. 투자는 도박이 아니다
4. 훈련된 직관을 키워라

1

서론: 투자의 5원칙

> 당신의 믿음은 곧 당신의 생각이 되고, 당신의 생각은 곧 당신이 내뱉는 말이 되고,
> 당신이 내뱉는 말은 곧 당신의 행동이 되고, 당신의 행동은 곧 당신의 습관이 되고,
> 당신의 습관은 곧 당신의 가치관이 되고, 당신의 가치관은 곧 당신의 운명이 된다.
> - 마하트마 간디-

경제학자는 "부자가 되고 싶은가?"라는 질문을 우스꽝스럽다고 생각한다. 물어볼 필요도 없이 대답은 "그렇다!"이기 때문이다. 부를 쌓는 것에 관심이 없다면 당신이 투자 결정에 대한 이 책을 읽고 있을 것 같지는 않다. 하지만 꼭 이런 것이 아니더라도 당신이 부를 생각하는 동기나 믿음 등 투자에 대한 결정에 내가 너무 많은 추측을 하는 것은 바람직하지 않다.

이 책의 중요한 주제는 투자 현실은 겉보기와 다를 때가 많다는 것이다. 또한 대다수의 사람이 투자를 할 때 합리적인 방법을 선택하지도 않는다는 사실이다. 사람의 선택은 늘 완벽하지 않기 때문에 종종 나중에 후회할 결정을 내리기도 한다. 이 책은 이러한 실수를 피하여 성공적인 투자를 할 수 있도록 도와준다.

이 책은 크게 다섯 부분으로 구성되어 있다. 1부는 합리적인 결정을 내리는 법을 알려 주며, 2부는 아는 것에 투자하는 것의 중요성을 말한다. 3부에서는 정직하고 신뢰할 수 있는 경영진을 대상으로 한 투자를, 4부에서는 재무적으로 취약하거나 쇠퇴하는 사업을 피하는 법을 다룬다. 마지막 부의 주제는 주식의 가치를 제대로 평가하여 만족할 만한 투자 성과를 내는 것이다.

앞으로 이 책에서 언급될 내 실수에 대한 이야기는 이미 투자를 하다가 실패한 경험이 있는 사람에게는 큰 공감을 불러일으킬 것이라 생각한다. 그러나 나는 더 많은 사람이 내 실수를 통해 배움을 얻고 투자에 흥미를 느꼈으면 좋겠다. 나는 피델리티 저가주 펀드Fidelity Low-Priced Stock Fund, 피드로우 펀드를 1989년부터 가치 투자 방식으로 운용해 왔다. 이 펀드의 수익률은 러셀 2000Russell 2000 지수와 S&P 500 지수의 수익률을 매년 4퍼센트씩 웃돌았다.

지난 27년간 피드로우에 투자된 1달러는 32달러가 되었고, 지수에 투자된 1달러는 12달러가 되었다. 그러나 사업과 주식의 세계는 계속해서 변한다. 과거에 효과적이었던 것이 현재는 더 이상 효과적이지 않을 수 있다. 더 중요하게는 투자자가 모두 다른 감정 체계, 적성, 지식, 동기, 목표를 가지고 있다는 것이다. 하나의 방법이 모든 사람에게 맞을 수 없다는 것은 분명하다. 당신과 나는 방금 만났기 때문에 나도 당신이 어떤 사람인지 성급하게 결론을 내리지 말아야 한다.

"다음에는 무슨 일이 생기지?" 그리고 "이것의 가치는 얼마나 되지?"

대부분의 투자자는 이 두 가지 질문의 답을 찾으려고 한다. 우리의 무의식은 첫 번째 질문이 주어지기도 전에 자동으로 대답을 하려고 한다. 예를 들어 한 주식의 가격이 상승했다고 하자. 그러면 주가가 조금 더 상승하거나 아니면 떨어질 것이다. 어떤 기업이 재앙에 가까운 재무 결과를 보고하면 실적 예측 수치는 크게 줄어든다. 그러면 주가는 폭락한다. 물론 주식시장이 이런 참혹한 사태를 미리 예상했고, 경영진의 발표도 기대한 것보다 좋았다면 하락하지 않을 수도 있다. 어떤 일이 일어나면 불가피하게도 또 다른 일이 일어나게 된다. 그 일에 대응할 준비가 안 되어 있을 수도 있다. 그래서 "다음에 어떤 일이 생기는가?"라는 질문은 마치 "그리고 그다음에는 뭐?"라는 질문이 끊임없이 반복되는 것과 같다. 아마 그 질문에 대한 대답 중 상당수는 맞지 않을 것이다.

투자 기간이 길수록 다른 투자자에 비해 앞서 나갈 수 있는 확률은 높아진다. 그래서 주의 깊은 투자자는 적어도 몇 번은 향후에 어떤 일이 일어날지를 생각한다. 질문에 대한 답은 꼬리에 꼬리를 물면서 영향을 받는다. 예를 들어 어떤 기업이 정말 대단한 상품을 하나 개발해 냈다고 하자. 이런 상황은 보통 높은 매출과 이익으로 이어진다. 그러나 높은 이익은 다른 경쟁자를 끌어들이게 되며, 때로는 자신이 선구자 역할을 하다가 등에 화살을 맞기도 한다. 즉 경쟁자에게 이 길은 가지 말아야 할 길이라고 몸소 알려 주는 처지가 되기도 한다. 그래서 나는 그 답을 어떻게 투자 결정으로 전환시킬 수 있는지 모를 때가 많다. "이것의 가치는 얼마나 되지?"라는 질문은 너무 복잡한 질문이다. 그래서 대부분의 사람은 대답을 하지 못하며 아예 가치성에 대한 질문은 무시하기도 한다. 다른 투자자들은 주가와 가치가 동일하다고 생각하기 때문에 이러한 질문을 하지 않는다.

그들은 주식의 가치가 주식이 사고 팔리는 가격과 정확하게 일치한다고 생각한다. 만약 급하게 주식을 처분하면 받게 되는 것은 가치가 아닌 시장의 가격이다. 그러나 내가 지지하는 가치 투자의 핵심 아이디어는 현재 주식의 가치와 가격이 일치하지 않더라도 미래의 어느 시점에서는 일치한다는 것이다. 그날이 언제 올지 알 수 없기 때문에 인내가 항상 요구된다.

주식의 가치가 검증되는 순간은 매수나 매도를 결정하고 한참 뒤에 찾아온다. 주식의 가치는 이해할 수 없는 미래로 이어지는 이익과 현금 흐름에 대한 예측에 기반을 두기 때문에 결코 정확할 수 없다. 예측치는 언제나 추측에 불과할 수밖에 없으며 사실이 될 수 없다. 많은 경우 실제의 결과는 시간이 지나며 발생하는 일들의 영향을 더 크게 받게 된다. 만약 올해의 손실이 예외적으로 끔찍해서 기업이 도산하면 그 가치는 말 그대로 그것이 최종 가치였던 셈이다. 대다수의 사람은 가치 평가처럼 느리고 확실하지도 않은 작업을 수행할 인내심이 없다.

"이것의 가치는 얼마나 되지?"라는 질문에 대답하기 위해서는 인내심, 그리고 낮은 회전율turnover ratio(특정 기간 주식이 얼마나 활발히 거래됐는지를 나타내는 지표. 주식 거래량에 개장 일수를 곱한 수치를 상장 주식 총수로 나눠 백분율로 표시한다. 회전율이 높을수록 매매가 활발하다는 의미다 - 옮긴이)이 요구된다. 하지만 "다음은 무슨 일이 생기지?"라는 질문에 기반하여 계속 주식을 매매하는 방법은 얼핏 보기에는 쉬워 보일지 몰라도 대다수의 투자자에게 효과적이지 않다. 포트폴리오의 회전율은 총매수 혹은 매도 금액 중 더 낮은 수치를 총자산으로 나누어 백분율로 나타낸 것이며, 예를 들어 회전율 100퍼센트의 포트폴리오는 매년 소유 자산 전부를 완전히 갈아 치운다는 의미다. 뮤추얼펀드는 자산 구성과 매출 변동 내역에 대해서 기록하도록 미국 증권거래위원회에 의해 규제되고 있기 때문에, 그들의 활동은 공공 기록 대상이다.

대략적으로 대부분의 연구에서 펀드의 회전율이 높을수록 수익률은 낮아지게 된다는 결과를 보여 주고 있다(〈표 1-1〉 참조).

표 1-1 뮤추얼펀드 회전율 및 초과 수익률

회전율 5분위수	평균 회전율	연간 초과 수익률
높음 1	128%	- 0.24%
2	81%	- 0.31%
3	59%	+ 0.07%
4	37%	+ 0.33%
낮음 5	18%	+ 0.10%

출처: 새일림 하트Salim Hart 피델리티, 모닝스타 리스트에 포함된 5억 달러 이상 규모의 액티브 주식 펀드들

지금까지 본 연구 결과에 의하면 포트폴리오 회전율이 200퍼센트가 넘는 뮤추얼펀드의 실적은 나빴다. 회전율이 100퍼센트가 넘는 펀드는 그보다는 나은 실적을 내지만 그마저도 대단히 좋다고 여기기는 힘들다. 이러한 연구가 중간 정도의 회전율이 최적의 수준인지, 0에 가까울 수록 좋은 것인지에 대해서 공통된 의견을 내놓고 있지는 않다. 50퍼센트 이하의 회전율을 기록하는 뮤추얼펀드라면 합리적이고 인내를 요구하는 투자 기법을 이용하고 있을 가능성이 높다. 가령 가치 투자 같은 기법 말이다.

군중과 광기

역사학자, 심리학자, 그리고 경제학자는 모두 주식시장에서 투자자의 행동을 다르게 묘사한다. 몇백 년 동안 전해 내려오는 이야기에서 주식거래소는 죄악의 느낌이 약간 가미되고 거대한 망상과 아수라장으로 뒤섞인 혼잡

한 익명의 파티장과 같은 곳으로 묘사되었다. 아무도 탐욕과 시기가 상존하는 공간에서 이루어지는 결정이 도덕적으로 훌륭할 것이라고 기대하지 않는다. 금융의 관점에서 가장 큰 위험은 현실을 잘못 이해하는 것에서 비롯되며, 이는 결국 호경기와 불경기의 끊임없는 반복이라는 결과로 나타난다. 네덜란드 튤립 파동, 남해회사 버블, 대공황, 일본의 자산 버블, 그리고 테크 버블과 부동산 버블 같은 여러 사건이 그 사례다. 투자자는 자신이 세상을 바꿀 모험에 동참하고 있다고 믿었다. 그러나 버블이 터졌을 때 투자자에게는 낭비된 자본과 사기를 당했다는 사실, 엄청난 채무만이 남았다.

프랑스의 대학자인 귀스타브 르 봉 Gustave Le Bon은 1895년 프랑스의 정치를 비판하기 위해 『군중심리 Psychologie des Foules』라는 책을 썼는데, 여기서 그는 주식시장의 광기가 어떻게 형성되는지 잘 묘사했다. 군중이라는 집단의 영향력은 개인이 혼자라면 절대 하지 않았을 방식으로 행동하게 만든다는 것이다. 그가 주장하는 핵심 주제는 군중심리는 이성이 아닌 본능, 욕망, 감각 등과 같은 집단 무의식의 공통분모 가운데서도 가장 야만적이고 저열한 부분들이 합쳐져서 만들어진다는 것이다. 군중은 이미 이성적인 판단을 할 수 없기 때문에 허구와 사실을 구분할 수 없다. 놀라운 광경이나 이미지, 신화 등에 매혹된다. 오보와 과장은 전염되며, 그 공유된 정보에 빠져들도록 재확인시키는 열렬한 신봉자가 명망을 얻게 된다. 군중은 경험을 통해 망상이 깨지기 전까지 계속 망상을 쫓는다. 영국의 투자자들은 신세계에 펼쳐진 황금 도시의 이미지를 떨쳐 내지 못했고, 이는 남해회사 버블을 부풀렸다. 사람들은 오늘의 엘도라도가 무주사 혈액 검사, 화성 식민지, 태양광 무인 자동차 등의 형태라고 상상할지도 모른다.

투자자는 페이스북, 아마존, 세일즈포스닷컴, 테슬라와 같은 주식에 종교나 정치에서처럼 열광할 수 있다. 전문 펀드매니저는 당연히 일반 사람보다 대세를 따라야 한다는 압박의 영향을 덜 받아야 한다. 하지만 그들은 분기별, 연도별로 벤치마크 대비 포트폴리오 구성의 차이와 성과에 대한 평가를 받으며 경쟁에서 뒤처지면 언제라도 투자금을 회수해 버리는 고객을 상대하고 있다.

1711년 영국의 남해회사는 정부의 채무를 민영화하기 위한 계획의 하나로 설립되었다. 영국 왕실은 남해회사에 대남미 무역 독점권을 부여했고, 정부 채권의 소유자는 채권을 남해회사의 주식과 교환할 수 있었다. 이를 통해 남해회사는 채권의 이자를 받았는데, 이러한 이자 수익은 남해회사의 유일한 수익원이 될 참이었다. 국제무역은 투기 열기를 들끓게 했으나 정작 남해회사는 노예무역을 시작한 이후로 단 한 번도 이윤을 내지 못했다. 그런데 6개월 동안 남해회사의 주가는 8배가량 올라 1720년 6월에 최대치인 1,000파운드에 근접했다. 국왕인 조지 1세가 회사의 명예 대표였으며, 이 투자 광풍은 런던 사회 대부분을 빨아들였다. 남해회사의 주식은 할부로도 판매되었다. 주식을 사기 위해 돈을 빌리는 사람도 많았다. 남해회사의 주식은 그 이후 몇 개월 동안 150파운드까지 떨어졌고 이듬해에는 100파운드 아래로 곤두박질쳤다. 주식을 사기 위해 빚을 진 많은 사람의 삶은 파멸되기 시작했다.

남해회사 버블 사건에서 투자자들이 한 실수는 크게 다섯 가지로 구분된다. 그들은 내가 이 책에서 말하는 다섯 가지 원칙과 정반대의 행동을 한 것이다. 첫째, **합리적인 결정을 내려라.** 당시 대부분의 영국인은 남해회사에 대한 투자 결정을 할 때 남미의 황금 도시들에 대한 환상을 투영했다. 물론 영국은 영어를 사용하는 북미 지역과의 교역에서는 상당한 이윤을 남길 수 있었지만, 남미는 대부분 스페인의 영토였기 때문에 정보 접근성이 매우 떨어졌다. 사실관계를 정확히 확인할 수 없을 때 우리는 권위를 가진 사람들의 판단(물론 틀릴 때도 많다)을 따르기 쉽다. 남해회사에 대한 국왕의 지분과 회사 내에서의 직위는 튼튼한 지지 기반으로 보여지기에 충분했을 것이다. 주변 사람이 하루아침에 엄청난 부를 쌓는 것을 눈앞에서 보기 전까지는 기회를 놓치는 것을 두려워하지 않거나 우습게 여길 수도 있다. 그러나 기회를 놓치는 것에 대한 공포는 굉장히 커질 수도 있다. 세계적으로 유명한 물리학자인 아이작 뉴턴은 남해회사 버블 사건에서 돈을 잃고 "나는 천체의 움직임을 계산할 수는 있지만, 사람들의 광기는 헤아릴 수가 없다"라고 이야기했다.

둘째, **아는 것에 투자하라.** 남해회사 투자자의 대부분은 회사가 남미와의 교역을 통해 벌어들일 이익을 계량화할 만한 배경지식을 충분히 가지고 있지 않았다. 남해회사의 항해는 굉장히 길고 느렸고, 소수의 사람만이 영국을 벗어나 보았거나 스페인어를 구사할 수 있었다. 투자자는 스페인이 산하 식민지와의 교역을 독점하는 것이 스페인의 이득을 극대화하는 일이라는 것을 알아차리지 못했을 수도 있다. 왕족과 상류 지주 계층이 사회의 최상위에 위치해 있었는데, 이들은 비즈니스에 너무 익숙한 것은 천박하다고 생각했다. 당시 남미로 항해하는 것이 어느 정도의 수익성이 있을지 판단할 수 있는 영국인이 있다고 한다면 아마도 해적이 유일했을 것이다.

셋째, **정직하고 능력 있는 경영진에게 투자하라.** 남해회사 발기인發起人들은 해상 운송 노선을 운용하는 데는 경험이나 관심이 없었다. 오로지 경영진에게서 돈을 뜯어내는 데만 관심이 있었다. 지금도 마찬가지지만 당시에도 정부가 독점권을 부여하면 경쟁 대상을 제거하기 때문에 수익성이 좋았다. 하지만 누군가는 이 부분에서 범죄의 측면을 감지했을 수도 있다.

국왕 조지 1세, 그의 독일 출신 정부情婦, 영국 황태자, 재무 장관, 재무부 수석 국무상 등을 포함한 사회 지도층에게는 주식 옵션이 주어졌다. 남해회사의 발기인들은 부풀린 가격으로 주식을 발행했다. 가장 큰 규모로 주식이 발행되었을 때 남해회사의 주식은 발행 가치의 3배에 맞먹는 가격의 정부 국채와 교환되기도 했다. 남해회사 버블의 여파로 재무부 장관이던 존 아이슬레비(John Aislabie)와 관련된 관료들은 탄핵된 후 감옥에 수감되었으며 수십 명이 직위에서 해제되었다.

넷째, **경쟁이 심한 사업은 피하고 안정적인 재무구조를 갖춘 기업을 찾아라.** 당시 대남미 무역의 본질과 지분 구조를 포함한 회사의 재무구조는 남해회사가 실패할 수밖에 없게 만들었다. 당시 스페인은 자국 식민지와의 교역권 통제를 유지하는 것이 이득이었고 영국은 스페인의 동맹국이 아니었기 때문에, 영국 왕실은 자유롭게 남해회사에 남미 무역 독점권을 부여할 수 없었다. 여기에 프랑스 또한 비슷한 야심을 가지고 있었기에 남해회사 교역 경로의 장기적 전망은 더욱 어두웠다. 남해회사의 지분을 매입하는 것도 지속할 수 없는 방식으로 이루어졌다. 많은 정부 관료가 선금을 내지 않고 일종의 옵션과 같은 형태로 주식을 부여받았는데, 이자 수익을 챙겨갈 수 있었기 때문에 뇌물의 또 다른 형태로 보일 수도 있었다. 또한 남해회사 주식은 할부 판매도 되었는데, 선금에 이어 2번의 할부금을 더 내면 되었고 사람들은 이 주식을 사기 위해 돈을 빌렸다. 부채의 상환 기간이 다가오면 많은 사람은 현금을 마련하기 위해 자신의 주식을 내다 팔아야 했다.

다섯 번째, **주가와 내재 가치를 비교하라.** 남해회사 주식의 시장가격은 현실적인 수준의 추정 가치에서 동떨어져 있었다. 내재 가치는 주식의 '실제' 가치이며, 이는 앞으로 남은 기업의 수명 기간 동안 지불할 것으로 예상되는 배당 총액을 기반으로 계산한다.

남해회사 관련 기획에 반대한 국회의원 아치볼드 허치슨(Archibald Hutcheson)은 1720년 봄, 주식의 가치가 150파운드에 상당한다고 계산했는데, 당시 시장에서는 그 몇 배를 뛰어넘는 가격에 거래되고 있었다. 허치슨의 가치 추정치는 대부분 남해회사가 벌어들이는 이자 수익에 기반하고 있었다. 수년 동안 남해회사의 탐험은 오직 손실을 안겨 주었기 때문에 (그리고 이후 수년 동안도 그러할 것으로 여겨졌기에) 남해회사의 항해 사업은 가치가 없다고 생각해도 무방했다. 1720년에 남해회사는 순이익을 상회하는, 즉 지속 불가능한 수준의 배당을 주주에게 지급했고, 이는 배당수익률마저 믿을 수 없는 가치 지표로 전락시켰다.

군중의 광기는 남해회사 버블을 둘러싼 오판들 중 일부를 설명할 수 있지만 그 모두를 설명하지는 못한다. 사람은 누군가의 도움 없이 자신이 무엇을 모르는지조차 알 수 없을 때가 많다. 투자자로서 우리는 기업의 내구성과 의사 결정 능력을 가늠해 보려 노력해야 하며 이는 군중심리와 거리가 멀다. 주식의 가치를 추정하는 절차는 확률과 통계를 이해하고 사용할 수 있는 능력이 필요하다. 그리고 여기서 우리는 다른 종류의 심리학적 지식도 배워야 한다.

빠른 생각과 느린 생각

투자라는 행위를 어떻게 이해해야 할까? 심리학자 대니얼 카너먼[Daniel Kahneman]의 설명에 따르면, 사람의 사고에는 두 가지의 체계가 존재한다. 빠르게 사고하는 시스템 1과, 느리고 깊게 사고하는 시스템 2가 바로 그것이다. 시스템 1(대중 과학에서는 '파충류의 뇌'라고 부르기도 한다)은 패턴을 저절로 빠르고 쉽게 인식해서 앞으로 무슨 일이 생길지를 말해 준다. 시스템 2는 마지못해 주의를 주식의 가치를 산정하거나 카너먼의 이론을 이해하는 등 복잡한 사고 과정에 할당한다. 선택과 행동, 주의에 수반되는 사고 과정이 시스템 2와 관련이 있지만, 우리의 결정은 자주 시스템 1을 통해 내려진다. 자신이 내리는 결정이 합리적인 여러 단계의 논리를 거쳐서 내려진다고 믿기 쉽지만 사실은 감정적인 패턴 인식에 의해, 즉 직관에 따라 내려질 때가 더 많은 것이다. 만약에 직관이 확률과 통계에 대한 것이라면 그 직관은 믿지 않는 것이 더 좋다.

우리의 '파충류의 뇌'가 설령 그 인과관계가 틀린 것으로 판명될지언정 끊임없이 모든 사건의 목적과 의도를 추론하는 행위를 하고 있지 않았다면, 시스템 2는 전혀 할 일이 없었을 것이다. 인간의 직관은 감정과 성향을 쉽게 생산해 내기 때문에 현실에 대한 환상과 그 안에서의 정당화하기 힘든 안락함을 주기도 한다. 자신감은 아는 것이 많을 때보다 모르는 것이 많을 때 더 자주 생기는 것처럼 말이다. 시스템 1은 모호성을 무시하고 좁은 시야 안에서 즉각적으로 보이는 정보를 이용하여 의혹을 덮어 버린다. 카너먼은 이를 '보이는 것이 전부다 What You See Is All There Is' 또는 'WYSIATI'라고 부른다. 인간의 의식은 종종 어려운 질문에 대답하는 대신 휴리스틱heuristics(경험이나 직관에 의해 의사결정을 하는 방식 - 옮긴이)이나 지름길을 이용하는 길을 선택한다. 시스템 1은 정상적이고 평범하며 반복되는 사건보다는 놀라운 사건과 변화에 더 큰 주의를 기울인다. 낮은 확률을 과대평가하고 결정의 범위를 좁히며 이득보다는 손실에 더 민감하게 반응한다.

투자자는 실제로 어떻게 행동하나?

카너먼은 인간이 경제학자가 가정하는 '합리적인' 인간상과는 다르게 행동한다는 점을 발견했다. 물론 인간이 내리는 대부분의 결정은 어느 정도 타당하다. 그러나 경제학자는 이러한 선택이 논리적으로 일관되어야 하며 경제적 행복을 최대화해야 한다는 조건을 더한다. 그러나 내가 아는 모든 사람은, 심지어 탐욕스러운 사람마저도 논리적으로 일관되게 무엇인가를 최대화하는 것에 매진하지 못한다.

나는 위대한 가치 투자자이자 버크서 해서웨이Berkshire Hathaway의 CEO인 워런 버핏을 가장 합리적인 사람으로 꼽을 수 있다고 생각한다. 대부분의 사람은 1차원적인 목표보다는 서로 상충되는 두 가지 이상의 목표 사이에서 절충안을 찾는다. 그들은 이것을 최적화라고 부른다. 먼저 보상과 리스크에 대해 생각해 보자. 경제적 인간은 위험 회피형이 아니지만 나는 위험 회피형이다. 나는 다른 사람이 내리는 결정 때문에 당황스러울 때, 그들의 결정 뒤에 숨어 있는 또 다른 동기에 대해 생각한다.

경제학자들이 아래와 같이 가정하고 있는 경제적 인간의 행동 양식을 볼 때마다 나는 내가 얼마나 불완전하고 실수하기 쉬운 인간인지를 상기한다. 물론 더 나아지기 위해 계속해서 노력하고 있기는 하지만 말이다.

- 완벽한 정보를 아는 능력: 모든 사람이 주식과 관련된 모든 정보를 알고 있다. 심지어 숨겨져 있거나 사적인 정보조차도 다 알고 있다. 잘못된 정보는 없다.
- 완벽한 예견 능력: 모두가 미래가 어떻게 펼쳐질지 정확하게 알고 있다.
- 완벽한 계산 능력: 모든 사람이 모든 것의 확률과 기대 효용을 계산하고 비교한다.
- 완벽한 해석 능력: 뉴스를 정확하게 해석할 수 있다.
- 변화하는 트랜드에 흔들리지 않는 능력: 취향은 바뀌지 않는다(10대 패션 브랜드에 투자하기 쉽다).
- 무한한 욕망: 모든 사람의 욕망은 무한하다(필요한 것보다 더 많은 돈을 원하는 것이 과연 합리적일까?).
- 주인 의식: 피고용인도 주인이 행동했을 법한 방식으로 행동한다.

경제학자는 높고 고상한 위치에서 투자 리스크를 공부한다. 그들은 온갖 종류의 리스크를 한 바구니 안에 넣는다. 또한 시장에서 외부자 관점 Outside

View을 취하고 통계 대상이 속한 그룹 전체에 미칠 결과를 분류한다. 그래서 개별적인 결과보다는 전체 시스템에 미칠 순 효과를 찾는 데 더 관심이 많다. 만약 원유 가격이 오르고 원유 기업의 이익이 증가한 만큼 항공사와 트럭 운송 기업의 이익이 줄어든다면, 유가 상승은 전체 시스템에서 아무 영향을 미치지 않은 것과 마찬가지가 된다. 전체적으로는 순리스크가 발생하지 않는 셈이다. 리스크는 분산화를 통해 제거된다. 이런 관점에서는 리스크가 능력 없고 정직하지 않은 경영진을 통해 발생하든, 사업의 쇠퇴 과정에서 발생하든, 과도한 부채에서 발생하든 간에 아무 상관이 없다. 모두 '시장 리스크'일 뿐이다.

그러나 투자자는 실제로 많은 종류의 리스크를 접하게 된다. 어떤 종류는 다른 종류보다 더 매력적인 동시에 전체적으로 더 큰 위험이 따른다. 나는 지나치게 높은 가격을 지불하는 리스크를 걱정하지만, 시스템적 관점에서는 내 손해가 다른 누군가의 이익이 되기 때문에 전혀 문제가 되지 않는다. 외부자적 관점이 부자연스러운 또 한 가지 이유는 대부분의 주식 분석가와는 다르게, 개별 사례의 정황과 세부 사항을 무시하고, 그것의 특수한 결과를 예측하려고 노력하지 않기 때문이다. 그러나 외부자적 관점은 적절한 통계적 준거 기준 확립을 위한 기준 비율을 추정하는 데 유용하게 쓰일 수 있다.

기준 비율이란 통계 모집단에서 어떤 속성이 보이는 빈도를 뜻한다. 예를 들면, 대략 2퍼센트의 생명공학 연구 프로젝트 정도만 수익성 있는 신약 개발로 이어질지 모른다. 이 경우를 좀 더 구체화한다면, 나는 준거 기준을 자본력이 충분하고 현재 식품의약국의 승인 절차를 밟는 단계에 있는 생명공학 기업으로 재정의할 것이다. 외부자적 관점은 너무 큰 범위를 포함하는 준거 기준을 사용함으로써 테니스, 체스, 투자 등과 같은 운과 실력이 모두 필요한 것을 단순한 확률의 게임으로 바꿔 버릴 가능성이 있다.

시장은 효율적인가?

효율적 시장 가설efficient market hypothesis은 거짓보다는 사실에 더 가까운 행동주의적 가정을 기반으로 한다. 실제 우리가 사는 세상에서는 어떤 개인도 시장의 모든 주식에 대해 완벽한 정보를 얻지 못하고 있으며, 모든 사람이 동일한 수준의 정보를 알고 있지 못하다. 다만 그중 원하는 사람들은 상당히 질 좋은 정보를 얻을 수 있다. 또한 모두가 같은 정보를 동일하게 해석하지는 않지만 많은 사람이 비슷하게 해석한다. 완벽한 예견 능력을 가진 사람은 없지만 시장은 미래 전망을 반영한다. 투자자는 합리적으로 주식의 가치를 산정하려고 하지만 모든 매수자가 투자자인 것은 아니다. 주식의 가격이 잘못 매겨진 경우가 아니라면 거래가 일어나지 않아야 하지만 많은 거래가 일어난다. 거래 비용은 0이 아니지만 굉장히 낮은 수준으로 떨어지기는 했다. 세금이 없다는 가정을 너무 진지하게 받아들이는 사람은 세무 당국과 마찰을 빚게 될 것이다.

효율적 시장 가설은 거짓보다는 사실에 더 가까운 결론에 도달하는데, 예를 들면 다음과 같다. 주식의 가격은 전지적으로 모든 곳에 퍼져 있는 정보를 반영하며, 항상 적절한 수준에 거래된다. 새로운 정보가 풀리거나 금리가 바뀌면 가격이 무작위로 움직인다. 모든 주식은 똑같은 위험 조정 수익률을 제공한다(그럼 대체 왜 힘들게 주식을 고르는 것일까?). 어느 누구도 개별 주식이나 포트폴리오가 시장 수익률을 상회할 수 있다고 기대해서는 안 된다. 수익은 개선될 수 없지만, 변동성은 전체 시장을 쫓는 포트폴리오, 즉 인덱스펀드Index Fund를 소유하여 분산화를 통해 없앨 수 있다. 수수료와 세금이 존재하는 현실 세계에서 수익을 개선할 수 있는 유일한 방법은 바로 이러한 비용을 회피하는 것이다. 효율적 시장 가설은 상당한 설득력이 있어서 거대 뮤추얼펀드 기업인 뱅가드Vanguard의 설립자인 존 보글John Bogle은 최초의 저가 S&P 500 지수 펀드를 출시했다.

나는 효율적 시장 가설을 교훈적인 이야기 정도로 생각한다. 평균적인 사람이 평균적인 결과를 얻어 내는 것은 사실이지만, 어떤 사람은 다른 사람보다 더 기술이 좋고 그 일에 더 큰 흥미를 느낀다. 모든 경쟁 게임에는 승자 수의 몇 배나 많은 패자가 존재한다. 그러나 이러한 사실이 이 게임을 할 만한 가치가 없게 만들지는 않는다. 그러나 전체 범주에 나타난 평균적인 결과만 따져 보면 인덱스펀드를 '사 놓고 잊어버려'야 한다. 자신의 경쟁자 또한 똑똑하고 부지런하기 때문에 우위를 가지기 위해서는 그것만으로는 부족하다.

당신은 보통의 사람보다는 경제적으로 합리적이며 감정적으로 침착한 편인가? 투자가 성장하는 동안 인내심 있게 기다릴 수 있는 능력을 제한할 만한 다른 경제적 책임이 있는가? 당신은 모르는 일을 하고 있는 군중에 합류하는 데 관심이 있는가, 아니면 그들이 왜 그런 행동을 하고 있는지 이해하는 것에 더 관심이 있는가? 이런 질문들에 대한 대답이 당신이 가장 넓은 통계적 집단에 속하는 투자자인지, 다른 집단에 속하는 투자자인지 알아내는 데 도움을 줄 것이다.

능력보다 더 중요한 것은 흥미가 있는지 여부다. 그래서 주식을 선정하는 작업을 기술이 요구되는 재미있는 게임으로 생각하고 주식시장을 루빅스 큐브보다 더 복잡하고 흥미로운 퍼즐로 보고 있다면 당신도 나와 같은 부류의 사람이다.

반대로 투자 대상을 연구하는 것이 고역스럽고 주식시장을 단순한 확률 게임이라고 생각한다면 인덱스펀드가 최고의 대안이다. 인덱스 투자자는 시장 전체의 위험을 떠안는 대가로써 보상을 받는다고 생각하지만, 가치 투자자는 남이 잘못 행동할 때 반대로 행동함으로써 보상을 받는다고 생각한다. 만약 무엇이 좋고 나쁜 것인지 구분하는 질문에 관심이 없다면 아마도 이런 질문 자체가 수익의 원천이 될 수 있다고 생각하지 않을 것이다. 물론 투자는 양자택일의 문제가 아니므로 어떤 사람은 인덱스펀드, 액티브펀드, 개별 주식 등 모든 카테고리에 일정 부분씩 투자하는 것이 자신에게 잘 맞다고 생각하기도 한다.

투자자가 후회되는 것들

개별 주식에 투자하든, 액티브펀드나 인덱스펀드에 투자하든 훗날 후회하게 될 투자 속 실수는 다음의 다섯 가지 범주 안에 포함될 가능성이 높다.

1. 이성이 아닌 감정을 통해 결정을 내린다.
2. 자신이 실제로 아는 것보다 더 많이 알고 있다고 생각한다.
3. 양심과 능력이 모두 없는 사람에게 자본을 맡긴다.
4. 쇠퇴, 경쟁, 과도한 채무 때문에 실패할 확률이 높은 기업의 주식을 선택한다.
5. 주식에 높은 가격을 지불한다(이런 일은 강렬하고 충격적인 스토리가 있는 주식일수록 빈번히 일어난다).

이 책의 1부에서는 우리의 충동적인 파충류의 뇌가 예측 가능한 의사결정 편향을 어떻게 초래하는지 알아볼 것이다. 이러한 편향은 투자와 투기, 그리고 도박을 제대로 구별하지 못하거나 투자자가 실패를 통해 배우지 못할 때 치명적으로 작동한다. 행동하기 전에 심사숙고하지 않는 사람들은 자신이 남보다 더 깊게 이해하는 사안이 있으며, 반대로 그렇지 않은 사안이 있고, 누구도 명확한 답을 가지지 못한 사안이 각각 존재한다는 사실을 알아채지 못한다.

2부에서는 투자의 사각지대를 찾아볼 것이다. 사각지대는 투자 자문, 변형 증권, 특정 사업의 동태에 대한 사소한 세부 사항일 수 있다. 반대로 문화 간의 차이에서 비롯된 오해 혹은 경제 지표가 특정 주식에 미치는 영향 같은 거시적인 질문이 될 수도 있다. 당신의 강점이 무엇이고 한계는 무엇인지 연구하면 자본을 맡기는 대리인의 강점과 한계 또한 이해할 수 있을 것이다.

3부는 경영진의 정직성과 역량을 가늠하는 방법에 대한 내용이다. 실력 있는 경영진은 사업이 소비자에게 차별화된 효용을 제공하는 데 집중하도록 하고, 가장 큰 수익을 거둘 수 있는 곳에 자본을 투자한다. 사기꾼은 보통 단서를 남기고, 단서의 대부분은 기업 장부에서 발견할 수 있다. 아무리 경영진이 능력이 있다고 해도 사업 환경이 좋지 않으면 고전을 면치 못한다.

4부에서는 왜 어떤 산업이 다른 산업보다 내구성이 좋고 회복력이 강한지를 살펴보려 한다. 특히 상품, 소수의 경쟁자, 진화적 변화, 낮은 채무 등은 모두 기업이 장수할 수 있도록 기여한다.

자산의 가치는 결국 수익, 성장, 장기 수명, 확실성의 함수이기 때문에 5부에서 각각의 조각을 합쳐 볼 것이다. 할인율을 계산하기 위해 주식의 수익률 패턴을 검토해 보고 우리가 제대로 현금 흐름을 할인하고 있는지, 이익의 질은 어떠한지 또한 살펴볼 것이다. 저평가된 어떤 주식을 제대로 찾았다고 하더라도 주가가 계속 떨어지는 경우도 상당히 많다.

분산화와 인덱스 상품에 대한 생각

이제 주식 종목을 선정할지 아니면 펀드를 통해 분산화를 할지 생각할 차례다. 분산화를 통해 리스크를 분산하고 줄이며 변형할 수 있다. 기업과 관련된 리스크라면 특히 더 그렇고, 당신과 관련한 리스크라면 덜 그렇다. S&P 500 인덱스펀드는 매우 완전한 형태의 분산화지만 액티브펀드와 개별 주식으로 구성된 포트폴리오 또한 분산화되어 있다. 당신이 마치 황홀한 상태에서 행하는 이슬람 신비주의 종파 수피즘sufism의 수도자인 데르비시dervish처럼 충동적으로 매매를 하는 사람이라면, 개별 주식을 매매하든 S&P 500을 매매하든 큰 차이가 없다. 분산화는 별 도움이 되지 못하겠지만, 적어도 이해하지 못하는 분야에 집중적으로 투자하는 것을 막을 수 있다. 인덱스 투자자는 특정 산업이나 기업의 성장과 경쟁 구도를 이해해야만 하는 주식 종목 선정가보다는 보편적인 규칙과 경제적 지식에만 의존해 투자할 수 있다.

인덱스펀드는 기업의 여러 위험과 낭비, 진부화, 파산, 가치 평가 등에 대해 외부자적 관점을 갖는다. 어떤 기업의 경영진 중에는 바보나 사기꾼이 있을 것이다. 형편없는 경영진이 평균적으로 포함되는 빈도가 얼마나 있던지 간에, 인덱스펀드는 그러한 기업의 주식을 반드시 포함하고 있다. 그러나 동시에 우수한 혁신가, 모범적인 경영진 또한 그만큼의 비율도 포함하고 있다.

어떤 산업은 쇠퇴하고 있고 어떤 기업은 경영난에 시달리고 있다. 인덱스펀드는 이런 기업 모두를 시장 가치에 비례하는 만큼 펀드에 포함하고 있다. 다행히 인덱스펀드는 유망주와 안정적인 고수익 기업 주식 또한 시장 가치의 비율만큼 포함해 보상받는다. 인덱스 투자자는 세부 사항으로 고민할 필요가 없으며 오로지 전체를 봤을 때 순 효과가 부정적인 것보다는 긍정적인 것에 가까운지만 신경을 쓰면 된다. 국가 전체의 경제 시스템이 부패하거나 시대에 뒤처진 것이 아니라면 순 효과는 보통 긍정적이다.

인덱스펀드의 수익과 가치 평가는 구성 종목 전체 평균과 가까우며, 헐값에 팔리는 주식은 매우 고평가된 주식이 전체 포트폴리오 가치에 주는 영향을 없앤다. 물론 이러한 결론은 효율적 시장 가설이 부정하는 헐값과 버블이 시장 내에 존재한다는 사실을 인정해야만 내릴 수 있는 결론이다. 효율적 시장 가설의 신봉자가 아닌 사람에게는 인덱스펀드가 내재적 가치보다 더 비싸게 팔릴 수 있다. 또한 주식의 기대 수익률이 비교적 덜 매력적일 수 있다. 나는 보다 넓은 범위의 투자 대상의 기대 수익에 대해 숙고할 것을 권한다. 국내외 주식에 돈을 투자할 수도 있고, 여러 등급의 채권과 부동산, 현금, 미술품, 금, 통조림이나 탄약 등에 투자할 수도 있다. 그러나 항상 그런 것은 아니지만 일반적으로 주식이 이러한 투자보다 상식적인 대안이 될 때가 많다.

 인덱스 투자자는 주식 종목 선정가와는 다른 방식으로 후회를 최소화한다. 불필요한 행동을 하지 않으려 하고, 자신의 지식 기반을 늘리는 방식을 고수한다. 그들은 내재적 가치에 대한 고민을 오래하지 않는데, 나는 그들이 이런 고민을 좀 더 했다면 보다 적은 후회를 했을 것이라고 생각한다. 신탁 관리자의 부정행위 및 파산은 인덱스 투자자에게 마른하늘의 날벼락이다. 반면 종목 선정에만 집중하는 이는 다음의 어느 경우에만 해당해도 매우 큰 타격을 받을 수 있다. 감정적인 의사 결정, 모르는 부분이 있는 것, 양심 없는 경영진에 투자하는 것, 사업에 지장을 주는 예상치 못한 사건, 과도한 부채, 혹은 그저 너무 높은 가격에 매수하는 것이다. 물론 종목 선정가는 이러한 리스크를 최소화하고 싶어 하지만, 모든 일이 바람대로 이루어질 수는 없다. 반면 좋은 소식은 수익률을 밑으로 끌어내리는 주식을 없애기만 해도 더 나은 성과를 낼 수 있다. 종목 선정가는 성장 중인 산업군에서 정직하고 능력 있는 경영진이 운영하며 자신이 잘 이해하는 기업의 저평가된 주식을 찾아내기 위해 많은 노력을 기울인다.

투자를 생각하는 방법

투자의 세계에서 모든 것은 의사 결정과 함께 시작된다. 게다가 다른 사람들의 의사 결정 또한 평가하게 되므로 투자란 거울의 방처럼 어지러운 일면도 있다. 우리는 알 수 없는 미래와 씨름하며 사실관계도 분명하게 알 수 없다. 그래서 인간은 사회적 동물이다. 심각하게 틀릴 수도 있는 타인의 의견을 구하고 그것을 또 받아들이기까지 한다. 개인이 할 수 있는 최선은 시스템 2(느린 생각)를 이용하여 보다 적지만 더 나은 대상을 선택할 수 있도록 신중하게 결정을 내리는 것이다. 더 직접적으로 말하면, 과도한 회전율을 지양하고 "다음은 무슨 일이 생기지?" 보다는 "이것의 가치가 얼마나 되지?"라는 질문에 초점을 맞추어 투자를 하라는 뜻이다. 또한 이는 자신에게 맞는 투자 방법을 선택해야 한다는 말이기도 하다. 그게 주식이든, 인덱스펀드나 액티브펀드든 간에 말이다.

2

오판을 줄여라

> 사람 감정의 깊이는 그 사람의 사실에 대한 지식 수준에 반비례한다.
> 즉, 더 적게 알수록 더 매력적으로 느껴진다.
> - 버트런드 러셀 -

심리학자는 사람이 복잡하고 정확히 규정되지 않은 상황에서 예측 가능한 판단 오류를 범한다고 주장한다. 특히 주식시장처럼 문제가 명확하게 구조화되어 있지 않고 (카지노와는 달리) 해답이 랜덤한 요소의 영향을 받을수록 더욱 그렇다는 것이다. 투자를 하다 보면 불충분한 데이터를 갖고 결과를 유추해야 한다. 어찌 보면 눈에 보이지 않는 정보를 간과하고, 복잡성을 파고들기보다 잘 짜인 이야기에 근거해 바로 눈앞에 있는 정보에 의존하는 것이 당연할지도 모르겠다. 이야기는 통계적 경향보다는 고유하고 특별한 사건과 연관되어 있다. 그래서 우리는 경우의 수를 제대로 계산하지 않거나 간혹 잘못된 근거를 토대로 틀린 예측을 하기도 한다. 이 장은 우리가 투자할 때 심리적 편견들이 어떻게 잘못된 판단으로 이어지는지, 그리고 특정한 감정과 행동이 불러오는 손실에 대해 이야기하고자 한다.

사람은 '사용 가능성'이 높은 정보, 즉 다시 떠올리기 쉬운 정보에 치중하는 경향이 있다. 인간의 시스템 1은 '보이는 것이 전부다'라고 생각하기 때문이다. 다르게 말하면 최신의, 강렬하고, 갑작스러우며, 개인적인 경험이 연관된 정보가 손쉽게 뇌리에 떠오른다. 반대로 역사적, 통계적, 이론적이고 평균치에 관한 정보는 바로 떠오르지 않는다. 주식의 가치는 불분명함에도 불구하고, 어떤 사람은 단순히 전망이 좋다는 이유로 주식을 사는 지름길을 선택한다. 이런 투자자는 쉽게 주식시장의 희생양이 되지만, 그런 때면 자신의 투자가 '정보에 근거했다'고 주장한다. 모든 합리적 판단은 정보에 근거해서 이루어진다. 그런데 어떤 정보에 왜 근거해야 하는가?

주식시장의 폭락 이후, 사람들은 주식의 위험성을 전면에 내세우지만, 정작 상승장이 오면 위험부담이 높은 고수익률의 주식에 환호한다. 가까운 과거를 근거로 미래를 추정하는 것은 주식을 비싸게 사고 헐값에 파는 일을 초래하기도 한다. 비슷한 논리로 이번 분기에 수익률이 높았던 펀드와 자산군은 큰 관심을 받지만, 미국 주식시장의 수익률이 오랜 기간 동안 거의 대부분 단기 국채 수익률을 상회했다는 사실은 별로 조명받지 못한다. 산업이 호황일 때도 언론은 경기순환 주식들의 기록적인 수익만 집중적으로 다룬다. 이러한 산업이 얼마 전만 해도 손실을 보기도 했다는 사실은 쏙 빼놓은 채 말이다. 2016년에 있었던 폭스바겐 배기가스 조작 사건과 리콜 사태는 폭스바겐의 주가를 폭락시켰다. 이 사건에서 투자자는 폭스바겐이 잘 경영되었는지 궁금해하기보다는 당장 주식을 내다 파는 일에 더 열을 올렸다.

눈에 쉽게 띄지 않는 정보와 증거에 집중하면, 사회나 기업에 대한 가정 중 검증되지 않은 것이 많음을 알 수 있다. 이렇듯 옳지 않은 편견을 버리려면 성찰의 시간을 갖고 과거에 일어났던 일을 공부할 필요가 있다. 미래에 대한 비전을 세우려면 기본적인 토대에 대한 이해가 어느 정도 필요하다.

과거를 공부하며 무엇이 변했고 무엇이 지속되었는지 등을 찾아보는 훈련이 중요하다는 말이다. 통계, 확률 그리고 외부자 관점이 핵심이다. 역사를 아는 것이 특히 중요하다. 사람들은 성공적인 전략을 반복하는데. 주식 투자를 통해 얻는 피드백은 대부분 한 박자 느리며 이 또한 명확치 않을 경우가 많기 때문이다.

역사를 공부할 때 주의해야 할 점은 이야기 짓기 오류narrative fallacy다. 나심 탈레브Nassim Taleb의 책『블랙 스완』에서 저자는 다음과 같이 말했다.

"이야기 짓기 오류는 일련의 사실을 설명 없이 있는 그대로 받아들이지 못하는 우리 능력의 한계를 나타내며, 그래서 이런 일련의 일에 개연성을 부여하기 위해 논리적인 관계를 억지로 부여하려는 성향을 말한다. 이러한 설명은 사실들을 하나의 이야기로 꿰맞추어 개연성을 부여한다. 또한 사실들을 더 기억하기 쉽고 논리적으로 만든다. 이러한 경향이 잘못된 방향으로 작용될 때가 있다. 실제 사실의 이해 여부에 상관없이 사실을 이해했다는 착각에 빠질 때다."

달리 말하면 우리가 인과관계가 없음에도 억지로 새로운 이유를 만들어 낼 때 더 큰 문제가 발생한다는 것이다. 이야기가 구체적이고 명백하며 개인적 감정에 호소하거나 이미 알고 있는 것에 대한 확신을 주는 경우일수록 그 모호한 이야기의 반대 방향으로 움직이려고 노력해야 한다.

우리는 먼 과거에서 일어났던 다양한 사건과 통계학적 근거와 이론에 집중해야 한다. 데이터 마이닝data mining(많은 데이터 가운데 숨겨져 있는 유용한 상관관계를 발견하여 미래에 실행 가능한 정보를 얻고 의사 결정에 이용하는 과정 - 옮긴이)은 계속 발전하고 있어서 아마존의 주가와 은 값의 상관관계나 스리랑카의 버터 생산량과 S&P 500의 상관관계를 그럴싸하게 만들어 내는 일은 어렵지 않게 되었다. 그래서 투자자는 오랜 기간 동안 유효한 근거가 필요하며, 그것을 뒷받침할 수 있는 숫자와 회의적 태도를 가지고 있어야 한다.

사후 확신 편향

사후 확신 편향hindsight bias은 이야기 짓기 오류에서 파생된 이론으로, 예측할 수 있는 정보가 없었음에도 어떤 사건이 예측 가능하며 필연적이었다고 믿는 것을 말한다. 나는 개인적으로 이런 사후 확신 편향을 피하기 위해 내가 했던 투자와 투자 근거를 기록으로 남긴다. 물론 다른 투자자들 역시 비슷한 투자 다이어리를 갖고 있다. 이런 기록은 '사전 부검'을 포함하는데, 나는 기록을 보며 그때 의사 결정이 나빴다는 것을 깨닫고 실패의 원인이 무엇이었는지 추측한다. 과거에 내가 작성했던 노트를 보면 종종 특정 주식을 매입한 이유가 바뀐 경우가 있는데, 때로는 더욱 강력한 매수 근거를 발견해서이기도 하고 때로는 더욱 강력한 매도 근거를 발견해서이기도 하다. 나는 처음에 몬스터 베버리지의 천연 과즙 음료에 관심이 있었지만 실제로 이 회사의 주가가 오른 원인은 에너지 음료의 폭발적인 성장 때문이었다. 반대로 유가가 45달러까지 내려갔을 때는 유가가 110달러일 때 평가된 에너지 회사의 자산 가치 수준이 터무니없이 높아 보였다.

닻 내림 효과

이야기에는 호소력이 있기 때문에 우리는 옳지 않은 기준점에서 투자를 시작하기도 한다. 이를 '부적절한 닻 내림misplaced anchoring'이라고 부른다. 남의 이야기에 쉽게 잘 휩쓸리는 사람들의 경우, 누군가가 상관없는 수치를 들고 오더라도 쉽게 그 정보에 의존한다. 예를 들어, 현재의 주가 전망이 좋지 않아도, 본전을 찾을 수 있다는 기대에 주식을 팔지 못하는 경우가 있다. 피터 린치는 저평가되었던 주가가 급상승할 때 '그때 투자했더라면'이라는 후회보다는 오늘 그 주식을 산다면 주가가 과연 더 오를 것인가에 집중하라고 조언한다.

주가의 최고치, 과거의 가치 평가 비율이나 이익 추정치 등 어떤 숫자라도 '부적절한 닻 내림'의 한 예가 될 수 있다. 소형주나 성장주를 평가함에 있어서 현재의 주가수익비율Price Earnings Ratio, PER을 5년 평균치와 비교한다는 것은 무의미하다. 5년의 기간 동안 성장 윤곽이나 시장 상황이 현저히 바뀌었을 확률이 높기 때문이다. 대신 비슷한 산업군이나 기업과의 비교 분석을 통해 오늘의 PER을 따져 보는 것과 다양한 데이터를 통해 가치 평가를 하는 것이 한 가지 수치로만 결정을 내리는 것보다 안전할 것이다.

비교 분석을 하기 전에 알맞은 기준을 찾아 외부자 관점을 취하는 편이 더 나은 예측을 할 수 있다. 이때 알맞은 통계적 기준 분류에는 현재에는 존재하지 않더라도 처음 그 산업군이 생겨났을 때부터 존속했던 모든 기업이 포함된다. 데이터가 많을수록 미래에 대한 근거 있는 예측과 추론이 가능하다. 하지만 비교 집단 안에 비교가 불가능한 개체끼리 섞여 있을 경우에는 좀 더 범위를 좁히는 것이 좋다. 여기서 중요한 것은 우리가 성공한 기업만 연구해서는 안 된다는 것이다. 특정 산업과 기업이 더욱 실패할 확률이 높은 이유에 대해서는 조금 후에 이야기해 보겠다.

이처럼 '부적절한 닻 내림'과 '눈에 보이는 것이 전부다'는 우리가 충분한 비교 분석을 하기도 전에 이미 결론에 도달했다는 착각 아래에서 정작 필요한 절차를 건너뛰게 만든다. 성장하는 기업은 지금 당장은 주가가 낮더라도 크게 도약할 가능성이 있으며, 건실한 기업이 부실한 원자재 거래 기업보다 더 평가하기 쉽다는 것은 어려운 이야기가 아니다. 하지만 정말 뛰어난 블루칩(우량주)을 구분할 수 있다고 해도 그 주식을 타이밍에 관계없이 아무 때나 매수해도 좋다는 것은 아니다.

확증 편향

확증 편향confirmation bias이란 무엇을 옳다고 믿을 때, 믿음을 뒷받침해 줄 근거만 선택적으로 확인하며 그에 반하는 근거는 무시하는 경향을 의미한다. 인간의 뇌는 물리적 위험을 감지했을 때 빠르게 대처한다. 그러나 주식에 투자할 때는 속도보다 독립적이고 정확하게 판단하는 능력이 더 중요하다. 요즘 같은 정보화 시대에 SNS와 다른 미디어들은 우리가 듣고 보고 싶어 하는 정보를 끊임없이 제공한다. 나 역시 운용사에 있다 보면 비슷한 배경과 사고방식을 가진 사람을 많이 만나게 된다. 이들이 내가 투자한 기업의 주가가 오르는 것을 보며 나를 칭찬할 때면 역시 내 판단이 옳았다고 믿게 되기도 한다. 그럴 때일수록 오히려 내가 단순히 운이 좋았던 것은 아닌지, 이제는 주가가 고평가가 된 것은 아닌지 생각해야 하는데도 말이다.

내 의견과는 상반되는 이야기에 귀를 기울이고 반대의 입장에서도 생각하는 훈련을 해야 한다. 예를 들어, 보통 저금리나 역금리는 경제를 활성화시킬 것이라 생각한다. 그러나 반대로 생각하면 저금리는 정부가 경제 전망을 비관적으로 보고 있음을 시사하기 때문에 오히려 경제에 악영향을 끼칠 수도 있다. 또한 저축을 해도 이자 소득이 줄어 지출이 감소한다. 모든 것에는 어두운 면이 있기 마련이기 때문에 이를 찾는 연습을 해야 한다. 하락장에서 저점일 때를 제외하고, 모든 투자에는 결점이 있다. 그저 약간 고평가되었다는 정도의 작은 결점이라도 있기 마련이다. 또한 증거가 없다고 문제가 없다고 생각하면 안 된다는 것을 명심해야 한다. 사기 행위가 증명되지 않았다고 해서 사기 사건이 일어나지 않은 것은 아니다.

과도한 낙관주의와 현실 부정

투자자가 자신의 믿음과 반대되는 근거에서 눈을 돌리면 자신이 투자한 주식의 가격이 오를 것이라는 지나친 낙관주의에 빠지기 쉽다. 주식을 사는 것은 누구든 할 수 있지만 파는 것은 주식을 소유한 사람만의 특권이기 때문에, 월가는 이러한 경향을 더 조장한다. 투자 의견 중에는 매수가 매도보다 훨씬 많다. 1년을 넘어가는 기업 순익이나 장기적 성장률에 대한 예측치보다 실제 실적이 못 미치는 경우도 많다. 실적 하락이 예측되는 경우는 드물지만, 실제로 실적이 하락하는 경우는 자주 발생한다. 이는 가까운 미래, 즉 다음 분기나 그다음 분기에 대한 예측치에는 적용되지 않는데, 이 수치들은 조금 낮은 편이다. 기업과 애널리스트들은 종종 분기별 '업사이드 서프라이즈upside surprise', 즉 지표가 예측치보다 좋은 현상을 만들어 내기 위해 협조하기도 한다. 의심의 눈으로 예측치를 과거 실적과 비교한다면 지나친 낙관주의가 초래하는 실수들을 피할 수 있을 것이다.

 진실을 받아들이지 못하는 사람은 대개 현실을 부정한다. 투자자의 경우, 가지고 있는 주식에서 손실이 발생하면 어디에든 책임을 전가하려고 한다. 좋은 결과는 자신의 노력과 능력의 산물이라고 보지만, 실패는 그저 운이 따르지 않아서라며 핑계를 대는 것처럼 말이다. 하지만 현실을 직시하면 나쁜 결과 또한 자신의 책임이다. 문제의 근원을 찾는 노력이 필요하다. 동료와의 우애나 애사심을 지키려 현실을 부정하는 것은 같은 실수를 반복하게 만들 뿐이다. 불편한 진실을 외면하고 있지 않은지 끝없이 되물어라. 문제에 답이 없고, 주위에 해결책을 제시해 줄 사람이 없다면, 그 상황 또한 받아들이는 노력이 필요하다. 자신이 정의하고 풀 수 있는 문제가 무엇인지 끝없이 연구해야 한다. 진실을 감당할 수 없는 사람이라면 직접 투자를 하기보다 다른 누군가에게 투자를 맡기는 편이 나을 것이다.

지나친 확신

금융권에는 자신의 답이 옳다는 확신에 가득한 사람이 넘쳐 난다. 월가는 소위 '우두머리 수컷alpha male'과 자신이 3루에서 태어난 것인데도 3루타를 쳤다고 생각하며 살아가는 사람이 모이는 곳이다. 실제로 확신에 차서 행동하는 것은 경력에 도움이 된다. 특히 금융권처럼 능력이 쉽게 판별되는 산업에서는 능력과 자신감이 비례하는 경우가 많다. 펀드매니저의 투자 능력을 검증하려는 시도가 실패하기 일쑤임에도 불구하고, 의뢰인들은 자신감 있게 일관성 있는 말을 하는 사람에게 의지한다. 심지어 지나친 자신감이 합리적인 것일 수도 있다. 경제적 인간은 부를 극대화하기 위해 어떤 리스크든 거침없이 짊어진다고 하니 말이다. 나같이 겁이 많은 사람은 보상이 주어지지 않는 이상 리스크를 감수하려고 하지 않는다. 그런 사람 입장에서 보면 대담하게 모험을 즐기는 사람은 단순히 운이 좋은 것이다.

경우의 수를 잘못 계산하고 과하게 리스크를 감수하는 순간 지나친 자신감은 독이 될 수 있다. 자신의 분석이 옳았고 시장이 틀렸다고 믿는다면 그

것은 근거 있는 자신감이 아닌 이상 자만이다. 물론 실적과 상관없이 자신의 실력과 지식, 성실함과 인내심을 바탕으로 한 자신감은 가져야 한다. 이러한 자신감은 자신의 지식과 능력의 한계가 어디인지 깨닫게 도와주기 때문이다. 예를 들어 나는 채권보다는 주식에, 단기 투자보다는 장기 투자에 더 자신 있다. 자신의 전문 분야가 아닌 분야에 대해 쉽게 이야기하는 것은 항상 조심해야 한다.

교환trade-off을 어떤 식으로 포장하느냐도 의사 결정에 큰 영향을 미칠 수 있다. 예를 들어서 누군가 앞으로 주기적으로 보험료를 납부해야 하며 이 돈은 돌려받을 수 없다고 말한다면 보험에 가입할 사람은 없을 것이다. 그래서 보험은 보험료를 미리 납부함으로써 미래에 있을지도 모르는 큰 사고와 피해에 대비할 수 있다는 점을 부각시킨다. 이와 같이, 이득으로 포장이 된 경우 사람들은 보통 안정적이며 보장된 옵션을 선택하지만, 손실이 부각되었을 때는 오히려 보험에 가입하지 않는 것과 같은 더 위험한 결정을 내린다. 투자를 하려면 위험과 수익의 교환 관계는 물론 수탁 의무 위반, 부실 경영, 진부화, 재정상화의 실패와 같은 리스크에 대한 이해가 필요하다. 정말 아무런 대가 없이 얻는 것이 아니라면 교환 관계가 어떻게 포장되어 있는지 비교 분석을 하는 연습을 해야 한다.

타인의 실수에서 배워라

투자자는 주가 상승에는 빠르게 반응하지만 하락에는 그렇지 않다. 꽃은 뽑아내고 잡초에 물을 주는 격이다. 대개 이러한 상황을 '근시안적 손실 회피성myopically loss averse'이라고 한다. 하지만 내재 가치가 변하지 않았다면, 가격이 하락한 주식을 계속 보유하는 것이 무조건 실수라고 할 수 없다. 오히려 나라면 더 매입할 것이다. 상황이 바뀌어서 이제는 고평가되어 버린 주식에 미련을 갖거나 내재 가치 대비 주가가 빠르게 상승했다고 그것을 파는 것이야말로 실수다. 이때 실수를 빨리 파악하고 인정하되 손실을 피하는 데 급급하지 말아야 한다.

어떤 사람은 누구나 실수를 하기 마련이기 때문에 규칙 기반 투자가 답이라고 생각한다. 하지만 내 생각은 다르다. 알고리즘과 로봇, 모니터에서는 감정을 느낄 수가 없다. 퀀트 투자자가 많이 이용하는 이런 도구들은 멍청한 석학들과 같다. 어려운 일은 잘 해내지만 간단한 일에는 엉망이기 쉽다. 예를 들어 '플래시 크래시flash crash'는 잠깐이지만 주가를 상식에 어긋날 정도로 낮은 가격으로 떨어뜨렸다(2010년 5월 6일 오후 2시 32분 이후, 단 36분 만에 998.5포인트, 약 9퍼센트 폭락했던 사건이 대표적이다. 당시 운용사들의 지수 선물 매도가 고빈도 매매를 촉발하여 프로그램들의 매도 폭탄이 연쇄적으로 발생했다 - 옮긴이).

시스템 1은 과거의 경험과 지혜를 통해 단순한 일을 단순하게 처리할 수 있게 해 준다. 나는 가끔 주식 투자 상담가가 주식이라는 것이 사람이 경영하는 한 기업의 소유권이라는 것을 잊고, 단순한 숫자로만 인지하고 있는 것은 아닌지 걱정된다. 나는 아직까지는 사람이 기계보다 누구를 더 믿어야 하는지, 사회와 기관과 기술이 서로 어떻게 상호작용을 할지에 대한 판단을 더 잘 한다고 믿는다. 영화 〈스타트랙〉 속 '스팍'처럼 인간 반 벌컨 반이면 이상적이지 않을까.

합리적이고 경제적인 인간을 구제하기 위한 마지막 시도는 이렇다. 주식 시장은 어떤 감정과 행동에는 대가를 치르게 하며, 다른 감정과 행동에는 보상을 준다. 소비자는 자신이 원하는 특정한 감정을 주는 상품이나 서비스를 얻기 위해 돈을 지불한다. 라스베이거스에서 흥청망청 돈을 쓰며 도박을 할 때처럼 터무니없는 소비를 할 때에도 손님은 왕 대접을 받는다. 만약 투자자가 동일한 감정을 느끼게 해 줄 수 있는 주식을 고를 수 있다면, 여기에서도 동일한 금액을 지불할 용의가 있어야 하는 것 아닐까? 변동성이 심한 인기주에 투자할 경우, 라스베이거스에서 얻는 짜릿함과 유사한 경험을 얻고, 손실은 세금 공제도 받을 수 있는데 말이다.

투자자는 간혹 일반적인 사람들이 느끼는 기분, 행동, 흥분, 재미, 사회적 인정, 인기도, 그 밖의 사회적 특권과 같은 욕망에는 숨겨진 비용이 있다는 것을 간과하는 듯하다. 물론 인내, 지루함, 걱정, 용기, 고통, 외로움, 괴짜 혹은 어리석은 사람처럼 보이는 것을 감내함으로써 숨겨진 보상을 얻을 때도 있다.

이중 가장 값비싼 대가를 초래하게 하는 것은 바로 안정을 추구하려는 경향과 공포다. 예정에 없던 주식의 매수와 매도 거래를 유도하기 때문이다. "이런! 내가 어떻게 이런 보수적인 투자에서 내 돈의 반이나 잃은 거지? 그 사람들의 말이 맞았어. 이 증거들을 없애야겠군"에서 시작해서 "그래, 내가 패닉에 빠진 게 맞았어. 하지만 이제 돌아갈 길이 없군"으로 끝나는 감정들 말이다. 누구나 알 법한 주식에 투자하는 것은 기분이 좋지만 그것 또한 계속되지는 않는다. 반대로 가치 투자자는 자신의 분석이 틀리고 시장이 제대로 작동한 상황, 즉 현실이 자기 생각보다 더 나쁜 것이 아닌지를 걱정한다.

나는 개인적으로 인내심이 있는 사람이 한시도 가만히 있지 못하는 모험심 강한 사람보다 나은 판단력을 가졌다고 믿는다. 같은 주식을 갖고 있더라도 인내하는 자가 세금적인 면에서 더 큰 혜택을 받는다. 중개료나 수수료를 살펴봐도 이런 성향은 강조되지만, 일단 이 문제는 배제하고 생각해 보도록 하자. 여기 4명의 투자자가 있다. 이들 모두에게 단기 투자에는 35퍼센트, 그리고 1년 이상의 장기 투자에는 15퍼센트의 세율이 적용된다. 4명이 매해 8퍼센트 복리의 배당금은 지급하지 않는 같은 주식에 투자했으며, 차이점은 주식을 사고파는 빈도뿐이다. 각각 6개월, 1년, 10년 그리고 30년의 단위로 주식 거래를 한다고 생각해 보자. 30년 동안 '게으른' 투자자는 다른 투자자에 비해 거의 2배 가까운 이익을 얻는다(〈표 2-1〉 참고).

표 2-1 세율이 30년 복리 수익률에 끼치는 영향

	주식 거래 빈도			
	6개월	1년	10년	30년
세전 수익률	8.0%	8.0%	8.0%	8.0%
1,000달러에 대한 회수금	$4,576	$7,197	$7,822	$8,703
세후 수익률	5.2%	6.8%	7.1%	7.5%

노트 : 1년 미만의 단기 투자에 대한 세율은 35퍼센트, 장기 투자에 대한 세율은 15퍼센트로 계산

비슷한 예로 거래 대금과 운용 수수료는 순수익을 낮출 뿐만 아니라 시간이 흐름과 동시에 불어난다. 운용 보수를 순자산액의 2퍼센트, 성과 보수는 순이익의 20퍼센트로 계산하는 헤지펀드에 투자했다고 생각해 보자. 그리고 이 펀드가 위의 예처럼 6개월에 한 번 거래를 하며, 거래 비용은 연 0.03퍼센트로 가정하자. 그러면 투자한 1,000달러는 30년 후 2,499달러밖에 되어 있지 않을 것이다. 이는 아무것도 하지 않거나 게을러서 수수료가 낮은 매니저가 오히려 더 많은 돈을 벌어 줄 수도 있다는 것을 보여 준다.

큰 변화가 없는 주식을 인내하는 것은 비교적 쉬운 일이다. 그래서 지루함을 감내한 대가로 수익을 얻는 것은 내가 가장 반기는 일 중 하나다. 과거 성과를 보면, 안정적이며 변동성이 낮은 주식은 생각보다 수익률이 좋았으며 위험부담이 높고 흥미로운 주식은 예상 외로 수익률이 낮았다. 이론적으로 기대수익이란 변동성을 감안한 수익이지만, 과거 성과를 보면 리스크

는 주가 변동성을 확대하고 사실상 투기 세력에게 기회를 제공하는 것처럼 보인다. 큰 변동 없이 꾸준히 상승하는 주식을 보고 있는 것은 언제나 즐거운 일이다. 상승 장세가 언제 시작되고 끝날지 정확히 안다면 베타계수$^{beta\ coefficient}$(주식시장 전체의 가격 변동 폭 대비 펀드의 수익률이 얼마나 변동하는지를 나타내는 지표 - 옮긴이)가 가장 높은 주식에 투자해야 한다.

과거에 안정적이고 지루하게 느껴졌던 주식이 앞으로는 더 이상 그렇게 느껴지지 않을 가능성이 높다. 저변동성 주식의 수익률이 꽤나 좋았다는 것을 아는 주식 투자 상담가들이 저변동성 변수를 바탕으로 포트폴리오를 구성하여 주가를 끌어올리고 있기 때문이다. 이런 변수들이 영향력이 있었던 이유는 저변동성 주식이 과거에는 저평가가 되어 있었기 때문이다. 또한 낮은 금리로 인해 사람들이 저축 예금이나 머니마켓펀드$^{Money\ Market\ Fund,\ MMF}$(미국의 단기 투자 신탁의 하나 - 옮긴이)에서 얻는 소득이 거의 없다. 사람들은 이제 과거에 예금이 보장하던 이자라도 벌기 위해서 주식에 투자를 한다. 주가가 폭락하지 않는 이상, 저변동성 주식의 수익률은 왜 투자자가 리스크를 감수하는 대가로 보상을 받는지 알게 해 줄 것이다.

대부분의 사람은 사회에서 인정받았다는 것에 안정감을 느낀다. 수백만 달러의 소득을 올리지만 그 돈이 더 이상 필요하지 않은 부유한 사람들에게도 사회적 인정과 존경은 가장 중요한 삶의 동기 중 하나다. 어떤 기업이 다른 기업보다 인기 있고 존경받는 경우가 있는데, 이는 주주에게도 영향을 준다. 그래서 이러한 기업은 그렇지 않은 기업에 비해서 더 높은 시가총액 배수에 거래된다. 역사적으로 비싼 가격에 거래되는 주식은 시장 수익률을 하회하는 경우가 허다하기 때문에, 기업의 인기는 그 기업과 주식의 실적에 비례하지만, 기대치가 높은 만큼 결과가 그 기대치에 미치지 못하면 여파가 매우 크다.

투자자에게 인기 없는 주식이 오히려 수익률은 더 높다는 사실은 불편한 일이다. 사회에서 인기가 없고 인정받지 못하는 주식은 낮은 가격에 거래된다. 1980년대와 1990년대에는 인체에 독이 되는 상품을 판다는 인식 때문에 투자자들은 담배 주식에 투자하는 일을 꺼렸다. 1972년부터 1973년을 제외하고, 담배 주식은 오랜 기간 동안 높아지는 이익에도 불구하고 할인된 PER에 거래되었다. 그러나 흡연은 여전히 건강에 해로우며 담배 매출이 줄었음에도 담배 회사는 기대보다 높은 수익률을 보여왔고 PER 역시 확장되었다.

가장 큰 가격 괴리는 사람들이 도저히 극복할 수 없다고 생각할 만한 확연하고 끔찍한 결함이 있을 때 나타난다. 만약 이때 분석한 사실을 토대로 이러한 결함이 심각하지 않고 극복 가능하다는 결론에 도달했다면, 그 판단에 따르면 된다. 그 판단에는 보상이 있을 것이다.

이론적으로 보면, 투명하게 운영이 잘되는 사업에 낮은 가격으로 투자해야 한다. 하지만 현실적으로, 가격이 낮으면 어떤 결함이 있을 가능성이 있다. 보통 너드처럼 자료를 살피고 본질을 추려낼 줄 아는 사람이 보상을 받는다. 더 나아가 당시에는 대부분의 사람들의 생각과 달라 우스꽝스러워 보였던 결정도, 이후에 옳았다고 밝혀지면 용기 있는 행위였다고 박수를 받는다. 하지만 이런 단계까지 가기 위해서는 수많은 고통과 인내가 뒤따르며, 자신이 틀리고 대중이 맞을 수도 있다는 가능성에 대한 걱정이 계속된다.

높은 수익률을 얻기 위해 고통과 외로움, 걱정을 감내하며 주식 발굴 작업을 시작할 준비가 되어 있는가? 경제적인 인간은 그럴 준비가 되어 있지만, 많은 평범한 사람은 그렇지 못하다. 나는 개인적으로 지루함을 견디는 것은 괜찮지만 고통을 견디는 건 달갑지가 않다. 만약 이 모든 것이 부담스럽게 느껴진다면 인덱스펀드에 투자하거나 펀드매니저들이 장기 투자하는 자원이 풍부한 펀드 집합체 내의 저비용 펀드에 투자하라. 설사 그런 투자를 하더라도 당신의 성급함이 매니저의 계획과 인내가 가져다 주는 과실을 앗아갈 위험은 여전히 존재한다.

경제학자들의 엉뚱하고 비현실적인 가정은 코드화된 충고로 받아들이자. 남보다 더 많은 정보를 알고 있는 분야에 투자하라. 대중의 해석에 귀를 기울이되, 다양한 의견을 수렴하라. 주식의 가치를 예측하고 그에 근거하는 투자를 하며 최대한 멀리 보는 안목을 갖추어라. 또한 대담하게 결정하되 무모하지 말아야 한다. 세금이나 수수료, 거래 비용 같은 지출을 절감하자. 이를 가장 쉽게 하는 법은 거래를 너무 자주 하지 않는 것이다. 가장 중요한 것은 라이벌들을 과소평가하지 말고 자신의 분석 능력이나 안목이 평균 이상이 아니라면 고수익은 기대하지 않는 것이다.

보통 완전 경쟁의 가정은 기업이 적은 이익만 벌 수 있다는 것을 의미한다. 하지만 경쟁이 없는 곳을 찾아가라는 충고로도 받아들일 수 있다. 심리학자들은 쉽게 접할 수 있는 정보 외에도 사회적 상황, 역사적 통계 그리고 기준치와 평균에 대한 이해를 통해 시야를 넓히라고 조언한다. 만약 자신이 이야기 짓기 오류에 빠진 것 같다면 한 번 더 의심하고 돌아봐야 한다. 잘못 내린 닻을 수정하려면 제3자의 의견을 수렴하여 주식의 현재 가치에 집중해야 한다. 확증 편향을 갖지 않기 위해서는 내 의견과 반대되는 근거를 찾아보고 반대되는 의견이 정당한지 스스로에게 묻는 훈련을 하자. 교환 관계를 이익과 손실의 틀로 보지 말고 순수 교환으로 이해하자. 그리고 남의 생각을 그대로 받아들이기보다 스스로 생각하는 법을 익히자.

신중한 결정을 내리기 위해서는 중요한 문제가 사소한 것에 얽매이지 않게 해야 한다. 견해를 넓히고 성찰을 한다면 자신의 실수로 인해 곤란한 상황에 빠지는 일은 피할 수 있을 것이다. 사람과 아이디어를 분리하고, 아이디어는 아이디어끼리 승부하게 하자.

3

투자는 도박이 아니다

> 캡틴 르노 : 여기서 도박판이 펼쳐지고 있다니 너무도 충격이 크다.
> 카지노 직원 : 손님, 따신 돈 여기 있습니다.
>
> - 영화 〈카사블랑카〉 -

대중의 눈에는 도박이든, 투기든, 투자든 전부 도박으로 보이며 실제로 그런 경우도 많다. 월가의 기업은 고객을 모두 '투자자'라고 부름으로써 혼란을 키운다. 불편하게도 모든 투자 결정은 어떤 형식으로든지 미래에 일어날 일에 대한 추론(영단어 Speculation은 여러 가지 의미를 가지며 투기, 추론도 그에 포함된다 - 옮긴이)을 수반한다. 더 위험한 것은 자신이 투자한다고 생각하는 사람이 실제로는 투기를 하고 있는 경우다. 투기와 투자의 구분은 중요하다. 투자자는 투기자와 다른 방식으로 정보를 수집하며 리스크와 불확실성 또한 다른 방식으로 관리하기 때문이다.

이 장의 목적은 의도하지 않은 도박에 빠지거나 가격, 심리, 그리고 알 수 없는 분야의 화제에 의존해 투기하는 행위로부터 멀어지도록 경고하는 것이다. 카지노와는 다르게 월가에서 도박을 하는 사람은 자신이 도박을 하고 있는지조차 깨닫지 못하는 경우가 많다. 어떤 투기는 불명예를 얻어 마땅하지만, 어떤 투기는 자본주의 체제가 유지되는데 필수적이다. 사람들은 필수 정보를 찾을 수 없거나 구할 수 없을 때 미래에 대비하기 위해 투기를 한다. 나는 기업이 창출하는 이익 흐름에 영향을 주는 요소를 이용하여 투기한다면, 군중심리나 시장가격을 이용하여 투기하는 것보다 더욱 큰 수익을 낼 수 있다고 생각한다.

관련 영역은 두 축으로 나뉜다. 첫째, 이벤트event 트레이딩인가 아니면 전체론적holistic 트레이딩인가?(이벤트 트레이딩은 어떤 중요한 기업 관련 이벤트를 전후로 주가가 내재 가치에서 일시적으로 멀어지는 것을 기회 삼아 시세 차익을 노리는 투자 전략이다. 여기서 중요한 기업 관련 이벤트란 구조조정, 인수합병, 파산, 인적 분할 등을 의미한다. 반면 전체론적 트레이딩은 기업의 구조, 운영 등을 깊이 분석해서 장기적인 주가 상승을 바라보는 투자 전략이다 - 옮긴이) 수익성 좋은 매매를 위한 신호나 촉매를 찾고 있는가, 아니면 전체론적인(포괄적인, 장기적인) 관점에서 자금과 수입이 안정적인 투자처를 찾고 있는가? 둘째, 투자 대상에 대해 연구를 많이 했는가? 철저히 연구를 진행했는가, 아니면 대충하거나 아예 하지 않았나?

이벤트 트레이딩과 연구 정도를 조합한 각각의 경우를 〈표 3-1〉에 정리했다. 나는 철저한 조사에 기반한 이벤트 트레이딩을 '예리한 투기'라고 부르겠다. 연구를 건성으로 하면 이는 '무모한 투기'가 되기 쉽고, 아예 연구를 하지 않으면 이는 '도박'이 된다. 비슷한 방식으로 전체론적 트레이딩도 연구 수준에 따라 분류할 수 있다. '투자'는 철저한 연구로 자본이 전반적으로 안전하고 적당한 수익을 얻게 될 것임을 알았을 때의 산물이다. 대충 한 연구와 전체론적 접근법이 합쳐지면 '위험한 투자'가 된다. 아무런 입증 자료 없이 모든 것이 어떻게든 잘 풀릴 것이라는 믿음을 '도박'이라고 부른다.

표 3-1 연구 수준과 연구 분류의 조합 가능성

	이벤트	전체론적
리서치 철저하게 함	예리한 투기	투자
리서치 대충함	무모한 투기	위험한 투자
리서치 안 함	도박	도박

승산을 따질 수 있어야 한다

확률과 통계를 이해하면 도박은 매력을 잃는다. 매사추세스 공과대학교 출신 카드 도박사들에 대한 유명한 이야기가 있지만, 그들이 했던 것은 도박이 아니다. 도박의 성공 확률을 분석했기 때문이다. 성공 확률을 모르거나 신경도 쓰지 않는다면, 도박은 무지로 인해 지불해야 하는 세금이나 실제로 다름없다. 예를 들어, 복권을 사는 사람들이 집합적으로 복권 매출의 65퍼센트를 가져가게 된다고 가정해 보자. 확률적으로 복권을 사는 순간 돈의 35퍼센트를 잃게 된다. 보통 최종적으로는 완전한 손실이 발생한다.

 나도 한때는 금융시장에서 도박을 했다. 당시에 나는 금리에 투기를 하고 있다고 생각했다. 내가 그랬듯이 아마도 대부분의 주식시장 도박사는 자신도 모르게 도박을 하고 있을 것이다. 나중에 이야기하겠지만 나는 벽창호처럼 처음의 승리가 내가 맞았다는 것을 증명한다고 생각했다. 그리고 당시 내게 큰 액수였던 돈을 순식간에 벌었다가 곧바로 잃게 되었다. 도박 행위의 숨길 수 없는 표시들은 다음과 같다. 별개의 사건에 도박을 거는 것, 너무 짧아서 없다시피 한 타임라인, 레버리지^{leverage} 사용, 한 스토리에만 지나치게 빠져드는 것, 그리고 승산이 있는지 알 수 있는 방법이 없는 상황 등이다.

어리석은 투기에 빠지지 말아라

투기는 올바르게만 행해진다면 도박이 아니다. 섹스와 마찬가지로 투기는 어딘가 찜찜한 명성을 갖고 있으나 어디서나 행해지고, 자주 즐기며 이것 없이는 우리 모두 여기에 존재하지 않았을 것이다. 이 말의 라틴어 어원인 'speculare'는 "감시탑에서처럼 관찰하거나 망을 보다"라는 뜻을 가지고 있다. 우리가 운명에 대처하는 유일한 방법은 관찰하고 상상하려고 노력하는 것밖에 없다. 기업은 고객이 무엇을 원할지, 원재료가 어디서 올지, 그리고 얼마나 필요할지 어떻게든 예상해야 한다. 투자는 자본이 언제 어떻게 위험에 처할 수 있는지, 혹은 어디에서 매우 생산적일 수 있는지를 상상하지 않고는 행해질 수 없다. 미래를 마음속에 그려내고 창조하는 과정은 결코 빈틈없이 완벽할 수 없다. 그러나 그 과정이 없으면 합리적인 경제인으로서의 기틀이 마련되지 않는다.

    투자자는 불가피하게 투기를 하게 되지만, 투기에 있어 가장 인기 있는 주제 중 다수는 연구를 해서 경쟁력으로 활용하기 힘들다. 가장 위험한 투기는 주식 투기, 원자재 투기, 그리고 군중 심리에 대한 투기다. 당신이 틀렸다는 것을 입증할 수 있는 '적정 가치'와 같은 개념이 있지 않다면 말이다. 만약 시장이 효율적이라면 과거의 가격 변동은 미래 가격의 변동 경로를 예측하는 데 어떤 단서도 제공하지 못한다. 이 말이 사실이라면 이는 과거 가격 변동에 대한 연구는 보상받지 못할 것이라는 뜻이다. 가격 모멘텀의 논리는 변덕스러우며 변하기 쉽다. 여러 연구가 단기적으로는 가격 상승이 꽤 높은 확률로 추가적인 이득으로 이어지고, 가격 하락이 추가적인 손해로 이어진다는 것을 증명했다. 심지어 가치 지표보다도 정확했다. 그러나 1년 정도 후에는 모멘텀이 뒤집어지기 시작하며 그래서 트레이더[trader](주식이나 채권을 매매할 때 고객간의 거래를 중개하는 사람 - 옮긴이)는 민첩해야 한다.

요즘 같은 인터넷 시대에는 모멘텀이 느린 정보의 보급 혹은 뉴스에 대해 둔한 반응을 반영한다는 것은 말도 안 되는 이야기에 가깝다. 오히려 뉴스 사회적 증거, 그리고 과열 현상에 대한 과민 반응을 반영한다. 결국 기업들은 안 좋은 뉴스는 찔끔찔끔만 흘리며, 수익을 악화시키는 원인을 고치기까지 시간이 오래 걸린다. 가치 투자자는 자신의 기대가 충분히 자리 잡혔는지 확실히 조사해야 한다.

모멘텀은 당신이 얼마나 멀리 보는지와 당신이 생각하기에 군중이 얼마나 멀리 보고 있는지 간의 복잡한 상호작용에 대한 이해를 바탕으로 한 빠른 속도의 게임이다. 각각의 참가자가 0과 100 사이 정수를 입력해야 하는 간단한 게임을 생각해 보자. 승자는 자신의 숫자가 (소수점을 떼어낸 후) 다른 참가자 입력치 평균의 절반에 가장 가까운 사람이라고 쳐 보자. 어떤 숫자를 고를 것인가? 어떤 사람은 0과 100 사이의 평균인 50을 고를 것이다. 전체 참가자의 평균 예상치의 절반에 해당하는 숫자를 찾아야 하기 때문에, 50을 절반으로 나눈 25를 고를 수도 있다. 하지만 다른 참가자도 똑같은 계산을 할 수 있기 때문에, 12를 고르는 게 나을지도 모른다. 장기 투자자는 자신이 볼 수 있는 한 최대한 멀리 내다보려고 노력한다. 이런 반복을 계속하다 보면 6, 3, 그리고 1이라는 숫자에 도달하게 된다. 수학자는 한계점에 다다르면 0이라는 숫자에 도달할 것이라고 말한다.

현실에서 이 게임이 진행되면 승자는 한두 단계 정도를 내다볼 뿐 그 이상은 보지 않는다. 50 혹은 25를 입력한 사람은 이벤트에 대한 반응인 2차 효과를 충분히 생각하지 않았다. 예를 들어 원자재 가격의 급등은 공급을 증가시킬 것이며 이는 가격 상승 모멘텀을 둔화시킬 수 있다.

앞을 조금만 더 내다보고 질문해 보자. 만약 이러한 사실이 명백하다면 다른 사람은 어떻게 반응할까? 게임이기 때문에 다른 참가자가 어떤 사람인지 파악하는 게 중요하다. 반대로 이런 게임에서 다른 참가자들은 게임이 어떻게 끝날지 거의 고려하지 않기 때문에 0으로는 절대 이기기 힘들다. 그럼에도 나는 다른 사람이 얼마나 오랫동안 근시안적으로 남아 있을지에 투기하는 것은 도박에 가까운 행위라고 간주한다.

집단행동에 대한 연구는 성과를 올릴 수도 있으나, 투기자가 찾는 정확한 날짜나 숫자를 얻기는 힘들다. 주식시장 버블은 트레이더들이 설득력 있는 첫 전제를 붙들고 논리를 지나치게 늘어뜨릴 때 발생한다. 투기자는 상승장을 자신이 옳았다는 증거로 받아들인다. 그들의 오류는 때가 무르익어야 명백해진다. 사람들은 다른 모든 것을 시도해 볼 때까지 이성적으로 사고하는 것을 최대한 피한다. 이런 파티가 언제 끝날지 알려 줄 명백한 징후가 있을 것이라고 믿으면 어느새 불가피한 결과를 알면서도 무지막지한 군중에 끌려 들어가게 될 것이다. 조사하기 어려운 또 다른 주제는 안개 속에 있는 먼 미래의 일이다. 예를 들어, S&P 500의 현재 배당률은 2퍼센트다. 이런 배당률이 지속된다면 배당으로만 투자 원금을 회수하려면 50년이 소요된다. 그러면 수십 년 후의 경제까지 예측하며 현재 투자에 반영해야 할까? 나는 그 대답을 할 정도로 충분히 알지 못한다. 대신 나는 최대한 먼 미래를 상상하는 것이 조금은 덜 터무니없는 상황을 찾으려 애쓴다. 그리고 수십년 후 경제 상황에 따라 뒤집어질 수도 있는 투기는 지양하려 한다.

기업에 대한 투기

투기를 해볼 만한 주제는 다음과 같은 것들이다. 경영진이 올바른 결정을 해야 할 시기에 올바른 결정을 할 것인지, 특정 산업이 노후화, 진부화, 혹은 도를 넘은 재무 상황 등으로 쇠퇴할 것인지, 그리고 특정 증권의 가치가 얼마가 될 것인지 등이다. 이는 아직 존재하지 않는 도전과 기회에 대한 반응을 예측하는 것이기 때문에, 그것을 정확히 알 수는 없다. 하지만 산업과 경영진의 과거 실적은 유용한 지표를 제공한다.

예를 들어, 오프라인 소매상은 인터넷에서 상품을 팔아야 하며 그러지 않으면 아마존에 의해 없어질 위험에 놓이게 될 것이다. 내가 투기를 할 때 중점적으로 고민하는 것은 어떤 부류의 상품이 인터넷으로 더디게 이동하게 될지, 온오프라인 거래가 어떻게 합쳐질지, 그리고 온오프라인 형태에서 어떤 소매상이 어떤 시스템과 적응력으로 고객을 상대할지 등이다.

초기 단계의 생명공학 기업이나 인터넷 기업에 성공적으로 투자하는 것은 과학과 기술이라는 분야를 이해하고, 어떤 상품을 고객들이 좋아할지, 잠재시장의 규모가 얼마나 클지에 대한 추론이 없이는 불가능하다. 만약 클라우드 기반 B2B 고객 관계 관리 데이터 분석 등에 대해 잘 알지 못하고, 고객이 왜 이 상품을 원하는지 대답하지 못한다면 그 투자는 도박이나 다름없다. 벤처캐피털리스트venture capitalist라는 전문화된 분류의 극단적인 투기자가 없었다면, 이러한 과학 프로젝트들은 아이디어를 상품화할 자본을 절대 얻지 못했을 것이다.

이렇게 미래 수입과 확실성에 대한 고려가 상대적으로 낮은 종류의 투기가 없었더라면 진보는 없었을 것이다. 투자자는 특정 기업의 수명 기간 동안 배당으로 받을 수 있는 현금 흐름에 집중하지만, 투기자는 독립적인 이벤트에 주안점을 둔다. 주식의 가격이 특정 요인에 의해 최고점까지 치솟았다는 생각이 들면 거기서 멈춰야 한다. 투기는 그 특정 요인 이외의 다른 요인들이 덜 결정적이라고 여겨질 때만 성공한다고 생각하면 된다. 예를 들어, 항공사 주식은 유가 하락에 베팅하는 것이라고 알려져 있지만, 이러한 투기는 낮은 운행량, 요금 경쟁, 노사 갈등, 무능력한 경영진 등에 의해 실패할 가능성이 있다. 베팅 룸에서는 인식 가능한 리스크를 골라 베팅할 수 있지만, 주식을 고를 때는 매력적인 리스크가 덜 매력적인 리스크와 함께 묶여 있다.

적절한 수익률과 자본의 안전성을 따져라

가치 투자의 아버지인 벤 그레이엄Ben Graham은 다음과 같이 말했다. "투자 활동은 철저한 분석에 기반하여 원금의 안정성과 적절한 수익률을 보장해 주는 것이다." 이 주장은 적절한 수익률과 원금 안정성의 판단 기준, 분석의 충분성 여부 등을 생각하게 만든다.

적절한 수익률이란 현재 시장에서 확보할 수 있는 수익률과 투자자에게 허용되는 범위의 수익률 중 더 높은 것을 가리킨다. 채권 기대 수익률은 공시되어 손쉽게 구할 수 있지만, 주식 수익률은 넓은 오차 범위를 염두에 두고 추론되어야 한다. 높은 수익률을 요구한다고 해서 그것이 그냥 주어지지 않는다는 말이다.

2017년에 일본과 유럽에서 특정 채권은 마이너스 수익률을 기록했다. 이는 채권자가 초기에 투자한 금액에 대비하여 더 적은 엔화와 유로화를 돌려받게 된다는 뜻이다. 대안으로는 현금으로 들고 있거나 다른 자산을 매입하는 것인데, 이 또한 수익률이 형편없다. 투자 활동은 언제나 가격과 현재 환경에 뿌리를 두고 있다. 오늘날 어떤 투자 적격 등급 채권은 그 이름과는 달리 더 이상 투자 대상이 아니다.

주식이 만약 스크린에 비친 숫자에 불과하지 않고 한 기업의 일부 지분이라고 믿는다면, 투자자가 찾는 확신은 기업의 사업 활동 자체에서 비롯되어야 한다. 마음을 주가보다는 사업 그 자체에 집중하도록 훈련하는 것이 올바른 투자로 이어진다. 모든 사람이 증권과 산업을 분석하는 능력이 똑같지는 않지만, 자신이 친숙한 부분에 집중을 하면 곧 분석한 정보를 적절하게 이용했다는 확신을 갖게 될 것이다. 진실하고 능력 있는 경영진에게 자본을 맡김으로써, 불법 행위의 위험을 줄일 수 있다. 어떤 산업은 잔인할 정도로 경쟁적이며 무자비하게 변화하는데, 어떤 기업은 은행가의 친절함에 의존한다. 그럴 때는 더 안전한 다른 곳을 찾아가야 한다.

채권과 달리 주식의 경우 안전한 원금 보장이 된다는 말의 의미는 좀 더 은유적이지만, 두 경우 모두 계량화할 수 있다. 1달러짜리 증권을 60센트를 주고 사는 것은 80센트를 주고 사는 것보다는 더 넓은 안전 마진을 제공한다. 하지만 가치는 예측치이며, 나에게 1달러가 당신에게 70센트일 수 있다. 현금을 제외한 많은 회계 항목은 예측치이며, 따라서 한 기업의 달러 수익은 다른 곳에서는 다른 숫자로 보고될 수 있다. 주식 투자의 원금 안정성은 보수적인 회계 원칙을 따르는 기업에 대해 신중한 추정치를 사용하여 계산된 충분한 안전 마진으로 구성된다.

성실한 연구는 실질적으로나 인식적으로나 확실성을 증가시킨다. 그러나 그 노력의 효과가 반감되는 순간이 있다. 같은 소식을 다양한 형태로 반복적으로 접하면, 그 소식의 중요성을 과장하게 될 수 있다. 어떤 정보는 유통기한이 짧으며, 어떤 결정을 내리기 전에 이미 쓸모 없어질 수 있다. 우리의 마음은 한정된 개수의 사실만 동시에 처리할 수 있기 때문에(일곱 개가 최대라고 알려져 있다), 더 많은 개수의 사실이 입력되어도 의사 결정을 개선시키지는 않는다. 다항식을 푸는 것이 중요한 게 아니라 패턴을 인식하는 것이 더 중요하다. 무엇보다 우리는 먼 미래를 예측하려고 하는 것이기 때문에, 어떤 대답은 평생 불확실한 상태로 남는다.

현재 너무 많은 투자자가 정보를 다각도로 분석하지 않고 끊임없이 재전송되는 뉴스에만 시간을 할애한다. 나도 한 기업의 분기 수익 보고를 수년 동안 검토한 뒤에야 어떤 요인이 중요한지에 대한 감이 잡힌다. 만약 예전 수익 보고를 공부하지 않고 발표가 날 때만 잠깐 들여다보면 이러한 감을 찾게 될 때까지 많은 시간이 걸릴 것이다. 물론 뉴스는 365일 24시간 이용할 수 있으며 과거를 검토하는 것도 깊이 파고드는 노력이 필요하다. 현재를 중시하는 사람에게 사기꾼이거나 무능력자인 경영인은 오로지 그가 최근에 충격적인 일을 했을 때에만 뉴스거리가 된다. 경영난에 허덕이거나 시대의 변화 혹은 경쟁에서 밀려나는 기업은 눈에 띄게 망하고 있을 때에만 눈에 띄게 된다.

긴 기간에 걸친 데이터를 보고, 규모가 큰 통계 자료를 검토하여 승률을 높여라. 예를 들어 나는 시장이 나날이 어떻게 변동하는지 1년 전에 예측할 수 없다. 그러나 일일 고점에서 일일 저점을 빼서 측정했을 때, 하루 20퍼센트 이상 폭락했던 장이 1928년부터 지금까지 25번 있었다는 사실을 아는 것은 유용하다고 생각한다. 이 얼마나 불안한 일인가! 이상하게도 S&P 500이 1년에 20퍼센트 이상 하락했던 적은 87년 중 6번밖에 없었다. 많은 경우 지나치게 강한 상승장 후에 하락장이 발생하거나, 심한 하락세 후에 가파른 상승세가 지속되면서 그해 안에 가장 심각한 손해가 만회된다. 통계학적으로 봤을 때 시간이 지나며 관측치가 더해질수록(혹은 그룹 내에서 더욱 많은 통계치들이 관찰될수록) 중간값으로 수렴하는 경향이 있다. 나는 수치를 정확하게 예측하기보다는 구간으로 예측치를 생각한다.

분산화는 예측하기 힘든 이벤트가 포트폴리오를 망칠 확률을 줄여준다. 항공업과 같은 산업은 원유 생산업과 같은 다른 산업이 좋지 않을 때 반대로 좋아질 수 있다. 유가에 투기하고 싶지 않은 사람은 항공사 주식과 원유 생산자 주식을 모두 살지도 모른다. 분산화는 리스크를 감소시키지만, 마켓 전체를 통해 분산화를 해도 리스크가 전부 사라지지는 않는다. S&P 500 지수에 투자하는 사람은 개별 주식에 위험에는 노출되지 않으며 불가피한 시장 리스크만 노출된다. 하지만 가치를 판단하는 데 소질이 있다면 앞으로 시장을 상회하는 수익률을 낼 것이라 기대할 수 있다. 그리고 저평가된 주식 다수로 포트폴리오를 분산시켜 구성하면 총체적인 난국에 빠지는 확률도 줄일 수 있다.

가치에서 멀어지는 이유

기술은 인간 행동의 확장이며 어떤 측면에서는 우리를 더 나은 투자자로 만든다. 그러나 투자보다는 도박에 더 요긴해서 그 방향으로 사람을 이끈다. 먼저 좋은 소식부터 보자. 검색 및 스크리닝 소프트웨어는 매력 있는 증권을 찾아내는 시간을 단축시켜 준다. 구글은 뉴스 기사, 산업 정보, 경쟁 분석 자료 검색을 쉽게 한다. 기업 연간 보고서를 모아 둔 연방 정부의 온라인 도서관인 EDGAR 시스템은 놀랍도록 훌륭하지만 충분히 활용되지 않는 자원이다. 실적 콘퍼런스 콜은 대개 웹을 통해 누구든지 어디에서나 볼 수 있다.

그러나 인터넷은 사람의 파충류 뇌에 호소하여 관심을 받으려고 경쟁하는 뉴스 및 광고 매체이기도 하다. 인터넷의 상업적 목적은 광고로 사람을 산만하게 하는 것이다. 출처가 의심스러워도 주의를 끄는 아이템들은 클릭용 미끼로 매우 좋다. 이 모든 방해물이 사람으로 하여금 멀티태스킹multitasking을 하도록 유도한다. 동시에 여러 일을 하려면 그 일들 대부분이 머리를 쓰지 않아도 되는 작업이어야 한다.

뉴욕 증권거래소에 상장된 주식의 평균 보유 기간은 1960년에 7년이었으나 2016년에는 4개월로 줄어들었다. 이런 통계치가 극도로 활동적인 일부 트레이더 때문이라는 것은 분명하지만, 나는 중앙값도 짧아졌을 것이라 생각한다. 고속 컴퓨터 네트워크는 온라인 트레이딩을 매우 쉽고 저렴하게 만들었으며, 이제는 알고리즘 트레이더 간의 군비 경쟁이 활발해지고 있다. 거래소용 서버와 데이터 선을 이용하여 고속 매매를 행하는 트레이더가 트레이딩 집행 시간을 0.001초로 끌어당겼다. 오늘날의 트레이딩 속도, 용이함, 비용은 훌륭하지만, 충동적으로 다트를 던지듯이 증권을 사고팔기도 너무 쉽다. 미국 국채는 평균적으로 1년에 한 손에 꼽을 정도로만 거래된다.

생각의 모자를 쓰자

투기가 매력적인 이유는 촉매제가 눈에 보이고, 상황이 구체적이며, 제한 시간이 있기 때문이다. 하지만 이러한 요소가 오히려 문제가 될 수도 있다. 주식의 경우 연료 가격과 같은 구체적인 요소의 변화가 때때로 투기자가 등한시한 요인에 의해 엉뚱한 방향으로 갈 수 있다. 또한 인내심을 가지고 기다릴 수 있는 능력을 '아이디어가 실현되어 성과를 거둘 때까지 끈질기게 기다리는 것'으로 한정할 때, 투자는 투기적 성격을 띠게 된다. 아래에 도박이 아닌 투자를 하고 있는지 확인할 수 있는 간단한 체크리스트를 준비해 보았다.

1. 기업의 이익을 전체적인 관점에서 장기간 동안 생각하는가?
2. 결과에 확신이 생길 만큼 충분한 조사를 했는가?
3. 자본이 안전하다고 생각할 만큼 사업성은 충분히 안정적인가?
4. 적절한 수익률을 기대하는 것이 합리적인가?

인덱스펀드 투자자는 이러한 질문들을 주식 종목 선정가와는 다른 관점에서 해석할 것이다. 인덱스 투자자에게 수익이란 한 기업이 아닌 S&P 500 지수에 포함되어 있는 500개 기업 모두의 이익에 해당하기 때문에 다른 종류의 조사가 요구된다. 개별 주식을 불확실하게 만드는 사기꾼, 무능력한 경영진, 쇠퇴, 재무 상태 불건전 등의 위험은 분산화에 의해 줄어든다. 인덱스펀드가 완성된 형식이긴 하지만, 개별 주식으로 포트폴리오를 구성함으로써 분산 효과를 얻을 수도 있다. 이 책의 5부에서는 특정 종목 및 인덱스 투자에서 어떠한 수익률을 기대해야 하는지를 살펴볼 것이다.

4

훈련된 직관을 키워라

우리가 경애하는 사람의 친절, 관용, 솔직함, 정직, 이해와 애정 같은 것은 우리 신체 시스템 실패의 부산물이다. 그리고 우리가 혐오하는 예리함, 탐욕, 소유욕, 비열함, 자만과 이기주의 같은 특성은 시스템이 제대로 작동했을 때 나타나는 것이다. 사람들은 첫 번째 특성에 감탄하지만 두 번째 특성이 가져다주는 결과물을 더 사랑한다.

- 존 스타인벡 -

투자자와 사업가

『포브스』의 세상에서 가장 부유한 400인의 억만장자 명단에 이름을 올린 사업가는 대부분 지난 수십 년 동안 기하급수적으로 성장한 기업 창업가다. 마이크로소프트의 빌 게이츠Bill Gates, 알파벳Alphabet Inc.의 래리 페이지Larry Page, 월마트의 샘 월턴Sam Walton과 같은 사람을 생각해 보라. 리스트에 이름을 올린 투자자는 대부분 가치 투자를 하다가 사업가로 변신한 인물이다. 워런 버핏, 찰리 멍거, 칼 아이컨과 같은 사람을 생각해 보자. 역설적인 사실이 하나 있다. 투자자는 사업에 투자한다. 그러니 사업가와 투자자 모두 성장이나 가치로부터 혜택을 누려야 하지 않을까? 성장은 가치와 반대되는 개념이 아니다. 오히려 미래의 성장성이 가치를 구성하는 한 요소다. 사업가처럼 생각하는 것이 투자자에게 이득이 되는 것은 사실이지만, 투자자는 사업가와는 다른 규칙에 따라 행동하고, 기회를 다르게 해석하며, 그들만의 독특한 특징을 가지고 있다. 이 장에서는 성공적인 투자자의 심리학적 특성을 살펴보기로 하자.

사업가는 보통 그들의 모든 자본과 에너지를 하나의 사업에 집중시킨다. 만약 그 사업이 성공하면 정말 잘된 일이다. 반면 투자자는 분산화를 한다. 자신이 직접 하기도 하고, 적어도 20개의 주식을 보유하고 있어야 하는 뮤추얼펀드 매니저를 통해 하기도 한다. 『포브스』리스트에 이름을 올린 사람이라면 분명히 대단한 실력과 운을 가지고 있어야 한다(아니면 금수저일 수도 있다). 분산화는 운이라는 요소가 갖는 영향력을 감소시켜 준다. 실력이 갖는 영향력을 극대화하기 위해서 투자자는 현저하게 유리한 확률을 가진 투자 기회를 신중하게 골라낸 다음에 대규모 투자를 감행한다. 어중간한 기회는 건너뛰는 편이 좋다. 집중화된 포트폴리오를 구성하는 것은 운의 영향력을 증폭시키기 때문에 이런 전략은 도움이 될 수도 있고 손해가 될 수도 있다.

워런 버핏은 집중화된 포트폴리오 아이디어를 극한까지 추구하여, 펀치 카드를 찍듯이 평생 20개의 주식에만 투자를 하라는 제안을 한 적도 있다. 마치 결혼 생활과 같이, 사업을 소유한다는 것은 지속적인 헌신을 요구한다. 만약 투자도 그와 같은 방식으로 이루어진다면 투자자는 굉장히 높은 기준을 세운 채 알맞은 종목이 나타날 때까지 참을성 있게 기다려야 할 것이다. 물론 뮤추얼펀드 매니저는 필연적으로 근무 첫날 20개 이상의 종목을 선택하게 된다. 그럼에도 나는 펀치 카드 아이디어를 좋아한다. 물론 버크셔 해서웨이라는 기업을 하나의 큰 펀치 구멍으로 취급하지 않는다면, 버핏은 수조 원 대에 달하는 그의 재산을 이용해 펀치 카드를 더 샀다고 볼 수 있기는 하다. 가장 성공적인 아웃라이어^{Outlier}가 분산화하지 않은 사업가 가운데에서 나타난다는 것은 굉장히 자연스러운 일이다. 그러나 세상에는 분산화하지 않았기에 큰 실패를 겪은 투자자 또한 존재한다. 일례로 1825년 예일 대학이 기금 대부분을 이글뱅크$^{Eagle Bank}$에 투자했다가 파산으로 인해 돈을 날린 사건을 들 수 있다.

주식 투자자는 사업가가 어떻게, 그리고 왜 그렇게 생각하고 행동하는지 이해할 필요가 있다. 그 이유는 주식 투자자는 카드와 카드 플레이어에게 동시에 투자하지만, 직접 카드를 쥐고 게임에 참여하지는 않기 때문이다. 전문적인 투자자 또한 사업가라고 볼 수 있는데, 투자 관련 조언과 관리라는 서비스를 판매하기 때문이다. 주식 투자자는 자신이 만들 수 없는 영화를 혹평하는 영화 평론가 같은 면모도 가지고 있다. 이들 중 뛰어난 사람은 탁월한 작품을 충분할 정도로 논평을 해 왔기 때문에 제대로 된 평가를 내릴 수 있기는 하다. 사업가가 자신의 경쟁자가 놓친 고객을 유치하기 위해 혈안이 되어 있듯이, 투자자 또한 남이 보지 못한 가치를 찾기 위해 노력한다. 둘은 때로는 같은 것일 수도 있지만, 대개는 그렇지 않다.

물론 성공적인 투자자가 모두 가치 투자자인 것은 아니다. 주식시장에서 돈을 벌 수 있는 방법은 수도 없이 많으며 서로 다른 개성을 가진 사람에게 맞는 투자 방법은 따로 있다. 무모하지만 운이 좋은 투기자와 도박꾼 역시 얼마간은 잘 해낼 수 있을지도 모른다. 그런데 얼마나 오래 갈까? 가치 투자자에게는 도움이 되는 특성이 기민한 투기자에게는 피해를 주기도 하며, 그 반대의 경우도 마찬가지로 성립한다. 양쪽에 재능을 가진 투자계의 바이애슬론^{biathlon}선수가 아닌 이상(적어도 난 아니다), 투자와 투기를 병행하는 것에는 신중해야 한다고 말하고 싶다. 사람이 체스를 두면서 동시에 테니스를 칠 수는 없는 법이다. 하지만 가치 투자 접근법만 고집할 필요는 없다. 만약 이 접근법이 맞지 않는다면 자신에게 맞는 투자 방법을 찾아야 한다.

인내는 투자자에게는 귀중한 덕목이지만 투기자는 자신이 가진 생각이나 정보가 혹시 낡은 것은 아닐까 계속해서 주의해야 한다. 인내는 지속 가능한 역량을 가진 사업체가 있을 때만 빛을 발할 수 있다. 이 주제에 대해서는 뒤에서 다시 다루기로 하자. 침착한 감정 분리는 투자자에게는 도움이 되지만, 투기자의 경우에는 감정적 민감성과 걱정하는 마음을 활용할 수 있다. 투자자는 빈틈없고 지속성 있는 종류의 과단성을 필요로 하지만, 투기자는 조금 더 유연한 형태의 과단성을 필요로 한다.

훈련된 직관

사업의 영역에서는 어떤 성격이든 그에 맞게 돈을 벌 수 있는 길이 있다. 그러나 성공적인 투자자는 두 가지 특징이 두드러진다. 심리학자들이 '합리적 분석가'의 특징으로 꼽는 '사고력'과 '직관'이다. 여기서 직관은 일반적인 의미와 같이 "네 감을 믿어봐"와 같은 용례로 사용되는 단어가 아니다. 패턴 인식과 의미, 추상적 이론, 미래와 같은 보이지 않는 개념에 익숙하다는 것을 의미한다.

'사고'하는 사람은 논리를 통해 결정을 내리는 경향을 보인다. 즉, 시스템 2를 이용한다. 반면 '느끼'는 사람은 사람과 감정에 의존해서 결정을 내린다. 주식시장에서는 모든 것이 추상적이다. 주식시장의 참여자는 미래가 어떻게 펼쳐질지, 그 의미는 무엇인지 끊임없이 추측하려고 한다. 이론 없이는 어떤 답에도 다다를 수 없다. 나는 사고와 직관의 조합, 보이지 않는 개념을 논리적으로 일관된 방식으로 잡아내는 능력을 '훈련된 직관'이라고 부르겠다.

감성은 깨우되 이성으로 결정하라

훌륭한 애널리스트는 감정보다 이성을 중시하고 합리적으로 사고하는 경향이 있다. 그들은 2장에서 다룬 편견과 왜곡을 경계한다. 사실을 선택적으로 받아들이거나, 그 중요성을 과대평가하거나, 지나친 일반화를 하지 않기 위해 노력한다. 또 가능한 경우에는 가설을 시험해 보기도 한다. 그들은 자신의 예측을 절대적인 사실로 간주하지 않는다.

금욕적인 거리두기 stoic detachment와 결합된 감정적 자각은 주식 투자를 위한 완벽한 조합이다. 공포를 느껴라. 그러나 이성이 결정하게 해야 한다. 가장 흔한 실수는 자신의 감을 믿는 투자자가 저지른다. 반면, 가장 큰 재앙은 감이 무엇인가 잘못됐다고 신호를 보낼 때 감정적으로 무감각하게 반응하는 사람에게 발생한다. 너무 스트레스를 받거나 강렬하게 반응하지만 않는다면 걱정도 좋은 것이 될 수 있다. 나는 가치 투자자로서 아직 일이 잘못되기 전부터 걱정을 하는 것을 선호한다. 감정의 비용은 다른 비용과 비교하면 작은 편이기 때문이다. 가장 중요한 것은 걱정은 대안을 탐색하고 더 나은 길로 나아가는 데 도움을 줄 수 있는 경우에만 하라는 것이다. 만약 하늘이 무너질 것 같아서 할 수 있는 일이 없다면 우선 긴장을 풀어라. 새로운 정보를 받아들이는 빈도를 줄이고 태평해져라.

호기심 많은 회의론자

내가 만난 실력 있는 투자자는 모두 호기심이 많고 평생 새로운 것을 배워 나간 사람이었다. 그들은 꾸준히 다양한 분야의 책을 읽었다. 미래를 예측하기 위해서는 무엇이 일어났는지를 이해하는 것보다 그것이 왜 일어났는지를 이해하는 것이 더 중요하다. 나는 역사적 사례들을 공부하면서 어떠한 요소가 내가 생각하던 것보다 더 적거나 더 큰 영향력을 끼친다는 것을 알게 된다. 이전에 일어나지 않았던 일이 일어날 경우에는 다른 사람은 어떻게 전례가 없는 사건에 대응했는지를 연구한다.

호기심은 의심을 통해 균형을 맞출 필요가 있다. 모든 사람은 불필요하거나 잘못된 정보를 분류하고 버려낼 스팸 필터와 쓰레기 탐지기가 필요하다. 기업의 본질은 재무적으로 드러난 정보와는 다를 수 있다. 항상 의심하라. 그리고 남이 당연하게 생각하는 것을 시험할 용기를 가져라.

독립적인 사고

성적이 좋은 학생은 일반적으로 호기심이 많고 근면하다. 하지만 시스템에 장난을 쳐서 좋은 점수를 받는 것도 가능한 일이다. 예컨대 교수에게 아첨을 하고 그들이 원하는 말을 반복해서 하는 것이다. 투자 업계에서는 때로 아무것도 하지 않는 것이 실수를 예방하기에, 특수한 종류의 게으름은 받아들여질 수 있다. 그러나 정신적인 게으름은 절대로 받아들여질 수 없다. 투자라는 게임은 남들이 놓친 어떠한 것을 찾아내느냐의 싸움이다.

가장 큰 포상은 남과 다른 생각을 제대로 해낸 사람의 몫이 된다. 몇몇 투자 아이디어는 멍청하거나 제정신이 아니어 보일 수 있다. 그중 일부는 실제로도 그럴 것이다. 그리고 결과에 따라 용감하다는 평을 듣거나 오만하고 무모하다는 평을 듣게 된다. 실수를 두려워하지 마라. 실수를 고치지 못하는 것을 두려워 하라.

대학에서 듣는 강의는 몇 번의 시험과 기말 보고서로 평가가 이루어진다. 그러나 주식시장은 어떤 문제를 풀어야 하고, 그것을 어떻게 풀어야 하는지 절대 이야기해 주지 않을뿐더러 지금 하고 있는 생각이 잘못되었다는 말도 절대 하지 않는다.

답이 있다고 믿어라

사업가에게 낙관주의는 강력한 친구지만 투자자에게는 오직 한 종류의 낙관주의만이 도움을 준다. 바로 노력하여 배우고 성장하면 현재 처해 있는 딜레마의 해답을 찾을 수 있다는 낙관주의다. 결과에 영향을 주려고 노력할 때, 낙관주의는 버팀목이 되어 준다. 애플의 스티브 잡스는 그의 '현실 왜곡 능력'이 아니었다면 절대 스티브 잡스가 될 수 없었을 것이다. 문제가 해결될 수 있고 해답을 시행할 수 있다고 믿는다면 성공이 뒤따라온다.

여러 면에서 투자자는 자신의 운명을 좌지우지할 수 없다. 그러니 지나친 낙관주의는 투자자가 리스크와 불확실성을 간과하고 보상에 대한 추정치를 왜곡시킬 뿐이다. 투자자는 투자 시기와 투자 규모는 결정할 수 있지만 가격 자체를 결정할 수는 없다. 불리한 가격이 형성되는 데 일조할 수는 있지만 말이다. 지나친 비관주의는 거꾸로 기회를 놓치는 결과로 이어지며 삶을 피곤하게 만든다. 가치 투자자 특유의 낙관주의는 상황이 안 좋을 때 나타난다. 특정 주식의 전망이 좋지 않을 때, 그 주식의 가격은 전망보다 더 암담한 수준으로 떨어져 있다고 막연하게 믿는다. 짓궂은 일이지만 시장에 패닉이 만연할 때, 가치 투자자에게는 해가 떠오른다.

하지 않는 것의 중요성

절제는 무언가를 하지 않는 것을 통해 드러나기도 하고, 무언가를 반드시 하는 것을 통해 드러나기도 한다. 투자자에게는 첫 번째가, 투기자에게는 두 번째가 더 필요하다. 워런 버핏의 '20개의 펀치 카드' 이야기는 상당히 매력적인 투자 기회가 있어도 움직이지 않아야 할 때가 있다는 것을 시사한다. 성인의 인생을 20으로 나눈다면, 투자자는 수년 동안 아무것도 하지 않은 채 빈둥거릴 수도 있다. 고객이나 고용인은 이 사실에 상당히 괴로워할 것이다. 이런 상황이 분석이 마비된 상태처럼 보일 수도 있다. 투기자에게는 정말 그럴 것이다. 거꾸로 특정 이벤트를 이용하는 트레이더의 경우 그 이벤트가 실현되지 않았을 경우에는 주식을 매도해야 한다. 주식이 12퍼센트 떨어지면 매도해야 한다는 규칙을 가지고 있는 모멘텀 트레이더에게도 이는 마찬가지다. 그들이 하루만 가치 투자자로 전향할 수는 없다.

의견의 차이를 인정하는 것

성공적인 투자자는 "서로 동의하지 못하는 사람들은 서로 좋아하지 않는 것이다"라는 사회적 관습을 무시한다. 같은 관점을 공유할 때 사회생활이 좀 더 매끄러워지는 것은 사실이다. 그러나 투자와 과학의 세계에서는 사실을 발견하는 것이 중요하다. 그래서 사실이 명백하지 않을 때 서로 다른 의견이 충돌한다고 해서 우정에 금이 가는 일은 없다. 또 알아 두어야 할 것은 열린 사고를 가진 분석적인 사람도 가짜로 판별될 별난 아이디어를 시도한다는 사실이다. 그들은 결국에는 사실에 도달하게 된다.

실수를 인정하는 것

겸손이라고 불러도 좋고 정직성이라고 불러도 좋다. 어쨌든 투자 실수를 인정하지 못하는 것은 투자의 실패를 의미한다. 실력에서 운이라는 요소를 분리할 때 실력이 향상된다. 단순히 뛰어나 보이는 것보다는 실제로 뛰어난 편이 더 낫지 않은가. 어떻게 보면 모든 투자자는 항상 실수를 한다. 만약 내가 주가 하락이 예상되는 상황에서 장기적으로 완강하게 버티고 있다면, 재빠른 투기자가 내 실수를 알아챘을 수도 있다고 인정해야 한다. 투기자의 논리는 보통 단기적이지만 장기적으로 옳은 경우도 있다. 투자 업계의 사이코패스는 남에게 신경을 쓰지 않기 때문에 혜택을 볼 수 있다. 그러나 자신이 틀렸다는 사실을 인지하지 못해서 몰락한다. 실수를 인정하는 능력은 정직함을 가늠하는 척도가 될 수 있다.

　기민한 투기자와 투자자는 자신의 경험을 반추하고 연구하여 실패와 성공이 어디에서 왔는지, 그리고 어째서 성공할 수 있었는지를 이해하려 한다. 예를 들어, 나는 이해하지 못한 산업 분야에서 너무 큰 모험을 한 이후로, 이제는 그러한 투자에서 거리를 두고 제대로 된 정보를 얻기 전에는 작은 포지션만 유지하려고 노력한다. 내 직감은 실제보다 더 많은 사람을 수상하다고 느낀다. 그렇게 의심한 사람의 기업 회계를 공부하면, 누가 진짜 나쁜 놈인지 훨씬 잘 파악할 수 있게 된다. 석탄 산업 애널리스트로서의 경력은 내가 경쟁이 치열하거나 쇠퇴의 위험이 있는 산업을 피하게 만들었다. 투자의 세계에서 구두쇠가 되고 돈을 쓰지 않는 것은 큰 도움이 된다. 그래서 나는 정직한 경영진과 특허 제품을 가진 간결한 사업의 주식을 저렴하게 사는 것에 집중함으로써 승리한다. 하지만 이미 과열된 테마성 상승장에서는 나는 한심할 정도로 뒤처진다.

실패를 끌어안는 법

피델리티는 보통 굉장히 똑똑하고, 열심히 일하며, 야망이 있고, 분석적이며 성공의 경험이 있는 사람을 채용한다. 그래서 애널리스트가 그만두는 것은 보통 기술적인 이유 때문이 아니다. 주식시장이 대학과 같은 장소가 아니며, 그가 아직 실패를 다루는 법을 배우지 못했기 때문에 일어난다. 대학에서는 설사 성적 인플레이션 현상이 있다 하더라도, 55퍼센트의 성적으로는 수업을 수료할 수 없다. 그러나 주식시장에서 55퍼센트의 확률은 정말 높은 편에 속한다. 주가는 올라야 할 때 떨어지기도 하고, 하락이 예측된 상태에서 상승하기도 한다. 시장은 모기 물린 자국 같은 따끔한 실패를 매일 안겨주며, 가끔은 훨씬 심각한 유혈 사태도 발생한다. 나는 한때 실패의 경험을 가진 사람을 채용하는 것도 고려해야 한다는 제안을 했지만 용기 있는 좋은 직원을 뽑는 데는 더 좋은 방법들이 있다는 답변을 들었다.

모호함에 익숙해져라

훌륭한 투자자는 자신이 늘 모호한 상황에서 일해야 한다는 사실을 받아들인다. 하늘이 내린 몇 명의 재무 교수를 제외하고는 누구도 완전한 정보를 가지고 있지 않다. 누군가 주식을 사기 위해서는 누군가 그 주식을 팔아야 한다. 어쩌면 그 사람은 주식에 문제가 있다고 생각해서 판매에 나선 것일 수도 있다. 누가 옳을까? 강세장에서는 이상야릇한 분위기가 섹시하고 매력적으로 느껴질 수 있다. 하지만 급락장에서는 최악을 전제한다. 다른 사람보다 차분하게, 심지어 경기에 반하면서까지 모호함을 견디는 것은 무척 어려운 일이다. 모호한 상황이 발생시킨 피해로 고통받으며 리스크를 최대한 털어 내려고 할 때, 장막 뒤에서 엄청난 기회가 나타난다. 즐겁고 모험적인 투자가 예상보다 더 큰 보상을 안겨 주었다면, 이제 그만 그 열광은 접고 조금 더 확실한 수익의 원천을 향해 눈을 돌려라.

필요한 자질

투자자는 사업과 사업가에 대해 반드시 이해해야 하고, 때로는 자신이 사업에 몸을 담고 있는 경우도 있다. 투자자는 많은 투자처를 통해 분산화하며 확률적 관점에서 생각해야 한다. 가장 성공적인 투자자는 합리적이고 분석적인 사람인 경우가 많다. 심리학에서 직관적이고 사고력을 갖추었다고 말하는 사람들 말이다. 미래는 아직 현실이 아니기 때문에 이론적으로 이해할 수밖에 없다.

주식 투자를 할 때는 감정보다 이성이 더 나은 길잡이다. 그래서 감정적이지는 않되 감정을 느낄 수 있는 상태가 가장 효과적이다. 주식시장은 많은 실패를 안겨 주기 때문에, 투자자는 맷집이 강해야 한다. 또한 독립적으로 생각해야 하고, 군중을 벗어나 홀로 설 수 있는 의지를 가지고 있어야 하며, 반대 의견이 있을 수 있다는 사실을 받아들여야 한다. 시장의 모호함을 견디는 능력에 가장 큰 보상을 주는 것은 그러한 그 능력이 희소할 때다. 그러니 투자자는 지속적인, 또는 경기와 반대되는 인내를 유지하는 것을 목표로 해야 한다.

BMTS
Big Money Thinks Small

2부

투자자의 맹점

5. 기본적인 정보를 간과하지 마라
6. 어려운 주식은 피하라
7. 작게 생각하라
8. 나무를 보지 말고 숲을 보라

5

기본적인 정보를 간과하지 마라

참된 지식이란 자신의 무지함의 한계를 아는 것이다.

- 공자 -

사람의 뇌는 적은 정보를 바탕으로 빠르게 결론을 내리는 재주가 있다. 이런 재주가 없다면 정보를 찾는 데 시간을 쓰느라 제때 결정을 내리지 못할 것이다. 하지만 그 과정에서 중요한 것을 놓치기도 한다. 예를 들어 수익률에 눈이 멀어 리스크 관리나 인센티브 비용을 충분히 생각하지 않는 실수를 저지르기도 하고, 특정 산업이나 국가에서 유용한 노하우를 전혀 상관없는 분야에 끼워 맞추기도 한다. 그리고 어떤 사람은 자신이 경제 전망이나 금리, 주식과 시장의 변동성, 주가까지 정확히 예측할 수 있다고 믿는다. 그들의 행운을 빈다! 다른 문화나 제도를 충분히 이해하지 않은 채 돈이 전부라고 생각하는 것은 큰 오산이다.

대부분의 사람은 논리에 맞지 않는 정보는 간과하기 일쑤인데, 이런 실수를 범하지 않기 위해서는 시야를 넓혀야 한다. 나는 전체에서 부분으로 범위를 좁혀 가며 분석하는 것을 좋아한다. 이론을 검토한 후 세세한 부분을 짚어 나가는 형식이다. 기업을 분석하기에 앞서 이미 그 기업에 대한 특정 사실, 관련 인물, 혹은 비지니스가 어떻게 운영되는지 알고 있을 수 있다. 이 중에는 객관적인 사실도 있는 반면 주관적인 사실도 존재한다. 주관적 사실은 많은 사람이 동의하여 금융 시장에서 굳어진 관습 같은 것들이 해당한다. 이 관습들이 정말 맞는지를 판단할 수 있을 때까지는 오랜 시간이 필요하다.

프레드라는 사람의 사례를 살펴보자. 그는 자신의 목적이 무엇인지, 자문 회사들이 어떤 일을 하는지, 그리고 상장지수펀드$^{exchange\ traded\ fund,\ ETF}$(ETF는 인덱스펀드를 거래소에 상장시켜 투자자가 주식처럼 편리하게 거래할 수 있도록 만든 금융 상품이다 - 옮긴이)와 같이 복잡한 상품이 무엇인지 충분히 이해하지 못했다. 그리고는 "내 포트폴리오는 전부 ETF에 묶여 있어!"라며 투덜거렸다. 그는 4년 전에 자산 관리인을 고용하여 자금 대부분을 ETF에 투자했다. ETF는 설정과 환매가 자유롭다는 점에서 뮤추얼펀드와 비슷하지만, 거래소에 상장되어 주식처럼 자유롭게 거래된다는 점에서 다르다. 프레드는 ETF의 수익률이 S&P 500 지수보다 낮다는 점, 그리고 바클레이즈 채권 지수$^{Barclay's\ Bond\ Index}$ 역시 하회했다는 것을 보며 뭔가 잘못되었다고 생각했다. 하지만 무엇이 어떻게 잘못된 것인지 파악하기는 쉽지 않았다.

목표와 리스크 감수 능력

재무 계획을 세울 때 나이, 수입, 자산 등 객관적인 요소도 작용하지만, 목표나 리스크 감수 능력 같은 요소도 중요하다. 비싼 돈을 내고 전문가에게 자문을 구하기 전에 자신이 원하는 것과 성취하고 싶은 것이 무엇인지 확실히 알아야 한다. 자산 관리인의 역할은 고객의 목표가 무엇인지 정해 주는 것이 아니다. 목표 달성을 위해 합리적인 계획을 세워서 그 목표에 도달할 수 있는 방법을 찾아 주는 것이다(그리고 그 계획을 지키도록 도와주는 것이다). 이 책의 독자가 자신의 목표 정도는 스스로 설정할 수 있다고 가정할 것이다. 잘 알지 못하는 것이 있다면 그것을 인정하고 도움을 구하는 것이 투자 시장에서 고통을 줄일 수 있는 길이다.

목표를 세울 때, 보통은 현재 자신이 처한 것과 다른 상황을 상상하기는 힘들다. 예를 들어 20~30대는 이직이나 실직을 했을 때 퇴직금이나 예금에 손을 대는 경향이 있다. 불경기에는 실직 가능성이 높아지는데, 이 때는 주식의 가격이 굉장히 낮을 때이기도 하다. 이는 또 다른 비극을 낳는다. 이같이 예상치 못한 상황에 미리 대비하는 방법은 저축밖에 없을지도 모른다. 여기서 어려운 부분은 수입이 낮아졌을 때를 대비하여 상황이 좋을 때 어떤 자산에 투자할지 결정하는 것이다. 프레드 역시 자신이 원하는 노후 자금을 얻기 위해서 투자가 필요했지만, 주식 같은 위험 자산을 좋아하지 않았다.

비용과 인센티브

프레드는 자산 관리인이 자신의 자산 관리를 최우선으로 하고 있을 것이라고 생각했다. 그러나 자산 관리인은 본인의 이득이 더 중요했다. 투자자의 비용은 누군가에게는 인센티브다. 그래서 관리인이 어떻게 성과를 내고 돈을 받는지 알 필요가 있다. 이해관계가 서로 어긋나거나 수수료가 너무 높은 경우라면 신중히 생각해야 할 것이다. 프레드의 자산 관리인은 프레드의 자산 규모에 비례하는 비용을 청구했으며, 거래 수수료의 일부를 지급받는 입장이었다. 즉, 거래의 빈도가 높을수록 자산 관리인의 수입 역시 증가했다. 나는 프레드의 포트폴리오가 8개월마다 재조정되었고, 그때마다 수수료가 발생해 그의 수익률을 낮췄다는 것을 알게 되었다.

투자자는 불가피하게 자신의 돈을 다른 사람에게 맡긴다. 물론 충분히 신뢰할 수 있는 사람에게 맡기기를 선호한다. 자산 관리인은 이 신뢰 사슬의 첫 가닥일지도 모른다. 그는 자신이 관계하는 펀드 내의 책임자에게 의존하며 그 책임자는 자신이 투자한 기업 경영진의 재능에 의존한다. 또 그 경영진은 직원과 사업 파트너에 의존한다. 이런 일련의 이해관계자들은 보통 자신의 능력을 증명하고 싶어 하지만, 평가하기는 까다롭다. 자산 관리인은 자신의 특별한 경쟁력이 무엇인지, 왜 그것이 성공으로 이어지는지를 숫자로 보여 줄 수 있어야 한다. 그래도 동기와 양심은 판단하기 무척 힘들다. 그래서 나는 그 기업의 인센티브 제도나 회계 제도에서 힌트를 얻는다. 비열하며 무능력한 자산 관리인을 가려내는 법은 뒤에서 이야기하겠다.

전략이 중요한 이유

시장을 상회하는 수익을 내려면 그럴 수 있는 전략을 찾고, 왜 그 전략이 지금까지 사용되지 않았는지 확인해야 한다. 그리고 그 전략이 수익을 낳을 것이라는 근거를 마련해야 한다. 인덱스펀드에 투자하는 사람들은 수수료를 제외하고 시장 평균 정도만 벌겠다는 소박한 목표가 있다. 프레드의 자산 관리인은 '테마성 유망 업종 순차 투자thematic sector rotation'라던가 '팩터 투자factor investing'를 추구한다고 했지만 '왜?'라는 질문에 대답하지 않았다. 그는 경제 모멘텀에 따르거나 가장 급변하는 팩터와 뜨는 사업 위주로 투자했지만, 어떤 판단 기준을 갖고 ETF에 투자했는지, 얼만큼 전략이 효율적이었는지에 대한 답은 쉽게 하지 못했다.

    나는 주식이 저평가되었다고 판단될 때 사서 적정 평가가 될 때까지 보유한다. 물론 그러려면 몇 년이 걸리기도 한다. 하지만 내 결정이 옳았다면, 주식의 내재 가치는 시간이 흐름에 따라 상승할 것이며, 수익률도 평균을 넘어서 가치와 가격의 차익까지 돌려받을 수 있을 것이다. 좋은 투자 기회는 투자자들이 가치에 대한 충분한 고려 없이 전망을 비관하거나 아니면 단순히 지루하다는 이유로 팔 때 찾아온다. 가치는 주관적이기 때문에 내 이론을 직접적, 객관적으로 증명할 수는 없다. 하지만 대부분의 예측은 과거의 재무 데이터를 바탕으로 한다. 과거의 실적을 보면 가격이 낮은 주식이 수익률이나 현금 흐름 혹은 자산 규모 면에서 더 나은 결과를 냈다. 상황이 급박하고 예측과는 다르게 돌아갈 때, 혹은 불확실함과 확실함을 오판했을 때, 나 역시 잘못된 결정을 내리기도 한다.

리스크 관리와 분산투자

펀드매니저와 자산 관리인은 투자 수익률을 기반으로 고용되지만, 리스크 관리와 분석이 핵심 업무다. 투자자는 수익률을 통제할 수는 없지만, 자신이 감수할 수 있는 리스크와 매도가 및 매수가는 결정할 수 있다. 투자 리스크를 통제하는 방법에는 크게 분산투자와 집중투자라는 정반대의 접근법이 있다.

    분산투자의 경우, 상반되거나 상관관계가 없는 리스크를 분산시켜서 벤치마크 대비 전체적인 변동성을 줄이는 전략이다. 가장 저렴하고 쉽게 분산투자를 하는 법은 주가지수를 따라가는 것이나, 주식 종목 선정가의 경우 역의 상관관계를 가지거나 상관관계가 없는 리스크에 투자하기도 한다. 이

때 선택적으로 주식에 투자함으로써 원치 않는 리스크는 제거하고 감수할 수 있는 리스크는 최대한 활용할 수 있다. 수익률이 천차만별인 주식시장에서는 선택이 강력한 도구다.

투자자가 자신이 보유한 주식을 모두 이해하는 것은 현실적으로 불가능한 일일 뿐더러 그렇게 할 이유도 없다. 하지만 투자자는 자산이 어떠한 주식에 왜 투자되었는지, 그리고 펀드매니저가 얼마나 융통성 있게 투자하는지를 알고 있어야 한다. 어떠한 펀드는 주가지수의 수익률을 따라가는 것을 목표로 하나, 액티브펀드는 시장 평균을 상회하는 것을 목표로 한다. 인덱스펀드라면 어떤 기준과 공식으로 펀드를 구성하는 종목을 골랐는지, 그리고 특정 지수 또는 공식을 선택한 이유가 무엇인지 알아야 한다. 또한 펀드매니저가 액티브펀드로 수익을 낼 수 있다고 믿는 이유가 무엇인지, 그 노하우는 알고리즘으로 요약이 될 수 있는지 등 시장의 흐름에 휩쓸리는 것이 아니라 장기적인 목표가 있는지 생각해야 한다.

미국 주식시장에서 S&P 500 지수가 벤치마크로 널리 쓰이기 때문에, 이 지수를 따라가는 펀드는 대개 분산화가 되었다고 생각한다. 벤치마크를 하회하는 것이 두렵다면 S&P 지수에 투자하는 것이 꽤나 안전하다. 소정의 수수료를 제외하면 거의 지수와 동일한 수익률을 낼 수 있기 때문이다. 하지만 고평가된 주식이나 특정 리스크를 피할 수 없고, 전체적으로 시장이 폭락할 경우에 손실을 피할 수 없다는 단점이 있다.

분산투자자에게 특정 종목이나 지수의 예상 수익률은 가장 중요한 지표이지만, 주식 종목 선정가에게는 그저 출발점일 뿐이다. 어느 쪽이든 주어진 정보를 분석하고 투자 논리를 설명할 수 있어야 하며, 대수의 법칙에 의존해 반복되는 패턴을 찾아야 한다. 전체 시장이나 투자 전략을 분석하기 위해 적당한 통계학적 준거 계층$^{reference\ class}$을 찾는 것이 쉽지 않을뿐더러 얼마나 먼 과거부터 분석해야 하는지도 정확하지 않다. S&P 500 지수가 미국 주식의 대부분을 포함하지만 그렇다고 모든 주식을 대표하는 것은 아니다. 어느 시기를 분석하느냐에 따라 과거에서 유추할 수 있는 패턴이 아주 다르다.

크기에 관계없이 전 세계의 모든 주식을 고려할 때, S&P 500에만 투자하는 것은 규모가 작은 주식과 해외 주식을 '능동적'으로 배제하는 선택이다. 주식 외에도 다양한 자산군이 있다. 영국 FTSE$^{Financial Times Stock Exchange}$ 100, MSCI$^{Morgan Stanley Capital International}$ 선진국 지수 외에도 30개가 넘는 ETF가 낮은 가격으로 큰 기업에 분산투자할 수 있는 기회를 제공한다. 사실 S&P 지수에만 투자하는 것보다는 S&P 지수와 FTSE 100 지수에 투자하는 것이 더 리스크를 분산시키는 방법이다. 주요 지수에 투자하는 이유는 전 세계 주식시장의 평균 수익률을 따라가려는 것일 뿐 특별한 이유가 있는 것은 아니다. 여기서 만약 해외 특정 산업이나 해외 통화, 원자재 ETF와 같이 생소하게 느껴지는 것이 있다면 투자하지 마라. 바로 해외 특정 산업 분야, 해외 통화, 원자재 ETF 등 같은 것이다.

여러 나라 주식시장의 과거 수익률을 비교하면 미국이 다른 나라보다 나았다는 점, 주식이 가격 변동성은 채권보다 크지만 수익률이 높았다는 점을 알 수 있다. 이는 주식이 더 리스크가 크기 때문에 수익률이 높다는 가정을 증명하는 듯하다. 그렇다면 앞으로의 미국 주식 수익률을 예측하기 위해 전 세계 선진국 시장의 모든 기록을 봐야 할까 아니면 미국은 예외인 것일까? 내 예상으로는 미국의 법률 시스템, 행정기관, 시장경제, 인재 등이 이러한 이득을 계속 누릴 수 있게 하는 원동력인 것 같다. 하지만 이런 것들도 어쩌면 행운이거나 일시적인 것일 수 있다.

프레드의 자산 관리인은 중국의 경제성장을 보고 중국 대형주 ETF에 투자했으나 그가 놓친 것이 있었다. 그 ETF는 국영기업에 집중된 FTSE 중국 50 지수를 기반으로 구성되어 있었다. 지수의 반 이상이 은행이나 금융기관이었으며 생각만큼 분산화가 되어 있지 않았다. 중국에서는 높은 고용률이 수익보다 중요하기 때문에 은행은 재정 상황이 좋지 않은 국영기업에게도 대출을 해 주었다. 사실 FTSE 중국 50 지수에는 중국의 성장에 가장 크게 기여한 작은 규모의 민영기업과 기술 기업이 거의 포함되어 있지 않았다.

종목 전체의 수익률이 아웃라이어에 의해 결정된다면, 지수에 투자한다고 해도 예측 가능한 수익률을 얻지 못한다. 벤처캐피털$^{venture\ capital}$, 정크 본드$^{junk\ bond}$(신용 등급이 낮은 기업이 발행하는 고위험, 고수익 채권 - 옮긴이)나 바이오테크$^{bio-tech}$와 같은 자산군의 경우, 수익률 분포도는 흔히 보는 정규 분포 그래프와 전혀 다른 모양이다. 수익률이 굉장히 높은 주식이 얼마나 포함되어 있느냐에 따라 그날의 수익률 역시 천차만별이다. 그래서 나는 프레드가 고수익 채권 지수 ETF보다는 액티브펀드에 투자하는 것이 옳다고 생각했다. 자산 중 부채 비율이 높은 기업일수록 더 주목할 필요가 있다. 부채의 금리가 하락할수록 가격은 상승하여 지수 전체에서 차지하는 비율이 올라가기 때문이다. 반대로 같은 금리라면 사람들은 높은 신용 등급을 선호한다.

수치 없는 테마는 피하라

주식 투자에서 중요한 것이 있다면, 근거 있는 예측을 할 수 있을 만큼 지식이 충분한 분야에 투자하는 것이다. 보통 알고 있는 구체적 사실이 모두가 알고 있는 것이 아니거나, 놀라운 것이거나, 빠르게 변하고 있는 현상에 관한 것일 때, 지식이 힘을 발휘한다. 가치가 없거나 남도 쉽게 할 수 있는 예측을 판별할 능력이 없다면 주식 선정에 성공하기는 어렵다. 워런 버핏은 4가지 주의 사항을 말했다. 첫째, 자신이 이해하지 못하는 사업에 투자하지 마라. 둘째, 유능하지 못한 경영진을 알아봐라. 셋째, 경기순환이 민감하고 진부화되었으며 급변하는 사업은 피하라. 넷째, 합리적이지 않은 인수 가격은 피하라. 이 모든 기준을 통과하는 주식이 과연 있을까 싶지만, 그는 이런 의구심이 무색하리만큼 성과를 이루었다.

대부분의 ETF는 분산투자를 위해서라기보다, 원하는 종목에 집중적으로 투자하기 위해 만들어진 상품이다. 한 주식에 투자하는 것보다 안전하다고 추천되는 상품이지만, 여러 주식을 엮는 것 역시 기술이다. 예를 들어, 지수에 포함된 주식이 2가지라고 가정해 보자. 각각 50달러에 거래되며 하나는 주당 5달러의 수익을 내고, 다른 하나는 주당 4달러의 손실을 낸다. 이 중 수익을 낸 주식만 고려한다면 평균 PER은 10이나, 둘 다 고려한다면 평균은 100이다. 하지만 이 두 주식을 두고 어떻게 평균을 내는 것이 맞는지에 대해서는 의견이 분분하다. 경쟁은 산업에서 가장 커다란 위험 요소이며, 이를 이해하기 위해서는 산업 내에 가장 영향력 있는 기업 전체를 연구해야 한다.

프레드의 자산 관리인은 프레드에게 '모두가 사고 있으니까' 스마트폰 ETF에 투자할 것을 권했다. 어떠한 수치도 없이 가치를 판단하는 것은 불가능하기 때문에 수치로 뒷받침될 수 없는 테마는 경계하자. 스마트폰 지수에서는 애플이나 삼성보다 애플과 삼성에 부품을 공급하는 기업이 지수에 미치는 영향력이 더 컸다. 거대 고객을 대상으로 부품을 판매하는 공급자의 협상력이 약하다는 것을 고려하면 이상한 일이었다. 또, 블랙베리나 HTC 같이 적자를 보고 있는 하이테크 기업이 수십억 달러를 벌어들이는 삼성보다 지수에서 높은 비중을 차지하고 있다는 것도 이해하기 힘든 일이었다. 산업 전체로 봤을 때, 아시아 내에서 화웨이Huawei가 만드는 저가 휴대폰이 성장률의 원동력이었으나, 이는 ETF에 포함되어 있지 않았다. 가격 압박은 매출이 성장하는데도 산업 수익률이 떨어지는 것을 의미한다. 만약 산업 내에서 수익률이 높은 승자를 판단할 수 있다면 그 주식만 적정가에 사는 것을 추천한다.

팩터 투자의 주요 요소들

'팩터 투자factor investing' 혹은 '스마트 베타smart beta'는 요즘 자산 관리인이나 ETF 투자자들 사이에서 큰 인기를 누리고 있다. 그들은 시장 규모, 주가 변동성, 모멘텀, 성장률이나 가치에 따라 포트폴리오를 구성한다. 연구 결과에 의하면 시장 규모가 작고, 변동성이 낮으며, 모멘텀이 높고, 가치가 높은 주식의 수익률이 그렇지 않은 주식보다 대체로 높았다. 그에 비해 수익률과 성장률의 상관관계에 대한 자료는 부족하며 어떠한 결론을 내리기 어렵다. 이런 요소들은 그 유명한 뮤추얼펀드 '스타일 박스style box'와 같이 여러 부류의 펀드와 주식을 분류하는 데 이용되었다. 나는 펀드를 고를 때 소형주, 높은 가치성, 낮은 변동성 등을 선호한다.

전문가들은 이 기준들이 왜 타당한지, 앞서 타당성을 내린 요소에 대한 판단이 틀렸다는 것을 어떻게 이야기할지, 주식 매매의 기준이 무엇인지에 대해 통일된 의견이 없다. 국내외를 막론하고 소형주가 대형주에 비해 큰 성과를 냈지만, 오랜 시간 동안 낮은 수익률에 허덕이던 때도 있었다. 혹자는 정보 습득과 분석이 더 어렵다는 이유로 소형주가 할인되었다고 할 수도 있으나, 나는 그런 시절은 이미 지나갔다고 생각한다. 소형주는 고객의 집중도가 분산화가 적으며 경기에 민감한 사업일 경우 리스크가 클 수는 있다. 그러나 소형주 효과가 세계화와 반독점법이 완화되기 이전 시대의 산물이라는 주장을 반박하기는 힘들다. 프레드는 자신의 자산이 왜 TVIX ETN에 투자되었는지 도무지 이해할 수 없었다. TVIX Velocity Shares 2X Long VIX Short Term Exchange Notes는 VIX(시카고 옵션거래소에 상장된 S&P 500 지수 옵션의 향후 30일간의 변동성에 대한 시장의 기대를 나타내는 지수로, 증시 지수와는 반대로 움직이는 특징이 있다 - 옮긴이)에서 파생된 것으로 향후 한달 간의 지수 옵션의 변동성, 즉 월가의 불안 심리를 반영한다. 향후 주가 변동성에 대한 기대 지수는 직접 관찰할 수 없기 때문에 옵션의 시가를 통해 유추할 수 있다. 법률적으로 봤을 때, TVIX란 미래 변동성에 베팅하는 스왑[swap] 계약을 바탕으로 한 구조화 채권이다. 변동성은 내재 가치가 없다. VIX가 평균으로 회귀한다는 점을 제외한다면, 장기적 관점을 갖는 것은 불가능하다. 자료는 많지만 이를 분석하는 것은 불가능하며, 설상가상으로 TVIX에는 레버리지도 있다.

부채에 대한 무서운 진실

3배 레버리지 펀드의 경우, 지수 상승률의 3배로 변동하지만, 정작 투자자는 이것이 무엇을 의미하는지 알지 못한다. ETF는 VIX와 같은 기초 지수의 3배되는 양을 보유하기 위해 투자자 자본의 2배를 지속적으로 빌린다. 그렇기 때문에 기초 지수가 25퍼센트 하락하면 3배 레버리지 펀드의 경우 75퍼센트 하락한다. ETF의 가치가 하락하면, 그 ETF는 투자했던 기초 지수를 팔아서 가치의 2배가 되는 레버리지를 유지해야 한다. 이후 기초 지수가 33.3퍼센트 상승해서 본래의 레벨을 회복했다고 가정하자. 3배 레버리지 ETF의 가치는 2배가 되겠지만 이미 75퍼센트나 하락했기 때문에 시작점의 반값에서 마감한다. 아래 〈그림 5-1〉에 잘 나타나 있다.

    돈을 빌려서 투자하는 것은 투자 기간을 단축시키며, 펀드는 레버리지를 유지하기 위해 고가에 사고 저가에 파는 함정에 빠진다. 위의 그림에서 보면 지수는 제자리로 돌아왔지만 3배 레버리지 ETF의 경우 반 토막이 났다. 폭락과 폭등의 순서는 중요치 않으며 결과는 같다. 롱과 숏에 상관없이 돈을 빌려서 투자를 계속한다면 이는 이중 손해를 초래할 것이며, 원치 않을 때 투자를 접어야 하는 상황을 만들 것이다.

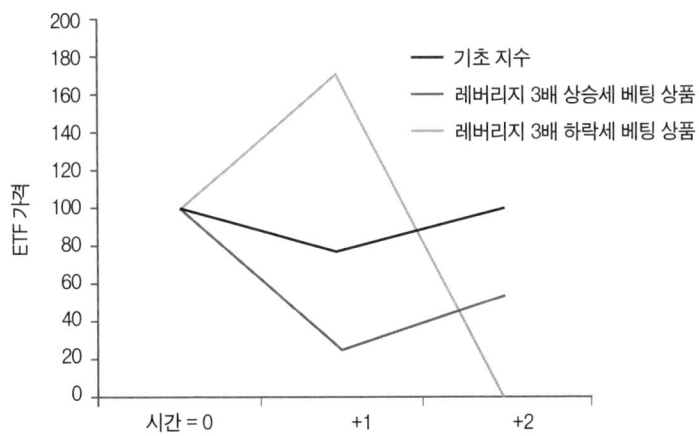

그림 5-1 **인버스와 3배 레버리지 ETF**

약세 또는 인버스^{inverse} ETF의 경우에는 공매도 하지 않으면서 해당 지수의 하락에 베팅할 수 있게 해 준다. 공매도 자체는 굉장히 위험하다. 왜냐하면 보유한 자산의 상승 잠재력은 무한대임에 비해, 하락 잠재력은 최대 100퍼센트다. 공매도를 할 경우, 상승 잠재력은 100퍼센트에 제한되며 하락 잠재력은 무한대가 된다. 앞의 예에서 기초 지수는 100퍼센트에서 25퍼센트 하락한 75퍼센트, 그리고 다시 33.3퍼센트 상승하여 100퍼센트를 회복했다. 공매도의 경우, 이와 반대로 25퍼센트의 상승, 33.3퍼센트의 하락을 의미했을 것이다. 이런 상황에서 3배 레버리지 숏 ETF는 극악무도한 결과를 낳는다. 지수는 변하지 않았는데 33.3퍼센트의 3배가 되는 손실을 겪고 살아남는 펀드는 없을 것이다.

"왜 그런 ETF를 만드는 거죠?"라고 프레드는 화난 채 물었다.

파생상품과 채권은 계약일 뿐 그 기업의 지분을 의미하는 것은 아니다. 법률상의 의무와 보호는 작은 활자 속에 숨어 있다. 당신이 소유한 기업의 임원진과 달리, 발행자의 입장에서는 투자자의 이익을 최우선으로 해야 할 의무는 없다. 하지만 월가는 사람들이 쉽게 평가할 수 없는 복잡한 금융 상품을 만들어 낸다. 이러한 상품을 남들보다 잘 이해하면, 이러한 비효율성을 이용해서 무지한 사람들을 희생양으로 삼을 수도 있다. 투자자는 펀드에 레버리지가 있다는 것을 알아도, 이로 인해서 쓸모없는 자산이 될 수도 있다는 사실은 깨닫지 못한다. 이때 표적이 되기 쉬운 희생양은 잘 짜여진 이야기를 수치적 근거보다 더 신뢰하며 주식의 가치는 고려하지 않는 사람이다. 이때 총명한 투자자는 무지한 투자자의 거래를 활용해 수익을 얻는다.

이 장은 중요한 디테일을 놓치고 허위 사실에 의지했을 때 어떤 일이 일어나는지 경각심을 일깨워 주기 위해 썼다. 프레드의 맹점과 근거 없는 도약은 사람마다 구체적인 내용은 다르더라도 근본적인 공통점이 있다. 대부분의 사람은 전략이 어떻게 그리고 왜 효력이 있는지 물어보기를 꺼린다. 비용, 인센티브, 신뢰, 리스크를 관리하는 것은 수익률을 최대화시키는 것과는 다른 문제 같아 보이지만, 사실 그것이 핵심이다.

투자 리스크 중 가장 좋은 것은 투자자가 알고 있고, 분석할 수 있으며, 꽤나 나은 승산을 제공하는 것이다. 작은 규모의 단순하고 안정적인 사업일 경우, 이 모든 것을 평가하기 더 쉽다. 디테일을 이해하려고 시간을 투자하지 않으면 복잡성의 공격을 받게 된다. 분산투자는 알거나 분석하지 못하는 리스크로부터 투자자를 보호 해준다. 가장 이상적인 시나리오는 가장 좋은 조건의 주식에 분산투자를 하는 것이다. 레버리지와 같이 장기적인 계획을 세우는 데 방해가 되는 요소가 있다면 과감하게 버려라.

6

어려운 주식은 피하라

모든 것을 다 아는 것처럼 행동하는 사람들은
모든 것을 다 아는 우리에게 짜증을 안겨준다.

- 아이작 아시모프 -

    잘 알고 이해하는 기업에 투자하라. 이는 좋은 충고지만 좀 더 설명이 필요하다. 기업을 이해하기 위해서는 우선 기업의 각 부문이 어떤 활동을 하는지, 어떻게 돈을 버는지를 이해해야 한다. 기업에서 미래 이익을 창출할 수 있는 요인을 찾아야 하며 대략적인 미래 이익 추정치를 계산할 수 있어야 한다. 모든 산업이 똑같은 수준으로 이해하기 쉬운 것은 아니다. 바이오테크와 같은 특정 산업은 보통 사람이 이해하기는 불가능하다. 그러나 조금만 공부를 하면, 특정 산업은 잔인하도록 경쟁적이며 수익성이 없는 반면, 일부 산업은 꾸준히 수익성이 좋다는 것을 확인할 수 있다.

    구글은 주제를 막론하고 정보를 찾아 주기 때문에 사람들에게 큰 도움을 준다. 그러나 단점 또한 존재하기 마련이다. 구글의 정보 검색 능력은 개인이 실제로 알고 있는 것보다 더 많이 알고 있다는 착각에 빠지게 만든다. 사람들은 필수 지식을 갖고 있지 않으면서도 짧은 시간 안에 그 정보를 찾을 수 있다고 확신한다. 특히 똑똑하고 호기심이 많을수록 이런 종류의 착각에 쉽게 빠진다.

인터넷에서 쉽게 찾을 수 있는 종류의 정보는 "이게 얼마의 가치가 있지?"라는 질문보다 "다음에 무슨 일이 일어나지?"라는 질문에 대한 답일 가능성이 훨씬 더 크다. 이러한 행위는 과잉 확신과 단기 투자 마인드라는 매우 위험한 조합으로 이어진다.

지식과 친숙함은 별개의 개념이지만 대게 둘은 서로를 동반한다. 피델리티의 피터 린치는 그의 아내 캐럴린의 쇼핑 습관을 관찰하는 것이 주식 연구에 좋은 시작점을 제공해 주었다는 유명한 말을 남겼다. 캐럴린은 왜 레그스L'eggs 브랜드 스타킹이 경쟁사의 스타킹보다 우수한지 알고 있었다. 그리고 경쟁 브랜드에서 더 우수한 품질의 상품을 출시했다면 바로 알아차렸을 것이다. 기업을 이해하기 위해서는 우선 왜 고객이 그 기업의 상품을 구매하는지 알아야 한다. 만약 어떤 산업을 가장 잘 아는지 확실하지 않다면 소비재 산업에서 시작해 보라.

하지만 친숙함은 투자자에게 독이 될 수도 있다. 만약 1972년부터 2016년까지 S&P 500 중 시가총액이 가장 큰 주식 하나에만 지속적으로 투자했다면, 그 주식의 복리 수익률은 4퍼센트보다 작았을 것이다. 반면 S&P 500 지수 전체의 복리 수익률은 10퍼센트를 상회했을 것이다. 만약 목록을 1개에서 상위 10개 주식으로 확장했다면, 조금 높더라도 비슷하게 낮은 수익률을 기록했을 것이다. 시가총액이 가장 큰 기업이 항상 가장 큰 규모의 기업이거나 투자자에게 가장 친숙한 기업은 아니다. 물론 그러한 경향성이 존재하기는 한다.

페이스북은 월마트의 매출의 20분의 1밖에 기록하지 못했음에도 불구하고, 2016년 시가총액은 월마트를 뛰어넘었다. 그 이유는 아마도 페이스북이 대중에게 매우 친숙했기 때문일 것이다. 유명하다는 것은 안도감을 준다. 기업의 친숙함, 규모, 채권 등급은 수익률에도 반영된다. 아직 소규모로 운영되어 잘 알려지지 않은 기업은 같은 신용 비율을 갖고 있다고 하더라도 잘 알려져 있고 규모가 큰 기업에 비해 높은 이자를 내고 금융권에서 돈을 빌려야 한다.

당신이 알아야 할 것들

철학을 전공하지 않은 이상, 아마도 자신이 알지 못하는 것에 시간을 써가며 고민하지 않을 것이다. 전 미국 국방부 장관인 도널드 럼즈펠드Donald Rumsfeld는 '알려진 미지수'와 '알려지지 않은 미지수'라는 매우 중요한 주제를 언급했지만, 그것에 관심 없는 사람에게는 그저 쓸데없는 이야기로만 들렸을 것이다. 아는 것과 모르는 것을 빠르게 분간할 수 있는 방법을 알고 있다면 좋겠지만, 적어도 나는 학창 시절에 그런 가르침을 받지 못했다. 철학자는 다음과 같은 모순을 즐길지도 모른다. "만약 내가 무엇을 모르는지에 대해 알았다면, 나는 알 것이다." 하지만 이런 생각은 투자자에게 아무런 도움이 되지 않는다. 나는 그저 제대로 알고 있지 못한 분야는 피하고 싶을 뿐이니까 말이다.

'안다' 그리고 '이해한다'라고 말할 때, 나는 매우 구체적인 분류 기준을 마음에 두고 이야기한다. 고객이 왜 특정 기업의 상품을 구매하는지, 왜 재구매를 하지 않고 경쟁사의 상품으로 옮겨 가는지 고민한다. 더 구체적으로 이야기하자면 기업의 어떤 부분이 다른 경쟁사에 비해 우월한지 본다.

이 기업은 어떻게 돈을 벌고, 수익성은 어떤 이유로 상승했다가 하락하는

가? 성장의 원동력은 무엇인가? 이런 종류의 기업은 어떻게 쇠퇴하는가? 이 기업이 5년 뒤 어떤 상태일지에 대해서 얼마나 알고 있으며, 결과를 결정지을 요인에 대해 알고 있는가? 이 산업에서 큰 기회를 포착할 수 있는가? 이 산업은 내가 지혜로운 결정을 내릴 수 있는 분야인가?

어떤 투자자는 기업을 분석할 때 위와 같은 질문들에 제대로 답할 수 있는 사람을 자신의 '능력 범위circle of competence'를 아는 사람이라고 부른다. 나는 이 생각에 동의하며 매우 강력하게 강조하고 싶다. 능력 범위를 아는 것과 모르는 것의 차이는 2~3명 내외의 절친한 친구와 4,000명이 넘는 페이스북 친구 간의 차이와 같다. 아마 양보다는 종류의 차이라고 보면 된다. 친한 친구와 시간을 보내고 있는데 눈인사 정도만 하는 지인이 아는 체하며 끼어드는 것을 반기는 사람은 없을 것이다. 여기서 요점은 능력 범위는 아주 특별한 기술이나 통찰력으로 구성되어야 한다는 것이다. 물론 투자자가 산업에 대해 상당한 통찰을 가지고 있을 수도 있다. 하지만 더 이해하기 쉽고, 남보다 더 나은 성과를 보여 줄 수 있는 산업이 존재한다. 이해도 순으로 산업의 순위를 매겨보라. 그 순위는 대단히 중요하다.

성공한 사람은 자신에게 가장 중요한 사실이나 활동에 집중함으로써 삶을 단순화시킨다. 그렇지 않은 사람은 아마 삶이 쳇바퀴에서 돌게 되거나 사소한 것에 얽매일 것이다. 쓸데없는 것을 제거하여 목적에 도움이 되는 새롭고 유용한 정보를 열린 마음으로 받아들이는 일은 어렵지만 중요하다. 정보와 잡음을 구분하는 한 가지 방법은 어떤 정보가 1~2년 후에도 유용할지 생각해 보는 것이다. 이를 통해 분기 실적 발표에 포함된 쓸데없는 세부 사항을 많이 제거할 수 있다.

내가 관심을 갖고 찾고자 하는 사실들은 배경지식 같을 때가 있다. 별로 신선하지 않다. 이런 사실들은 이미 오랜 기간 동안 사실이었고, 앞으로도 긴 시간 동안 계속해서 사실일 것이다. 나는 유효기간이 긴 중요한 사실을 찾는다. 예를 들어, 한 기업의 경쟁력 혹은 경영진의 과거 현금 흐름 사용 방식 등에 관한 설명 같은 것 말이다. 〈폭스 뉴스Fox News〉 혹은 미국 경제 뉴스 전문 방송 〈CNBC〉에서는 이런 주제를 거의 다루지 않는다. 그래서 나는 이런 사실들을 깊이 고민해 보는 것이 최근 분기 실적에 관한 보고서 6개를 읽는 것보다 훨씬 가치 있다고 생각한다.

어려운 산업은 피해라

반복적인 실수의 경험이 있지만 나는 아직 '능력 범위'라는 개념의 열렬한 신봉자다. 내 펀드는 보통 800개 정도의 증권을 보유하고 있다. 나는 '능력 범위'와 '그물을 넓게 치는 것' 사이에서 균형을 유지하려고 노력한다. 끝없는 가능성을 열어 두는 것은 내 직업의 재미있는 부분이지만 의도적으로 제한을 두는 것은 지루한 부분이다. 하지만 중요한 목표 달성을 위해 의지력을 발휘해야 할 때 하지 못하면 재앙을 초래하기 십상이다.

시장에는 선택을 할 수 있는 주식이 수천 개고, 투자자의 능력 범위를 기준으로 거른다고 해도 많은 주식이 남는다. 나는 이런 기회 중에 너무나 좋은 주식을 포함해서 대부분을 거절해야 한다. 일부 투자 방식은(예를 들어 재무 관련 텔레비전 프로그램에 소개되는 주식만 사는 방법) 실제로 별로 매력적이지 않은 기회로 이끈다. 일반적인 투자 방식은 어느 정도 무작위성을 내포한다. A로 시작하는 주식부터 알파벳 차례로 주식을 훑는 것처럼 말이다. 아는 주식에만 집중하는 것은 아마 승산을 조금은 높여 줄 것이다. 이는 최소한 매우 좋은 기회를 발견할 가능성이 높아진다는 뜻이다.

어떤 산업을 연구할 것인지에 대한 결정은 갖고 있는 지식, 목적, 해당 산업의 매력도에 따라 달라진다. 특정 산업에 종사하는 사람은 당연히 대부분의 사람보다 그 산업에 대해 잘 알 것이다. 당장 수입이 필요하다면 배당률이 높고 안정적인 산업에 집중해야 하며 배당을 주지 않는 산업은 피해야 한다. 조금만 연구하면, 어떤 산업은 장기 투자자에게 풍부한 기회를 제공하는 반면, 그 외의 산업에는 기회가 별로 없다는 것을 알 수 있다. 단기 트레이더는 변덕스러운 산업에서의 주가 변동을 적절하게 이용하여 돈을 벌 수도 있다. 하지만 장기적인 관점의 투자자는 단기 트레이더의 수익률이 시장 평균 정도 수준밖에 되지 않는다는 점을 발견할 것이다. 만약 시장 수익률이 썩 좋지 않다면, 단기 트레이더의 수익률도 좋지 않을 것이다.

나는 최근 산업을 잘 살피기 위해서 온라인으로 이용 가능한, 밸류 라인 인베스트먼트 서베이(Value Line Investment Survey)(밸류 라인이라는 기업의 미국 주가 정보, 기업 정보 서비스 - 옮긴이)를 이용한다. 밸류 라인은 두 가지 서비스를 제공하는데, 각각 산업군별로 분류되어 있는 1,700여 개의 주식을 다룬다. 매 3개월마다 각 기업에 대해 한 장짜리 보고서를 발간하는데, 여기에는 15년 정도의 기업 재무 정보와 간단한 설명이 포함된다. 추가로 각 산업군의 모든 재무 결과를 취합한 종합 산업 보고서도 발간된다. 내가 철강 혹은 항공업에 관한 보고서를 읽은 결과, 대부분의 기업이 최근 몇 년 동안 돈을 잃어 왔다는 것을 쉽게 알 수 있었다. 나는 기업 홈페이지에서 아메리칸(American), 델타(Delta), 유나이티드(United), 유에스 에어웨이스(US Airways) 모두 한 번 이상 파산한 전력이 있음을 발견했다. 여기서 놀랄 정도의 이익을 냈거나 산업을 재편시키는 기업을 발견하지 못하면, 다른 산업으로 넘어간다.

효율적 시장 가설에 따르면, 특정 산업의 장기 수익성이 형편없고 성장이 미미할 것이라는 전망이 있다고 해서 그 산업의 주식 수익률이 시장 평균에 못 미치지는 않는다. 이미 이러한 나쁜 전망이 주가에 반영되어 적절한 수익률을 얻을 수 있기 때문이다. 단기적으로 전망이 좋지 않기 때문에 주식은 실적이나 자산에 비해 낮은 가격에 거래된다. 평균해 보았을 때, 저렴한 주식은 실제 실적은 시장에 미치지 못하는데도 주식의 수익률은 시장을 상회했다. 이는 주식에 대한 시장의 기대치가 너무 낮았다는 것을 시사한다. 하지만 형편없는 전망만을 찾기 시작하지는 말라. 하나의 범주로서 '돈을 잃는 기업'은 일반적으로 시장 수익률을 하회했다. 이는 시장의 기대치가 충분히 낮지 않았음을 의미한다.

투자 가능한 대상의 범위를 좁힐 때는 성공 확률을 높이는 높이는 방향으로 범위를 좁혀라. 효율적 시장 가설은 모든 주식과 산업군이 동일한 위험 대비 수익률을 가지고 있다고 가정한다. 만약 이 가설이 사실이라면, 투자자가 어떤 분야의 주식을 포트폴리오에서 제외하여 투자 범위를 좁히고 분산화를 줄이더라도, 기대 수익률에는 영향이 없다. 나는 친숙하지 않은 산업을 제외하면 수익률을 높일 가능성이 크다고 생각한다. 펀드매니저는 전문 지식 때문에 고용되는 것이므로, 자신이 어떤 산업에 대해서는 잘 모른다는 사실을 인정하려고 하지 않는다. 나는 낮은 PER이나 시가총액과 같이 유리한 특성을 가지고 있는 주식을 제외시키는 경향이 있는 규칙은 설정하지 않으려 노력한다.

덴드리온의 예측 불허한 여행

나는 수익성이 없는 바이오테크 주식은 이해하기 정말 어렵다고 생각해 왔다. 하지만 관련된 지식을 얻기 위해 사회에서 알게 된 의사들에게 많은 질문을 하며 그 분야에 대해 알려고 꾸준히 노력했다. 의학은 절대적으로 의사의 능력 범위에 속하며 내 능력 범위에는 포함되지 않는다. 그래서 나는 덴드리온Dendreon 주식이 4달러에 거래되고 있을 때, 암 환자를 진료하는 정신과 의사인 루빈 박사가 그 기업에 대해 흥분하여 말하는 내용을 귀 기울여

들었다. 당시 덴드리온은 전립선암 면역 치료제인 프로벤지Provenge를 개발하고 있었다. 나는 신약 개발 소식에 루빈 박사만큼 매료되었지만 그 주식을 사지는 않았다. 식품의약국Food and Drug Administration, FDA 승인 가능성이라는 요인 때문에 미래 이익을 추정할 수 없었기 때문이다.

덴드리온의 5년 후 수익성을 추정하기 위해서는 프로벤지가 FDA의 승인받고 시장에 판매될 확률 그리고 관련 시장의 규모에 대한 이해가 필요했다. FDA의 신규 약품 승인 절차는 세 단계로 구성되어 있는데, 각 단계별로 승인 확률은 승인이 안 될 확률보다 낮았다. 프로벤지는 이 절차를 졸업하는 데 10년이 걸렸다. 첫 단계의 실험에서 약품의 안전성과 효과성을 인증받기까지 7년이 걸렸고, 두 번째에서 2년이 소요됐으며, 최종 승인이 날 때까지 1년이 더 소요되었다. 최종 승인 이후, 덴드리온의 주식은 56달러를 기록했으며 이는 1년 남짓한 시간 동안 주가가 10배 이상 상승한 것이었다. 루빈 박사는 적어도 서류상으로는 적지 않은 이익을 얻게 되었다. 어떤 애널리스트들은 프로벤지 판매가 2020년까지 40억 달러를 기록할 것이라 전망했다.

덴드리온의 프로벤지 개발 과정에서 있을 모든 우여곡절을 예상하는 것은 불가능했다. 투자자들은 오래되지 않은 기업에 투자할 때, 종종 FDA 승인과 같은 주요 단계가 지나면 이후에는 모두 잘 풀리게 될 것이라고 예상한다. 덴드리온의 경우, FDA 승인 자체가 성공의 시작이 아니었다. 프로벤지 승인 6주 후, 미국 노인 의료보험제도인 메디케어Medicare는 전립선암 약품 배상의 상한선을 제안했다. 프로벤지 치료법은 9만 3,000달러가 소요되지만, 다른 암 치료 약품은 그보다 높은 비용을 요구했다. 민간 보험회사들도 배상을 제한했다. 프로벤지가 필요한 환자는 자신의 면역 체계에 적합한 약을 처방받아야 하기 때문에, 약 제조 또한 빠르게 확산되지 못했다. 한 연구원은 프로벤지가 생존에 도움을 준다고 하는 임상 실험 결과가 환자 나이에 의해 왜곡되었다는 보고서를 내놓았다. 그리고 모든 의약품이 그렇듯, 어떤 환자는 부작용을 겪었다.

덴드리온은 실제 매출이 처음 제시했던 추정치인 4억 달러의 절반에도 미치지 못하자 그 추정치를 철회했다. 이후 존슨앤존슨Johnson & Johnson에서 자이티가Zytiga라는 약품을 출시했는데, 이는 프로벤지와 함께 복용하거나 대안으로 사용할 수 있었다. 프로벤지는 주사기를 통해 주입되는 반면 자이티가와 메디베이션Medivation의 엑스탄디Xtandi는 복용 가능했는데, 대부분의 환자는 주사보다 약을 복용하는 것을 더 선호했다. 프로벤지는 과학적인 성취는 거두었으나, 상업적으로는 대실패했다. 덴드리온은 2014년 콘퍼런스 콜conference call에서 실적 발표를 하며 파산 신청을 했다고 고백했다.

투자자는 사실이 변하면 자신의 의견도 재조정해야 하지만, 기업과 산업을 잘 알고 있다면 그런 일은 빈번하게 일어나서는 안 된다. 나는 지금도 프로벤지의 과학적 가치를 꿰뚫어 본 루빈 박사의 통찰력이 "다음은 무슨 일이 일어나지?"나 "이것에 얼마의 가치가 있지?"에 대한 답을 제시한 것인지 잘 모르겠다. 초인적인 힘을 가진 증권 분석가도 덴드리온이 겪은 우여곡절을 모두 예측하지는 못했을 것이다. 만약 그들이 완벽한 예지력을 가지고 있었다면 덴드리온의 가치는 '0'이라고 결론지었을 것이다. 그러나 이런 의견은 수년 동안 완전히 잘못되었다는 평가를 받았을 것이다.

보험업

내가 처음 담당한 분야 중 하나는 지루할 정도로 예측 가능해 보일 수 있는 생명보험업이었다. 보험업은 많은 수의 비슷하지만 상관관계가 없는 리스크를 한데 모으면, 결과는 이론적인 평균, 즉 중앙값에 가까울 것이라는 원리에 기초한 사업이다. 정기 생명보험은 원칙적으로는 복잡하지 않은 구조의 사업이다. 매우 단순화시켜 말하면, 100만 명의 고객을 보유한 보험회사가 보험료로 1년에 1,000달러를 받으면 10억 달러를 벌 수 있다. 공인 회계사는 전체 보험 가입자 중 1퍼센트는 매년 사망할 것이라고 가정할 수 있다. 전쟁이나 전염병 등의 경우를 제외하면, 한 사람의 죽음은 보통 다른 이들의 죽음과 통계적으로 무관하다. 100만 명의 목숨은 확률이 평균에 수렴할 만큼 큰 숫자라 1만 명이라는 회계사의 사망 추정치는 아마도 대충 정확할 것이다. 각 가입자에게 6만 5,000달러의 사망 보상금이 제공되고 보험료의 2퍼센트가 판관비라고 가정하면, 이 보험회사는 연간 9억 달러의 비용이 발생한다. 그러면 이 회사는 보험 이익으로 연간 1억 달러를 벌게 되고, 준비금을 운용하여 발생하는 투자 수익 또한 추가로 벌게 된다.

이렇듯 보수적인 생명보험회사가 5~10년 뒤에 어떤 모습을 하고 있을지 꽤 합리적으로 추정할 수 있다. 발표된 이익은 미래에 대한 가정에 의존한다. 하지만 추정치 자체도 큰 변화는 없을 것이다. 생명보험업이 사라질 일은 없겠지만 저성장 산업이다. 모두 유사한 사망률 표를 사용하고, 비용을 꽤 잘 파악하고 있기 때문에 수익이 형편없지는 않다. 하지만 기본적으로 모든 생명보험업의 상품은 똑같아서 서로 가격경쟁을 해야 하기 때문에, 수익이 엄청나게 훌륭하지도 않다. 시장 점유율을 위해 가격 할인 경쟁을 시작하는 보험사는 수익성을 포기해야 하기 때문에, 대부분의 기업은 중도의 길을 걷게 될 것이다. 투자 수익은 주가와 금리의 변동에 영향을 받아 달라진다. 주가와 금리 변동을 정말 잘 예측할 수 있는 사람은 그런 능력을 생명보험사의 실적을 예측하는 일이 아니라 다른 곳에 사용하고 있을 것이다.

연금을 포함한 여러 종류의 보험증권을 발행하는 생명보험사에게는 투자 수입과 관련한 가정이 매우 중요하다. 신중한 보험사는 금융시장을 이기려 하기보다는 채권 포트폴리오에서 발생하는 현금 흐름의 타이밍과 연금 상품 가입자에게 주는 납입금의 타이밍을 일치시키는 것에 집중한다. 연금 가입자는 위험 회피형이기 때문에 신중한 보험사는 가장 등급이 좋은 채권에만 투자한다. 반면 보험 계약자는 다양한 선택지가 있다. 보험료를 내지 않는 것도 하나의 방법인데, 이를 통해 균형을 무너뜨릴 수도 있다. 인간의 행동은 사망률과는 다르게 변화하며 항상 예측 가능한 것은 아니다. 보험회사들 또한 투자 부적격 채권에 투자하거나, 채무와 채권 만기일을 불일치시켜서 더욱 높은 이자를 벌어들이려는 유혹에 빠지기도 한다.

손해보험사는 리스크와 더불어 불확실성도 감수해야 한다. 특히 재해 재보험의 경우, 정상적인 해란 없다. 대체로 좋은 수익률을 누리다가 가끔 막대한 손실을 보는 해가 생긴다. 예를 들어 인구가 집중되어 있는 지역에서 소수의 가치가 높은 부동산에 보험을 제공하는 회사는 매우 불규칙적이고 예측 불가능한 보험 청구를 겪게 될 것이다. 단기적으로 보험회사는 자신이 실질적인 미래 확률을 반영한 보험료를 책정했는지 알 수 없으며, 아마 이러한 생각 자체가 무의미한 것처럼 여겨질 수 있다. 마침내 평균의 법칙에 도달하게 되더라도 분기 혹은 연간 실적 예측은 무의미해지기 일쑤다. 투자한 회사가 마이애미Miami 소재 빌딩들의 태풍 재해 보험 제공자라 수십억 달러의 손해를 입을 수도 있는 사람은 허리케인 시즌 동안 일기예보 채널에 시선이 고정될 것이다.

보험사의 실패는 보통 보험 리스크가 매우 안 좋은 결과로 이어지거나, 소수의 분야에 투자가 집중될 때 발생한다. 퍼스트 익스큐티브First Executive라는 회사는 1991년 문을 닫았는데, 이유는 유동성이 부족한 투자 부적격 채권에 집중적으로 투자했다가 갑자기 강제적으로 해당 증권들을 팔게 되면서 결국 부도가 났기 때문이다. 프리몬트 인뎀니티Fremont Indemnity는 캘리포니아 근로자 보상금을 너무 많이 지급해서 2003년 파산했다. 1990년대 근로자 보상금 시장은 경쟁이 무척 심했는데, 이로 인해 보험금이 매우 낮아졌다. 그런 상황에서 보상에 관련한 법이 개정되면서 도를 넘는 보험금 청구와 소송이 급속도로 퍼졌다. 손해보험사에게 미래에 나타날 실제 확률은 과거의 역사를 따르지 않는다. 이런 확률은 알 수 없고 불안정하다. 보험업에 숨겨진 또 하나의 위험은 리스크가 빈번하지 않고 뭉뚱그려져 있거나 최근에 발생한 적이 없을 때 보험사들이 보험료를 너무 낮게 책정한다는 것이다.

AIG의 사례

2007년 당시 나는 아메리칸 인터내셔널 그룹American International Group, AIG을 안다고 생각했다. 그 기업의 보험사업에 대한 지식이 있었고, 기업의 명성과 AAA 채권 등급도 알고 있었기 때문이다. 그러나 나도 모르는 사이에 AIG는 내 능력 범위 바깥으로 매우 멀리 뻗어 나가 있었다. 수십 년 동안 AIG가 이룩한 연속 성장이라는 성과는 그 어떤 곳에서도 찾아볼 수 없었으며, 이를 통해 세계에서 시가총액이 가장 큰 보험회사가 되었다.

   1919년 상하이에 설립된 AIG는 지금도 빠르게 성장하고 있는 아시아를 포함한 전 세계에서 선두로 활약하는 보험회사였다. AIG는 모든 종류의 보험을 제공했다. 근로자 보상, 재보험, 자동차 보험, 모기지 보험, 개인·단체 생명보험, 사고 및 건강, 고정 및 변동 연금, 항공기 리스, 금융 상품, 재정 보증, 보증된 투자 계약 등 다양한 사업을 전 세계에서 운영했다. 회사 한쪽에서 문제가 발생한다고 해도 다른 쪽에서 뒷받칠 수 있을 것처럼 보였다.

   2007년 AIG의 주가는 고점 대비 20퍼센트가량 폭락했는데, 금융상품 부문AIG Financial Products, AIGFP에 대한 논란 때문이었다. 당시에 나는 상황을 어느 정도는 알고 있다고 착각했는데, 아마 AIGFP를 예전 동료인 하워드 소신Howard Sosin이 설립했기 때문이었을 것이다. AIG에 입사하기 전 소신은 드렉설 버넘 램버트Drexel Burnham Lambert라는 투자은행에서 금융 스왑financial swaps부문을 총

괄했었다. 하지만 이런 개인적인 관계는 2007년 당시 AIG의 상황과 아무런 관계가 없었다. 소신은 이미 1993년에 AIG를 떠났다. 드렉설의 스왑 부문은 대체로 브로커(수수료를 받고 매입자와 매도자를 이어주는 상인 - 옮긴이)로 활동한 반면, AIG는 금융 스왑을 보험 상품으로 매매하여 리스크를 떠안았다.

AIGFP는 내가 한때 대충은 알고 있던 스왑 상품보다 훨씬 복잡한 구조의 상품을 다루고 있었다. 위험한 채권의 채무 불이행에 대한 보험을 제공하는 신용부도스왑Credit default swaps, CDS이 AIGFP가 다루는 주요 상품이었다. 당시에는 모기지와 회사채에 대한 채무 불이행이 드물었기 때문에 보험료가 지나치게 낮게 형성되어 있었다. 이러한 상품의 보험료가 보험 청구 가능액의 1퍼센트에도 미치지 않는 경우도 왕왕 있었다. 다수의 CDS 보험 매수자는 위험한 채권 보험을 사기보다는 채무 불이행 자체에 베팅했다. AIG는 이 게임에서 패배했다.

지나고 나서 생각해 보면, CDS를 보험 상품으로 간주하는 것은 절대적으로 끔찍한 발상이다. 채권 발행액이 수십억 달러에 육박하는 경우도 있기 때문에, 채무 불이행에 보험을 제공하는 행위는 보험사를 매우 크고 집중되어 있는 리스크에 노출시키는 것이다. 보험업은 다수의 작은 리스크를 끌어모아 관리함으로써 성립한다. CDS는 재해보험과 유사하지만, 보험을 제공하는 재해가 자연재해와 달리 사람의 행동에 의존한다. 설상가상으로 신용재해는 경제 사이클 및 서로 나쁜 신용 재해끼리 상관관계를 가지고 있다. 채무 불이행은 전염될 수도 있는 것이다.

AIG는 위험한 신용에 보험을 제공하면서 사실상 큰 규모의 리스크를 집중적으로 떠안게 되었다. CDS 관련 부채가 급증하자 담보를 더욱 많이 제공해야 했으며, 이는 기업의 유동성을 제한했다. 출혈을 멈추기 위해, 좋지 않은 시기에 스왑 계약 몇 개를 팔았고, 이로써 일시적이었을 수도 있었던 손실은 영구적으로 남게 되었다. 2007년 한 해 동안 AIG는 997억 달러의 손실을 기록했다. AIG 주식은 고점 대비 98퍼센트 하락했으며, 기업의 파산을 막기 위해 결국 미국 정부가 개입했다.

단순한 사업에 투자하는 것의 장점 중 하나는 외부인이 문제의 원인을 진단할 수 있는 정도면, 숙련된 매니저는 이미 이러한 문제가 어떻게 고쳐질 수 있는지까지 파악하고 있다는 것이다. AIG를 둘러싼 복잡한 문제를 이해하고 예측하는 것은 내 능력 범위를 벗어난다. AIG 경영진도 아마 마찬가지 상황이었을 것이다. 나는 스스로를 이렇게 위로한다. CDS의 얼마되지 않은 최신 동향만 고려한 사람, 그리고 CDS가 낮은 보험료로 상관관계가 매우 높은 재해 리스크를 대량으로 떠안는 구조임을 몰랐던 사람은 나뿐이 아닐거라고. 무지를 여러 사람이 공유했다고 생각하면 기분이 조금 나아진다. 나는 늘 새로운 것을 배우려 하기에, 내 능력 범위를 지키는 일이 쉽지만은 않다. 내가 보험업에 대해 꽤 잘 알고 있다고 생각했지만, AIG는 이미 진화한 상태였다. 익숙하지 않은 맥락이었기에 재해의 신호를 놓쳤다. 나는 잘 알던 분야가 알지 못하는 영역으로 변모하는 것을 지켜보았다. 나는 작고 단순한 사업체를 좋아한다. 이제는 AIG처럼 십여 개의 계열사가 있는데 그중 2개는 무슨 내용인지도 알 수 없는 복잡한 기업체보다는, 10개의 작고 투명한 기업에 투자하는 것을 더 선호한다.

나는 이상하게도 여전히 블록버스터급 잠재력을 가진 바이오테크 산업에 끌린다. 그러나 꽃을 피우지 못하는 기업이 많은 산업에 뛰어들 수는 없다. 다음 장에서 이야기하겠지만 나는 선물거래를 통해 겪었던 지난날의 참사를 계기로, 거시경제적 요소나 전체 시장 상황을 예측할 수 없음을 깨달았다. 또한 현지 투자를 통해 그 나라의 언어를 모르는 것과 현지 기관을 정확하게 알지 못하는 데서 오는 위험을 인지하게 되었다. 잘 아는 것에서 벗어나지 않으면, 이런 실수를 저지를 일은 없다.

7

작게 생각하라

경제학의 흥미로운 과제는 인간에게 자신이 설계할 수 있다고 상상하는 것의 범위가
실제로는 얼마나 작은지 증명하는 것이다.

- 프리드리히 폰 하이에크 -

내가 부자인 이유는 내가 틀렸을 때 그 사실을 알았기 때문이다.

- 조지 소로스 -

투자와 경제학

국내총생산gross domestic product, GDP은 경제 내 사업체의 매출을 나타내고, 매출은 사업의 손익의 방향을 나타내며, 손익의 방향은 사업의 주가와 연관된다. 하지만 거시경제학은 주가를 예측하는 데 놀랄 정도로 비효율적이다. 매일 공개되는 새로운 경제 데이터는 우리의 시야를 좁히는 데 일조한다. 여기서 더 중요한 것은 서로 다른 거시적 수치, 특정 기업, 그리고 주가 사이의 상관 관계가 약하고 변동성이 있어서 종종 잘못 이해되는 경우가 있다는 것이다. 데이터는 과거를 알려 주지만 주가는 미래의 기대를 반영한다. 이런 간헐적인 연결 관계는 우리가 실수를 언제 했는지, 혹은 실수했다는 사실 자체를

알아차리지 못하게 만든다. 경제 전망의 대부분은 주가의 동향이 어떠할지 정도를 시사하기 위한 것이지만, 그것을 넘어서 주식의 적정 가치를 추측하려는 시도는 멈추지 않는다.

지적 호기심을 자극한다는 점 외에도 거시적 투자 방법이 매력적으로 '보이는 것'은 투자에 이용할 수 있는 적당한 정보가 뉴스에서 매일 쏟아져 나오기 때문이다. 심지어 개별 주식보다 거시경제 연구에 드는 노력과 연구가 더 적게 드는 것처럼 보일지도 모른다. 더 나아가 개별 주식보다는 GDP나 S&P 500을 정확히 예견하는 것이 더 가치 있어 보일 수도 있다. 거시 투자자는 크고 유동성 있는 시장에서 거래하기 때문에 원하는 크기의 포지션에 빠르게 진입하거나 빠져나오는 것을 걱정할 필요가 없다. 포지션의 규모를 늘리는 것은 어려운 일도 아니다. 주식 지수와 채권, 원자재, 외화 바탕의 선물과 파생상품의 증거금률margin requirement(증권의 신용 거래에서 위탁 증거금의 주식 시가에 대한 비율이다 - 옮긴이)은 개별 주식에 비해서 보잘것없이 작기 때문이다. 파생상품시장에서 공매를 하는 것 또한 주식시장에서와는 다르게 별일이 아니다.

톱 다운top-down 방식(거시경제 분석을 통해 유망 산업을 선정하고 세부 기업을 찾아내는 주식 선택의 방식 - 옮긴이)을 사용하는 대부분의 투자자가 투자를 망치기는 하지만, 몇몇은 거시적 결정을 통해 굉장한 부를 쌓기도 했다. 로저 뱁슨Roger Babson은 1929년의 주식시장 대공황을 정확하게 예견한 베팅을 통해 뱁슨 대학Babson College에 기부할 부를 쌓았다. 조지 소로스George Soros와 존 폴슨John Paulson은 영국 파운드화와 서브프라임 모기지에 숏 베팅을 하여 수조 원의 이득을 보았다. 나는 젊었을 때, 거시 경제 전문가는 머릿속에 모든 경제적인 것에 대한 뭔가 대단하고 보편적인 이론을 담고 있을 것이라고 생각했다. 지금은 그들이 다음과 같은 공통적인 특징이 있음을 알아차렸다. 첫째, 서로 모순되는 정보를 잘 받아들인다. 둘째, 자신이 틀렸는지 아닌지 알아내는 자신만의 시험 방법이 있다. 셋째, 자신의 생각을 기꺼이 바꾸려는 의지가 있다.

경제학자들은 거의 처음부터 경제를 하나의 기계와 같이 생각했다. 경제학자 윌리엄 필립스$^{William\ Phillips}$는 모니악^{MONIAC}(윌리엄 필립스가 영국의 국가 경제 프로세스를 모델링하기 위해 개발한 아날로그 컴퓨터 - 옮긴이)이라 불리는 경제적 기계를 만들었다. 내 할아버지 윌리엄은 자동차를 분해하고 다시 조립하여 작동하게 하는 데 비상한 재능을 가지고 있었다. 한때 나는 경제에 이 같은 방법을 도입해 똑같이 해 보고 싶었다. 그러나 지금은 경제를 재조립하기 전에 분해한다는 것이 가능한 일인지부터가 의문이다.

경제학의 모든 구성 요소는 추상적이다. 경제나 시장을 구성하는 요소, 혹은 그 일부라도 구성하는 요소는 모두 어떤 정의를 내리는가에 따라 달라진다. '시장'은 미국에 상장된 4,000여 개의 주식으로 정의될 수도 있고, S&P 500의 500개 주식으로 정의될 수도 있다. 그것도 아니면 다우존스$^{Dow\text{-}Jones}$ 지수의 30개 주식만을 말하는 것일지도 모른다. 경제는 주식 지수 안에 포함된 기업으로만 이루어진 것인가? 비상장 기업이나 다른 조직, 자영업자 또한 포함되어야 하지 않을까?

정의를 바꾸면, 숫자가 바뀐다. 2009년 세계 금융 위기 당시, 유럽 국가들은 GDP에 기반한 국가 부채 목표치를 맞추기 위해 몸부림쳤다. 매춘, 불법 마약, 그리고 다른 행위에서 발생한 매출까지 포함하도록 정의를 수정함으로써, GDP는 약 2퍼센트가량 상승한 것으로 보고되었다. 경제적 지식은 이렇듯 추상적이고 계속해서 변동하는 정의 위에 쌓인 것인데, 경제학에서 말하는 완전한 예견 능력을 갖춘 모델은 참 우스운 것이라는 생각이 든다.

존 메이너드 케인스$^{John\ Maynard\ Keynes}$는 대공황 가운데 『고용, 이자, 화폐의 일반 이론$^{The\ General\ Theory\ of\ Employment,\ Interest\ and\ Money}$』이라는 가장 유명한 거시경제학 책을 저술했다. 이 이론을 많은 대학이 가르치고, 많은 국가의 정부에서 시행한다. 케인스 학파의 이론에는 몇몇 결함이 있긴 하지만, 그것을 대신할 만한 일관적이고 포괄적인 대안은 아직까지 존재하지 않는다. 케인스의 이론은 결함이 있는 안내를 따르는 편이 나은 것인지, 아예 안내를 받지 않는 편이 나은지의 질문을 우리에게 던진다. 케인스는 거시경제학에서 사용되고 있는 대부분의 주요한 정의를 만들었다. 예를 들면, GDP가 소비, 자본 투자, 정부 지출에 순수출을 더한 값이라는 것 등이다.

그중 가장 변동성이 크며 다른 요소들을 견인하고 경제 호황과 불황을 야기하는 부분은 바로 자본 투자다. 기업은 수요가 증가할 때에만 생산 능력을 확충할 필요가 생긴다. 수요가 하락하면 기업은 공장의 생산 능력을 증가시키지 않고 심지어 낡은 장비도 교체하지 않는다. 투자를 결정할 때 기업은 단순히 한 해를 내다보는 것이 아니라, 공장 장비의 전체 수명 기간 동안 발생할 이익을 고려해야 한다. 그러나 미래의 이익이란 추정치일 뿐이며, 아직 사실이 아니다. 그래서 투자는 케인스가 '야성적 충동$^{animal\ spirits}$'이라고 부른 사업가의 일반적 전망에 좌우된다. 예측은 야성적 충동이 과하거나 부족해서 틀릴 수 있다.

사람들은 여러 가지 이유로 정밀한 예측보다는 전망을 한다. 월가에서 추정은 무엇인가를 팔아 버리고 다시는 돌아보지 않기 위해 이용된다. 예를 들어, 인터넷 화폐가 널리 쓰일 것이라는 예상은 그러한 행동을 유발시켜 예상을 현실로 만들려는 의도에서 시작된 것일 수도 있다. 반대로 앨 고어$^{Al\ Gore}$는 자신의 지구 온난화에 대한 예측이 재앙을 피하기 위한 행동을 유발하기 위한 것임을 인정했다. 케인스의 모델은 예측을 만들기보다는 정부의 행동에 영향을 주려는 의도로 만들어졌다. '야성적 충동'이 낮을 때, 그는 정부가 재정 적자를 늘리면 경제에 더 이로울 것이라고 예상했다. 많은 국가의 정부는 그에 따라 행동했다.

경제학자 밀턴 프리드먼$^{Milton\ Friedman}$은 경제 모델에 실제 생활과 같은 가정을 적용할 필요가 없다고 주장했다. 그 모델은 오직 정확하게 예측을 하기만 하면 된다는 것이다. 정말일까? 과학자는 모든 것을 관찰하고 가능한 정확하게 묘사하는 것에서 시작한다. 특히 각 부분이 모여서 어떻게 전체 시스템을 구성하는지를 말이다. 그 후 그들은 현상을 설명하는 모델을 만든다. 과학자는 어떤 일이 일어나고 있는 것인지 설명할 수 있기 전에는 예측을 하지 않는다. 물리학자는 종종 현실적이지 않다는 것을 알면서도 단순한 모델과 이상적인 가정으로 시작한다. 하지만 결국에는 초기에 무시했던 마찰과 복잡성을 모델에 더하게 된다.

중요한 것은 물리학 모델의 경우에는 실제로 정확하게 예측할 수 있어야 한다. 경제학의 경우에는 증명의 부담이 더 적다. 알베르트 아인슈타인Albert Einstein은 그의 일반 상대성 이론을 실험할 때 "만약 여기서 나온 결론 중 단 하나라도 잘못된 것이 있다면, 이 이론은 폐기해야 한다"고 말했다. 단 하나의 반례라도 존재한다면 그 과학 이론이 잘못되었다는 것을 보여 주기에는 충분하다는 말이다. 하지만 경제학자는 이런 방식으로 일하지 않는다. 만약 그렇게 일했다면 거시경제학에는 아무것도 남아 있지 않을 것이다. 우스꽝스러운 가정을 하지만 미래를 완벽하게 예측하는 모델을 보여 준다면, 나는 그 우스꽝스러운 가정을 받아들일 수 있다.

경제학과 투자에서 모든 것은 경향, 확률, 상황 등에 의존한다. 언제 어디서나 들어맞는 것은 없다. 대부분의 경제적 사건에는 기나긴 사건과 확률의 연쇄가 반영되어 있다. 그 긴 연쇄를 세대로 따라갈 수 있는 유일한 방법은 가능한 정확하고 정밀하게 현실을 묘사하고, 현실적인 가정에서 시작하는 것뿐이다. 보통 단순한 행동과 거래를 설명하는 경제학 이론이 복잡한 시스템을 설명하는 이론보다는 더 신뢰할 만하다. 심지어 탄탄한 이론들에도 반례가 있다. 그래서 경제학자는 유효한지 아닌지 입증도 불가능한 상태에서 이론에 매달린다.

거시경제학을 통해 주가를 설명할 때, 맥락을 잃어버리는 경우가 많다. 경제학적 논리는 내가 어릴 때 했던 전화 게임을 연상케 한다. 그 게임에서 "듀보이스가 집 근처에서 잡초를 뽑았어"라는 단순한 말이 "나는 샤피로가 듀보이스와 집 근처에서 껴안고 있는 걸 보았어"라는 전혀 다른 이상한 말로 변질되기도 했다. 그와 비슷하게 경제와 재무적 사건 사이의 모든 연쇄 고리에는 왜곡과 차질이 발생하기 마련이다. 많은 경우 최종 결과는 시작 지점과 완전히 다르다. 이는 특히 일부 경제 참여자가 단기적으로 생각하고, 다른 이들은 장기적으로 생각하는 현상 때문이다. 투자자는 실제로 일어날 하나의 이야기가 아니라 일어날 수 있는 수많은 이야기를 상상해야 한다.

바실리 레온티예프Wassily Leontief의 GDP 투입—산출 모델은 내가 아는 한 복잡한 경제를 설명하는 가장 정확한 모델이다. 그 투입—산출 매트릭스는 경제에서 만들어지는 모든 것을 생산하기 위해 필요한 투입물을 열거하고 있다. 일반적인 자동차 한 대가 생산되기 위해서는 약 10톤의 강철, 150킬로그램의 알루미늄 등 많은 자원이 필요하다. 1,600만 대의 자동차를 생산한다고 가정하면 몇백만 톤의 철광석이 필요한지 계산할 수 있을 것이다. GDP를 예상하는 건 어렵지 않아 보인다. 그렇지 않은가?

그러나 비즈니스 이코노미스트는 투입—산출 모델을 통해 GDP를 예측하지 않는다. 경제 안에서 생산되는 것은 계속 변화한다. 기업은 언제나 적게 투입해도 똑같은 산출물을 만들 수 있는 방법과 오래된 투입물에서 새로운 것을 찾아내는 방법을 연구한다. 투입—산출 모델은 소프트웨어, 영화, 제약과 같은 지식 산업에서는 잘 작동하지 않는다. 이런 산업은 원본 제품을 개발하는 것이 어렵고 비용이 많이 들어 병목으로 작용하지만, 그후에 대량 생산하는 일은 쉽고 저렴하다. 대부분의 경제 성장이 지식 기반의 산업을 통해 견인되고 있는 현재, 투입 - 산출 모델은 GDP 성장을 계산하는 데 있어 효과적이지 않은 방법이 되었다(아직 이 모델 자체를 완전히 버리지는 않아도 된다. 빅 데이터의 출현이 새로운 생명을 줄 수도 있다).

드렉셀에서의 근무

내가 1980년대 드렉셀 버넘 램버트Drexel Burnham Lambert에서 경제 전문가로 일할 때 고객은 경제 이론이나 정교한 모델을 필요로 하지 않았다. 그들은 단순히 새로운 경제 통계가 보고되기 전에 관련 '숫자'를 알고 싶어 했으며, 그것이 여의치 않을 때는 방금 일어난 일에 대한 설명을 듣고 싶어 했다.

우리는 미래를 아주 멀리도, 아주 대담하게도 내다보지 않았다. 트레이더들은 다음 달 내지는 다음 분기에 보고될 통계치 예측을 기반으로 거래했다. 숫자를 맞히는 것이 그때나 지금이나 가장 선호되는 오락이었다. 내 상사였던 노먼 메인스 박사는 내게 경제적 통계치를 담당하는 역할을 맡기면서 절대로 숫자와 일시를 동시에 주지 말라고, 즉 리포트에 싣지 말라고 충고했다. 아마도 농담으로 한 말이었겠지만, 그 말의 요점은 숫자가 자주 공개되면 많은 잡음이 생기고, 세상에는 우리가 알 수 없는 일이 많다는 것이다.

어떤 경제 정책 입안자와 투자자는 자신이 가까운 시일 내의 사건을 예상하고 통제할 수 있을 것이라고 믿는다. 반면, 다른 이들은 대체로 만족스러운 정도의 결과를 목표로 한다. 무작위성, 심지어 고통을 감내하면서 말이다. 경제적 통계를 크게 어긋나지 않는 선에서 예측하기 위해 나는 소시지가 어떻게 만들어지는지를 배워야 했다. 많은 통계치는 이미 공개된 데이터에 일부 새로운 정보를 더하는 방법으로 계산된다. 산업 총생산량은 GDP 계산에 포함되지만, 그 정보는 조기에 공개되어 GDP가 어떤 숫자가 될 것인지 힌트를 준다. 정부는 전력 총소모량을 이용하여 산업 총생산량의 추정치를 만든다. 난방도일과 냉방도일Heating and Cooling Degree-days(난방도일이란 18°C에서 일평균 기온을 뺀 수치이며 기온이 18°C 이상이면 난방도일은 없다. 반면 냉방도일은 일평균 기온에서 24°C를 뺀 수치이며 기온이 24°C 이하이면 냉방도일은 없다 - 옮긴이)은 전력 총소모량이 공개되기 전에 계산할 수 있다. 굉장히 덥거나 추운 날에는 보다 많은 전기가 사용되었을 것이다. 그러나 이 모든 단계에 조금씩 놓치게 되는 것이 있기 때문에 일별 온도에서 갑자기 GDP 성장률을 끌어낼 수는 없다. 시장 임팩트도 물론 추론할 수 없다.

나는 전년도의 평균 변화치를 통해 꽤 괜찮은 월별 수치를 뽑아낼 수 있었다. 만약 소비자 가격이 평균적으로 매월 0.2퍼센트 상승했다면 내 예측치는 0.2퍼센트가 되었다. 만약 주당 이익이 작년에 10퍼센트 상승했고 재작년 분기별 주당 이익이 50센트였다면, 내 예측치는 55센트였다. 가끔은 이상한 데이터나 돌발 사건이 특정 시기에 모습을 드러낼 때도 있었는데, 그러면 숫자를 조금씩 수정했다. 이미 보고가 된 다른 구성 요소가 있다면 그에 맞춰 수정을 가하기도 했다. 무언가를 놓치지 않았다는 것을 확실하게 하기 위해, 다른 경제학자들의 예측치를 확인했다.

결국 메인스 박사는 내 예측치를 저널리스트와 고객에게 공유하라고 독려했지만, 한 고객은 내 일일 시황 코멘트는 돈 버는 데 도움이 안 되기 때문에 무시했다고 말했다. 그가 말하기를 내 예측치는 충분히 정확했지만, 다른 모든 이의 숫자와 다르지 않았다. 그 고객은 시장이 어떤 규모로 반응할지에만 관심이 있고, 데이터 그 자체에는 관심이 없었다. 합의된 예측치와 설비 가동률 같은 중요하지 않은 통계치는 방해가 될 뿐이었다. 그러나 정확한 예측치는 중요하고 또 놀라운 일인 것은 분명했다. 그 고객은 단정적인 견해, 자신과 유사한 편향을 가지고 있는 경제학자의 팬이었다. 경제학자가 예측을 하는 것은 그가 원해서가 아니라 그렇게 요구받고 있기 때문이다.

높은 세금이 튼튼한 경제를 만든다?

내가 드렉셀에서 수행한 것 중 가장 힘들었던 프로젝트는 바로 로널드 레이건 대통령의 감세 정책이 경제에 굉장히 긍정적인 영향을 미쳤다는 것을 보여 주는 일이었다. 드렉셀의 고위 인사와 많은 고객은 최고위 소득 세율 계층에 속한 사람들이었기에, 그들이 어떤 결과를 바라고 있는지는 너무도 뻔했다. 당시에 나는 최고위 소득 계층에 속하지도 않았고 경제학과 정치가 결합하는 것을 경계하는 사람이었는데도, 프로젝트가 지향하는 답이 실제로도 정답이라고 믿었다. 대부분의 경제학자는 세금이 낮으면 자신이 생산하는 것을 조금 더 챙겨 갈 수 있기 때문에 사람들이 더 열심히 일하는 효과가 있다고 생각한다.

높은 세금은 열심히 일할 유인을 떨어뜨려서 GDP 성장을 둔화시킬 수 있지만, 데이터만 봐서는 그렇다고 말할 수도 없다. 나는 가장 높은 한계 세율 구간이 80퍼센트를 넘었던 모든 해를 표로 정리했다. 1941년 한계 구간은 81퍼센트로 인상되었고, 1942년에는 88퍼센트로 올랐고, 1944년에는 94퍼센트였다. 또 1946년에는 91퍼센트로 줄어서 유지되다가 1964년에 77퍼센트로 줄어들었다. 그 23년 동안 실질 GDP는 2009년의 달러 가치로 1.27조 달러에서 3.59조 달러로 늘어났다, 연평균 4.6퍼센트 성장했다고 보아도 된다. 이는 미국이 통계 수치를 보존하기 시작한 이후 기록한 가장 높은 성장률 중 하나였다.

높은 세율에도 불구하고 활발하게 성장한 경제 상황을 설명하려면 다른 스토리가 필요했다. 미국이 대공황에서 탈출할 때, 많은 사람이 겨우 삶을 이어 나가고 있을 뿐이었다. 인상된 세율이 그들에게 생활수준을 유지하기 위해 더 많이 일할 것을 강요했을 수도 있다. 또한 물자 지원 등을 통해 전쟁에 기여하는 것은 애국적인 행위로 간주되었다. 그런데 이런 불편한 증거가 수십 년 전 과거의 것이었기 때문에 아무도 신경을 쓰지 않았다.

1981년부터 1990년까지 최상위 한계 세율 구간의 세율은 70퍼센트에서 28퍼센트로 낮아졌다. 그 기간 동안 실질 GDP 성장률은 연평균 3.4퍼센트였다. 평균을 상회하는 수치지만, 앞서 언급한 수치만큼은 아니었다. 만약 낮은 세율의 이점을 보여 주어야 하겠다고 작심하면 1981~1990년 사이의 기간을 끔찍했던 직전 9년과 비교할 수 있었다. 그러나 그것은 공정한 비교가 아니다. 1972년에서 1981년 사이에 유가는 급등했고, 로널드 레이건 대통령의 임기에는 다시 하락했다. 이율도 1981년 전례가 없던 수준까지 치솟았다가 다시 원상 복구되었다. 앞선 기간 동안 크게 지지받지 못했던 베트남 전쟁이 종료되었고, 리처드 닉슨Richard Nixon은 유일하게 임기 중 사임한 대통령이 되었다.

레이건 정부의 감세 정책은 단순하고 명확한 사례여야 했으며, 나는 이를 통해 인과관계를 추적하기가 어려운 상황에서 경제학을 이용하여 지능적인 투자를 한다는 것이 가능한지 의문을 품었다. 경제학의 모든 다른 조건들은 절대로 동일하지 않다. 한 가지의 요소를 분리하여 바라볼 수 없는 것이다. 세상에는 불황, 전쟁이 일어나며 한편에서는 유가가 급등하거나 급락한다. 혁신은 발견되는 것이지, 정해진 시간에 딱 맞추어 발생하는 것이 아니다. 모든 경제 행위는 간접 효과를 유발하며 지금 당장 눈에 보이지 않는 선행 사건들이 있다. 심지어 직접적인 효과를 측정하는 것조차 불가능할 때가 많다. 통계치는 1941년부터 1964년 사이의 세율과 GDP 성장률처럼 같이 움직이는 경향이 있다. 그러나 둘 중 무엇이 원인이고 무엇이 결과인지 구분하기는 쉽지 않다. 상관관계를 통해 인과관계를 입증하기는 힘들다.

뼈저린 실패

내가 드렉셀에서 일할 때, 내 판단이 가치 있다는 것을 보여 줄 수 있는 가장 직접적인 방법이 바로 매매를 하는 것이었다. 투자자와 트레이더는 미묘한 균형을 맞추려 한다. 새로운 정보를 받아들이되 불필요한 정보 사이에서 길을 잃지 않으려 하고, 사실과 논리 사이에서 지나친 자신감을 갖거나 낙담도 하지 않으려 한다. 드렉셀에서 일할 당시 나는 내가 조금 알고 있는 것들에 대해서 굉장히 자신만만했다. 지금 생각해 보면 다른 무엇보다도 젊음에서 오는 치기였던 것 같다. 뉴스 보고서가 도착하면, 나는 흐름에 몸을 맡겼다. 리스크는 결국 나를 둘러싼 상황들에 의해 결정되었다. 드렉셀에서 일할 때, 나는 경영 대학원에서 2학년을 끝마치고 있었다. 내 은행 잔고는 학비가 차감되어 바닥을 보였고, 학자금 대출도 만만치 않았다. 그래서 하나의 선물 계약으로 작게 시작할 수밖에 없었다.

나는 1,500달러 정도 되는 작은 예치금을 맡김으로써 100만 달러짜리 단기 국채 거래 혹은 10만 달러짜리 장기 국채 거래를 '조종'할 수 있었다. 차액은 암묵적으로 빌리는 꼴이 되었다. 수십 개의 다른 선물이 시장에서 거래되었지만 연구 이코노미스트로서의 지식을 다른 선물거래에 적용할 수 없었다. 만약 장기 국채의 가치가 1포인트 즉, 액면가의 1퍼센트가 변동하면 선물 계약은 1,000달러의 이익이나 손실을 기록하게 될 것이었다. 매일 가격의 방향에 따라서 승리와 패배가 현금의 형태로 정리된다. 패배하면 개시 증거금을 하루 이틀 만에 잃을 수도 있고 반대로 승리하면 자금은 굉장히 빠르게 증가할 것이다.

나는 경제가 매일 더 튼튼해지고 있다는 것을 느낄 수 있었다. 1983년 1월 실업률은 11.4퍼센트였고, 5월에는 9.8퍼센트, 그리고 12월에는 8.0퍼센트까지 하락했다. 나는 고용 호황이 와서 주가가 상승한다는 것에 자신 있게 베팅할 수 있었다. 하지만 경제가 갑작스럽게 호황기에 들어서게 되면 채권 소유자가 인플레이션을 걱정하기 때문에 금리가 오르기 마련이다. 드렉셀의 선물거래 사업 중 큰 부분은 금리가 오르는 상황에 대비하고 싶어 하는 헤저hedger(헤징hedging, 즉 선물 등 파생상품을 이용해 원금을 미래 가격 변동성으로부터 보호하려는 사람 - 옮긴이)가 있어 만들어진 것이었다. 금리가 인상되거나 그럴 우려만 있어도 헤징 사업에 훨씬 더 많은 자금이 몰릴 것이었다. 내가 바라던 모든 것이 하나의 세계관 안에 맞아떨어졌다.

반등하는 경제가 당연히 금리의 상승으로 이어질 것이라는 생각이 내가 선물 시장에 베팅하게 된 이유였다. 한 3개월 정도는 모든 것이 아주 순조롭게 돌아갔다. 곧 나는 다른 선물 계약을 체결할 돈을 벌 수 있었고, 그 뒤에 하나씩 더 계약 수를 늘려 갔다. 때로 나는 페어 트레이딩pair trading을 하기도 했다. 단기 국채에는 매수 포지션을 취하고, 양도성 예금 증서에는 매도 포지션을 취하거나 하는 식으로 말이다. 이런 '스프레드spread'에 대한 개시 증거금은 개별 거래에 대한 개시 증거금보다도 낮았다.

3개월 동안, 나는 내가 마법의 손을 가졌다고 확신했다. 이 확신을 가지고 투기에 뛰어들기로 결심했다. 점점 더 내게 유리한 방향으로 움직이며 수익을 내고 있는 내 포지션들을 보다 복잡하게 구성했다. 술과 마찬가지로 재무적 레버리지는 지나친 낙관과 과신을 불러일으킬 수 있다. 25개까지 선물 계약 포지션을 확장시키자, 화면이 깜빡이는 한 순간마다 내가 625달러만큼 더 부유해지거나 가난해지고 있다는 것을 깨달았다. 그 후 나는 최면에 걸린 듯 스크린만 바라보게 되었다. 3틱만 내게 유리한 방향으로 움직여도 또 다른 계약을 할 수 있을 만큼의 돈을 벌 수 있었다. 주식보다도 훨씬 빠른 속도로 이윤이 창출되었다. 10주 정도가 지나자 4만 달러 이상의 돈을 모았다. 내 연봉보다도 더 많은 돈이었다. 트레이더로서의 밝은 미래가 내 앞에 펼쳐진 듯했다. 그러나 한 달도 채 되지 않아서 모든 것이 파도에 휩쓸리듯 사라졌다. 경제는 계속해서 활력 있게 성장했지만, 설명할 수 없는 이유로 인플레이션 속도가 둔화되었고, 금리는 상승했던 속도보다 더 빠르게 하락했다.

돈을 잃었다는 사실 이외에는 내가 옳았는지 틀렸는지 전혀 알 수 없는 상황이었고, 실수의 원인을 구분하는 것조차 불가능했다. 몇몇 통계치가 요행으로 좋게 나타났던 것일 수도 있고, 올바른 경제적 통계치에 집중하지 않았던 것일 수도 있다. 어쩌면 내가 무엇인가를 놓치고 있었는지도 모른다. 개인 계좌, 기말 시험, CFA$^{Chartered\ Financial\ Analyst}$(공인재무분석가 - 옮긴이) 시험, 그리고 직장과 같이 신경 쓸 일이 많았다.

모았던 4만 달러는 번 속도보다 더 빠른 속도로 사라졌다. 거래소의 증거금 관리 담당자는 내 현금 잔고가 0달러라는 것과 내 선물 계약의 가치가 한때 내 연봉의 수백 배에 달했다는 것을 확인하고 크게 당황한 것 같았다. 나는 그에게 그 돈이 내가 가진 전부라고 말했다. 그리고 나의 학자금과 다른 부채에 대해서는 이야기하지 않았다. 곧 직원은 내 계좌를 매각했다.

경제와 주식의 관계

위에서 언급한 마진 콜$^{margin\ call}$(선물 계약 기간 중 선물 가격 변화에 따른 추가 증거금 납부 요구 - 옮긴이)은 주식시장의 타이밍 시스템을 개발하려던 내 노력을 수포로 만들었다. 주식 지수 선물에 잠깐 손을 댔지만, 내 모든 자본금을 잃었기 때문에 멈춰야 했다. 내 목표는 경제적 통계치를 금리와 연결 지은 후 금리와 주식 인덱스를 잇는 것이었고, 더 나아가 주식 지수를 개별 주식과 연결 지을 생각까지도 했다. 나는 그때 이미 일부 경제적 통계치가 다른 데이터와 어떻게 들어맞는지 알고 있었지만 경제 데이터와 금리, 주식시장, 그리고 거래 수익을 연결 짓는 일은 해낼 수 없었다.

대부분의 투자자는 경제의 변동이 주식시장이 앞으로 어떻게 변화할지 알려 줄 것이라 생각하지만, 사실은 주식시장이 경제가 어떻게 변할지를 알려 준다. 콘퍼런스 보드Conference Board(비즈니스 관련 연구를 하는 리서치 단체. 60개 국가의 1,200개 기업으로 인원이 구성되어 있으며, 콘퍼런스 및 세미나 개최와 경제 및 경영 리서치 진행을 하며 널리 쓰이는 경제 지표들을 발표한다 - 옮긴이)는 주요 지수를 취합하여 거시 경제의 변동 전에 상승하거나 하락하는 경기 선행 지표를 만들어낸다. 지수 내의 10개 선행 지표 중에서도 가장 일관성 있게 효과적인 지표는 바로 S&P 500 주가 지수이다. 예컨대 투자자는 구매 담당자보다 조금 더 멀리 바라본다. 논란의 여지는 있겠지만, 주식시장의 침체는 야성적 충동을 억누르고 불황을 유발한다.

많은 투자자는 경제 지표가 금리에 영향을 미친다는 이유로 금리를 통해 주가의 향방을 예측하려고 한다. 때로는 주식과 채권의 가격은 동반 상승하거나 동반 하락하며, 때로는 정반대 방향으로 움직이기도 한다. 금리가 상승하고 채권의 가격이 하락할 때, 경제와 기업 이익은 보통 나아진다. 그럼 금리가 더 중요할까, 기업의 이익이 더 중요할까? 그건 상황마다 다를 것이다.

금리 수준에만 집중하는 투자자는 금리의 변화율을 주시하는 투자자와 조금 다른 결론에 도달하게 된다. 대부분의 투자자는 금리 하락이 경제와 기업 이익을 상승시킬 것이라 전제하기 때문에 더 높은 PER이 정당화된다. 그 모든 것이 주가에 긍정적인 영향을 미친다. 그러나 인플레이션에 맞추어 조정된 금리가 굉장히 낮을 경우, 다른 재무 자산에 대한 투자 수익 역시 굉장히 작은 편이다.

장기적으로 주가는 수익을 반영하기 때문에 많은 마켓 타이머market-timers(시장의 변동을 예측하여 그보다 한 수 빨리 움직여서 시세 차익을 얻는 전략을 구사하는 투자자나 트레이더 - 옮긴이)는 기업 이익을 주시한다. 여기서도 누군가는 특정 기간 동안 이익의 수준을 주시하고, 누군가는 변화율에 주목한다. 대부분의 마켓 타이머는 수익이 증대될 것으로 예상하며 희망에 찬다. 하지만 매출 흐름의 내재적 가치에 대해서는 신경을 쓰지 않는다.

 기업의 이익 성장 예측치 안에도 마켓 타이밍의 신호가 숨어 있기는 하지만, 그 신호는 보통 사람들이 생각하는 것과는 조금 다르다. 모두가 앞을 내다보려 하며, 베팅은 제대로 예상했을 뿐 아니라 동시에 다른 사람과 다르게 예상했을 때만 이익을 가져다준다. 수익의 증가 속도가 늦거나 떨어지리라는 것이 분명하다면 주가는 이미 떨어져서 매수하기 좋은 시기가 되는 것이다. 그 반대의 경우 또한 사실일 수 있다. 2015년을 포함한 지난 40년 동안, S&P 500 기업의 이익 성장세가 가장 가팔랐던 해에 PER은 평균적으로 반대로 움직였으며, 때로는 그 추세가 너무 심해서 투자 손실을 본 해도 있을 정도였다. S&P 500의 이익이 줄어들은 해에는 평균적으로 PER이 상당히 좋아져서 주가가 상승했다.

자신을 알고 싶다면 타인의 실수를 공부하라

앞서 말한 내 투자 실패 이후로 수십 년간, 나는 톱 다운 방식으로 투자하다가 포트폴리오를 날린 많은 투자자를 보았다. 보통 그런 실패는 서로 관련 있는 두 가지 방법 내에서 이루어졌다. 첫째, 적정 가치에 대한 개념 없이 투자를 했으며 둘째, 새로운 정보를 이해하지 못했다. 거시 트레이더가 사용하는 외화, 원자재 등의 상품은 내재적인 가치를 가지고 있지 않다. 예를 들어, 화폐 적정 가치는 구매력 평가를 통해 나타난다. 내재 가치 개념에 대한 이해 없이는 시장이 생각대로 움직였는지 가늠하는 것은 불가능하다. 트레이드 결과가 안 좋을 때, 원인과 결과 사이의 모든 관련성을 조사하거나(거시 트레이드의 경우 이는 거의 불가능하다), 적정 가치를 산출할 근거를 필요로 할 수도 있다.

투자자는 계속해서 남은 간과하지만 널리 이해된다면 거대한 시장 가격의 움직임을 만들어 낼 수 있는 통찰을 찾기 위해 노력한다. 그러나 공공의 영역에 속한 것을 평가하는 일은 완곡하게 이루어질 수 없다. 간단한 상황에서는 인과관계를 찾아내 아직 시장이 반영하지 못한 요소를 찾아낼 수 있지만, 이런 식의 발견은 복잡하고 거시적인 이슈들 앞에서는 거의 불가능하다. 적정 가치나 내재 가치의 개념 자체는 어떤 아이디어가 틀렸는지 알려주지 않는다. 단순히 눈에 보이는 가격이 틀릴 수도 있다는 사실만 알려 줄 뿐이다. 시장가격과 투자자가 산출한 내재 가격 사이에 눈에 띄는 차이가 있다면 그것은 투자자 혹은 시장이 잘못 판단하고 있다는 것이다.

내재 가치는 투자 아이디어에 결함이 있는지 알려 주는 역할을 하고, 행동의 규범으로 기능하기도 한다. 만약 무언가를 놓쳤다는 유일한 근거가 돈을 잃고 있다는 사실뿐이라면, 큰 문제에 빠져 있는 것이다. 모멘텀 투자자는 가격이 상승한 주식을 사고 가격이 하락한 주식을 판다. 나는 이것이 그들이 가격이 상승하는 주식을 40달러에 사고, 35달러로 떨어졌을 때 팔고, 41달러로 오르면 다시 사는 것을 의미한다고 생각한다. 만약 내가 주식의 가치가 50달러에 상당한다고 판단하고 40달러에 구매를 했다면, 주가가 35달러로 내려가면 오히려 더 기뻐했을 것이다. 물론 가치가 변하지 않았다는 전제하에서 말이다. 만약 가격 하락을 유발한 뉴스가 내재 가치를 30달러로 떨어뜨렸다면, 나는 주식을 매도하고 손해를 감수했을 것이다.

종교, 정치, 그리고 사랑의 영역에서 신실한 믿음을 가진 사람은 증거가 있든 없든 변함없는 자세를 유지하기 마련이다. 투자자는 자연과학자와 같은 합리성을 목표로 하지만, 사업과 경제는 인간이 만든 체계이므로 절대로 이를 이룰 수는 없다. 경제학적 이슈는 거대해지고 다면화되면서 정치적이고 철학적인 믿음으로 변모하는 양상을 보인다. 예를 들어, 사람들은 부유한 채권국이 극빈국으로부터 상환을 받을 수 없을 때는 기업이 실패했을 때와는 달리 도덕적, 정치적 판단을 내리게 된다. 사회 시스템을 내 개인적인 가치들을 다루는 방식으로 생각할 때, 집단 사고를 피하기는 어렵다. 그럴 경우에 나는 내 자신이 원하거나 옳다고 생각하는 것보다 냉정하게 예상하는 것에 따라 투자를 할 것이라고 믿지 않는다.

내재 가치를 고려하고 새로운 정보를 받아들이는 데에 실패한 혼해 빠진 사례로는 결코 변하지 않는 베어bear(약세 즉, 언제나 주식이 하락할 것이라고 생각하는 사람 - 옮긴이)와 골드버그Goldbug(황금 지지자, 금에 대한 맹렬한 선호를 가진 투자자 - 옮긴이)를 예로 들 수 있다. 하락 장이라는 것이 발생하지 않는다든지 금이 쓸 만한 가치의 저장 수단이 될 수 없다는 뜻이 아니다. 가치 투자자 또한 자본을 가능한 보존하려는 의도를 가지고 있다. 투자자 혹은 작은 이익만 발생시키는 자산(현금 등) 혹은 전혀 수익을 발생시키지 않는 자산(금) 등의 기회비용을 생각한다. 만성적 비관론자와 골드버그는 보통 높고 지속적으로 상승하는 소비 지수와 국가 채무에 이어 나타나는 가파른 인플레이션 등을 이야기한다. 모든 데이터가 그들의 목표에 유리한 방향으로 재해석된다. 걱정한다는 행위 자체는 영리한 것이지만, 가장 심각한 우려를 내포한 분석이 가장 영리한 분석은 아니다.

나는 비관론자에 대해 약간의 동정심도 있다. S&P 500의 평균 PER은 1992년부터 2016년 동안의 25년은 직진의 25년보다 더 높았다. 그런데 사실 지수가 만들어진 뒤의 어떤 25년과 비교해도 더 높았다. 누군가는 이런 상승세가 세계화, 독점력, 새로운 기술에 의해 정당화된다고 주장하기도 한다. 시장 밸류에이션valuation(애널리스트가 기업의 현재 가치를 판단하여 적정한 주가를 산정하는 일 - 옮긴이)이 그럼에도 평균으로 회귀할 것이라고 믿는 사람은 비관론자다. 2009년과 같은 대표적인 하락 장에서 어떤 행동을 취했느냐에 따라 차이점을 찾을 수 있을지도 모르겠다. 그해 시장지수는 역사적인 평균치보다 훨씬 더 낮은 수준까지 떨어졌는데, 만약 그때 주식을 샀다면 비관론자가 아닐 것이다.

금은 가치의 저장 수단이 될 수 있을지 모르지만, 어느 정도의 가치가 있는지는 불분명하다. 금이 따로 수익을 벌어들일 수 없는 이상, 내재 가치는 없다. 그러나 장기적으로 보면 여러 가지 소비재군에 의해 측정되는 일정한 평균 가치가 있는 것 같기는 하다. 물론 그 변동성은 매우 크지만 말이다. 그러나 2001년 금은 온스당 270달러에 거래되었으나 2011년에는 1,900달러에 거래되었다. 소비자 가격의 인플레이션을 감안해 조정을 하더라도, 2011년 금의 진짜 가격은 10년 전 대비 5배에 달했다. 바이마르 공화국^{Weimar}과 짐바브웨^{Zimbabwe}의 하이퍼인플레이션^{hyperinflation}으로 인한 재앙과 관련된 이야기의 인기도 이때 정점에 달했다. 괴상하게도 이런 하이퍼인플레이션에 대한 공포와 동시에 금을 담보로 한 대량의 증권이 발행되었다. 가치에 대한 감각을 가지고 있고 생각을 바꿀 수 있는 능력을 갖춘 현명한 투자자라면 그때 금의 보유량을 줄였을 것이다.

케인스, 투자자로서도 훌륭한 경제학자

존 메이너드 케인스가 거시경제학의 창시자일 뿐만 아니라 뛰어난 투자자이기도 하다는 말을 들었을 때, 나는 그가 경제학을 투자에 접목시키는 데에 있어 롤 모델이 되어 줄 수 있을 것이라 기대했다. 케인스의 접근법은 시간이 지나면서 진화했고, 다양한 수준으로 성공을 거두었다. 케인스는 처음 화폐를 매매하는 투기자로서 일을 시작했는데, 대개 미국 달러를 매수하고 독일 마르크와 같은 유럽 화폐를 매도하는 식이었다. 1919년, 케인스는 독일은 1차 세계대전의 전쟁 배상금을 지불할 수 없을 것이며, 억지로 지불하게 되면 경제에 심각한 손상을 입을 것이라는 내용의 책을 썼다. 결국 그의 말대로 이루어졌다.

독일은 경제가 엉망이 된 상태에서 전쟁 배상금을 갚기 위해 고생했고 결국 하이퍼인플레이션 상태에 들어섰다. 마르크화는 1923년에 완전히 붕괴되었다. 그때까지 케인스가 마르크에 대한 매도 포지션을 유지하고 있었다면 엄청난 투기 차익을 얻을 수 있었을 것이지만, 그는 돈을 빌려서 이 거래를 진행했었다. 1920년 5월, 마르크의 하향세는 돌연한 반등에 의해 주춤했고, 이로 인해 케인스는 자산을 모두 잃고 빚만 떠안게 되었다.

케인스가 다시 어느 정도의 돈(다른 사람들의 돈이었다)이 생겼을 때, 원자재 트레이딩으로 돌아섰다. 그는 내가 '불공평한 이점'이라고 할 만한 것을 가지고 있었다. 바로 원자재의 가격 변동 데이터를 갖고 있었는데, 사실 그 당시에는 그 데이터를 얻기가 쉽지 않았다. 또한 그는 정부의 정책 입안자들과 친밀한 관계를 맺고 있었다. 그러나 결국에는 그가 원자재 트레이딩에서 얻어 낸 성과는 상당히 양가적이었다. 특히 대공황이 시작될 때 그가 기록한 몇몇 엄청난 손실들을 포함시킨다면 말이다.

케인스는 자신의 개인 계좌 이외에 케임브리지대학 킹스칼리지의 체스트^{Chest} 기부금 펀드를 운용하기 시작했다. 처음 몇 년간 그는 경제, 통화 분석을 통해 주식과 채권, 현금의 전환 시기를 결정했다. 지금 언어로 표현하자면, 그는 톱 다운 방식의 자산 배분가이자 모멘텀 스타일을 사용하는 섹터 로테이터$^{sector\ rotator}$(주식시장의 트레이딩 패턴을 분석해 이익을 내는 트레이더 - 옮긴이)였다. 그가 1920년대에 기록한 누적 성과는 영국 시장 전체의 평균치에 뒤처지고 있었다(〈그림 7-1〉 참고).

케인스는 킹스칼리지에 제출한 투자 보고서에서 "우리는 트레이드 사이클의 여러 단계에서 일반적이고 체계적인 주식 매매를 통해 이점을 누릴 수 있다는 점을 증명하지 못했습니다", "실무에서 신용 주기란 하락 장에서 시장 주도주를 매도하고 상승장에서 매수하는 것을, 그리고 그 과정에서 발생하는 이자 기회비용 및 기타 비용을 감수하는 것을 의미합니다. 이 방식으로 성공하기 위해서는 경이로운 기술력이 요구됩니다"라고 말했다. 가장 위대한 거시경제학자 중 하나가, 정보와 정책 입안자에 대한 특별한 접근성이 있었음에도 신용과 비즈니스 주기에서 성공적으로 트레이드를 할 수 없었다고 한다면, 누가 성공할 수 있을지 잘 모르겠다.

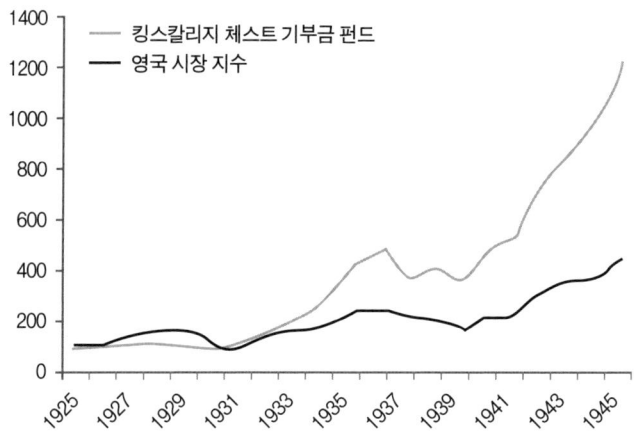

그림 7-1 케인스와 지수 비교(1926 ~ 1946년)

1929년의 대폭락과 대공황은 경제학자이면서 투자자이기도 한 케인스를 놀라게 했다. 『1930년의 대폭락The Great Slump of 1930』이라는 저서에서 그는 "작동 방식을 이해하지 못하는 굉장히 정교한 기계를 조작하는 데 실패함으로써 우리는 자신을 거대한 진창에 빠뜨렸다"고 말했다. 케인스는 개인적으로도 고점 대비 순자산의 5분의 4를 잃었는데, 차입금 사용을 멈추지 않은 것이 큰 원인이었다. 킹스칼리지의 포트폴리오는 조금 나은 편이었다. 이 포트폴리오 운용에서는 신용 주기 전략credit cycling(거시적으로 경제에 많은 부채가 쌓이고 활황일 때는 주식시장을 선도하며 주식을 매입하고 반대로 부채가 빠지며 경제가 침체기로 들어설 때는 빠르게 주식을 매도하는 전략 - 옮긴이)을 구사한 것이 도움이 되었다. 이는 그가 하락하는 장에서 주식을 매도했는데 장의 하락이 계속됐기 때문이다.

케인스는 이러한 접근 방법이 작동하지 않는다는 것을 알아채고 방식을 바꾸었다. 거시경제학을 이용하는 대신, 그가 매우 잘 알고 있던 소수의 회사에 집중하기 시작했다. 모멘텀을 쫓아가기보다 저평가되고 배당이 후한 주식을 매수했다. 그가 매수한 주식의 평균적인 배당수익률은 6퍼센트에 달했다. 이 수익률은 영국 주식이나 채권의 평균적인 수익률을 훨씬 상회했으며, 케인스가 투자하기 위해 자금을 빌린 곳에서(그는 항상 그렇듯이 이번에도 돈을 빌렸다) 발생하는 이자 비용을 충당하고도 남았다. 대부분은 작거나 중간 규모의 기업으로 지루하거나 투자자의 눈 밖에 난 기업이었다. 대공황 시기의 채광 산업이나 자동차 산업 기업처럼 말이다. 시작에는 난관이 있었지만 케인스는 20년이 넘는 기간 동안 시장 평균 수익을 6퍼센트 상회하는 실적을 올렸다.

효율적 시장 이론의 현실성

케인스와 나는 저평가된 작은 기업을 선호하게 되었다는 점에서는 같지만, 미래를 예측하는 견해가 달랐다. 우리 둘은 모두 경제학적 예측을 통해 시장에서 트레이드를 할 수 있을 것이라는 희망에서 출발했지만 큰 돈을 벌고 지켜내는 데에는 실패했다. 케인스는 특정 주식의 미래 수익률에 대한 완전한 지식은 얻을 수 없다는 글을 쓴 적이 있는데, 나는 같은 생각을 어떤 복잡한 경제적 시스템의 미래에도 똑같이 적용시킬 수 있다고 생각한다.

이 책의 서두에서 효율적 시장 가설에 대해 이야기했다. 이 이론에 따르면 시장가격은 근본적으로 적정하며 누구도 지속적으로 시장을 이길 수 없다. 이는 모든 정보가 공개되어 있어 모두가 이용할 수 있을 때, 그리고 평균적으로 적절히 이해되고 있다고 가정할 때 적용 가능하다. 텔레비전과 인터넷을 통해 누구나 중요하다고 생각할 만한 정보들이 수백만의 청자들에게 전달되고 있으니, 어느 정도 현실적인 가정이라고 해도 좋을 것 같다.

강한 형태의 효율적 시장 가설은 사적인 정보와 내부자 정보마저 시장가격에 반영이 되었다고 정의한다. 내게는 이런 가정이 현실적으로 들리지 않는데, 여전히 뉴스로 내부자 정보를 이용해 주식으로 큰 이윤을 남긴 사례를 듣기 때문이다. 그러나 〈대역전 Trading Places〉(1983년 개봉한 에디 머피 주연의 월가 배경 코미디 영화 - 옮긴이)을 제외하고 나는 경제 데이터에 기반을 둔 내부자 트레이딩의 예를 떠올리기 힘들다. 태생적으로 경제 데이터는 거대한 시장을 수반하기 때문에, 잠재적인 이익 또한 커야 한다. 내부자 트레이딩에 대한 스캔들이 없다는 것은 경제 데이터와 관련해서는 효율적 시장 가설의 강한 형태가 적용될 수 있다는 점을 시사한다. 거시경제와 관련된 대부분의 정보는 이미 널리 알려져 있고 혹 그렇지 않더라도 이미 가격에 반영되어 있다.

작게 생각하기

이미 수백만 명이 시청하는 텔레비전 프로그램이나 인터넷을 이용해서는 단기적인 이윤을 낼 수 없다. 거시경제학을 성공적으로 이용하기 위해서는 한 개의 사실에서 다른 사실을 이끌어 낼 수 있는지 역사적 사례를 통해 신중하게 검토해야 한다. 그리고 자신이 틀릴 수도 있다는 가능성에도 주의해야 한다. 즉, 학교에서 배운 모델이 작동하는 것인지 아닌지, 어떤 환경에서 작동하는지 확인해야 한다는 뜻이다. 결과는 하나의 측정점이라기보다 모자이크의 형태에 더 가까우며, 현상을 단순화시키는 데에 아무런 도움이 되지 않는다. 세상에는 너무 많은 뉴스가 방송되고 있고 너무 많은 연결이 존재하기 때문이다. 모든 정보가 똑같이 중요한 것은 아니며 대부분은 반복되는 정보다.

그래서 나는 작게 생각하려고 노력한다. 세상에는 특정 기업에 대한 뉴스 기사가 경제 전반에 대한 기사보다는 적다. 주식 분석은 경제에 대한 분석만큼 세심한 해석을 요구하지 않는다. 대부분의 사람은 특정 기업에 관한 정보 자체에 그다지 신경을 쓰지 않아 기회를 놓친다. 기업의 규모가 작다면 더욱 그렇다. 미래가 어떻게 펼쳐지는지 예측하는 과정에서 실수를 한다. 만약 연결 고리가 조금 더 선명하고 직접적이라면 그 예측은 조금 더 정확해질 확률이 높다. 거대한 주제와는 다르게 개별 주식에서는 무엇을 모르고 있는지 알아채는 일도 더욱 쉽다.

어떤 투자에서든 길잡이가 되어 줄 적정 가치에 대한 개념이 필요하다. 적정 가치의 개념은 어떤 트레이드 기회가 가장 매력적인 것인지를 보여 줄 뿐 아니라, 새로운 정보의 중요성을 인식하고 보유 포지션을 늘릴지 줄일지 결정하는 데 도움을 줄 수 있다. 물론 논란이 있을지도 모르지만 조지 소로스의 재귀성 이론 theory of reflexivity(사회의 모든 현상은 인지 기능과 조작 기능이 서로 영향을 주는 상호 순환 관계를 통해 나타난다는 주장을 담은 이론 - 옮긴이)은 왜 영국 파운드가 구매력 평가 대비 지독하게 고평가되었는지, 그리고 왜 더 이상 고평가되지 않고 멈췄는지를 설명한다. 그 점을 제외하면 소로스의 가장 강력한 도구는 바로 적정 가치의 개념이었다.

거시 투자자와 펀드매니저는 모두 대담하게 진실을 추구해야 하지만, 나는 작은 오류들을 인정하는 일이 더 쉽다. 나는 한 번 크고 중요한 문제를 다루는 이론에 집중하면, 생각을 잘 바꾸지 않는다. 나를 둘러싼 세상을 이해하지 못한다는 것을 인정하는 일이 좁은 관심사와 작은 상황을 이해하지 못한다는 사실보다 나를 더욱 불안하게 만들기 때문이다. 끊임없이 주식시장이 붕괴할 것이라고 믿는 사람과 금만이 안전 자산이라고 믿는 투자자를 놀리기는 했지만, 내게도 변하지 않는 믿음은 있다. 특정 주식에 대한 생각은 수많은 생각 중 하나일 뿐이며, 그 생각들 중 특정 부분은 쓸모없는 것이 된다. 보통 작은 실수가 더 고치기 쉽다. 작게 생각하는 것은 오류의 심각성이나 빈도를 줄이는 데에도 도움이 될 뿐만 아니라 오류를 찾아내고 고치기 쉬운 마음가짐을 갖게 해 준다.

8

나무를 보지 말고 숲을 보라

잘 다스려진 나라에서 빈곤은 부끄러운 것이다.
잘못 다스려진 나라에서 부는 수치스러운 것이다.

- 공자 -

해외를 다니다 보면 그 나라의 언어 등과 같이 내가 모르는 것이 무엇인지 확실히 알게 된다. 그래서 나는 영어가 통상적으로 사용되는 나라를 선호할 수밖에 없다. 하지만 언어 외에도 나라마다 법률이나 사회 제도가 모두 제각각이다. '자산'도 의미가 다르며 모든 곳에서 동일하게 보호받지 못한다. 특히 외국인의 경우에는 더욱이나 그렇다. 법치주의를 따르는 국가도 있지만 그렇지 않은 나라도 있으며, 세율이나 과세 품목에 대한 제도도 나라마다 다르다. 인플레이션율도 마찬가지다. 회계 자료 역시 맥락과 지역에 따라 다르게 해석된다. 사업가의 사회적 지위 또한 어떤 국가에서는 직원 수에 비례하나, 어떤 나라에서는 수익률에 비례한다. 이 모든 것은 기업의 경영진이 어떻게 생각하고 결정하는지에 영향을 미친다. 미국에서의 경험을 토대로 한 수익률, 성장률, 확실성, 기업의 성장 전략에 대한 노하우는 해외에서 무용지물이 될 수도 있다.

해외투자를 하는 근본적인 이유는 더 넓은 시장에서 얻을 수 있는 기회다. 캐나다와 영국에 상장된 주식의 수를 합하면 미국보다 많다. 이는 버뮤다, 호주, 홍콩과 싱가폴을 합쳤을 때도 마찬가지며, 나머지 영어권 국가를 합치면 말할 것도 없다. 해외투자를 통해 더 큰 분산 이익을 얻을 수 있지만, 기업이 점차 세계화됨에 따라 이러한 혜택은 줄어들었다.

해외투자에는 여러 리스크도 있다. 특히 개발도상국에서는 규모가 작은 해외투자자의 권리를 크게 보호하지 않는다. 모국에서는 당연하고 상식적인 것이 다른 곳에서도 통용될 것이라고 쉽게 가정하지 말자. 해외 기업이나 문화를 충분히 이해하는지 스스로에게 자문해 보라. 이러한 차이점을 충분히 이해하려는 노력 없이 본인의 컴퍼트 존 comfort zone(심리적으로 안정을 느끼는 상황, 장소, 분야 - 옮긴이)을 벗어나서 투자하는 것은 위험한 일이다.

대영제국에 속해 있던 선진국 국민의 대부분은 영어를 사용한다. 기업의 재무 자료나 연구 보고서는 전문적인 내용을 영어로 전달하기 때문에 번역이 필요 없다. 북유럽을 포함한 많은 나라에서 영어는 비즈니스 언어이다. 규모가 큰 다국적 기업 등은 여러 언어로 보도 자료를 내보낸다. 컴퓨터로 이런 자료를 번역하면 대체로 정확하기는 하지만, 때로는 의미가 크게 벗어나기도 한다. 같은 단어라도 나라에 따라 다른 의미를 갖기도 한다. 멕시코와 스페인에서 제빵 시장의 선두 기업으로 알려진 빔보 Bimbo라는 기업이 있다. 미국에서는 백치의 미녀를 뜻하는 은어다.

해외투자 자산은 외국 통화로 가치가 평가되며 이는 리스크를 더할 수도 있다. 미국과 교역이 많은 나라의 경우, 정부가 정책으로 현지 통화를 달러화에 연동시키기도 한다. 버뮤다 달러는 미국 달러와 일대일 고정환율로 설정되어, 병용이 가능하다. 홍콩 달러 역시 미국 달러와 페그제 pegged system

(특정 국가의 통화에 자국 통화의 환율을 고정시키는 제도 - 옮긴이)를 시행하고 있다. 영국 파운드는 유로와 미국 달러에 따라 환시세의 변동 폭이 넓다. 환율 변동은 그 나라의 인플레이션을 반영한다. 짐바브웨의 경우, 심각한 수준의 초인플레이션을 경험했다. 특히 미국 달러와 동등하던 짐바브웨 달러가 2009년에는 300조의 환율을 기록 후 폐지되었다. 어떤 나라는 화폐의 해외 유출을 금지하거나 제한하기도 한다.

어떤 투자자는 많은 나라에서의 경제성장이 민주주의나 법치주의와는 무관하게 빠르게 이루어졌기 때문에 이러한 정치 제도가 투자에 있어 무의미하다고 믿는다. 나는 이에 동의하지 않는다. 먼 곳에 자본을 보내야 한다면, 나는 그 나라의 법의 내용과 집행 방식을 사전에 이해하려 할 것이다. 나는 외국인 투자자로서 그 규율이 보편적이고, 평등하며 최대한 분명한 것을 선호한다. 법치주의를 따르는 나라에서도 지인과 현지인은 우대받기 마련이다.

재산이란 개념 역시 때와 장소에 따라 다른 의미를 갖는다. 정부가 개인의 재산권을 보장해야 한다는 생각은 13세기의 마그나 카르타 Magna Carta (1215년 영국 존 왕의 잇따른 실정과 과도한 조세에 견디지 못한 귀족이 시민의 지지를 얻어 그들의 요구 사항이 담긴 문서를 제시했는데, 이때 존 왕이 서명한 인권 헌장 - 옮긴이)에서 비롯한다. 영국의 인클로저 법 Enclosure Acts 은 공유지를 사유지화하여 개인의 재산권을 창조했다. 남북전쟁 이전의 미국에서는 남부 지역의 인구 40퍼센트가 재산으로 분류되었다. 반대로 1860년에 지적재산권은 거의 존재하지 않았지만 미국에서는 점점 보호받고 있었다. 저작권의 보호 기간은 원래 14년 후 1차 갱신 정도까지 허락되었지만, 이제는 120년까지 연장 가능해졌다. 주요 정부 대부분이 어느 정도의 토지와 기업을 소유한다. 공산주의 국가의 경우 경제의 대부분을 소유한다.

20세기 대부분의 기간 동안 영국 정부는 경제 개입을 확장했다. 통신, 전기, 가스, 수도 시설 등의 기업과 산업을 국유화시켰다. 석탄과 철강업과 같은 기본 산업부터 버스와 철도와 같은 교통 산업 역시 국유화되었다. 롤스로이스Rolls-Royce, 브리티시 레이랜드British Leyland, 아머샴Amersham 그리고 영국방송협회BBC 역시 국영기업이었다. 영국의 최고 세율은 2차 세계대전 때 99.25퍼센트로 정점을 찍었고, 1966년 비틀즈가 〈텍스맨Taxman〉이라는 노래를 발표할 때에는 95퍼센트를 기록했다.

1980년대에 영국의 총리였던 마거릿 대처Margaret Thatcher는 위에서 언급된 기업을 포함한 공공기업의 민영화를 과감하게 추진했다. 나는 피델리티의 공공 유틸리티Public Utilities(공급 처리 시설이라 불리며 도시의 순환 기능, 에너지 공급에 불가결한 시설. 상하수도, 쓰레기 처리장, 전력·가스 공급 설비, 지역 냉난방 시설 등이 포함된다 - 옮긴이) 애널리스트로서 브리티시 가스British Gas가 민영화된 1986년 이후부터 이 기업을 지켜보았다. 이 기업은 견실했고 대처의 규제 체계는 미국보다 매력적으로 보였다. 미국의 공익사업과 마찬가지로, 영국 정부는 미리 염두에 둔 수익률이 있었으나 이는 인플레이션을 감안한 수치였다. 1970년대의 미국에서는 관세율이 인플레이션을 따라가지 못하는 바람에 미국 공익사업이 큰 타격을 입었다.

수도 사업이 민영화되었을 때, 10개 상하수도 기업의 주식은 패키지로 거래되었으며 주가 역시 함께 책정되었다. 패키지의 일부만 선불로 지급하고 나머지는 분납하는 구조로 거래되었다. 배당수익률도 매력적이었는데, 나는 인플레이션과 함께 더 오를 것으로 간주했다. 영국 정부는 해당 기업이 환경 및 수질 기준에 도달하는 투자를 할 수 있도록 '녹색 지참금green dowry'이라 불리는 어마어마한 양의 자본을 투입해 놓은 상태였다. 무엇보다도 주식들은 한 자릿수의 PER에 거래되고 있었다. 낮은 주가는 수질 규제 기준이 더 엄격해질 것이며 그것이 더 큰 지출을 초래할 것이라는 투자자의 불안 심리를 반영했다. 수도 사업의 민영화는 정치적으로 인기가 없었으며, 몇몇은 규제 기관 역시 민영화 반대를 옹호할 것이라 예측했다.

수도 본관은 몇십 년도 사용할 수 있기 때문에, 하수관 등의 유지비와 환경에 대한 투자를 아낀다면 충분히 낮은 비용으로 운영될 수 있다. 규제 당국은 급수 시설이 해마다 효율성이 증가하여 수도세 인상을 낮출 수 있을 거라 생각했다. 사우스웨스트워터South West Water와 같이 해안 지대 혹은 시골 지역이 포함되어 있는 경우, 수질과 정화에 더 많이 투자해야 했다. 주주가 기대할 수 있는 수익률은 영국 주식의 과거 실질 수익률 정도다. 수도 사업은 리스크가 낮은 산업으로 보였으며 인플레이션으로부터 보호받았다. 나는 처음에는 10개 기업의 패키지에 투자했고, 그 후에는 PER이 낮고 대차대조표가 튼실한 소수의 기업에 집중투자했다.

수도 기업 대부분의 주가는 민영화가 시작된 지 7년이 지난 1997년에 거의 3배 가까이 뛰었다. 이것만 보면 대단한 결과인 것 같지만, 미국의 S&P 500 지수나 영국의 FTSE 100 지수 역시 비슷한 상승률을 보였다. 수도 기업에 투자하는 것이 근본적으로는 좋았으나, 강세 시장에서는 장점이 크게 두드러지지 않았다. 내가 이 기간 동안 시장을 이겼다면, 그것은 수도 주식의 배당수익률이 평균보다 높았기 때문이었으리라. 주식 원금을 분납할 수 있다는 것 역시 어느 정도의 혜택이었다. 나는 상대적으로 낮은 리스크를 지고 좋은 수익률을 낼 수 있었다.

나는 영국이 투자하기에 재미없는 나라일까봐 걱정했지만, 지금은 영어권 국가가 해외 투자를 시작하기에 가장 좋은 장소라고 생각한다. 영국의 1인당 GDP 성장률은 다른 많은 국가에 비해 낮은 편이다. 투자자는 대부분 가장 견실한 성장률이 기대되는 나라로 몰려가기 마련이다. 하지만 해외 투자에 있어 놀라운 점 중 하나는 1인당 GDP 성장률과 주주에게 가는 실질 수익률이 비례하지 않는다는 것이다. 일본과 이탈리아는 지난 한 세기 동안 가장 높은 GDP 성장률을 기록했지만, 일본의 수익률은 평균에 그쳤으며 이

탈리아는 상대적으로 낮은 편이었다. 전쟁은 이 두 나라와 그들의 주식시장에 치명적인 영향을 끼쳤다.

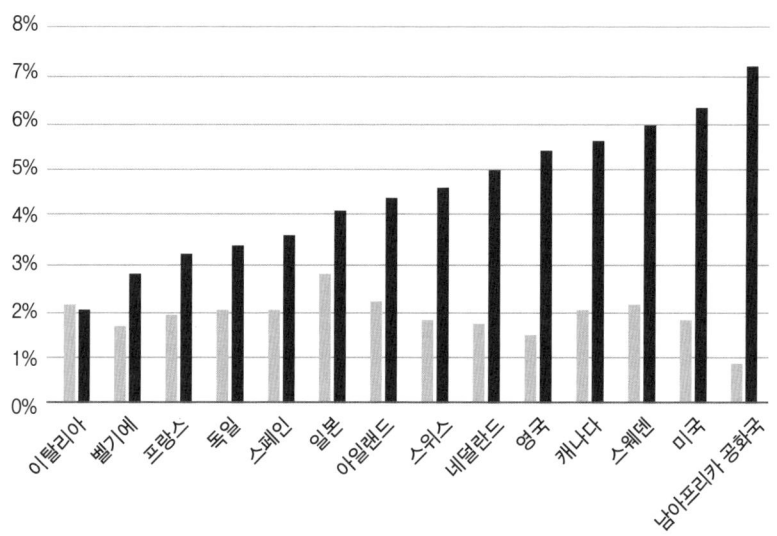

그림 8-1 실질 주식 수익률 및 1인당 실질 GDP 성장률 (1900~2015년)

지난 세기 동안 호주, 스웨덴, 남아프리카공화국, 미국, 캐나다, 영국은 주식 수익률이 가장 높았다(<그림 8-1> 참고). 1인당 GDP는 빠르게 성장하지 않았지만, 이 중 여러 나라는 평균 이상의 인구 성장률을 보였다. 이민자와 자본은 법치주의 국가에 몰린다. 법치주의가 있는 곳은 비지니스 관계에서 신뢰도가 높다. 영어권의 나라의 경우, 투자자가 특정한 주식을 선택하는 것이 쉽도록 더 완전한 공시를 의무화한다. 투자자에게 더 익숙한 언어와 문화일수록, 모르는 것이 무엇인지에 대한 이해 역시 높아진다. 지난 10년 동안의 투자를 돌아봤을 때, 법치국가 중 어느 곳에 투자할 것이냐에 대한 답은 비약적인 경제성장을 이룬 국가의 시장보다는 PER이 낮은 국가의 주식시장이다.

일본 시장

일본은 법치주의를 따르고 재산권을 존중하는 안전하고 민주적이며 자본주의적인 나라다. 일본에서 사회주의가 인기를 끌었던 적은 없다. 보수 정당인 자유민주당이 잠시 동안을 제외하고는 1955년부터 계속 집권해 왔다. 일본은 미국보다도 적은 기업을 국유화했으며, 사기와 부패는 야쿠자가 장악하고 있는 건설업 외에는 흔치 않다.

2011년의 일본은 투자자가 가치주를 찾기에 환상적인 곳이었다. 경영진과 재정 상태가 좋은 기업이 저평가되어 한 자릿수의 PER 수준에 거래되는 것을 발견하는 것은 내 큰 즐거움이었다. 나는 일주일에 가능한 많은 기업을 방문했다. 낮은 가격에서 고를 수 있는 주식이 많았으므로, 손실 위험은 적되 상승 잠재력은 상당할 것이라 판단했다.

나는 한 주를 알차게 보냈다. 일본의 소기업 회의부터 피델리티 회의실에서 열린 기업 방문을 통해, 내가 투자를 고려했던 24개 기업의 임원을 만날 수 있었다. 그 기업들은 대체로 역동적이고 창조적이었다. 일부 경영진은 직접 기업을 설립하고 자회사의 지분을 다수 보유하고 있었는데, 이는 일본에서 흔한 일이 아니었다. 경영진이 그들의 사업에 대해 얼마나 열정적인가는 통역 없이도 충분히 알 수 있었다.

미국에서는 주주 가치를 상승시키는 것이 경영진의 가장 중요한 목표라고 강조한다. 내가 이 같은 말을 일본에서 한다면 대부분의 사업가는(대부분 남자다) 내가 무슨 말을 하는지 이해하지 못할 것이다. 일본에서는 높은 수익률보다 높은 고용률과 시장점유율이 성공의 척도이기 때문이다. 어떤 사람은 일본의 기업이 미국보다 더 장기적인 전망을 가지고 있다고 말한다. 시장점유율이 높다면 궁극적으로 수익이 날 것이기 때문이다. 하지만 일본 기업은 평균적으로 다른 나라에 비하여 자기자본 이익률이 낮다. 사회적 유대 관계와 책임은 일본에서 다른 의미를 갖는다.

일본에는 '튀어나온 나사가 망치를 부른다'라는 속담이 있다. 너무 많은 돈을 버는 것이 이목을 집중시킨다면 일본 사람은 그런 일을 피한다. CEO와 직원의 연봉 격차는 일본이 미국 대비 현저히 낮다. 직원이 모두 비슷한 대우를 받으면 기업에 대한 충성도가 높아질 것이다. 이것이 일본이 정치 양극화가 덜한 이유인지도 모르겠다. 하지만 요즘 시대에 평생 고용은 어디에서도 찾을 수 없다.

1980년대의 동경은 전 세계 주식시장의 총애를 받았다. 니케이 지수^{Nikkei Stock Averages}는 1989년 12월에 38,916으로 사상 최고치를 기록했으며 이 당시 PER은 약 70배였다. 어떤 사람은 기업의 수익률보다 자산 가치가 더 중요하다고 했는데, 기업은 자산이 많았다. 그런데 주식보다 부동산 시장의 버블이 더욱 심각했다. 예를 들어 동경 긴자 지역의 노른자 땅은 제곱미터당 100만 달러에 거래되었다. 미국의 평균 주택 규모에 이 가격을 적용한다면 집 한 채당 2억 달러에 육박하는 수준이었다. 한동안 부동산을 사들이기 위해 사람들은 100년 기한 대출을 받기도 했다. 일부 평론가들은 기업의 수익률이 이런 재테크(재무^{財務}와 테크놀로지^{Technology}가 결합하여 만들어진 단어 - 옮긴이)'에 의해 지나치게 부풀려져 있다는 우려를 표하기도 했다. 여기서 재테크는 스펙 매매, 즉 투기성 매매를 위해 돈을 대출하는 것을 의미했다. 20년 후 니케이 지수는 1만 선에 머물렀는데, 이는 사상 최고치에서 75퍼센트나 떨어진 것으로 현재까지도 그 최고치를 돌파하지 못했다.

동경을 다니다 보면 일본의 주식시장이 지난 25년간 암울했다는 것을 느낄 수 없다. 생활수준이 굉장히 높다는 것이 느껴진다. 1인당 GDP 성장률은 미국과 비슷했고 실직률은 더 낮다. 동경의 중심에 있는 황궁 근처는 차분하고 위엄이 있으며 안전하다는 느낌을 주기에 충분하다.

나는 투자자의 입장에서 눈에 띄면서 쉽게 흔들리지 않는 수익을 원했다. 마침 일본의 소매업이 훌륭한 투자 기회를 제공했다. 코스모스 파마슈티카 Cosmos Pharmaceutical는 할인형 드러그스토어 Drug Store(식료품과 약품 등을 파는 잡화상을 겸한 약국 - 옮긴이) 체인으로, 일본 열도 남서 끝의 작은 섬인 규슈 지역을 거점으로 하고 있다. 코스모스는 운영 비용을 강력히 통제하는 방식으로 소비자에게 파격적인 가격을 제공했다. 이 기업의 판매 관리비는 매출의 14퍼센트밖에 되지 않았는데, 이는 비슷한 전략을 구사하는 월마트가 19퍼센트라는 점을 고려하면 매우 훌륭한 수치다.

코스모스는 1983년 CEO인 우노 마사테루가 설립한 이래로 빠른 속도로 성장하고 있다. 이는 코스모스가 일본에서도 인구가 적은 지역에 위치하여 좋은 매장 위치를 더 빨리 낮은 가격에 선점할 수 있었기 때문일 수도 있다. 자사 브랜드(제조 업체가 아닌 유통 업체의 상표를 붙여 판매하는 상품을 일컫는 말 - 옮긴이)를 파는 것이 브랜드 제품을 파는 것보다 이익률이 높은데, 코스모스의 경우 자사 브랜드를 많이 판매한다. 또한 CVS나 월그린 Walgreens과 같은 미국의 선두 약국보다도 재고 회전율이 높다. 또한 일본의 기대 수명은 미국보다 4세나 높은데, 이는 고령화가 진행되고 있다는 의미다. 그렇기에 약국의 전망은 밝았으나 주가는 2011년의 수익에 비해 10배 정도밖에 되지 않았다. 이후 5년 동안 성장이 계속되고 PER이 증가하여 주가는 6배까지 상승했다.

중국

억만장자에게 홍콩은 자유의 낙원이다. 자유로운 무역 절차, 약한 규제, 재산을 보호하고 계약에 법적 효력을 부여하는 법원 등 홍콩은 사업하기 최고의 곳이다. 해외에 투자한다면 GDP 성장률보다 이러한 제도적인 요소가 투자 수익률에 더 큰 영향을 미친다. 헤리티지 재단 경제 자유 지수에 의하면 중국은 139위에 그친다. 그래서 사람들은 중국에서는 가능하지 않은 일을 하기 위해 홍콩이나 마카오로 눈을 돌린다. 이런 격차의 근원은 먼 과거에서 비롯되었다. 수세기 동안 중국은 외국과의 무역을 몇몇 도시로만 국한시켰다. 영국 동인도회사는 불법적으로 아편을 수입했으며 이는 사회를 황폐화하고, 1839년부터 1842년까지 계속된 아편전쟁의 계기로 작용했다. 이는 중국이 가졌던 자유무역과 외국인에 대한 의구심을 심화시켰다.

내가 처음으로 중국을 방문한 것은 1993년이었다. 홍콩에 상장된 기업들의 공장과 사무실을 방문하기 위해서였다. 당시 중국 주식시장은 만들어진 지 몇 년 되지 않은 상태였고, '궤일로Gweilo'라고 불리던 '흰 외국인 악마'는 2014년까지 거래가 금지되어 있었다. 국영 기업들은 외국인과 교류하는 것을 꺼렸다. 개발도상국을 처음 방문하는 나로선 어떤 일이 일어날지 알 수 없었다.

중국에서 사회적 조건은 수익률과 성장률에 직접적인 영향을 준다. 미국과 달리 인건비가 낮기 때문에, 최신 전자 기기를 만드는 공장에서조차 많은 사람이 직접 투입되어 회로판의 작은 결함이 있는지 육안으로 확인한다. 많은 기업이 직원에게 최소한의 숙식을 제공하며, 이러한 사실은 기업의 비용 구조에 큰 영향을 끼친다. 이주 노동자는 그 지방의 호구戶口(주민등록제 - 옮긴이)를 얻어야만 의료보험, 교육, 복지와 같은 혜택을 받았는데, 이는 노동력 공급에 영향을 주거나 근로자를 고용주에게 속박시킬 수 있었다. 환경이나 제품 안정성에 대한 규제는 산발적으로 이루어져서 비용 최소화에 영향을 줄 수 있었다. 이 모든 것은 누가 관직에 있느냐에 따라 달라진다. 미국에서의 부정부패란 돈 많은 사람이 정치인을 매수하는 것을 의미하지만, 중국에서는 공산당 소속 정치인이 부유해짐을 의미한다.

사람들은 모르는 것에 대해 다양한 견해를 갖는다. 나는 중국에서 모험정신을 갖고 여러 음식에 도전했으며 많은 것을 배웠다. 하지만 이를 통해 내가 중국의 문화와 기관에 대해서 얼마나 모르는지 알게 되었다. 워런 버핏은 자신이 충분히 알고 있는 것에 투자를 집중했기 때문에 크게 성공할 수 있었다. 홍콩은 내게 가장 기억에 남는 여행지였지만, 매수한 주식의 종류는 많지 않았으며 이 또한 아주 적은 수량이었다. 이 중에서는 유원공업이라는 나이키, 아디다스 등의 신발을 제조하는 곳이 있었다. 이 기업의 배당수익은 높았으며 빠른 속도로 성장하고 있었다. 하지만 나는 기업을 좀 더 자세히 알아야 함을 느꼈다.

중국에서 외국인이 기술이나 통신 산업의 주식을 사는 것은 금지되어 있다. 외국인이 알리바바Alibaba, 바이두Baidu, 씨트립Ctrip과 같은 중국의 최신 인터넷 주식에 투자하는 것은 가능하지만, 이는 사실 변동지분실체Variable Interest Entity(기업 지배구조의 한 모델로서 중국 기업이 정보 기술IT 등 특정 산업에 대한 중국 당국의 외자 제한을 회피하기 위해 사용한다 - 옮긴이)에 투자하는 것이다. 민감한 산업을 운영하기 위한 면허와 허가는 법으로 중국 기업에게만 허용된다. 외국인은 중국 밖에 자리 잡은 시주회사의 주식을 사들여서 중국 기업의 수수료와 로열티를 받을 수는 있지만, 그 기업의 지분 자체를 소유할 수는 없다. 이것이 정확히 무엇을 의미하는지는 중국 공산당이 정의하기 나름이다.

나무를 보지 말고 숲을 보라

2000년 즈음에 한 증권사 애널리스트는 중국이 캐나다 목재 생산품 시장에서 가장 빠르게 성장할 것이라고 이야기했다. 실제로도 토론토에 상장된 중국 목재 업체가 있다고 알려 주었다. 시노포리스트Sino-Forest란 이름의 이 회사는 빠르게 성장했고 주가는 1달러 정도였다. 이는 장부가액의 반, 그리고 수익의 3배에 달하는 수치였다. 시노포리스트는 전환사채convertible debt와 보증서warrant를 포함한 부채를 갖고 있었지만, 이를 감안하고도 내 생각은 변하지 않았다. 3년 동안 부진했던 이 기업의 주식은 2003년 6월 갑자기 2배로 뛰었다. 이를 기회로 삼아 기업은 주식을 발행하여 자금을 조달하려고 했다.

나는 기업이 수익과 자산 가치 대비 낮은 배수에 새로운 주식을 발행하는 것에 늘 의구심을 품어 왔다. 경영진이 이런 조치가 얼마나 기존 주식의 가격을 희석시키는지 모르는 경우도 있다. 시노포리스트의 경영진을 만났을 때, 그들이 주주 가치를 이해하지 못하고 있는 것 같지는 않았다. 때때로 은행에서 재무 상태가 좋지 않은 기업에게 주식을 팔아 자본을 조달하라고 강요하는 경우도 있지만, 이 기업은 여기에 해당하지 않았다.

경영진은 이 자금을 통해 좋은 투자 기회를 잡을 수 있다고 생각해서, 불리한 가격이지만 주식을 추가 발행하는 것에 만족하고 있었다. 나는 시노포리스트에서 하는 사업이 어떤 형태인지 정확히 이해할 수가 없었다. 기업이 목재를 수확할 수 있는 권리를 아마도 정부로부터 사들인 것 같았지만, 어떤 이에게 목재를 가공할 권리를 팔았는지는 알 수 없었다. 시노포리스트는 마케팅 에이전트가 있다고 말은 했지만 그것을 공개하기를 꺼려했고 또 소비자가 누구인지조차 불분명했다.

시노포리스트의 자산이 무엇이었는지 역시 정확히 알 수 없었다. 중국에서는 누구도 토지를 소유할 수 없기 때문이다. 마오쩌둥은 1956년에 모든 사유재산을 국유화시켰다. 이는 중국 역사에서 되풀이되어 왔다. 명나라 때 황제들은 토지를 몰수했다가 다시 빌려주었다. 홍콩에서조차 자유 보유권을 가진 토지는 성공회 성당인 성 요한 성당뿐이다. 중국에서 재산 소유인이란 임차권을 갖고 있거나 토지를 사용하거나 개발할 수 있는 권리를 30~70년 동안 갖고 있는 사람이다. 특히 북경이나 상해 외곽에서는 재산을 등록하는 제도가 일정하지 않기 때문에, 시노포리스트의 자산을 제대로 확인할 수 없었다. 시노포리스트는 임대 계약과 거래 상대방의 이름 사항은 모두 기밀이라고 주장했다.

내 우려에도 불구하고 시노포리스트의 주가는 로켓과 같이 급상승했다. 2002년과 2007년 사이에 기업의 주당순이익은 주식 수가 크게 증가했음에도 2배 이상으로 상승했다. 주가는 18달러로 PER은 20배가 되었다. 투자자들이 중국이 전 세계의 천연자원을 모두 싹쓸이할 것이라는 이야기를 믿기 시작한 것이다.

하지만 나는 중국의 재산권에 대한 의심을 해소할 수 없었다. 한 중국인 애널리스트는 중국이 진정 기회의 땅이라면 왜 사람과 자본이 해외로 유출되는지 물었다. 나는 시노포리스트의 사업이 정치권의 호의에 의지하지 않길 바랐다. 기업의 공동 창업주와 고위 경영진들은 주식을 팔았고, 나 또한 그들을 따라 내 지분을 정리했다. 그 후 4년 동안 시노포리스트는 관리하는 숲의 면적을 2배 이상 넓혔으며 매출과 수익 역시 2배 이상 상승했다고 발표했다. 세계 금융 위기에 주가가 떨어지긴 했지만 이후 회복했다.

2011년 머디 워터스Muddy Waters라는 캐나다의 연구 업체는 시노포리스트가 분식 회계를 저질렀다는 보고서를 발표했다. 미국에서는 사실을 미화하며 사기를 저지르지만 시노포리스트는 거의 모든 것을 지어냈다. 머디 워터스의 보고서에 따르면, 시노포리스트는 추적을 피하기 위해 '허가받은 브로커'를 통해 원목을 사고팔고, 세금과 비용을 지불했다. 또한 기업 돈이 사적인 용도로 사용된 정황도 있었는데, 이는 개발도상국에서 자주 볼 수 있는 사기 행태였다.

머디 워터스의 보고서는 내가 알지 못했던 많은 세부적인 내용을 담고 있었다. 기업은 원목을 사거나 목재를 만드는 데 드는 돈을 지불하지 않으며, 목재를 판매하고도 돈을 받지 않았다. 이 모든 것이 브로커를 통해 이루어진 것이다. 2010년 시노포리스트는 운남성에서 법적 한도의 6배에 달하는 양의 목재를 수확했다고 주장했다. 운남성은 도로 상태도 좋지 않을뿐더러 전체 면적의 92퍼센트가 산으로 이루어진 중국의 외진 남서 지역이다.

여기서 내가 얻은 가장 큰 깨달음은 중국 기업이 상업행정관리상표국^{SAIC}에 재무제표를 제출해야 한다는 것과 머디 워터스가 이 정보를 입수할 수 있었다는 것이다. SAIC의 장부에 기재된 수치는 투자자에게 제공된 수치와 너무나도 달랐다. 나는 SAIC의 정보가 대중에게 공개된다는 사실을 몰라서 교차 점검을 하지 못했다. 곧바로 나는 사기 가능성이 있는 모든 중국 기업의 SAIC 보고서를 요청했다. 얼마 후 공산당이 스스로를 지키기 위한 결속을 강화하며 이 정보를 얻는 것이 불가능해졌다. 2012년 시노포리스트는 캐나다에서 파산을 신청했다.

결론

해외투자를 시작하기 전에, 자신의 안전지대가 어디이며 배움에 대한 갈망이 어느 정도인지 스스로 생각해 보라. 대부분의 투자자에게 대영제국에 속했던 개발도상국이 좋은 시작점이자 종착점일 것이다. 이 국가들에는 법치주의가 존재한다. 언어, 법적 체제, 비즈니스 관습, 회계 기준이 비슷하기 때문에 미국에서의 결정 기준을 그대로 적용할 수 있을 것이다. 다른 국가의 문화를 공부할 마음이 있는 투자자라면, 광범위한 연구의 도움이 없는 한 법치주의를 따르는 나라에 집중할 것을 권한다. 또한 많은 나라에서 사회적 입지가 항상 기업의 수익률로 연결되지 않으며, 이익보다 더 사업상의 결정에 영향을 준다는 것을 이해해야 한다.

BMTS
Big Money Thinks Small

3부

대리인의 딜레마

9. 차별화된 캐릭터를 찾아라
10. 자본 분배를 확인하라
11. 불량 기업을 걸러라
12. 속임수를 경계하라

9

차별화된 캐릭터를 찾아라

> 만약 남이 할 수 없거나 하지 않을 것이 남아 있다면,
> 절대로 남이 할 수 있거나 할 예정인 일은 하지 마라.
>
> - 어밀리아 에어하트 -

기업의 가치는 경영진의 능력에 좌우되며, 우수한 경영진은 숙련되고 정직하다. 만약 그들이 숙련되지 않았다면 투자자의 자본을 낭비할 것이다. 또 정직하지 않다면 자본을 훔칠 것이다. 그렇다면 숙련도를 어떻게 검증할 수 있을까? 나는 리더십과 같은 중요한 덕목을 무시하는 리스크를 감수하면서 이 두 카테고리에 집중한다. 바로 차별화된 능력 및 자본 배분이다.

나는 이번 장에서 만약 기업이 고객에게 차별화된 가치를 제공해 주려고 지속적으로 노력하지 않는다면 미래가 밝지 않을 것이라고 말하려 한다. 즉, 사라진다 해도 고객이 그리워하지 않을 기업은 결국 사라지게 된다는 말이다. 기업은 높은 영업 마진을 정당화할 만큼 차별화된 상품을 개발해야 하며, 높은 마진을 보호하는 진입 장벽을 세워야 한다. 차별성이 없으면 자본

을 수익성 있게 배분할 기회도 줄어든다. 가치 투자자로서 나는 회계 가치와 내재 가치의 차이가 증가하고 있는 기업을 찾는다. 이러한 차이를 '경제적 영업권economic goodwill'이라고 부른다.

나는 이번 장에서 위대한 자본 관리인 역할을 하는 기업을 찾아내는 방법을 알려 줄 것이다. 그들은 투자된 자본 대비 높은 수익을 올린다. 기업을 인수하게 되면 비슷한 유형의 사람을 찾고 적절한 가격을 지불한다. 또 자본을 훌륭하게 사용할 만한 좋은 투자처를 찾지 못하면 배당금이나 자사주 매입을 통해 주주에게 돌려준다.

전략은 변하지만 캐릭터는 변하지 않는다

내가 왜 기업 전략 혹은 포지셔닝positioning(소비자의 마음속에 자사 제품이나 기업을 표적 시장 등과 관련하여 가장 유리한 포지션에 있도록 하는 과정 - 옮긴이) 대신 '캐릭터'에 집중하는지 궁금할 것이다. 간단히 설명하면 포지셔닝은 변하지만 캐릭터는 변하지 않는다. 한 기업이 현재의 모습이 되기까지 있었던 모든 일이 그 기업의 캐릭터를 형성한다. 모든 기업은 새로운 기회에 열려 있어야 하지만, 기업의 성격상 특정 분야의 기회를 더 잘 살릴 수는 있다. 나는 한 기업이 자신의 과거와 다른 새로운 전략을 시도하면, 과거에 발목이 붙잡힐 가능성이 높다고 전망한다. 마치 J.C. 페니J.C. Penney백화점이 고급화 전략을 위해 특별 할인 행사를 줄였을 때처럼 말이다. 자신의 한계를 인정하는 경영진은 그 약점을 보완하는 방법을 찾아낼 확률도 크고 성공할 가능성도 크다. 애널리스트의 관점에서 이 방법은 신중할 뿐만 아니라 편리하기도 하다. 한 기업의 전략과 전술은 지속적으로 예의 주시해야 하는 반면, 그 기업의 캐릭터는 오직 한 번만 평가되면 된다. 대부분의 기업은 강한 캐릭터를 가지고 있지 않다. 물론 이런 기업이 좋은 투자처가 아니라는 뜻은 아니다. 하지만 비범할 가능성은 적다.

한 기업의 캐릭터를 이해하고자할 때 나는 나 자신이 잠재 고객이라고 가정하고 다가간다. 웹 사이트나 전단지를 보거나 매장을 방문한다. 포럼을 방문해 보는 것도 한 방법인데, 잠재 고객에게 기업이 더 뛰어난 상품을 제공하고자 하는지 혹은 최소한 더 싼 가격에 제공하려고 하는지 등의 정보를 알 수 있다. 종종 증권사에서 제공하는 연구 보고서나 기업의 연간 보고서도 이런 일을 일부 도와주지만, 나는 기업의 캐릭터를 파악할 때 분기 보고서는 모두 무시한다. 애플은 똑똑하고, 우아하며, 가끔은 변덕스럽지만 대체로 잘 지내기 쉬운 기업이다. 가이코^{GEICO}는 정직하고 절약하며 온화하다. 다수의 기업은 단조로운 캐릭터를 가지고 있다. 그런데 만약 한 시간 동안 기업에 대해 조사를 했어도 확실하게 모르겠다면 더 노력할 필요는 없다.

사업과 투자에서 성공의 비결은 남이 하지 않는 유용한 일을 하는 것이다. 숙련된 경영진의 임무는 이러한 독특함을 보호하고 연장하는 것이다. 다른 이가 이를 모방하면 꽃은 시들게 마련이다. 어떤 기업은 차별화된 혁신적인 상품을 가지고 있고, 어떤 기업은 독특한 기업 구조를 가지고 있으며, 또 어떤 기업은 고객이 공감하는 브랜드를 가지고 있다. 경쟁자들이 이러한 차별성을 최대한 모방하면, 그 기업의 특별함은 어느새 진부해진다. 고객의 취향은 변하므로, 기업은 차별성을 유지하기 위해 지속적으로 변화해야 한다.

경쟁자의 제조 방법이나 재무 기법을 공부하는 것에도 큰 가치가 있지만 전략의 요점은 경쟁자들이 하지 않거나 잘 하지 못하는 것을 해내는 능력에 있다. 기업의 캐릭터는 이를 가능하게 해 주는 차별성이 무엇인지 단서를 제공한다.

전략이란 무엇인가

전략 분야의 권위자인 하버드 비즈니스 스쿨의 마이클 포터^{Michael Porter} 교수에 따르면, 성공적인 사업 전략은 양극단으로 나뉜다. 첫째, 산업 전체를 지배하는 것을 목표로 하거나, 잘 할 수 있는 몇 가지 분야에만 집중하라. 둘째, 뛰어난 상품을 마케팅으로 이기거나, 싸게 팔아서 이겨라. 기업은 전체 시장을 상대해야 하는지, 특정 틈새시장에만 집중해야 하는지 분명하지 않을 때 문제에 봉착한다. 또한 상품의 질과 낮은 가격을 모두 같은 중요도로 두어서도 안 된다. 만약 그렇게 되면 둘 중 아무것도 취하지 못하고 중간 어디쯤에 갇혀서 힘들어진다. 포터에 따르면, 기업의 목표가 전체 시장인지 틈새시장인지, 뛰어난 상품인지 가격 할인인지 명확하게 구분하지 못하면 전략은 실패할 가능성이 높다. 이처럼 뚜렷하지 않은 전략은 기업이 자신의 능력 범위에 대해 큰 고민을 하지 않았다는 것을 보여 준다.

전략은 한 기업의 캐릭터, 이미지 및 약점에 맞춰 고안되어야 하며, 그러지 않으면 성공하지 못할 가능성이 크다. 튼튼한 기업도 약점은 있다. 산업 내 선두 주자라고 해도 산업 자체보다 훨씬 빠르게 성장할 수는 없다. 내 투자 대상 중 다수는 한정된 자원을 가진 중소기업이다. 이 기업들이 모든 지역, 모든 산업에서 최고의 상품을 제공할 수는 없다. 해당 산업에서 제공하는 모든 종류의 상품을 가장 싼 가격에 공급할 수도 없다. 대신 자신의 위치를 결정하고 지역 시장 혹은 틈새시장에 집중해야 한다. 예를 들어, 시멘트는 운송하기 힘들기 때문에 경쟁자는 보통 같은 지역에 소재한 기업이다. 룰루레몬 애슬레티카^{Lululemon Athletica}는 오직 요가복만 판매하는데, 요가복 시장이 작지 않은 규모임에도 일반 의류 기업은 이를 간과했다.

안정화된 산업에서는 상품이 대부분 동일하기 때문에 경쟁할 수 있는 부분은 가격뿐이다. 특정 산업은 어마어마한 규모의 경제를 이루었는데, 이는 가장 큰 기업이 가장 낮은 가격을 제공하고 있음을 암시한다. 주로 공급 업체를 쥐어짜는 작업을 포함하는 공급 사슬 관리 또한 일반적으로 큰 기업의 영역이다. 하지만 중소기업도 비용을 낮출 방법은 있다. 예를 들면 상품에서 고객이 높게 평가하지 않는 요소를 제하는 것이다. 고객은 일반적으로 낮은 가격보다는 뛰어난 품질의 상품에 충성심을 갖는다. 만약 기업에 선택의 여지가 있다면 낮은 가격보다는 상품의 질을 선택하는 쪽이 더 좋다. 하지만 진화하는 산업에서 늘 앞서 나가는 것은 끊임없는 생존경쟁을 불러일으킨다.

성공적인 전략이 전체 산업이나 산업 내 특정 분야를 목표로 하고 상품의 질이나 가격 중 하나를 목표로 한다면, 4가지 조합의 전략이 나오게 된다. 이제 하나씩 살펴보자.

첫째, 전체 산업을 겨냥한 뛰어난 상품을 개발한다. 한 기업이 시장에서 두각을 나타낼 수 있는 가장 신나는 방법은 세상에 없던 혁신을 창조하는 것이다. 한 인터넷 기업은 2004년 기업 공개 투자 설명서에 이렇게 썼다. "우리는 세상에 위대한 서비스를 제공할 수 있을 것이라 믿는다. 고객에게 그 어떤 주제에 관련해서라도 유용한 정보를 즉각적으로 제공하는 것이다." 이렇게 대담한 주장을 할 만한 기업은 많이 없을 것이며, 해도 되는 기업은 거의 없다. 그 기업은 물론 구글이다.

구글은 검색 엔진을 발명하지 않았다. 혁신은 구글이 개발한 알고리즘의 힘이었다. 세상에 서비스를 제공하겠다는 그 어떤 기업도 틈새시장만으로 만족하지는 않는다. 구글은 학술 자료, 특허, 지도, 이미지 등 특정 범주에 대한 검색을 전문화했기 때문에 세계 최고의 검색 엔진으로 거듭날 수 있었다. 아마도 이러한 전문화된 검색 알고리즘들에는 중복되는 요소가 있었을 것이다. 대부분의 기술 관련 기업은 자신의 입지를 특허를 통해 보호하므로, 특허의 질과 개수가 기업의 입지를 대변한다고 볼 수 있다.

예를 들어 구글은 2006년까지 38개의 특허만 보유하고 있었는데, 2016년에는 한 해 동안 2,835개의 특허를 추가로 신청했다. 구글이 지속적으로 이루어 내는 혁신과 브랜드의 힘을 미루어 보았을 때, 특허는 더 이상 필요 없을지도 모른다. 구글이라는 이름은 제록스Xerox나 클로록스Clorox와 같이 구글이 속한 범주의 산업과 동의어가 되어 버렸다(2015년, 구글은 알파벳Alphabet Inc.이라는 지주회사를 설립함으로써 구글과 기업 내 다른 위험한 벤처사업을 분리시켰다).

월마트는 매우 큰 시장에 낮은 가격으로 판매하는 전략을 잘 구사한 예다. 현재 24개가 넘는 국가에서 1만 1,000개가 넘는 상점을 운영하고 있다. 월마트는 집, 차, 가솔린 등을 제외하고 중산층 가정이 구입할 만한 거의 모든 상품을 취급한다. 1980대만 해도 월마트는 틈새시장 플레이어라고 불렸을 것이다. 그도 그럴 것이 1988년까지 식료품을 판매하지 않았으며 거의 모든 매장은 미국 남부 지방에 포진되어 있었다. 자기자본이익률 기준으로 보면, 수익률은 1980년대에 정점을 찍었지만 수익은 달러 기준으로 2013년까지 매년 신기록을 달성했다. 시간이 지나도 월마트의 캐릭터는 변하지 않았다. 이 기업은 아직도 소박하고 효율적이며 믿을 만하고 가족 중심적인 이미지다. 고객은 잘 모르겠지만 경쟁자들은 이 기업이 항상 배우려는 자세를 유지한다는 것을 느낀다. 월마트는 모든 것을 데이터화해서 모았고 항상 좋은 아이디어를 위해 공부를 거듭하고 있다.

월마트는 이와 같은 쳇바퀴를 계속 돌리고 있다. 낮은 판매 가격은 비용이 그보다 더 낮을 때에만 승리할 수 있는 전략이다. 월마트 또한 절약해야 했기 때문에 허리띠를 졸라맸다. 차별성 없는 평범한 매장에서 돈이 그리 많지 않은 사람을 상대로 수익을 내기란 결코 쉽지 않다. 도매업자들은 마진이 쥐어 짜일 것을 알면서도 아칸소주 벤턴빌Bentonville에 있는 월마트 본사에 찾아간다. 대신 급증하는 판매 물량과 월마트의 비용 절감 제안 등으로 이득을 얻는다. 비용을 최소화하기 위해 제조업자는 필요 없는 장식은 모두 벗겨낸 뒤 상품을 최대한 표준화시킨다.

월마트는 바코닝과 적시 구입 방식just-in-time purchasing을 통해 공급업자와 마찬가지로 재고를 적절한 수준으로 유지할 수 있었다. 또한 월마트가 확장될수록 관리 비용은 더욱 커진 매출 규모에 희석되어 상대적 비용은 감소했다. 월마트는 임대 비용이 높은 지역에 절대 매장을 열지 않는다. 또한 대부분의 월마트 직원은 노조에 가입하지 않는다.

가이코는 틈새시장에 집중하여 가격으로 승부를 본 사례다. 가이코는 특정 서비스를 원하거나 원치 않는 고객을 타깃으로 삼았다. 처음에는 통계적으로 안전하게 운전하는 경향이 있는 공무원들에게만 보험을 제공했다. 대부분의 자동차 보험은 판매 대리인을 통해 팔린다. 값싼 방식은 아니지만 대리인은 리스크에 따라 고객을 분류하고 사고가 날 경우 자문을 제공하며 보험사를 돕는다. 가이코는 거대한 판매 조직을 갖추고 있지 않았으며, 절약하는 캐릭터에 걸맞게 판매 대리인 고용에 욕심내지 않았다. 대신 조직 구성을 달리 했다. 판매 대리인을 통하지 않고 피보험자에게 직접 보험을 판매했다. 판매 대리인 절차를 제거함으로써 사고를 낼 확률이 적은 안전한 운전자에게 실효성이 부족한 서비스를 제거했다. 어떤 보험이 자신에게 유리한지 모르거나 사고가 날 가능성이 높다고 생각하는 사람은 판매 대리인이 유용할 수도 있다. 하지만 원하는 것이 무엇인지 정확히 알고 보험을 청구할 일이 거의 없다면 판매 대리인과 접촉할 필요가 없다. 그러나 모든 사람이 평균 이상의 운전자는 아니기 때문에 이 틈새시장은 모두를 포함한 시장은 아니다.

가이코 입장에서는 저위험군에 속하지 않는 사람은 고객으로 받고 싶어 하지 않는다. 운전을 안전하게 하는 운전자도 사고는 내고, 가이코 또한 보험 청구 서비스를 소홀히 하지 않는다. 누구나 가장 저렴한 가격을 찾아다닐 때 우스워 보이고 싶어 하지 않는다. 그래서 가이코는 자사 광고에서 누구나 절약하고 싶어 한다는 것을 인정하도록 유머를 섞어 설득한다.

틈새시장과 탁월한 제품의 조합

나는 중소기업이 사용하는 전략 중에 틈새시장에서 탁월한 제품을 판매하는 전략을 매우 좋아한다. 틈새시장은 주류가 아니기 때문에 누구든지 틈새를 찾기 위해서 노력해야 한다. 물론 운도 따라야 한다. 나는 닷컴 버블이 붕괴된지 얼마 안 되었던 시점에 테크 주식 회의에 참석한 적이 있었다. 그때 소개된 테크 주식의 가격은 대부분 곤두박질치고 있었다. 나는 낮은 가격에 군침을 흘리며 투자자 쪽 공간에 있었고, 곧 한센 내추럴Hansen Naturals이라는 기업의 무료 음료 제공 칸을 보며 기뻐했다. 그들이 제공하는 과일 음료는 인공 향, 색소, 나트륨 등이 첨가되지 않은 스내플Snapple과 유사한 유기농 제품이었다.

그러나 아마도 유통 시스템 정도를 제외하고 한센 내추럴은 스내플을 이기려고 하지 않았다. 조금 더 모험적인 캘리포니아 감성을 내세웠고, 신선한 유기농 주스를 할리우드 영화 제작 스튜디오 현장에 납품하기 시작했다. 이후에는 향신료와 그 밖의 각종 유기농 첨가물을 더해 더 재미있는 음료를 만들었다. 뉴에이지New Age 차와 소다는 한센 내추럴의 본래 성격과 잘 맞았지만, 스내플이 더 강력한 브랜드와 뛰어난 유통망을 가지고 있었다. 그러나 한센 내추럴은 맛보다 에너지, 비타민, 항산화 등에 초점을 맞췄다. 그 당시에는 이러한 마케팅이 너무도 별나고 독특해서 생소했다.

한센 내추럴이 내놓은 몬스터Monster 에너지 드링크는 선발 주자인 레드불Red Bull보다 맛이 좋았다. 대부분의 사람은 인삼, 과라나, 타우린 등의 상쾌하지만 날카로운 맛을 그리 선호하지 않지만, 내가 학생이었다면 아마 찾았을 것이다. 나는 엔지니어, 파티 중독자, 트럭 운전사, 야간 근무자, 스포츠 선수 등 그간 간과된 소비자층이 있을 수 있다고 생각했다. 하지만 이런 시장이 커 봤자 얼마나 클까? 물, 카페인, 설탕 등의 재료가 1인용으로 판매될 때는 브랜딩과 마케팅이 성공의 열쇠다.

한센 내추럴의 브랜드는 순수함, 유기농, 안락함, 상쾌함 등을 대변했는데, 이런 모든 이미지는 에너지 드링크와 잘 맞지 않았다. 인삼과 과라나는 식물이라 분명 게토레이보다 유기농에 가깝기는 했지만, 에너지 드링크 혼합물이라는 아이디어 자체가 한센 내추럴의 '순수 유기농' 정체성과는 잘 맞지 않는 것처럼 보였다. 그러나 기업의 매출은 급격히 상승했고 부채는 줄었다. 주가는 이익 대비 10배에 거래되었다. 나는 한센 내추럴의 주식 일부를 4달러 정도에 매입했다. 그때부터 주식은 수차례 분할되어 내가 매입할 당시의 1주가 48주가 되었고 주당 원가는 8센트가 되었다. 놀랍게도 매출과 이익은 기하급수적으로 상승했다. 16년 후로 빨리 감기를 해 보면 몬스터 에너지 드링크의 매출은 폭발적으로 급성장해서 기존의 과일 음료를 완전히 제쳤다. 그 결과 기업의 이름은 몬스터로 바뀌었다. 코카콜라는 몬스터의 소수 지분을 취득했으며, 몬스터의 상품을 유통시켜 주기로 합의했다. 이때 몬스터의 주가는 600배 정도 상승하여 54달러를 기록했다.

나는 펀드에서 몬스터 주식을 매각하려고 생각할 때 몬스터를 대체할, 고객에게 차별화된 가치를 제공할 수 있는 기업을 찾는다. 투자할 때 가격이 우선시되어야 하는 것도 맞지만 내게 가장 큰 이익을 안겨 준 주식은 대부분 차별화된 캐릭터와 포지셔닝을 갖고 있었다. 어떤 몬스터 고객은 아주 열렬한 팬인데, 진부화된 산업에서는 매우 드문 일이다. 콜라의 수요가 주춤할 때에도 에너지 드링크 매출은 지속적으로 성장한다. 작은 틈새시장이더라도 정말 유일무이한 기업을 찾았다면 지극히 평범한 다른 기업의 주식과 가

볍게 교환하는 것은 실수다.

    차별화된 캐릭터와 고유한 역량을 가진 사업을 개발했느냐가 그 기업 경영진의 능력을 보여준다. 탁월한 경영진은 상품에 열광한다. 그들은 아직 시장에 없지만 있다면 본인들이 살 만한 제품을 개발하여 내놓는다. 규모가 큰 기업은 한 분야를 독식할 수 있지만, 대부분의 기업은 좁은 틈새에 집중하고 거기서 발전해 나가야지만 눈에 띄게 훌륭한 상품을 가질 수 있다. 1등 상품을 유지하거나 가장 낮은 가격을 유지하는 일은 어렵다. 나는 경영진이 상품에 열광하는 사람이기만 하면 상품의 질에 집중하는 전략이 성공할 가능성이 더 높다고 생각한다. 단, 고객이 가치를 두지 않는 요소를 제거하여 비용을 절감할 수 있는 경우는 예외다.

자본 분배를 확인하라

1,000만 달러 중 일부는 도박에 쓰고, 일부는 술에,
그리고 일부는 여자에 썼지. 그것 말고 나머지는 바보같이 썼어.

- 조지 래프트 -

자본의 배분

증권의 가치에 영향을 미치는 결정은 대부분 증권의 법적 소유자가 아니라 다른 사람들에 의해 이루어진다. 그래서 좋은 관리인이 필요하다. 그런데 대리인과 관리인은 능력과 상관없이 결국은 한 명의 인간이라 이해관계가 상충하면 자신의 이익을 추구하는 경향을 보인다. 그러니 충분히 증명되었고, 신탁에 적합한 마음가짐을 가진 사람을 뽑는 것이 매우 중요하다. 극단적인 경우에는 평범한 사익의 추구가 범죄로 변질될 수 있다. 관리인은 종종 훌륭한 관리인이어서가 아니라, 야망과 다른 성취를 발판으로 자리를 차지한다. 많은 CEO가 강력한 의지가 있고 탁월한 영업인, 생산 매니저,

엔지니어 혹은 회계사였기 때문에 꼭대기까지 올라간 경우가 굉장히 많다는 말이다.

나는 인터뷰이나 탐정을 보내 관리인으로서의 역량을 시험할 시간이나 생각이 없기 때문에 자본 배분을 살펴보는 것을 더 선호한다. 안락의자에 앉아 사건을 해결하는 형사에 가깝다고 할 수 있다. 손쉽게 접할 수 있는 정보원을 통해 숫자 정보를 찾으려 한다. 자본 배분이라는 용어 자체는 투박하지만, 상당히 쓸 만한 개념을 내포하고 있다. "돈을 따라가라." 관리인이 주어진 상황에서 자본을 가능한 가장 높은, 가장 좋은 투자처로 갈 수 있도록 처리하는지 살펴보는 것이다.

성공을 측정하는 데에는 서로 관련된 두 가지 통계적 방법이 있다. 투자 대비 수익률과 현재 가치를 따져보는 것이다. 그러나 두 방법은 모두 빈약한 미래 예측을 수반한다. 첫 번째 방법은 기준 수익률을 통해 예상되는 수익률과 자산 개선 효과를 비교한다. 통상적으로 이 기준 수익률은 '자본 비용', 혹은 장기 주주가 납득할 만한 최저 수익률과 직결된다. 만약 투자자가 8퍼센트 이상의 수익률을 요구하면, 기업은 그 이하의 수익률을 제공할 대부분의 자본 프로젝트를 거절해야 한다. 8퍼센트의 자본 비용을 가진 기업이 13퍼센트의 수익을 제공할 어떤 프로젝트에 투자를 했다고 가정하면, 기업은 1달러를 투자하여 1.05달러(1.13/1.08)의 현재 가치를 창출한 셈이 된다. 목표는 말할 것도 없이 가능한 가장 큰 가치를 더하는 것이다.

내가 피델리티에서 처음 배정받은 석탄과 담배 산업의 자본 배분을 공부하려 했을 때, 어찌할 바를 몰랐다. 내가 놓치고 있던 것은 장부 외 채무와 경제적 영업권의 개념이었다. 과거의 회계 수치는 이 두 산업 내의 자본과 채무의 가치를 제대로 표현하지 못하고 있었다. 예를 들어, 두 산업 내의 기업은 모두 진폐증과 폐암과 관련된 소송에 휘말린 피고였다. 판결을 통해 배상액이 결정되면 기업은 마지못해 배상액을 토해낼 것이고, 그러면 자본

이 어떤 경제적 이익도 발생하지 않는 형태로 쓰이리라고 예상할 수 있었다. 담배 회사는 적어도 이런 예측 가능한 채무를 상쇄할 수 있는 무기가 있었다. 바로 강력한 브랜드 네임이있다. 하나 재미있는 점은 1964년 있었던 공중 위생국 장관의 경고가 그 후 일정 부분 법적 보호 장치로 작용해 왔다는 것이다. 담배 회사의 위험에 대한 노출 정도는 그들의 1964년 시장 점유율에 비례했다. 이런 점은 그 이후 급격하게 성장한 필립 모리스Philip Morris에 유리하게 작용했다.

또 다른 난제는 브랜드와 같은 무형자산의 가치를 측정하는 것이었다. 말보로Marlboro와 다른 강력한 브랜드는 장부에는 명목 가치만 기재되어 있었지만 실제로는 굉장한 고객 충성도를 가지고 있었다. 이 말은 거대한 영업권을 가지고 있었다는 뜻이다. 필립 모리스와 RJR 나비스코RJR Nabisco는 맥스웰 하우스나 오레오 같은 선도적 브랜드의 식품 기업을 인수한 상태였다. 이런 무형자산의 취득가는 장부에 상표권이나 영업권으로 표기되어 있었다. 필립 모리스와 RJR 모두 역사적으로 식품 브랜드 매입을 위해 수십억 달러를 지출했지만 담배 브랜드 매입을 위해서는 큰 돈을 쓰지 않았다. 이는 큰 의미가 있다기보다는 단순한 우연에 불과했다. 역사적 원가(브랜드 및 자산, 혹은 기업을 매입할 때 지불한 가격 - 옮긴이)는 현재 가치와 큰 관련이 없었다. 브랜드의 가치를 측정하는 방법 중 하나는 역사적 회계 원가 대신에 시장가격을 이용하는 것이다. 그러나 기업의 시장가격에 대한 이익의 비율은 바로 이익 수익률earnings yield, 혹은 PER의 역의 값이다. 이러한 지표는 쓸 만한 투자의 지침이 될 수 있을지는 모르나, 경영진이 내리는 결정의 질에 대해서는 아무것도 말해 주지 않는다.

나는 일단 밀고 나가기로 결정하고, 약점이 있다는 것을 알면서도 회계 수치들을 사용했다. 기업의 자기자본에 대한 순이익의 비율을 자기자본이익률Return on Equity, ROE이라고 한다. 높은 ROE는 주주가 납입한 자본금을 기업이 잘 활용하여 이익을 극대화하고 있음을 나타낸다. 당시에 12퍼센트가 평균적인 ROE 수준으로 간주되었다. 거의 모든 담배 회사가 그보다 훨씬 좋은 성과를 내고 있었다. 무연 담배를 만드는 U.S. 타바코U.S. Tobacco의 ROE는 50퍼센트에 근접했으며, 필립 모리스는 30퍼센트였다. RJR 나비스코, 브리티시 아메리칸 타바코British American Tobacco 그리고 아메리칸 브랜드American Brands는 모두 20퍼센트를 상회하는 ROE을 가지고 있었다.

돌이켜 보면 1980년 후반의 기업 ROE 랭킹은 그들의 미래 수익을 알려주는 강력한 척도였다. 나는 높은 ROE의 원인 또한 알고 싶었다. U.S. 타바코와 필립 모리스는 가장 높은 수익과 강력한 브랜드를 가지고 있었다. U.S. 타바코의 코펜하겐과 필립 모리스의 말보로는 그때나 지금이나 무연 담배와 일반 담배 시장에서 최고의 브랜드로 자리매김하고 있다. 좀 더 미래지향적인 자본 배분에 대한 평가는 현금을 어떻게 사용했는지를 연구하면 얻을 수 있다.

사업의 확장이냐, 가치의 창출이냐?

성장 가능성이 있는 프로젝트에서는 모든 것이 증분增分의 형태로 고려된다. 매출과 이익의 증가는 필요한 추가 출자액과 비교된다. 담배 회사의 경우, 기존 공장에서의 매출 증대로 이익이 발생한다는 것은 비현실적인 일이다. 2016년 알트리아Altria(필립 모리스 USA와 U.S. 타바코의 모회사) 판매 상품의 매출 원가는 매출의 30퍼센트에 불과했다. 담뱃잎, 종이, 필터, 그리고 포장에 쓰이는 비용은 매출 원가의 절반도 되지 않았다. 나머지 대부분을 법적 보상금 지출이 차지했고, 마케팅비, 연구비, 관리비, 법인 비용이 10퍼센트를 차지했다. 매출의 25퍼센트에 상당하는 물품세를 제하고 나면 기업의 영업이익률은 34퍼센트 수준에 머물렀다(2016년 S&P 500 기업의 평균적인 영업이익률은 12퍼센트였다). 만약 기업이 여분의 생산능력이 있고, 더 많은 제품을 판매할 수 있다면, 고정비용을 분산시킬 수 있을 것이다. 증분 수익률은 이미 환상적인 평균치보다도 더 높아질 것이다.

고정 자산에 대한 수익률을 논하는 것은 담배 사업의 세계에서는 큰 의미가 없지만, 생산 시설을 증가시킬 때에도 같은 공식이 적용되지는 않는다. 담배는 굉장히 적은 수의 공장에서 만들어진다. 한 공장에서 더 많이 제조한다는 것은 종종 다른 공장에서 더 적게 만들어야 한다는 의미가 된다. 만약 새로운 공장이 기존의 공장과 같이 완전하게 활용될 수 있다면, 새로운 매출에 대한 이익률은 전체 평균치와 같은 수준인 34퍼센트 정도가 된다. 오직 소수의 기업만이 이 정도로 좋은 이익률을 보유한다. 더 좋은 것은 담배를 생산하는 데 큰 자본이 필요치 않다는 것이다. 알트리아의 2014년 자산, 공장, 장비에 대한 감가상각비는 20억 달러 미만이었는데, 257억 달러의 매출을 올렸다. 연간 영업이익은 알트리아가 소유한 공장의 실물 가치를 400퍼센트 상회하는 수준이었다. 말할 것도 없이 그 정도의 수익률은 10퍼센트 정도인 일반적인 기준 수익률보다 훨씬 높았다. 차별화된 기업의 경우, 캐릭터와 수익성을 유지하면서 성장하려면 일정 비율로 밖에 성장할 수 없다.

최근 세계적으로 부유한 국가의 담배 소비량은 줄어들었다(〈그림 10-1〉). 반면에 부유하지 못한 국가에서는 소득의 증가가 흡연률을 높였다. 이런 국가에서는 판매가가 낮음에도 확장을 위한 투자가 상당한 보상을 안겨주었다. 반독점의 역사가 있던 탓에, 미국에서 브랜드를 소유한 기업은 해외에서는 그 지배권을 유지하지 못하는 경우가 많았다. 그러나 말보로는 중요한 예외다. 말보로는 진정한 글로벌 브랜드다. 대부분의 국가에서 담배는 국가 산업으로 취급한다. 세금과 규제 때문에 보통 담배는 판매되는 국가에서 생산한다.

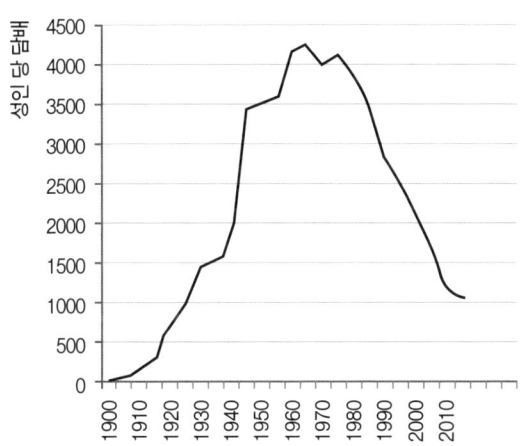

그림 10-1 미국 담배 소비(1900~2014년)

    1980년대 후반 해외시장이 문호를 개방하자, RJR 나비스코는 거대하고 효율적인 새 공장을 세우고 의욕적으로 해외 수출을 확대해 나갔다. 많은 생산 산업에서 투자 과잉은 재앙으로 이어질 수 있으나, 타바코빌Tobaccoville 공장이 RJR의 현금 흐름에서 차지하는 비중은 그리 크지 않았다.

    담배 회사의 마케팅 지출은 자본 지출보다 더 컸으며, 마케팅에 쓰인 돈이 실제로 기존 고객을 유지하고 새 고객을 불러들이고 있는지 아는 것은 굉장히 중요했다. 광고 비용은 브랜드를 (그리고 경제적 영업권을) 구축하는 데 쓰이는 투자가 될 수도 있고, 그저 문밖으로 새어 나가는 현금 뭉치가 될 수도 있다. 경영진조차도 돈이 어떻게 쓰이고 있는지 제대로 모르는 경우가 많다. 미래의 매출이 계약에 의해 확정된 것이 아니라면 회계사는 보통 전체를 비용 처리하려고 한다. 애플, 네슬레Nestlé, 루이 뷔통Louis Vuitton, 월트 디즈니는 매년 수십억 달러의 마케팅 비용을 지출하고 결손 처리한다. 보통 이들의 브랜드는 시간이 지날수록 더 가치가 더해지며, 경제적 영업권의 가치 또한 상승한다. 말보로라는 브랜드로 대박을 친 필립 모리스와는 다르게 RJR은 상당히 어려운 처지에 있었다. 많은 소규모 브랜드를 동시에 지원해야 했기 때문이다.

필립 모리스가 단 하나의 유력 브랜드에 마케팅 비용을 집중투자한 것이 다양한 브랜드에 모두 투자하는 것보다 더 나은 잠재적 이윤을 가져다주었다. RJR은 30명의 프로 운동선수와 계약하며 수억 달러를 스포츠 마케팅에 쏟아부었다. 경기장의 광고판을 사서 방송 내내 RJR 상표가 보이도록 했다. 포장도 다시 바꾸었고, 조 캐멀 Joe Camel이라는 만화 풍의 브랜드 마스코트를 내세워 젊은 흡연자와 규제 기관의 관심을 끌었다. 그 결과 시장에서 안정적인 점유율을 유지했다.

모든 기업의 이윤과 손실은 과거에 이루어진 크고 작은 결정에 의해 생겨난다. 때로는 그 결정을 내린 사람이 이미 기업에 없는 경우도 많다. 뜻밖의 행운이 좋은 결정만큼이나 영향력이 있을 수도 있다. RJR의 CEO인 로스 존슨 Ross Johnson은 이런 "과거에 어떤 천재가 오레오라는 과자를 만들었죠. 우린 그 유산을 통해 살아가고 있을 뿐입니다"라고 말했다. 이와 비슷하게 남자다운 카우보이를 광고에 내보내기 이전에 말보로는 '5월과 같이 부드러운' 여성용 담배로 시작했다. 붉은색의 필터 팁은 립스틱 자국을 숨기기 위한 것이었으나, 이후에는 남성적인 갈색 코르크 색으로 변경되었다. 브랜드 이미지를 새롭게 한 뒤, 수십 년 동안 상징적인 포장과 마스코트의 혜택을 받고 있다. 25년 사이에 이 기업은 시장의 낙오자에서 리더로 뛰어올랐다.

가격 할인이 존재한다는 것은 가격이 너무 높던가, 아니면 제품의 특성이 크게 중요하지 않은 것이다. 1984년경, RJR은 도럴 Doral을 저가의 담배로 재탄생시켰다. 저가 담배의 마진은 낮았지만 여전히 매력적이었다. 1992년에 이르면 RJR의 사업 부문 중 가장 빠른 성장세를 보인 것은 도럴과 그 복제 담배 부문이었다. 시장점유율을 확보하기 위해 RJR은 저가 담배의 도매가를

20퍼센트 인하했다. 효과가 있었다. 그다음 해 RJR의 판매량 중 42퍼센트가 저가 담배였다. 말보로의 판매량이 감소했고 곧 필립 모리스 또한 가격을 인하했다. 내 생각에는 보다 약한 브랜드를 가진 RJR이 우월한 생산 능력을 통해 우위를 가져갈 수 있는 마케팅 전략을 세웠던 것 같다.

RJR은 1990년대에 프리미어^{Premier}라고 불리는 무연 담배에 많은 논란이 있음에도 투자를 감행했다. 프리미어를 출시하는 데 들어간 연구비와 개발비는 최소 3억 달러였으며, 모든 종류의 비용을 더하면 최대 8억 달러에 달했다. 흡연자는 담배 안의 니코틴 중독으로 인해 흡연 습관을 가지게 되지만, 건강에 대한 직접적인 위협은 불에 타는 타르를 흡입하는 것에서 발생한다. 프리미어 담배는 담배를 데워 니코틴 증기를 흡연자에게 전달한다. 새로운 상품이 출시될 때 프리미어 담배를 한 보루 받았는데, 나는 흡연자가 아니라 베스에게 갔다. 그녀는 흡연자이자 담배 주식에 투자하는 포트폴리오 매니저였다. 그녀는 라이터를 꺼내 들고 대여섯 번의 시도 끝에 담배를 몇 모금 빨아들일 수 있었다.

"세상에!"

그녀가 소리쳤다.

"토치가 필요할 정도로 불도 안 붙으면서 맛도 더럽게 없네."

다른 많은 사람도 그 말에 동의했던 것 같다. RJR은 소비자에게 적어도 몇 갑은 피워 봐야 프리미어를 이해할 수 있을 것이라고 말했지만, 베스는 그렇게 오래 기다려 주지 않았다. 일 년 정도 뒤에 RJR은 프리미어 사업을 접었다. 니코틴 증기 아이디어는 나중에 이클립스^{Eclipse} 제품에서 다시 부활하기는 했다. 당시에 나는 그 모든 난리가 전부 쓸데없는 일이라고 여겼다. 지금 생각해 보면, RJR은 프리미어 사업을 좀 더 세게 밀어붙였어야 했을지도 모른다. 어쩌면 보다 나은 전자 담배와 증기 기술은 시대를 한발 앞서서 경쟁력을 갖출 수도 있었을 것이다. RJR은 뷰즈^{Vuse} 전자 담배를 개발했고,

마침내 시장의 좋은 반응을 얻었다.

RJR은 투자한 현금보다 훨씬 더 많은 현금을 벌어들였다. 나는 기업이 기하급수적으로 성장하고 있는 상태가 아니라면 내부적으로 벌어들인 자금을 통해 재무적으로 자급자족이 가능한 상태이기를 원한다. 이러한 상태인지 아닌지를 확인하기 위해, 기업 재무제표의 현금 흐름표를 살펴본다. 영업 활동으로 인한 현금 흐름은 순이익과 감가상각, 운전 자본의 변동, 그리고 다른 항목을 더한 것이다. 그리고 나는 여기에 사업을 유지하고 확장하기 위해 필요한 모든 종류의 자본 지출을 더한다. 여기에 부동산이나 산업 생산 시설, 장비나 소프트웨어에 대한 투자는 포함되지만 일반 투자나 다른 사업체 인수 등은 포함되지 않는다.

내 '잉여 현금 흐름'의 정의는 영업 활동에서 나타나는 현금 흐름에서 위에 열거한 모든 투자 행위에 소요된 현금을 뺀 것이다. 그때나 지금이나 담배 회사는 사업을 통해 벌어들인 현금 중 매우 작은 일부만 재투자한다. 2014년 알트리아는 46.63억 달러의 현금을 영업 활동을 통해 벌어들였다. 자본 지출은 1.63억 달러였는데, 감가상각비보다 살짝 낮은 수준이었다. 이를 제하면 45억 달러의 잉여 현금 흐름이 남았다. 잉여 현금 흐름은 기업을 사들이거나 투자를 하거나 또 채무를 갚는 데 사용될 수 있고, 배당이나 자사주 매입을 통해 주주에게 환원될 수도 있다. 이러한 대안들에 대해서는 뒤에서 알아보도록 하자.

마이너스의 잉여 현금 흐름을 기록하고 있는 대부분의 기업은 ROE가 허용하는 것보다 더 빨리 성장한다. 만약 어떤 기업이 자사주를 매입하거나 배당을 지급하지 않는다면, 자본은 ROE의 증가분과 같은 비율로 성장한다. 최근 몇 년 동안 100퍼센트가 넘는 ROE를 기록했음에도, 알트리아는 연간 100퍼센트 성장을 시도하지 않았다. 선천적인 구조상 상습적으로 잉여 현금 흐름보다 더 많은 현금을 지출하는 기업도 있다. 바로 석유와 가스회사,

주택 건설회사, 항공 기업 등이 그렇다.

나는 마이너스 잉여 현금 흐름이 걱정할 만한 수준인지 아닌지 확인하기 위해서 기업의 투자 자본 대비 수익률, 즉, 투하자본 수익률Return on capital employed, ROCE을 살펴본다. 투하자본 수익률은 영업이익을 자본과 채무를 포함한 총자산에 대한 비율로 정의한다. 나는 13퍼센트의 ROCE를 통해 13퍼센트의 ROE를 기록한 기업이 7퍼센트의 ROCE와 큰 규모의 채무를 통해 13퍼센트의 ROE를 기록한 기업보다 훨씬 대단하다고 생각한다. 사업의 침체기에 많은 채무를 진 기업은 그렇지 않은 기업보다 빨리 추락한다. 낮거나 하락 중인 ROCE는 경영진이 시시한 프로젝트만 벌이고 있다는 의미일 수 있다. 나는 낮거나 하락 중인 이익의 추세가 수년 동안 계속되면 마이너스 잉여 현금 흐름과 증가하는 채무에 대해 보다 큰 경각심을 갖는다.

합병과 분할

대부분의 인수 합병 결과는 인수 가격을 정당화하기 위해 세웠던 당초의 재무적 목표를 달성하는 데 실패할 때가 많다. 인수는 인수자가 지배 프리미엄을 지불하지 않으면 대부분 성사되지 않는다. 이 프리미엄을 다시 벌어들이기 위해서 인수자는 피인수 기업이 기존에 하고 있지 않던 무엇인가를 할 필요가 있다. 이익은 어떻게든 개선되어야 하기 때문에 매출 증가나 비용 절감, 그도 아니라면 조세 회피 등이 이루어진다.

어떤 거래는 보다 금융 공학에 치우치기도 한다. 어떻게 돈을 보다 싸게 빌리는지, 그도 아니면 인수자가 낮은 이익률을 감내할 의지가 있는지에 따라 결정되기도 한다. 인수가 발표되면 인수 기업의 주가는 하락하게 된다. 좋은 조건의 인수 합병은 보통 낮은 주가 배수, 낮은 프리미엄, 유사한 업종에서 합병 가능성을 동반한다.

반독점 소송의 망령은 1990년대 중반까지도 담배 업계에서 인수 합병이 발생하는 것을 방지했지만, 그 이후에는 그런 사례가 나왔다. 1994년 아메리칸 브랜드는 아메리칸 타바코 컴퍼니를 브리티쉬 아메리칸 타바코의 브라운 앤 윌리엄슨Brown & Williamson 부문에 매각하고 이름을 포춘 브랜드Fortune Brands로 바꾸었다. 2003년, 브라운 앤 윌리엄슨은 레이놀즈 아메리칸Reynolds American에 매각되었고, 브리티쉬 아메리칸 타바코는 합병 기업의 지분 42퍼센트를 소유하게 되었다. RJR은 회사의 국제 사업 부문을 재팬 타바코Japan Tobacco에 매각하고 습식 코담배 회사인 콘우드Conwood를 인수했다. 2009년 알트리아는 유에스 타바코를 인수했고, 2014년 레이놀즈는 로릴라드Lorillard를 인수하는 것에 동의했다. 내가 아는 한, 앞서 언급한 인수 합병 건의 결과는 모두 실망스럽지 않았다. 인수 합병에는 합리적인 가격이 책정되었고, 관리자는 모두 산업을 잘 이해하고 있었기 때문에 비용 절감의 포인트를 빨리 찾아냈다.

RJR 나비스코는 1991년 다시 공개 주식시장에 복귀했다. KKRKohlberg Kravis Roberts이 대부분 채무를 통해 회사를 인수한지 2년 뒤의 일이었다. RJR은 사업의 일정 부분을 팔고 나비스코를 별도의 식품 기업으로 만들었다. 1995년, 나비스코 주식 중 19퍼센트가 기업 공개를 통해 매각되었다. 인수 전에는 RJR의 강력한 브랜드들이 회사에 상당한 규모의 경제적 영업권을 제공했다. 그러나 인수 후에 그 가치는 온전히 (어쩌면 과대하게) 무형자산의 형태로 재무제표에 반영되었다. 액수는 2,000억 달러가 넘었다. RJR 나비스코와 나비스코는 1990년대의 대부분을 한 자리 숫자의 ROE와 함께 기운 없이 축 쳐져 보냈다.

인수자는 지배 프리미엄의 지불을 정당화하기 위해서 기업이 기존에 하던 것과는 뭔가 다른 것을 할 필요가 있다. 그래서 연관된 사업 사이에서 이루어진 인수 합병의 결과가 가장 좋은 편이었다는 것은 놀랄 만한 일이 아니니다. 포장 식품과 담배는 모두 부패하기 쉽고, 대중 시장을 대상으로 한 소비재이며 농산물을 원재료로 사용한다. RJR 담배 사업 부문의 경영진은 아마도 나비스코의 마케팅과 유통 전략을 조선이나 석유 사업보다 훨씬 더 잘 이해했을 것이다. 마찬가지로 필립 모리스는 제너럴 푸드General Foods와 크래프트Kraft가 주택 건설 기업인 미션 비에호Mission Viejo보다 더 이해하기 쉬웠을 것이다.

인수가 발표되면 과거 영업이익과 가격이 공개된다. 그래서 애널리스트는 ROCE를 추정할 수 있다. 물론 그 수치는 앞으로 발생할 수 있는 이익 개선치를 반영하지 않았기 때문에 상당히 낮은 추정치다. RJR 나비스코의 차입 인수는 310억 달러의 기업 가치, 현금가와 부채를 합친 가격으로 28억 달러의 영업이익을 보여 주었다. 즉, 9퍼센트의 ROCE를 기록한 것이다. 이것은 앞으로 아무것도 변하지 않더라도 나쁘지 않은, 그러나 그리 대단하지도 않은 거래처럼 보였다.

담배 회사들은 자신이 벌어 놓은 사업의 다각화를 다시 뒤집었다. 이는 세상이 변했거나, 분산화 자체가 처음부터 실수였을 수도 있다는 것을 시사했다. 2000년, RJR은 나비스코를 필립 모리스에 판매했다. 남은 사업 부문은 담배 사업이 유일했다(추후 이 기업은 레이놀즈 아메리칸으로 이름을 바꿨다). 2007년, 필립 모리스는 나비스코를 포함한 크래프트를 분사시켰다. 그다음 해에 필립 모리스는 알트리아와 필립 모리스 인터내셔널로 쪼개졌다. 레이놀즈가 담배 사업에만 집중하고 필립 모리스가 크래프트 푸드를 통해 분산화되어 있을 때, 레이놀즈의 주식은 4배가 넘게 뛰었고, 필립 모리스의 주식은 3배가 넘게 뛰었다. 두 주식 모두 시장에서는 선도적인 위치에 있었지만, 순수하게 담배 사업에 집중한 기업의 실적이 더 좋았다. RJR은 자사주 매입을 다시 시작했고, 필립 모리스를 추월했다. 그러나 이것은 나비스코 거래의 부작용이라고도 볼 수 있었다. 필립 모리스는 나비스코를 인수하기 위해 RJR에 980억 달러를 지불했기 때문에, 자사주 매입을 할 현금 보유량이 부족했던 것이다.

2007년 필립 모리스는 크래프트를 분사시켰다(그리고 나중에 크래프트는 몬델레즈를 분사시켰다). 분사된 식품 기업의 주식 상승률은 시장 수익률을 이겨냈으나, 그건 담배 회사의 주식 또한 마찬가지였다. 식품과 담배의 조합에 어떤 이점이 있는지는 모르나, 그 누구도 그 이점을 그리워하는 것처럼 보이지는 않았다. 그리고 앞서 언급한 거래들은 가장 크고, 훌륭한 결과를 보여 준 사례였다. 나는 아무도 식물원, 볼펜, 모기지 뱅커, 혹은 해운업에서 대단한 결과를 기대하지는 않았을 것이라 생각한다. 대부분의 경영진은 기업을 매각할 때 자신의 위신과 관리 권한을 떨어뜨리기를 원하지 않는다. 그들이 그렇게 행동하는 것이 최선이라는 것을 깨달았을 때는 이미 주주가 수년간 이를 요구하고 있었을 경우가 대부분이다.

배당

기업은 이윤 창출을 통해 부를 쌓는다. 보통 배당에는 그러한 이윤이 반영되어 있지만, 배당을 지급한다는 행위 자체는 부를 창출하지 않는다. 단순히 창출된 부를 분배하는 것이다. 20세기에 대부분의 기업은 그들이 벌어들인 액수의 절반 이상을 배당으로 지급했다. 현재는 대부분 이익의 절반 이하만을 배당으로 지급한다. 여기에는 여러 가지 이유가 있다. 세금 정책이나 투자의 제도화, 스톡옵션 등의 존재도 그 이유에 포함된다. 배당은 받는 즉시 과세의 대상이 되지만, 자사주 매입을 통해 발생하는 자본 이익에 대한 과세는 투자자가 주식을 판매하기 전까지는 미루어진다(상장 주식의 양도 차익에 대한 과세 여부에 따라 국가나 투자자별로 다를 수 있다 - 옮긴이). 직원에 대한 스톡옵션 제도는 대부분 배당 조정을 섞지 않기 때문에, 경영진은 목표가 총이익의 극대화가 아닌 주가의 극대화인 것처럼 행동한다.

이익의 상당 부분을 배당으로 지급하는 기업은 때때로 두 가지 서로 상반되는 신호를 보낸다. 첫째, 높은 배당률은 기업이 확장 프로젝트를 실행할 때에 굉장히 높은 기준을 적용한다는 점을 시사한다. 수익성이 좋은 성장 프로젝트를 찾을 수 없기 때문에 그 돈을 더 잘 사용할 수 있는 주주에게 환원하는 것이다. 주주에게 현금을 환원하고 있지 않는 기업은 돈을 수익률이 별 볼일 없는 프로젝트에 투자하고 있을 가능성이 높다. 자산이 빠른 속도로 증가하고 있지만 이익은 그렇지 못하다면 더더욱 걱정스러운 일이다.

둘째, 배당률은 기업이 수익성이 좋은 확장의 기회를 가지고 있는지 아닌지를 보여 준다. 폭발적으로 성장하고 싶어 하는 작은 기업은 보통 배당을 지급하지 않는다. 이런 기업은 종종 남들이 생각하는 것보다 그 자신의 미래에 대해 더 낙관적으로 큰 자신감을 갖는다. 버크셔 해서웨이는 워런 버핏이 합류한 이후에 단 한 번도 배당을 실시하지 않았다. 자사주 매입 또한 거의 하지 않았다. 이는 버크셔 해서웨이가 주주보다 더 나은 자본 배분 능력을 가지고 있다는 엄청난 자신감을 분명하게 보여 준다. 그러나 워런 버핏이 아닌 기업 최고 경영자가 그런다면, 대부분 오만하거나 이익의 기준이 낮은 것이라 생각할 것이다. 담배 회사는 정반대의 접근 방법을 가지고 있다. 이윤의 4분의 3을 배당으로 지급하고 사사주 매입까지 실시한다.

통계학자들은 괜찮은 배당률을 가진 주식의 수익률이 시장 평균을 살짝 상회한다고 말한다. 리스크 조정 기준을 적용하면 특히 더 그렇다. 평균적으로 높은 배당률의 주식은 낮은 PER을 가지며 상대적으로 안정적인 산업군에 살짝 치중된 경우가 많다. 이런 요소를 제한다면, 후한 배당 자체는 실적에 큰 도움이 되지 않는 듯하다. 만약 고정적 소득을 원한다면, 나는 이런 주식의 매입을 추천하겠다. 후한 배당을 지급하는 기업에 투자하라. 다만 PER이 낮고 안정적인 사업에 속한 주식인지를 우선 확인하라. 그리고 이익이 배당 금액을 상회하고 충분한 현금 흐름을 갖춘 기업인지, 채무와 자본의 비율이 적당한 기업인지를 확인하라. 거기에 더해 발행 주식의 수가 급격하게 늘고 있지 않는 기업을 찾아보라.

어떤 배당주를 피해야 하는지 알고 싶다면, 앞서 언급한 기준을 거꾸로 적용하면 된다. 나는 배당 지급이 이익과 잉여 현금 흐름에 의해 충분히 충당될 수 있는 기업이 아니라면 그 기업의 주식을 사지 않는다. 부동산 투자 신탁, 마스터합자회사 펀드Master Limited Partnership Fund, MLP(미국의 에너지 운송 인프라 기업에 집중투자하는 펀드 – 옮긴이), 수익권 신탁 등은 종종 자산의 가치보다는 배당에 치중한 트레이드를 하기도 한다. 그런 경우에서 애널리스트들은 감가상각과 소모의 경제적 의미에 대해, 보다 구체적으로는 그 항목이 수입에 가까운지 아닌지에 대해서 동의하지 못한다. 나는 개별 상황을 면밀히 살펴보지 않는 상황에서 주당 자산이 시간의 경과에 따라 줄어들고 있는 것인지, 널리 통용되고 있는 회계 기준이 너무 보수적인지 판단할 수 없다. 만약 배당률이 높고 발행 주식 수와 채무가 늘어나고 있는 기업이 있다면, 나는 일단 최악을 가정할 것이다.

자사주 매입

자사주 매입의 승자와 패자는 기업이 주식을 매입하는 데 어떤 가격을 지불했느냐에 따라 결정된다. 배당과 마찬가지로 자사주 매입 또한 부를 재분배할 뿐, 창출하지 않는다. 그러나 배당과는 다르게 주주들 사이에서 부를 재분배한다. 만약 주식이 그 내재 가치에 맞게 재매입된다면, 그 거래는 모든 이에게 공정한 것이 된다. 하지만 주식이 내재 가치를 넘어 프리미엄이 붙어 재매입된다면, 충성스러운 주주는 가치를 빼앗기고 떠나가는 사람이 그 가치를 얻게 된다. 주식이 내재 가치보다 낮게 할인되어 재매입된다면, 주식을 판매하는 주주는 손해를 보고 남아 있는 주주는 이익을 얻게 된다. 사람마다 내재 가치에 대해서는 서로 다른 추정치를 내게 된다. 그래서 자사주 매입이 후한 가격에 이루어졌는지 그렇지 않은지가 늘 명확한 것은 아니다. 하지만 추정치 없이는 경영진이 자사주 매입을 통해 주당 가치를 높이고 있는 것인지를 알 수 있는 방법이 없다.

부의 이동을 이해하기 위해서 100개의 주식을 가진 기업의 경우를 생각해 보자. 기업의 자산은 1만 달러의 현금이 전부이며 별도의 사업을 운영하고 있지 않다. 개별 주식의 내재 가치는 현금의 주당 비율, 혹은 100달러다. 그중 40개의 주식이 주당 160달러, 전부 6,400달러의 가격에 재매입되었다고 생각해 보자. 기업은 이제 3,600달러의 현금과 주당 60달러의 주식 60개를 가지고 있는 것이다. 주식을 판매한 주주는 60달러의 수익을 얻었고, 충성 주주는 주당 내재 가치에서 40달러의 손해를 보았다. 거꾸로 만약 기업이 내재 가치에 비해 할인된 가격으로 자사주 매입을 실시하면, 충성 주주는 그 할인액의 비율만큼의 이득을 보게 된다.

자사주 매입은 기업의 기분이 좋을 때 가장 많이 시행되는데, 이러한 시기는 그것의 효용이 가장 작은 시기이기도 하다. 2007년 3분기 시장이 고공행진하면서 S&P 500 기업은 1,/10억 달러의 자사주를 매입했다. 1년이 지난 뒤, S&P의 주식이 반 토막이 나자 2009년 1분기에 매입된 자사주의 금액은 310억 달러에 불과했다. 이것이 실망스러운 것은 단지 환매의 시기가 불운해서가 아니다. 자사주 매입은 보통 기업이 전망과 기업의 가치에 자신이 있음을 나타낸다. 절망이 주위에 깔려 있을 때의 환호가 가장 환영받는 법이다. 나는 자사주 매입의 결과가 나빴던 사례를 공부하면서 대부분의 기업이 내재 가치 할인을 염두에 두고 자사주 매입을 결정하는 경우가 드물다는 것을 발견했다.

테크 기업은 특히나 직원에게 거대한 스톡옵션을 발행할 때 발생하는 희석 효과를 무마하기 위해 노력한다. 회계사들은 주가가 상승하고 옵션의 가치가 높아지면, 상승분의 일부가 발행주가 될 수 있는 옵션 아래에 있다고 판단한다. 발행 주식 수를 일정하게 유지하기 위해서 그 수가 정점에 달했을 때 급하게 다시 매입된다. 많은 기업이 옵션을 낮은 가격에 발행하고 나중에 더 비싼 가격에 되산다.

100개의 주식과 1만 달러의 현금을 가진 기업의 예시로 다시 돌아가 보자. 이 기업이 주식 50개를 행사가 100달러에 직원에게 발행했다고 가정해 보자. 옵션 가격 공식에 의하여 옵션의 가격은 개당 10달러 또는 전부 합쳐서 500달러가 된다. 이 금액은 손익계산서에 반영된다. 주주는 물론 해당 손익은 현금의 유출이 발생하지 않으니 무시하라는 소리를 듣게 될 것이다. 그런데 그 후 주식의 가격이 160달러로 상승했다고 가정해 보자. 모든 옵션이 행사되었고, 50개의 스톡옵션 지급을 위해 50개의 주식을 새롭게 자사주로 매수했다고 해보자. 그러면 기업은 옵션 행사를 통해 5,000달러를 받고 자사주 매입을 위해 8,000달러를 쏟아부어서 남은 현금 잔고는 7,000달러가 된다. 주식 발행 수는 일정하게 유지되지만, 주주는 3,000달러, 혹은 주당 30달러를 손해 본다.

자사주 매입이 주식시장이 활황일 때 가장 활발하게 이루어지는 또 하나의 이유는 바로 기업의 이익이 그때 최고조에 이르기 때문이다. 어쩌면 현금이 주주에게 환원되어야 하는 것인지도 모른다. 하지만 이런 행위가 지금 당장 이루어져야 한다고 규정하는 법률은 없다. 번영의 시기에 내재 가치에 대한 추정치는 더욱 높게 책정될 것이다. 적당한 부채와 자본의 비율이 어느 정도인지에 대한 생각 또한 덜 보수적이게 될 가능성이 높다. 이는 기업이 좋지 않은 시기에는 보다 '효율적'인 재무제표를 만드는 결정을 내리도록 할 것이다. 즉, 빚을 져서 자사주를 매입하는 것이다. 만약 경제 순환의 후반에 들어서 있고 이익의 성장세가 둔화되고 있다면, 주당 이익 성장률은 채무를 통해 자사주를 매입함으로써 유지될 수 있다.

모든 담배 회사는 꾸준하게 자사주를 환매하고, 그것으로 가치를 더한다. 하나의 예외는 1990년대 RJR의 사례이다. RJR은 거대한 채무의 부담 때문에 자사주를 매입하지 않음은 물론 유상 증자 또한 실시해야 했다. 나는 이때에 내가 더 이상 담배 주식 애널리스트가 아니라는 사실에 감사했다. RJR 주가는 상장가 아래로 곤두박질쳤고, 그 후 몇 년간 동일 수준을 밑돌다가 다시 반짝 오르기도 했다. 하지만 결국 다시 하락했으며 바닥을 기다가 결국 1990년 말에 낮은 수준으로 마무리했다. 1990년과 1998년의 고점 사이에 필립 모리스 주식의 가격은 4배로 뛰었다. 시장지수와 RJR을 아득하게 뛰어넘는 수준이었다. 거기에는 대규모 자사주 매입의 도움이 있었다. RJR은 재무 상태가 더 나아지고 나비스코를 판매한 이후에야 다시 자사주 매입에 뛰어들었다. 좀 전에 이야기한 것과 마찬가지로 2000년대에는 필립 모리스보다 더 나은 성과를 냈다.

안정적이고 높은 수익

필립 모리스와 레이놀즈는 모두 차별화된 사업을 일구었고, 자본을 분배하는 데 있어서도 평균 이상의 실력을 보여 주었다. 다만 필립 모리스가 더 우위에 있었다. 1970년대에 레이놀즈의 총수익은 시장의 평균을 뛰어넘었지만, 필립 모리스는 훨씬 더 앞서 있었다. 1988년의 RJR의 인수를 제외한다면 1980년대에도 마찬가지였다. KKR의 투자자는 RJR 건에서 돈을 벌지 못했으니, 결국 이번에도 필립 모리스가 선두에 있었다. 이러한 패턴은 1990년대까지 이어졌지만 새천년이 오면서 역전되었다.

훌륭한 자본 분배가 이루어지고 있는지 확인 가능한 지표는 바로 높고 안정적인 ROCE이다. 필립 모리스의 수익은 수십 년간 높고 안정적이었다. 어떤 산업군에서는 투자자가 상식과 지식을 이용하여 광고와 상장 프로젝트에서 얻어지는 증분 수익을 추정할 수 있지만, 담배 같은 사업에서는 그럴 수 없다. 내 생각에 필립 모리스가 조금 더 효과적으로 사업을 영위했던 것 같다. 인수 합병은 굉장히 좋거나 나쁠 수 있지만 평균적으로는 실망을 안겨 주는 편이다. 합리적인 가격에 연관된 사업 사이에서 이루어지는 조합이 그나마 가장 성공 확률이 높다. 필립 모리스는 레이놀즈보다 인수를 통해 많은 성공을 거두었고, 어쩌면 그래서 레이놀즈가 기본으로 돌아가는 와중에도 사업의 다변화를 계속해서 진행했는지도 모른다. 분사는 일반적인 제국을 건설하고자 하는 경향에는 맞지 않지만, 그렇기 때문에 결과적으로 투자자에게는 환상적인 기회가 된다.

만약 어떤 기업이 투자자가 주식시장에서 찾을 수 있는 것보다 더 높은 수익률을 얻을 수 있는 기회가 없다면, 그 자본을 자사주 매입이나 배당을 통해 주주에게 환원해야 한다. 1990년대 내내 이루어진 레이놀즈의 인색한 자본 환원 정책은 낮은 실적의 중요한 원인이었다. 감소한 판매량과 소송, 그리고 세금 때문에 담배 주식의 PER은 일반적으로 S&P 500보다 낮은 편이였다. 언급한 모든 요소를 담배 주식의 가치를 평가할 때 고려해야 하지만, 나는 적어도 담배 회사의 자사주 매입은 남아 있는 주주에게 중립적인 영향을 미쳤거나, 긍정적인 영향을 미친 경우가 많았다고 말하고 싶다.

11

불량 기업을 걸러라

마크 바움 : 하지만 그건 멍청한 게 아니야. 사기야!
재러드 베넷 : 멍청함과 불법의 차이를 말해 봐.
우리 처남 좀 체포해 보게.

- 영화 〈빅 쇼트〉 중에서 -

전형적인 남부 영화에서 악당을 찾기란 참 쉽다. 항상 검은 모자를 쓰고 있기 때문이다. 다스 베이더Darth Vader의 검정 헬멧은 그가 악당임을 암시하지만, 〈해리 포터〉에서 검정 모자는 선과 악의 경계가 없다. 마법사와 금융 사기를 저지르는 사람의 공통점은 자신이 가진 초인적인 능력을 불신하는 사람에게 환상을 심어 준다는 것이다. 자세히 보면 마법과 사기 모두 기적적인 일이 아닌 단순 눈속임에 불과하다. 그런 면에서 사기란, 증거를 아무리 꼼꼼히 살펴봐도 근처에 서 있는 선량한 시민이 용의자가 되어 버리는 탐정 놀이와 유사하다.

악당은 알아볼 수 있는 공통적인 특징을 띠고 있긴 하지만 안타깝게도 이 특징은 선량한 사람에게서도 나타난다. 통계적으로 테스트의 오차율이 인구 내의 빈도보다 높을 때, 잡음이 신호를 삼켜 버린다. 금융 사기를 판별하기 위해서는 굉장한 잡음과 맞서야 한다. 예를 들어 500명 중 1명이 악당인 집단에서 2퍼센트의 오차율을 가정했을 때 9.98(499×.02)의 위양성 샘플과 1명의 악당이 나오기 마련이다. 이런 시험의 신뢰성이 높은 편이 아니기 때문에, 나는 다른 근거를 통해 판단했을 때에도 실망스러운 투자가 될 가능성이 높은 경우만 배제한다. 예를 들어서 지속적으로 외부에서 자금 지원을 받아야 하는 기업은 금융 사기에 노출될 위험부담이 더 크지만, 나는 그 이유 외에 자금 조달로부터 발생하는 희석화 때문에 피한다.

    호의나 죄책감으로 인해 거짓말을 해 본 경우가 한 번도 없지 않은 이상, 거짓말에도 여러 종류가 있음을 알 것이다. 내가 투자자의 길을 걸으면서 분석한 기업 몇 곳이 파산을 겪는 것을 지켜보며 기업의 캐릭터에 대해서 더 생각해 볼 수 있었다. 범죄를 찾아낼 때 사용되는 전통적인 단서로는 범죄 수단, 동기, 기회 등이 있는데, 금융 사기의 경우 압력, 기회, 합리화라는 3가지 요소가 사용된다.

지나친 과신

내가 피델리티에서 함께 일했던 수백 명의 애널리스트와 포트폴리오 매니저 중에서 떠들썩한 금융 스캔들에 휘말린 사람은 단 한 명이었다(그가 피델리티를 떠난 후의 일이다). 그의 이름은 플로리안 옴 Florian Homm 이었다. 그는 피델리티의 보스턴 사무실을 25년 전에 떠났으며, 혐의는 그가 기업을 떠나고 20년 후에 드러났다. 옴의 사무실은 내 옆방이었으므로 우리는 친해졌다. 그 당시 나는 그를 유럽에서 온 훌륭하지만 이상한 바람둥이쯤으로 여기고 있었지 사기꾼이라고는 생각하지 않았다. 이어지는 이야기는 대부분

공공연한 사실이며, 『사기꾼 금융업자Rogue Financier』라는 그의 자서전에 기록되어 있다. 옴은 전설적인 인물로 2미터의 키에 다부진 몸을 가지고 있었고, 하버드 학부와 경영대학원을 나온 재원이었다. 엄청나게 부유한 집안 출신에 독일 농구 국가 팀 소속이었으며 자신만만하지만 친화력이 있는 성격의 소유자였다. 나는 피델리티에 입사하여 펀드를 관리하기까지 3년을 기다려야 했지만, 그는 일을 시작한 첫날부터 펀드를 담당했다. 능력 있는 그가 많은 문제를 초래할 것이라 생각한 사람은 아무도 없었다.

 옴이 자신의 탐욕 때문에 범죄를 저지르기는 했지만, 그것이 유일한 이유는 아니었다. 잘못 설계된 인센티브 제도는 사람을 옳지 않은 행동을 하도록 압력을 가하기도 하니까 말이다. 옴이 피델리티에 근무하고 있을 때 그는 작은 펀드를 운용했고, 자산의 0.55퍼센트 정도를 수수료로 받았다. 그가 받는 보수는 수수료의 작은 부분이었으며 수수료와 직접적인 연관도 없었다. 그가 잘못된 행동을 하게 한 재무적 인센티브는 그가 앱솔루트 캐피털 매니지먼트Absolute Capital Management라는 헤지펀드를 설립한 2004년이다. 이 헤지펀드는 전성기 당시 운용 규모가 30억 달러에 달했다. 헤지펀드는 통상 자산의 2퍼센트의 수수료를 받았는데, 그럼 수수료만 연간 6,000만 달러에 육박했다. 그뿐만이 아니라 수익의 20퍼센트를 챙겼는데 호황기에는 기본 수수료를 넘는 어마어마한 액수로 치솟았다. 앱솔루트 캐피털의 성적은 유럽 내에서도 최고였으며 런던에서 상장 제의를 받았다. 옴은 핵심 주주로 남았다. 그는 2007년에 4억 유로를 보유하며 독일에서 가장 부유한 300명에 속하기도 했다.

 보통 옴의 경우와 같이 설립자와 경영진이 기업의 주요 주주로 남을 때 이들의 이해관계는 일치한다. 내가 걱정하는 것은 경영진이 막대한 옵션을 보유하면서 그 기업의 주식을 소유하지 않는 경우다. 엔론Enron의 최고 경영자 켄 레이Ken Lay와 기타 임원의 경우 개인적으로 주식보다 옵션을 더 많이 보유하고 있었다. 주식은 오를 수도 떨어질 수도 있어서 긍정적인 면과 부정적인 면이 모두 있지만, 선택적으로 권한을 행사할 수 있는 스톡옵션의 경우는 긍정적인 면만 있다. 경영진이 잃는 것을 두려워하지 않을 때 좀 더 대담한 도박을 하게 된다. 하지만 옴의 이해관계는 운용사와 일치했지만 투자자와 일치하지는 않았다. 수탁자의 경우, 첫째로 투자자와 이해관계가 얽혀 있어야 한다.

자부심은 탐욕에 비하면 아주 약한 동기로 들리지만, 옴의 경우에는 좋은 실적을 유지하려는 압박이 매우 심했던 것 같다. 옴은 실적 좋은 헤지펀드 매니저로만 치부하기에는 너무나 대단한 하나의 '현상'이었다. 그의 브리머 불칸 Bremer Vulkan 약세 매도가 그 선박 기업의 붕괴를 초래했기 때문에 '금융계의 적그리스도'라고 불렸다. 그는 독일에서 가장 큰 매음굴 중 하나인 아르테미스 Artemis 의 공동 소유주였다. 또 인기는 좋지만 파산 위기에 처한 축구팀 보루시아 도르트문트 Borussia Dortmund 를 살리며 지역의 영웅이 되었다.

부정한 돈벌이는 부정하다고 인정되기 전까지 수년 동안, 혹은 수십 년 동안 아무 탈 없이 지속할 수 있다. 하지만 그 부정행위가 혐의를 받아 주목을 받기 시작하면 아주 급속도로 그리고 극적으로 모든 과정이 낱낱이 밝혀진다. 2007년 옴의 사례가 그랬다. 미 증권거래위원회는 앱솔루트 캐피털에서 옴이 운용한 펀드들이 펌프 앤 덤프 수법 pump-and-dump (헐값에 매입한 주식을 허위 정보 등으로 폭등시킨 뒤 팔아치우는 수법 - 옮긴이)을 사용했다는 혐의를 제기했다. 그의 펀드들은 거래량이 적은 투기성 저가주를 대량으로 매입한 후 (어쩔 때는 사적인 거래로) 종종 옴이 50퍼센트 이상을 소유하고 있는 증권사를 통해 트레이드를 실행했다. 그리고 그는 여러 가지 거래 수법을 동원해 해당 주식의 가격을 폭등시켰다.

2006~2007년의 상승장에서 가격을 폭등시키는 '펌프'는 쉬웠다. 펀드에 계속 돈이 유입되는 동안에는 높은 가격에 어떻게 팔 것인지, 즉 '덤프'는 걱

정하지 않아도 되었다. 매니저는 신규 자금을 사용하여 미리 매입한 주식의 가격을 계속 상승시킬 수 있다. 또는 신규 자금 유입이 펀드 내 부풀려진 주식에 몰려 있는 자금의 비율을 줄일 수도 있다.

2007년 9월 주식시장은 불안정해졌고 옴의 펀드도 몇 주간 힘겨운 시간을 보내야 했다. 옴은 펀드의 가치를 상승시키기 위해 3,300만 달러에 달하는 앱솔루트 캐피털 매니지먼트 개인 지분을 펀드에 기부했다. 그리고 뜻밖에도 바로 퇴사했는데, 이때 그의 펀드가 5억 3,000만 달러의 동전주(주가가 1,000원 미만인 상장주 - 옮긴이)를 소유하고 있었으며 앱솔루트 캐피털이 그 거래에 거의 모두 관여했다는 것이 밝혀졌다. 앱솔루트 캐피털은 즉각적으로 옴의 펀드에 대한 상환을 중지했다. 그는 보고타까지 도망가고, 베네수엘라에서는 총에 맞고, 수년간이나 쫓고 쫓긴 후에야 플로렌스의 우피치 미술관에서 체포되었다. 업보였는지도 모르지만, 옴의 횡령액 중 일부는 결국 메이도프의 펀드로 흘러들어 갔다.

메이도프의 사기

2000년경에 나는 해리 마코폴로스Harry Markopolos와 만났다. 그는 보스턴 주재 펀드 매니저였으며 당시 명성이 자자했던 버나드 메이도프Bernard Madoff의 투자 전략을 분석하여 그것과 비슷하게 설계해 보려고 시도하고 있었다. 시황이 그저 그럴 때에도 메이도프의 펀드는 계속 수익을 내고 있었고, 나는 당시에 합법이라 생각했던 그의 투자 전략을 참고하여 내 펀드의 수익을 개선하는 것에 관심이 있었다. 그런데 마코폴로스는 내게 메이도프가 사기꾼이라는 것을 보여 주고 싶어 했다. 나는 결국 메이도프의 전략에서 통찰을 얻지 못했다. 말이 되는 것이 하나도 없었기 때문이다. 마코폴로스가 옳았던 것이다. 그는 메이도프의 수익을 모든 전략, 개별 주식과 연관시켜보려고 했지만 실패했다.

메이도프의 펀드는 정확한 수치를 포함해서, 모든 것이 베일에 쌓여 있었다. 투자자는 초대를 받은 후에야 메이도프 클럽에 가입할 수 있었고, 투자는 마스터피더 펀드Master-feeder Fund(동일한 운용자가 설정한 여러 펀드의 재산을 하나의 펀드에 통합하여 운용함으로써 규모의 경제를 갖추어 거래 비용을 낮출 수 있는 구조의 펀드 - 옮긴이)나 펀드 오브 펀드에 의해서 간접적으로만 이루어졌다. 이런 고객과의 거리는 바로 고객이 펀드가 정확히 소유하고 있는 것이 무엇인지 모른다는 것을 의미했다. 그리고 이는 어쩌면 메이도프가 고객으로부터 감정적으로 분리될 수 있는 역할을 수행했는지도 모른다. 대부분의 고객은 계좌에 대한 보고서를 접할 수 없었다. 메이도프는 자신의 거래 내역을 스스로 정리했고 영리하게도 외부 관리인을 두지도 않았다.

메이도프의 사업은 세계에서 가장 큰 폰지 사기Ponzi Scheme(신규 투자자의 돈으로 기존 투자자에게 이자나 배당금을 지급하는 방식의 다단계 금융사기를 일컫는 말이다. 1920년대 미국에서 찰스 폰지Charles Ponzi가 벌인 사기 행각에서 유래했다 - 옮긴이)로 밝혀졌고, 이로 인해 투자자는 수십억 달러의 손실을 입었다. 메이도프는 업계 내에서 잘 알려진 인물이었다. 지금은 금융산업규제기관Financial Industry Regulatory Authority, FIRA으로 이름을 바꾼 전미증권업협회National Association of Securities Dealers, NASD 이사회의 의장이었다. 그는 '점두 거래 방식Pink Sheet'에서 나스닥 전자 거래 방식으로 플랫폼을 바꾸는 데 기여한 사람이다. 냉소적인 사람은 현재 교도소에 수감 중인 메이도프가 자신이 법 위에 군림하는 사람이라고 생각했는지 궁금해 할 수도 있다. 2007년 11월, 이 사건이 터지기 1년 전, 메이도프는 "요즘 세상은 실질적으로 규칙과 법을 위반하기는 불가능합니다"라고 이야기했다.

메이도프의 사기 행각의 시작이 1990년도인지 그전인지 알기는 어렵다. 그는 이런 사기가 실패를 부정하려는 행위였고, 이룰 수 없는 기대에 부응하려는 압박으로부터 시작되었다고 말했다. 일부 여론에 따르면, 메이도프는 수많은 파생상품을 포함한 복잡한 구조화 상품을 설계해 거래했는데, 마침 기업에서 큰 자금을 유출해야 하는 상황이 발생했다고 한다. 그 거래에서 자금을 유출하려 했는데 매수 포지션은 손쉽게 청산 가능했던 반면, 거래 상대방인 투자은행에서 매도 포지션은 청산하지 못하도록 막았다는 설이 있다. 아마도 숏 쪽에서 큰 손실을 입었던 것으로 유추된다. 그 당시에 고객은 메이도프가 지속적으로 안겨 주던 큰 규모의 이익에 익숙해져 있었고, 메이도프는 손실을 만회해야 한다는 강한 부담을 느꼈을 것이다. 이 가설이 옳다면 메이도프의 모든 사기 행각은 메이도프가 고객을 만족시키기 위해서였다. 그런데 더 놀라운 것은 몇몇 투자자는 이미 그가 미심쩍다고 생각하면서도 자신이 원할 때 빠져나오면 된다고 생각했다는 것이다.

엔론의 허황된 꿈

과거 엔론 주식에 한번 당했던 기억은 내가 추후 그 주식에 열광하지 않도록 막아줬다. 나는 1987년의 일을 종종 떠올린다. 내가 천연가스에 대해 잘 몰랐던 신참 시절이다. 휴스턴의 한 호텔에서 피델리티의 성장 및 수입 펀드Fidelity Growth & Income Fund의 매니저인 베스 테레나Beth Terrana로부터 전화를 받았다. 그녀는 엔론이 1억 4,000만 달러의 트레이딩 손실을 발표했다는 사실에 격노했으나, 나는 이러한 상황에 대해 전혀 알지 못하고 있었다. 당시 애널리스트들은 인터넷이나 휴대폰이 없었다. 나는 엔론에 전화했지만 회신을 받지 못했다.

나는 엔론과의 미팅에서 트레이딩 손실의 이유를 끼워 맞추듯 정당화하는 것에 너무 놀랐다. 최고재무책임자^{CFO}는 트레이더들이 유가 변동 때문에 크게 손실을 입은 것을 인정했다. 그는 손실이 9개월 전에 났으며, 손실 폭이 10억 달러까지 올라갔었는데, 그 이후 재빠르게 조치하며 손실 폭을 줄였다고 했다. 만약 이 사실을 더 빨리 공개했더라면, 이런 트레이드를 푸는 데 훨씬 많은 비용이 소요됐을 것이고, 부채 약관을 위반했을 수도 있다. 엔론은 손실을 입고 있는 거래에서 빠져나오려고 시도하며 원유 트레이딩 데스크를 폐쇄하고 있었지만, 기업이 발표해야 할 손실에 '시장 가격'을 즉시 반영해야 하는지 아니면 최종 금액이 '비용'으로 확정된 이후까지 산정을 미뤄야 하는지는 결정하지 못했다. 작은 확률이지만, 10억 달러에 달하는 손실이 만회되지 않고, 더 큰 오용으로 이어졌을 수 있다. 하지만 그보다는 경영진이 회계 처리를 왜곡할 수 있다는 가능성에 눈을 뜨게 해준 것으로 보인다.

나는 그날 엔론의 경영진 몇 명을 더 만났다. CEO인 케네스 레이$^{Kenneth\ Lay}$는 경제학 박사였는데, 이는 에너지 업계에서 이례적이었다. 또 리치 킨더$^{Rich\ Kinder}$는 별명이 '규율 박사'였으며, 능력이 특출나게 좋아 보였다. 나는 천연가스 트레이딩 데스크에서 컨트롤 및 포지션 한도에 대해 물어봤다. 그들은 리스크를 잘 관리하고 있다고 이야기했다. 천연가스 가격에 대한 규제 완화는 흥미로운 트레이딩 및 차익 거래 기회를 만들었다. 나는 그중에 엔론의 규제받는 행동과 규제받지 않는 활동 사이에서 발생하는 기회가 있는지 궁금했다. 천연가스 트레이딩은 여느 거래 데스크와 같이 전화기와 모니터가 있고 자신감이 넘치는 남자로 가득했다. 그럼에도 내 눈에 보이는 것은 부채가 많고, 임시 비용이 빈번하며, ROE가 높지 않고, 트레이딩 손실이 큰 기업이었다. 엔론 주식은 1987년 10월 30퍼센트 하락했지만, 그달 주식시장이 폭락하면서 이 스캔들은 2001년까지 잊혔다.

엔론을 끝내 파산에 이르게 만든 사기의 발단은 아직도 확실하게 밝혀지지 않았다. 그러나 아마도 1992년 회계 기준이 바뀌면서 에너지 트레이더들이 보유 포지션을 취득가가 아닌 시장 가격으로 기록할 수 있게 된 것이 원인이었던 것 같다. 엔론과 아서 앤더슨Arthur Andersen은 이렇게 회계 기준을 바꾸는 로비를 진행하고 있었으니, 사기의 그림은 이미 그려져 있었다고 볼 수 있다. 백번 양보해서 회계 기준 변화 이전에는 사기 행위가 없었다고 쳐도, 신규 회계 기준 변화는 사기의 발판이 되었다. 또 다른 가설도 있다. 1996년 리치 킨더Rich Kinder가 엔론을 떠났을 때 하버드 경영대학원 졸업생이자 전 엔론 파이낸스Enron Finance 의장 및 엔론 가스 서비스Enron Gas Services의 의장을 지낸 제프 스킬링Jeff Skilling이 왕좌를 이어받았다. 그때부터 엔론의 재무 및 트레이딩 사업이 지나치게 커지기 시작했다. 엔론의 영업 현금 흐름은 마이너스로 바뀌었고, 홍보에 더 열을 올리기 시작했다. 애널리스트와 리포터들은 엔론을 찬양하는 기사를 내기 시작했다. 『포춘』은 엔론을 '미국의 가장 혁신적인 기업'이라고 불렀으며, 우수 경영진 부문 1등을 안겨주었다.

    기업의 홍보 부문이 커진다는 것은 나쁜 소식이다. 물론 이 사실만으로 그들이 사기 집단으로 변질되었을 가능성이 커졌다고 보기 어려울 수 있다. 하지만 이처럼 심한 광고를 통해 강매를 하는 것은 어떤 형태로든 자금 조달이 임박했다는 뜻이기도 하다. 가치 투자자로서 나를 두렵게 만드는 것은 만약 투자자가 정말 이러한 과대 광고를 믿게 되면 주가가 오른다는 사실이다. 주요 회계 실패 사건에서 대부분의 기업은 부담되는 PER 수준에 거래되고 있었다.

    엔론의 PER은 1990년대 대부분 20배 혹은 그 이상이었고 한때 70배까지 올라갔었다. 트레이딩 사업 부문이 없었다면, 엔론의 15퍼센트 이익 성장 목표는 황당하게 들렸을 것이다. 에너지 가격은 정체되어 있었다. 1990년대 미국 천연가스 생산량은 증가했지만 20년 전 도달했던 정점으로 돌아가지는 못했다. 엔론의 트레이딩 사업은 마진율이 너무 낮아서 1996년부터

2000년 사이에 매출은 130억 달러에서 1,010억 달러로 증가했지만 주당 이익은 4퍼센트 증가했다.

엔론은 반대의견을 묵살하는 문화로 유명했다. 이는 재앙이 임박했음을 보여 주는 분명한 신호였다. 1998년 초기, 나는 라이벌 기업의 애널리스트인 '스칼렛(애널리스트 이름이지만 『주홍글씨』의 '낙인'이라는 의미도 있다 - 옮긴이)'으로부터 눈물 맺힌 전화를 받았다. 그 당시 엔론은 그녀가 일하지 못하도록 상사인 연구 센터장을 압박했다. 그녀는 결국 다른 곳으로 이직했지만 아직도 엔론이 자신을 도청, 미행하고 있다고 말했다. 유사한 사례로, 투자은행 메릴린치Merrill Lynch의 천연가스 애널리스트였던 존 올슨John Olson 또한 엔론을 그다지 좋아하는 편이 아니었다. 1998년 엔론은 이에 대한 보복으로 한 투자은행 거래에서 메릴린치만 제외시켰다. 올슨은 회사로부터 조기 희망퇴직을 권고받았다. 비슷한 다른 애널리스트들도 엔론과의 전화 회의에서 제외되었고 질문하는 권리도 박탈당했다. 유명한 일화도 있는데, 회사 전화 회의에서 제프 스킬링Jeff Skilling은 애널리스트 리처드 그루브먼Richard Grubman을 "나쁜 자식"이라고 불렀다.

이런 사건들은 강제 순위 시스템과 매년 실적 기준 하위 10퍼센트를 해고하는 정책에 가속도를 붙였다. 만약 이렇게 많은 인력이 해고되어야 한다면, 엔론은 능력 있는 사람을 고용하는 일을 끔찍할 정도로 못하는 기업임에 틀림없었다. 사람은 조직 내에서 같이 일해야 함으로, 인사 관련 결정은 어쩔 수 없이 주관적이고 정치적인 면이 생기게 마련이다. 그러나 강제로 순위를 매기는 시스템은 이런 면을 무서운 수준으로까지 극대화시킨다. 엔론은 승자에게 공익 사업체에서는 상상할 수 없던 보상을 제공했는데, 여기에는 특수 목적 법인의 주식, 스톡옵션 등이 포함되었다.

엔론이 무너지면서 수많은 저속한 행위가 공개되었다. 부의장인 클리프 백스터Cliff Baxter를 포함한 엔론의 고위 경영진은 낮은 지위의 직원이 퇴직연금에 묶여 있고 회사의 유가증권이 휴지 조각으로 변하는 동안 자신의 주식을 대량 처분했다.

클리프 백스터는 의회에서 증언하기 전 자살했다. 아서 앤더슨은 엔론의 허위 진술 작성 과정을 보조했으며, 그 자체로 부정행위의 기회와 인센티브를 보여 주는 표본이 되었다. 내가 경영 대학원에 있을 때, 아서 앤더슨은 특히 컨설팅 분야에서 미래 지향적이고, 원리 원칙대로 행동하며, 보수가 좋은 고용주로 간주되었다. 1950년대 초반, 제너럴 일렉트릭General Electric을 위해 급료 지불을 처리하는 시스템을 만들어 주었고, 유니박Univac 컴퓨터 구입을 추천했다. 이렇게 시스템 인티그레이션System Integration, SI(어떤 조직이 보유한 각종 정보 시스템과 산재한 정보 자원을 재구성하여 통합하고 관리하는 일 - 옮긴이) 산업이 탄생했다. 이후 수십 년 동안, 아서 앤더슨의 재무 시스템 통합 부문은 회사의 감사 부문보다 더욱 성공적인 실적을 기록했다.

컨설팅 분야의 성공은 아서 앤더슨에게 동기부여와 기회를 모두 제공했다. 엔론의 감사인이자 컨설턴트로서, 아서 앤더슨은 자기 자신의 업무를 자신이 평가하는 애매모호한 자리에 있게 되었다. 아서 앤더슨 내 한 부서가 다른 부서의 업무를 평가하도록 말이다. 설상가상으로 엔론은 자신의 내부감사 작업 일부를 아서 앤더슨에게 아웃소싱했다. 대개 기업은 재무제표를 작성하며, 내부적으로 감사를 진행하고, 그 후에 외부감사인이 이를 평가하도록 한다. 보통 자기 평가 시험에서는 만점이 많이 나온다.

컨설팅 작업은 감사 작업보다 시간당 보수가 좋았으며 할 수 있는 일의 범위도 훨씬 컸다. 예를 들어, 1991년부터 1997년 사이, 웨이스트 매니지먼트Waste Management는 아서 앤더슨 컨설팅에 감사보다 2배 많은 수수료를 지급했다. 한 디렉터는 300만 달러 상당의 컨설팅 프로젝트 하나를 '쓸데없는 일'이라고 이야기했다. 이 프로젝트 결과물은 한 번도 실제로 쓰이지 않았다. 아서 앤더슨이 감사를 통해 웨이스트 매니지먼트의 조작 행위를 발견했을 때,

공인 회계사는 이 사실을 웨이스트 매니지먼트 이사회에 알리지 않았으며 오히려 감추는 것을 도와주었다.

2001년 엔론은 아서 앤더슨에게 수수료로 2,700만 달러를 지급했고 감사 작업 수수료로 2,500만 달러를 지급했다. 따라서 웨이스트 매니지먼트 경우에서처럼 컨설팅 수수료가 훨씬 크거나 하진 않았다. 하지만 아서 앤더슨는 엔론이 100만 달러짜리 고객이 될 것이라고 믿었다. 엔론의 감사 비용 또한 지나치게 컸다. 아마 엔론보다 모든 방면에서 규모가 훨씬 큰 엑슨모빌ExxonMobil의 감사 비용보다 더 컸을 것이다. 나는 엔론의 복잡한 조직 구조 및 특수 목적 법인 사용 등의 요인이 감사 소요 시간을 지나치게 길게 만들었을 것이라고 생각한다. 아니면 뇌물 때문이었을까?

감사 부문과 시스템 통합 부문은 서로 다른 윤리적 원칙을 가지고 있다. 나는 아서 앤더슨의 컨설팅 사업이 보다 큰 수익 원천이 되면서, 감사 부문의 기준이 아닌 컨설팅의 기준이 기업 내에서 지배적 위치를 차지했을 것이라 생각한다.

감사인과 투자 매니저는 모두 대중의 신뢰를 바탕으로 일해야 하는 직종이지만, 사업을 수행해야 하는 주체이기도 하다. 의무가 이익보다 우선시되어야 하고, 대중에 대한 책임이 고객에 대한 책임 앞에 놓일 수도 있다. 어떤 기업과 마찬가지로 마케팅도 필요하지만 동시에 절제할 것을 요구받는데, 이는 고객이 요구하더라도 전문 서비스 기업으로서 절대로 약속하면 안 되는 것들이 있기 때문이다. 아서 앤더슨의 CEO는 기업의 파트너들에게 교차 판매를 늘리고 공격적인 마케팅 활동을 할 것을 요구했다. 이는 컨설팅 측의 입장에서는 올바른 접근 방식이었다. 시간이 흘러 컨설팅 비즈니스는 감사 활동에서 점점 분리되었고, 컨설팅 사업은 액센츄어Accenture라는 이름으로 다시 브랜딩되었다.

나를 불안하게 하는 6가지

1. 사업을 위해 거짓말을 해야 하는 기업

사업에 어려움을 겪고 있고 큰 부채를 지고 있는 기업은 이 사실이 밝혀지는 것을 원하지 않는다. 만약에 자신이 겪고 있는 문제가 모두 밝혀지면, 은행에서 기업의 운영권을 가져가게 될지도 모르기 때문이다. 그렇게 되면 자본을 조달하려는 행위 자체가 위험한 일이 될 수 있다. 즉 기업이 인수 합병의 위험에 쉽게 노출될 수 있고, 직원의 사기가 떨어져 이직 준비를 하기 시작할 것이다. 공급 업체가 물품의 운송을 중단할지도 모르며 사업의 어려움은 나날이 더욱 커질 것이다.

기업의 기만행위는 여러 가지 이유로 합리화될 때가 많다. 만약 기업이 팔릴 위험에 처하면 은행과 주주는 경매를 통해 보다 낮은 금액을 회수하게 되기 때문에 오히려 사실을 공개하지 않는 편이 나을 때가 있다. 또한 회사의 문제를 해결할 수 있는 능력 있는 경영진을 영입하는 문제는 더 어려워질 수도 있다. 어떨 때에는 선의의 거짓말이 모두를 위해 더 나은 법이다.

2. 작은 회계감사 법인

금융 범죄의 기회는 일반적인 규제와 상호 감시, 감사, 그리고 기능 분리에 실수가 있을 때 찾아온다. 외부감사인은 **외부** 투자자와 채권자를 보호할 의무가 있다. 하지만 사기 행위를 적발할 완벽한 검사 방법을 가지고 있지는 않다. 감사인은 감사하는 기업에게 돈을 받는다. 재무 수치는 기업이 마련하고, 감사인은 기업의 협력과 내부 감사 기능에 의존하여 일을 한다.

규모가 크고 명성이 자자한 회계 법인을 고용한다고 해도 기업의 속임수를 완전히 적발할 수 있는 것도 아니다. 언스트앤영Ernst & Young은 앱솔루트 캐피털 매니지먼트를 감사했지만 한 번도 한정 의견을 내지 않았다. 엔론은 아서 앤더슨을 고용했으며 엔론 사태 이전까지 아서 앤더슨은 소위 말하는 업계에서 손가락 안에 드는 대형 기업이었다. 웨이스트 매니지먼트와 월드컴WorldCom에 대한 감사 내용으로 비판을 받고 있던 아서 앤더슨에게 엔론 사태는 치명타였다. 그러나 메이도프가 회계사가 한 명 밖에 없는 프릴링 앤드 호로비츠Friehling & Horowitz를 고용한 것은 적신호였다. 프릴링 앤드 호로비츠는 제대로 된 감사를 15년간이나 실시하지 않았다고 자백했다.

3. 내부 이사회

기업에 대한 통제가 이루어지고 있지 않거나 형편없을 때 그 책임은 회사의 이사회에게 있다. 원칙적으로 좋은 이사회는 사업에 대해 아는 것이 많고, 독립적으로 생각하며, 많은 주식을 소유하고 있기 때문에 주주의 이익을 대변해야 한다. 이사들의 주식 소유분은 위임장 서류에 등재되지만, 그들의 전문성이나 독립성은 이력서를 통해 유추할 수밖에 없다. 대부분의 이사가 기업의 직원이거나 그 지인이라면, '내부 이사회'가 있는 것이다. 그리고 이는 경영과 감독이 분리되어 있지 않다는 것을 의미한다.

    주주에게 있어 최악의 조합은 바로 주식을 조금만 소유하고 있는 내부 이사들이다. 독립성을 평가할 수 있는 하나의 척도로는 유사한 크기와 상황에 놓여 있는 타 기업 CEO의 연봉과 해당 기업 CEO의 연봉을 비교해 보는 것이다. 만약에 경쟁 업체의 CEO보다 해당 기업의 CEO가 훨씬 많은 연봉을 챙겨가고 있다면, 그 기업의 이사회는 내부 이사회일 가능성이 있다. 경영진의 연봉을 따로 관리하지 않는 이사회라면 재무 통제에도 따로 관여하고 있지 않을 가능성이 높다.

4. 화려한 롤업

화려하고 빠르게 성장하는 산업은 자본을 빨아들이지만 이로 인해 좋지 않은 결과를 초래하기도 한다. 사업이 빠르게 변화하는 상황에서 확장 프로젝트가 채산성이 없음을 증명하기란 불가능한 일이다. 인수 합병은 기업이 빠르게 외형적인 성장을 이룰 수 있게 할 뿐만 아니라 재무 수치를 해석하는 것도 어렵게 만든다. 세상을 떠들썩하게 했던 비금융 기업의 분식 회계 사건들을 생각해 보라. 엔론, 헬스사우스Health South, 퀘스트Qwest, 웨이스트 매니지먼트, 타이코Tyco, 선빔Sunbeam, 그리고 월드컴 말이다. 앞서 언급한 기업들은 모두 수십 개의 기업을 인수했었다. 다음 장에서도 살펴보겠지만, 그들의 허위 진술 증거는 명백하게 드러나 있었다. 이런 경우 '10-K 보고서'(미국 증권거래위원회에 상장사가 의무적으로 매년 제출해야 하는 연차 보고서 - 옮긴이)에서 찾아볼 수 있는 기업의 재무제표가 보기 좋게 '조정된' 수치보다는 더 정확하다. 이렇게 빠르게 변하는 산업 내에서의 롤업 전략roll up strategy(같은 산업 내에 있는 작은 기업들을 순차적으로 합병시켜 하나의 대기업으로 변화시키는 전략 - 옮긴이)은 일어나고 있는 모든 사건을 정확하게 파악할 수 없게 한다.

5. 금융 회사

금융 회사야말로 다른 사람의 돈에 손을 대고 싶어 하는 사기꾼에게는 완벽한 장소라고 할 수 있다. 고객은 주기적으로 은행과 브로커에게 자신의 자산을 신탁한다. 대부분의 은행은 매 10억 달러의 자본금에 대해서 100억 달러 이상의 예치금과 채무를 보유한다. 채무나 증권의 전자 기록은 실물 자산이 아닌 또 다른 전자 문서나 종이 문서와 일치한다. 회계사가 설사 채무를 뒷받침하는 물리적인 담보물을 보게 된다고 하더라도, 담보에 다른 유치권이 설정되어 있는지, 계약 문서에서 단어 선택은 어떻게 되어 있는지를 다시 살펴야 한다. 이런 문서들은 대외비로 취급되는 경우가 많다. 이런 불투명함과 다른 사람의 돈을 취급한다는 사실의 조합이야말로 왜 수많은 사기 사건이 금융 회사를 둘러싸고 일어나는지를 설명해 주는 것일지도 모른다.

6. 화창한 안식처

플로리다처럼 따뜻하고 화창한 장소는 신기하게도 필요 이상의 수상한 사기성 홍보 계획을 끌어당기는 곳이다. 부유한 은퇴자가 투자하기 충분한 자본을 가지고 몰려들며, 이들은 마지막으로 일을 한 것도 오래 전인 사람들이라 충분한 검증 작업도 실시하지 않을 때가 있다. 그들은 종교, 소수 민족, 노인 같은 사회 내지는 인구 집단에 집중하는 친화 집단 사기에 특히 매력적인 타깃이다. 메이도프는 이런 친화 집단을 이용하여 필요 이상의 주의를 끌거나 공시의 필요성도 줄였으며 그로 인해 신비주의도 유지할 수 있었다.

플로리다는 수백만 달러의 가치를 가진 주택이라 하더라도 채권자가 압수할 수 없게 하는 홈스테드 법Homestead Act의 적용을 받는다. 홈스테드 법은 안정적이지 못한 재무 상태를 가진 사람이 자신의 주거 자산을 지키기 위한 안전 장치다. 플로리다의 홈스테드 정착민은 플로리다 내의 다른 부동산을 구입할 목적이라면 부동산을 판 현금을 보호받을 수 있다.

케이맨Cayman 제도(쿠바섬 남쪽에 그랜드케이먼, 케이 맨브랙, 리틀케이맨의 세 개의 섬으로 이루어진 섬의 무리 - 옮긴이)와 바하마Bahamas, 버뮤다Bermuda, 사이프러스Cyprus 같은 곳은 수상한 사람들이 머무는 따뜻한 섬 지역이다. 플로리다와 같이, 이 자치구들은 아름다운 해변이 있는데, 조세와 법률 회피를 위해서는 더 매력적인 장소다. 이 곳들에는 내가 '노숙 기업'이라고 별칭을 지은 법인이 모여 있다. '노숙 기업'을 하나의 예를 들어 설명하자면, 대부분의 자산은 중국에 있으나 직원 대부분은 홍콩에 있고, 설립은 영국령 버진 아일랜드Virgin Islands로 되어 있는 경우다. 또 재단은 네덜란드의 앤틸리스Antilles에서 가지고 있고, 상장은 미국 주식시장에만 되어 있을 수 있다.

많은 기업이 조세 회피처에 설립되지만 이것이 법망을 벗어난 행위는 아니다. 예를 들어 시스템 통합 업체 액센츄어Accenture는 아일랜드에서 설립되어 실제 기업 운영은 스위스에서 진행되고 매출의 상당 부분은 미국에서 발생한다. 노숙 기업은 가장 유리한 증권 및 회계 기준을 가진 국가를 찾아 관할을 선택하는 '포럼 쇼핑Forum shopping'을 한다. 사기를 당해도 법적인 상환 청구권이 없다. 특히 사기를 친 관리자가 자신의 개인 거주지를 범인 인도 조약이 체결되지 않은 조세 회피처로 이전해 놓은 경우에는 말이다.

설사 그 수단과 동기, 그리고 기회가 명백해도 기소 측은 증권 사기가 고의적으로 이루어진 것이라는 사실을 증명해야 한다. 다른 사람의 마음을 읽을 능력이 없으니 사람의 심리 상태를 정확하게 증명하기 힘들다. 또한 '합리적 의혹'을 입증하는 것조차 쉽지 않다. 사업상의 사고는 종종 사기와 긴밀하게 연결되어 있는데, 흔하게 일어나는 일이라 어리석음, 무지, 불운 등으로 변론할 수 있다.

엔론의 경영진은 '방에서 가장 똑똑한 사람들'이라 불렸기에 배심원은 어리석음을 변론으로 인정하지 않았다. 엔론의 CEO인 케네스 레이 회장은 그 자신이 무지했다고 주장하며, 사기 행위은 모두 그의 부하 직원들에 의해 이루어졌음을 암시했다. 불운도 진실된 변론으로 이용될 수 있는 것이다. 그 시절 몇몇의 에너지 트레이딩 기업이 동시에 문을 닫았는데, 모두가 사기에 연류되었던 것은 아니다. 다이너지Dynegy, 마이런트Mirant, 아킬라Aquila, 그리고 다른 몇몇 기업도 에너지 트레이딩에서 엄청난 손실을 입고 사업을 접어야 했다. 이를 바탕으로 엔론은 진심으로 에너지 트레이딩 사업 자체가 운이 필요한 사업이며 파산이 일어날 수 있는 상황이었다고 주장할 수 있었다.

공격적인 거래가 항상 불법인 것은 아니다. 그래도 나는 론 페렐만$^{Ron\ Perelman}$과 같은 사람과 같이 투자를 하기 전에는 주의를 기울인다. 2011년에 페렐만은 그가 한 주도 소유하고 있지 않은 엠앤드에프 월드와이드$^{M\&F\ Worldwide}$의 전체 지분을 주당 25달러에 인수하겠다는 제안을 했다. 이는 감초 향료와 은행용 수표 프린터를 만들던 같은 기업의 PER을 4배에 책정한 것이었다.

그 기업은 주당 45달러에 자사 주 매입을 실시했었으며, 주가는 67달러까지 올랐다. 어째서 그 기업의 독립적인 이사들과 대다수의 비지배 주주가 25달러가 적정한 가격이라고 생각하고 인수에 동의했는지는 각자의 상상에 맡기겠다. 억만장자인 칼 아이칸은 1988년 뉴욕 타임스와의 인터뷰에서 페렐만에 대해 이렇게 말했다. "그는 사업을 시작하기 위해 당신에게서 돈을 빌린 배관공 같은 사람입니다. 그가 와서 당신의 집을 부수고는 당신 집을 공짜로 가지고 싶다고 말하는 거죠."

재앙은 피할 수 있다

속임수에 당하는 상황을 피하려고 노력하면, 거꾸로 몇몇 완벽한 기회를 놓칠 수도 있다. 엔론의 주식은 파산 전까지 천정부지로 치솟았다. 결국 선택은 개인의 기질에 따라 달라져야 한다. 어떤 사람은 얼마나 수상한 거래든 간에 대박을 칠 수 있는 기회를 놓치면 견딜 수 없어 한다. 나는 빠른 손실을 볼 수 있는 작은 위험을 회피하려는 편이다. 매니저가 전과를 가지고 있거나, 투자자를 속인 전력이 있거나, 혹은 단순히 법을 우습게 보는 것처럼 느껴진다면 나는 거기서 멈춘다.

사기꾼이 어느 날 갑자기 선량한 관리자의 의무와 책임감을 갖게 되지는 않는다. 단편적인 증거만으로는 관리자가 나쁜 사람인지 선량한 사람인지 구분할 수 없을 때가 있다. 그럴 때 나는 그 증거를 다른 투자의 결함과 연결될 수 있을 때에만 이용한다. 매력적으로 광고되고 있는 주식일수록 사기일 가능성이 높다. 그래서 나는 그런 주식은 피한다. 그런 주식은 보통 과대평가되어 있고, 지속적으로 자본 조달을 하게 될 가능성이 크다. 복잡한 기업 구조는 이상한 일이 벌어지지 않고 있다 하더라도 분석을 어렵게 만든다.

사기꾼을 찾아내기 위해서는 압력, 기회, 합리화라는 '사기 삼각형'을 찾아내야 한다. 철학자인 한나 아렌트Hannah Arendt는 "대부분의 악행은 선행이나 악행을 계획하지 않은 사람에 의해 이루어진다"라고 말했다. 엄청난 옵션의 부여나 두둑한 성과금이 사람을 지나치게 노력하게 만들고 그것을 강요하게 되는 상황으로 몰고 갈 수 있음을 주의하라. 오만은 청중이 특정 사람의 마법적인 힘을 믿게 만드는 주된 동력으로 작용할 수 있다. 카리스마를 가진 일부 인물은 이사회나 감사인, 그리고 다른 반대자를 억제시키기도 한다. 그런 사람은 보통 자본이 충분하고 철저한 검토 체계가 없거나 책임 의무가 모호한 산업이나 지역에 모여 있다. 느슨한 회계 기준 또한 사기꾼을 끌어모은다. 또한 누군가 강력하게 추천하는 것이 있다면 그것이 어떤 것이든 구입하지 말라. 나는 이런 나쁜 사람의 주식(생각보다 그리 많지 않다)을 회피함으로써 재앙적인 결과를 맞이할 가능성을 크게 줄였다. 그렇다고 수익의 기회를 그리 많이 날린 것도 아니다.

12

속임수를 경계하라

요지는 다른 이들이 한 가지 특정한 방향으로 판단하도록 하는
정보만 제공하는 게 아니라, 모든 정보를 주어
그들이 당신의 기여도를 판단할 수 있게 돕는 것이다.

- 리처드 파인만 -

사기 행위는 흔하지 않지만, 기업의 실수와 사업 파탄은 자주 발생한다. 하지만 이들은 하나같이 유사한 동기와 회계 위험신호를 동반한다. 조작된 실적의 가장 흔한 증상은 마이너스 잉여 현금 흐름과 부풀려진 미수금, 재고, 혹은 무형자산 등이다. 사기 행위와 관련이 없다는 가정하에 높고 상승하는 미수금이나 재고는 기업의 매출이 계획했던 것보다 하락했음을 시사한다. 어떤 허위 진술은 주석을 읽어야만 발견할 수 있지만, 위험을 피하기 위해 항상 회계상의 수수께끼를 풀 필요는 없다. 경고 신호를 찾기만 하면 된다. 가장 무서운 위험신호는 광범위하지만 이해하기 힘든 정보의 공시다.

어떤 숫자가 가장 중요한 '그 숫자'가 되는 순간, 이리저리 요리되기 시작한다. '그 숫자'는 이목의 중심이 되며, 절대 실망스러워서는 안 된다. 대부분

의 상장사에게 '그 숫자'는 비일반회계non-generally accepted accounting principles, non-GAAP(여기서 GAAP이란 기업이 연결 재무제표를 작성하거나 보고할 때 작성 기준이 되는 기업 회계 규칙을 의미한다 - 옮긴이) 주당순이익이다. 부채 비율이 높은 기업에게, '그 숫자'는 보통 이자, 세금, 감가상각비, 무형자산상각비 차감 전 이익Earnings Before Interest, Tax, Depreciation, and Amortization, EBITDA(영업이익에 유형, 무형의 감가상각 비용을 더한 액수로, 계산이 쉬워 보통 기업의 현금 흐름 추정치로 자주 사용된다 - 옮긴이)이다. 하지만 특별히 법적으로 정해진 규칙은 없음으로 아무 숫자나 '그 숫자'가 될 수 있다. 인터넷 기업의 경우 '그 숫자'는 방문자 수가 되기도 한다.

통계는 하나의 임시 자료에 불과하다. 투자자는 통계 자체보다는 움직이는 그림에 집중해야 한다. 어떤 숫자는 단순한 합계이지만, 대부분의 숫자는 뺄셈도 포함한다. 특히 트레이더가 집착하는 그런 숫자는 말이다. 순이익은 이익과 손해의 긴 연속을 통해 나타나는 산출물이며, 그 계산 과정에는 간혹 곱셈이나 나눗셈이 동원되기도 한다. 그 과정에서 종종 맞지만 가끔은 틀린 추정치와 근사값 등이 계산식에 포함된다. 마술사들은 '조정된 EBITDA'와 같은 주문을 반복하는 것이 자신이 원하는 곳으로 이목을 집중시키는 것에 효과적이라고 생각한다.

하지만 유능한 탐정은 '그 숫자' 이외의 것에 주의를 기울이며 다른 이들이 찾기 힘든 단서를 관찰한다. 회계 처리는 복식부기 시스템에 기반하기 때문에, 의심스러운 수치의 기입은 반대되는 숫자와 항상 일치되어야 한다. 상상 속의 이익은 과장된 자산 가치와 연결된다. 더 나아가 3개 주요 재무제표(손익계산서, 현금흐름표, 재무 상태표) 중 하나가 위조되면, 그 흔적이 다른 2개의 재무제표에 나타나게 되어 있다. 모든 수치가 산술적으로 더해졌을 때 일치해야 한다. 모든 논의가 '비일반회계기준' 및 '조정된 데이터'에 관련된 것일 때, 반대로 일반회계기준 보고서를 확인해 보라. 만약 순이익을 살펴야 하는 상황이라면 재고, 미수 계정, 그리고 재무 상태표에 있는 다른 요소를 공부해 보라. 그 외에도 주석에 숨겨져 있기 때문에 쉽게 지나쳐지는 단서들도 있다.

재무제표를 읽는 이들은 보통 세 가지로 분류된다. 채권자, 대출 기관, 주주다. 고객과 공급자는 어떤 기업과 거래를 하는 게 안전할지를 알고 싶어 하기 때문에 각각 다른 종류의 안전 신호를 찾는다. 그들은 주문한 물건이 배달될 것인지, 대금이 제때 지급될 것인지에 관심을 가지고 있다. 대출 기관은 기업의 상환 능력 및 유동성에 더 관심이 있다. 이 기업은 미래의 채무를 모두 갚을 만큼 충분한 자산 및 현금 흐름을 보유하고 있는가? 주주는 소유자에게 어떤 가치가 남아 있으며 투자금이 자산에 의해 충분히 보호될지를 알고 싶어 한다. 투자자는 평소에는 유동성 및 상환 능력을 별로 신경 쓰지 않다가 이 수치가 주주에게 돌아갈 몫이 얼마 없다는 점을 시사할 때 신경 쓰기 시작한다. 보통 다른 부류의 구성원은 같은 사실을 동일한 시선으로 바라보지 않는다(경쟁자들도 당연히 재무제표를 읽는다).

속임수는 3개 그룹 모두 혹은 특정한 그룹을 타깃으로 삼을 수 있다. 곤경에 빠진 소매업자는 공급 업체가 최신 상품의 공급을 끊지 않도록 하기 위해 기업의 현금성 자산을 부풀려 보고할 수 있다. 대출 기관은 EBITDA가 증가하는 기업에 대출 규모를 늘릴 용의가 더욱 클 것이다. 많은 경우 부채 약관은 기업의 부채나 EBITDA 비율이 특정 수준을 넘어서거나, 순자산 가치가 특정 수준을 하회하게 될 때 계약에 위반된다는 조항을 가지고 있다. 경영진의 가장 큰 인센티브는 대부분 주가와 연동되어 있다. 실망스러운 분기 실적 발표는 주가를 곤두박질치게 할 수 있으며, 이로 인해 자금 조달 계획 및 경영진의 자산에 큰 타격을 주게 된다. 하나의 거짓말은 다른 거짓말로 이어지며, 이렇게 형성된 거짓말의 연쇄는 세 부류의 구성원 모두에게 하나의 거미줄처럼 영향을 주게 된다.

미 재무회계 기준심의회Financial Accounting Standards Board, FASB는 기업에게 상이한 결과물을 만들어 낼 수 있는 회계 기준 중에 선택할 수 있는 재량을 준다. 예를 들어 석유 산업에서, 성공 원가successful efforts 계산법(에너지 기업이 탐사 비용 중 신규 석유 및 천연가스 매장량을 성공적으로 발견했을 때 자본화가 용이하도록 마련한 회계 기준. 실패한 탐사 비용은 당시 손익계산서에서 운영 비용으로 반영된다 - 옮긴이)은 원가 계산법보다 더 보수적이라고 여겨진다. 석유 기업이 마른 유정을 개발할 경우, 모든 비용을 추정하여 산출하는 회계 기준에서 기업은 (한계 내에서) 이러한 비용을 재무상태표에 자산화시켜 보고할 것이다. 이를 통해 이익 감소를 피할 수 있게 된다. 성공 원가 기준에서는 기업은 마른 유정의 비용을 비용으로 처리할 것이며, 해당 유정에서 석유를 찾게 될 경우에만 비용을 자산화시키게 된다.

회계 기준 선택의 또 다른 예로는 투자 유가 증권의 일부 또는 전부를 두 범주 중 어디에 넣을 것인가의 문제가 있다. 취득 원가로 기록되는 '만기 보유' 바구니에 넣을 것인가, 시가로 기록하는 판매 가능 바구니에 넣을 것인가? 한 방법이 다른 방법보다 더 보수적인 것은 아니다. 상승장에서는 시가가 취득 원가보다 높아져, 만기 보유로 분류된 상품은 과소 계상될 것이며, 하락장에서는 판매 가능으로 분류된 상품이 보수적일 것이다. 하지만 절대로 보수적이지 않은 방법은 이러한 투자 상품을 시장 상황에 따라 유리한 방법으로 매번 재분류하는 것이다.

비윤리적인 혁신가는 새로운 형태의 회계 사기를 끊임없이 만들어 내지만, 나는 4가지의 정형화된 범주에 집중해서 이야기해 보겠다. 첫째, 매출을 조기에 기록하는 것. 둘째, 매출을 조작하는 것. 셋째, 비용을 미래로 (혹은 과거로) 미루는 것. 넷째, 부채 공시를 하지 않는 것. 처음 2개 범주의 경고 신호가 될 수 있는 것은 높거나 상승하는 매출 채권회전일Days-Sales-Outstanding이다. 매출이 발생했을 때, 현금을 거두어들이지 못하면 주로 매출 채권 계정에 기입된다. 어떤 때는 고객이 아직 완전 승인하지 않았거나, 중대한 불확실성, 미래의 서비스 제공 의무가 있을 때에도 매출이 똑같이 기록된다. 만약 보고된 매출이 100퍼센트 거짓이 아니라 할지라도, 기업은 세금, 리베이트Rebate(판매자가 지급받은 대금의 일로 사려금이나 보상금의 형식으로 지급인에게 되돌려 주는 일 - 옮긴이), 자산 판매, 그리고 매출이 아닌 것들을 의도적으로 잘못 분류하여 매출을 부풀린다.

기업은 몇 가지 속임수를 써서 비용 발생 시점을 미래로 미룰 수 있다. 그들은 간단하게 특정 시기에 발생한 비용을 무시할 수 있는데, 이렇게 얻어낸 이득은 오래 가지 못하는 법이다. 외부 감사인이 이를 발견하지 못하더라도 결국에는 채권자가 발견하게 될 것이다. 월드컴과 아메리칸 이탤리언 파스타American Italian Pasta는 당기 영업비용을 자산화시켜 수년에 걸쳐 미래에 비용 처리하도록 만들었다. 웨이스트 매니지먼트는 기업의 쓰레기통과 쓰레기 수거차의 내용 연수를 길게 늘어뜨림으로써 한 연도에 지불하는 감가상각 비용을 줄였다. 타이코 인터내셔널Tyco Internaitonal은 인수 합병을 진행할 때, 미래에 특정 비용을 무시할 수 있게 만드는 준비금을 만들어 두었다. 타이코에 인수된 기업은 인수된 직후 이익이 상승했는데, 이는 인수된 기업의 비용이 손익계산서에 반영되지 않고 미리 준비해 둔 준비금에서 빠져나가도록 장치를 해 두었기 때문이다.

가장 질이 안 좋은 종류의 사기는 부채 공시를 하지 않는 것이다. 만약 재무제표에 숨겨진 부채에 대한 단서가 있다면, 아마 주석 어딘가에 감추어져 있을 것이다. 엔론은 특수 목적 법인에 수십억 달러에 달하는 부채를 감췄고, 단서를 서로 잇는 작업 또한 어렵게 만들었다. 주석에서 이루어지는 사기 행위 중 가장 널리 오용되는 것은 리스lease 계약, 선도 약정, 그리고 퇴직연금 등을 포함한다. 하지만 내가 어떤 기업을 조사할 때, 만약 주석 양이 이미 너무 많고 아직 그 기업의 주식을 직접 소유하고 있지 않다면, 나는 그 기업이 무엇인가를 숨기려 한다고 간주하고 그 주식은 포기한다.

분식 회계: 프리드먼즈 주얼리

프리드먼즈 주얼러Friedman's Jewelers의 장부에는 재고와 미수금이 크게 쌓여 있었다. 이는 내가 범죄 과학수사 단원이 아니더라도 이 기업이 매출을 늘리기 위해 무리하고 있다고 결론 내리기에 충분한 단서였다. 프리드먼즈 주얼러는 저소득층 고객을 타깃으로 삼았으며, 상점을 대부분 미국 남동부의 작은 마을 월마트 근처 길거리 상점에 위치시켰다. 이 기업은 다른 곳에서는 자격이 되지 않는 고객에게 외상 편의를 제공하면서 매출이 폭발적으로 성장했었다. 정점이었던 2004년에 프리드먼즈 주얼러는 미국 전역에 686개의 매장을 보유하며 당시 미국에서 세 번째로 큰 규모의 보석 상점이었다. 매장의 매니저들은 상점 매출 증가, 미수 계정 증가 및 미수금 회수 실적 등에 기반하여 상여금을 받았다. 하지만 이 기업의 모든 이익은 재고와 미수 계정으로 되돌아갔으며, 이로 인해 현금은 없고 부채는 늘어만 가는 상태가 되었다.

프리드먼즈 주얼러의 주가는 5달러와 10달러 사이에서 갈팡질팡했다. 기업은 주당 10달러 정도의 순운전자본, 주당 14달러의 장부 가치, 그리고 한 자릿수의 PER 배수를 보유하고 있었으며, 이러한 수치로만 미루어 봤을 때는 주가가 서렴한 편이었다. 대부분의 보석은 금속 가치에 판매하거나 환불될 수 있으므로, 나는 보석의 가치가 기업 가치에 지지선을 제공해 준다고 생각했다. 계속 이익을 내고 있었기에, 이 기업의 가치는 상승할 것이라고 봤다. 하지만 기업의 이익, 운전자본, 그리고 장부가는 모두 거짓이었으며, 이를 입증하는 최고의 단서들은 거의 매년 반복되는 마이너스 잉여 현금 흐름, 증가하는 부채 규모와 발행 주식 수 등이었다.

미국 내 가장 큰 보석 업체인 제일스Zale's는 중앙에서 모든 고객의 신용 결정을 내린다. 반대로 프리드먼즈 주얼러는 신용 결정권을 매장 매니저와 영업 사원에게 미루었고, 안타깝게도 그들 중 그 누구도 신용 기록이나 미수금 회수에 대한 교육을 공식적으로 받은 적이 없었다. 그들의 임무는 오로지 매출 타깃을 충족하는 것이었다. 외상 고객은 추가 매출을 올릴 수 있도록 상점 안에서 외상값을 지불하도록 유도되었다. 이상하게도 외상값 연체가 있는 고객도 종종 외상으로 추가 구입을 하는 것이 허락되었다. 고객으로부터의 미수금 회수 상황이 계속 악화되자 프리드먼즈 주얼러는 공식적인 외상 가능 일수를 30일에서 90일로 변경했다. 연체가 되어도 미수금 계정은 상각되지 않았다.

2003년에 프리드먼즈는 회수할 수 없다고 판단한 9,000달러 상당의 미수금을 150만 달러에 팔아 넘겼다. 1달러당 2센트에 판 것이다. 그런데 이렇게 회수된 보잘 것 없는 금액조차 악성 채무 비용을 줄여 표기하는 데 부적절하게 사용했다. 다른 장부 조작 행위도 밝혀졌는데, 그중 하나는 엑스 파일X-file 계정이라고 불렸던 소프트웨어 오류로 기업이 매출 채권 연령을 부정확하게 측정하도록 만들었다. 2004년, 프리드먼즈 주얼러는 파산 신청을 했고 결국 주주는 모든 걸 잃었다. 어떤 채권자는 50퍼센트가 넘는 원금 손실을 겪었다. 2008년 기업을 부활시키려는 시도는 두 번째 파산 신청에서 완전히 종료되었다.

실체 없는 이익: 알로우 헬스케어

어려운 현실을 아름답게 꾸미려 시도한 프리드먼즈 주얼러와는 다르게, 알로우 헬스케어Allou Healthcare는 애초부터 실체가 존재했는지조차 의문인 기업이다. 알로우 헬스케어는 향수를 전문적으로 취급하는 건강 및 화장품 관련 제품 도매 물류 기업이었다. 이 기업은 '순-순$^{net-net}$'이었다. 무슨 뜻이냐하면 순유동자산(현금, 재고, 그리고 미수금 계정)이 기업의 빚과 시가총액을 합친 가치보다 높았다는 뜻이다. 외관상으로 투자자들은 인터넷 스타트업인 프래그런스 카운터$^{Fragrance\ Counter}$를 포함하여 알로우 헬스케어의 다른 자산을 공짜로 얻는 것처럼 보였다. 2002년 알로우 헬스케어는 주당 7달러에 거래되고 있었는데, 이는 당시 장부가인 9달러를 하회하는 수준이었다. 8배밖에 안 되는 PER도 매우 매력적이었다.

 2002년 회계 년도에 알로우는 5억 6,400만 달러의 매출, 6,300만 달러의 매출 총이익, 660만 달러의 순이익을 기록했다. 이 수치를 계산해 보면 11퍼센트의 매출 총이율과 1.2퍼센트의 순수익율이라는 보잘것없는 수치가 나타난다. 물류 기업은 매출을 위해 자산이 많이 필요하지 않은 경우 종종 낮은 마진율을 보인다. 만약 재고가 빨리 팔리고 창고에 머무르는 기간이 짧다면 낮은 마진도 괜찮을 수 있다. 투하자본 대비 꽤 괜찮은 수준의 이익률을 낼 수 있는 가능성이 있으니까. 예를 들어, 의약품과 의료기기 도매업의 선두주자인 카디널 헬스$^{Cardinal\ Health}$는 2015년 5.6퍼센트의 매출 총이익과 1.2퍼센트의 순이익을 기록했으며, 33일의 재고 회전율과 21일의 미수금 회전율을 기록했다. 카디널 헬스케어는 낮은 마진에도 불구하고 빠른 재고 회전율로 19퍼센트의 높은 자기자본 이익률을 냈다.

 1억 8,500만 달러에 달하는 알로우 헬스게이의 새고는 135일 어치의 공급량에 달했다. 알로우 헬스케어는 자사의 헬스케어 상품 재고가 향수 재고보다 회전율이 빠르지만 마진은 낮다고 밝혔다. 나는 알로우 헬스케어의 CFO에게 향수 업계 흐름에 대해 물었는데 연예인 광고나 유행을 타는 디자이너는 알로우가 타깃으로 삼는 시장이 아니라는 정도의 대답밖에 듣지 못했다. 내가 낮은 회전율이 걱정스러웠던 이유는 오래된 향수는 열이나 빛에 노출되면 향이 변질되고 썩기 때문이었다. 향수는 계절을 타며, 사용 계절이 아닐 때는 큰 할인 폭에 구매할 수 있기 때문에 재고 회전이 느릴 수밖에 없다. 나는 높은 재고량의 이유를 더 잘 파악하기 위해 동종 업계 상장사들에게 알로우 헬스케어에 대해 물어보았다. 그러나 그들은 이 기업에 대해 전혀 알지 못했다.

기업들이 이익을 발표할 때 현금이 계속 빠져나가고 있다면 이익보다는 현금 흐름을 믿어라. 2002년 알로우 헬스케어가 순이익을 발표했지만, 회사는 영업 현금 흐름에서 17억 4,000달러의 유출을 기록했다. 2년 동안 알로우 헬스케어는 225만 달러, 700만 달러의 이익을 기록했지만 3,400만 달러, 2,700만 달러의 현금을 사용했다. 3년 동안 알로우 헬스케어는 3개의 외부 감사인인 메이어 리스플러^{Mayer Rispler}, 아서 앤더슨, KPMG인터내셔널을 거쳤다. 규모가 큰 감사인으로 옮겨가는 것은 보통 좋은 뉴스지만, 감사인을 너무 자주 바꾸는 것은 좋은 뉴스가 아니다. 경영진이 기업의 채무 약정을 상당히 우려하는 것으로 보였다. 알로우 헬스케어는 콩그레스 파이낸셜^{Congress Financial} 및 시티 은행^{City Bank} 2개의 기관에서 총 2억 달러의 대출을 받았다. 투자자가 프래그런스 카운터라는 스타트업에 열광하고 있을 때도, 시가총액은 고작 1억 달러에 지나지 않았다. 콩그레스 파이낸셜과 시티 은행은 각각 알로우 헬스케어의 시가총액에 달하는 규모의 대출을 제공하고 있었다.

2002년 9월 25일 자정쯤, 알로우 헬스케어 창고에서 매우 큰 화재가 일어났다. 245명의 뉴욕시 소방관이 동원되었음에도, 화재는 다음 날 오후까지 진화되지 않았다. 소방청은 창고에서 방화의 흔적을 발견했고 보험회사는 알로우 헬스케어가 신청한 1억 달러 규모에 손해배상 청구를 기각했다. 알로우 헬스케어는 소방 당국을 매수하여 보고서를 변경하려고도 했다. 그러나 소방 당국은 뇌물을 받기보다 이 사실을 경찰에 알렸다. 알로우 헬스케어는 파산 신청을 했으며 주주 가치는 완전히 소멸했고, 대출 기관들은 총 1

억 7,700만 달러의 손실을 떠안았다.

신박한 사기 수법: 미니스크라이브

대부분의 기업은 애매모호한 재고 혹은 미수 계정에서 현금을 쥐어 짜낼 수 없는데, 미니스크라이브MiniScribe는 두 가지의 기가 막힌 방법을 고안하여 잠깐이지만 현금을 짜낸 적이 있다. 디스크 드라이브 제조사인 미니스크라이브는 가장 큰 고객인 IBM을 잃었을 때부터 사업이 힘들어지기 시작했다. 1987년 재고 조사에서 당시 미니스크라이브가 보고한 8,500만 달러의 재고자산 중 1,500만 달러 상당이 부족한 것을 발견했다. 이러한 차이를 메우기 위해 미니스크라이브는 오래된 재고 자산을 콜로라도주 창고 및 싱가포르, 홍콩 공장에서 재포장한 후 상표를 새로 붙여 신상품으로 둔갑시켰다. 물류 기업 근처에 3개의 적시공급just-in-time 창고가 열렸다. 제품에는 바코드와 고유 번호가 부착되었고, 이런 바코드는 물류 기업에서 물품을 받을 때 스캔되었으며, 그 후 바로 결재가 이루어지는 시스템이었다. 미니스크라이브는 이러한 자동화 시스템을 악용하여 아직 주문되지 않은 상품을 물류 기업들에게 배송시켰다.

1988년 말, 미니스크라이브는 벽돌을 마치 디스크 드라이브인 것처럼 포장해서 바코드를 부착하고 몇 주 후 검사가 시작되기 이전까지 머무를 창고로 발송했다. 미니스크라이브는 발송에 대한 지급을 받은 이후, 이 벽돌들을 반품시키고 디스크 드라이브로 바꿔치기 했다. 미니스크라이브는 1989년 다시 이런 수법을 쓰려고 했었던 것 같다. 그러나 그해 크리스마스 대규모 구조 조정에서 해고를 당한 근로자들이 지역 신문사에 이 사실을 폭로했고, 이러한 속임수에 당했던 고객은 감독 당국에 이 사실을 신고했다. 1990

년 해가 밝자마자, 미니스크라이브는 파산 신청을 했다.

비용 인식 타이밍 조작: 타이코 인터내셔널

인수 합병을 많이 벌이는 대기업 타이코 인터내셔널은 CEO인 데니스 커즐라우스키Dennis Kozlowski 아래에서, 기업 회계 기준의 제한선을 한계 이상으로 확장하여 현재 발생한 비용을 최대한 다음 보고 연도로 미루었다. 타이코는 화재 방지 장비, 보안 모니터링 서비스, 전자 제품, 유량 조절 제품, 헬스케어 보급품 등의 사업에 지분을 가지고 있었다. 타이코는 기업을 인수할 때, 매입한 자산의 가치에 대한 회계 처리를 필요 이상으로 보수적으로 했으며, 재고 노후화, 품질보증서 비용, 외상 매출금 등을 끌어올려 그 자산의 가치를 가능한 범위 내에서 가장 낮은 수준까지 평가절하했다. 그리고 매입 비용의 대부분을 영업권이나 기타 무형자산 계정으로 귀속시켰다. 투자자는 구조조정 비용 및 영업권 감손 비용을 무시하지 말고 경고 메시지로 간주해야 했다.

이렇게 회계 처리 방법을 바꾸면서 타이코는 현재 비용을 차기로 미루어 당 회계 연도의 이익을 높게 발표할 수 있었다. 유형자산 계정을 애초에 낮게 보고함으로써 감가상각 비용을 낮추었다. 감가상각 비용을 과소 계상한다는 것은 보통은 그 기업이 감가상각 비용보다 많은 돈을 낙후된 시설을 교체하는 데 써야함을 의미하지만, 타이코의 경우 매입하지 않고 리스를 하면서 지출을 숨겼다. 한 부문의 분기 실적이 좋지 않으면 재고 자산을 팔거나, 미수금을 회수하거나, 이 두 계정에 묶여 있는 준비금을 비용에 적용시킴으로써 이익을 부풀렸다. 그나마 다행인 것은 타이코가 좋지 않은 상황을 덮으려고 했던 것이 아니라 좋은 사업을 더 좋아 보이도록 한 것이었다. 용기 있는 투자자에게는 경영진이 기소당하는 이 상황이 오히려 좋은 매수 기회였다. 커즐라우스키는 끝내 감옥에 갔다.

거짓된 EBITDA: 월드컴

어떤 이들은 EBITDA를 조작할 수 없다고 말하지만, 전화 기업인 월드컴은 EBITDA 및 이익을 모두 부풀렸다. 월드컴은 부적절하게도 일부 회선 비용을 자본 설비 매입 비용으로 둔갑시켰다.

회선 비용이란 한 전화 기업이 다른 기업에게 지급하는 수수료로, 전화 상대방 쪽에 위치한 네트워크를 동일 기업이 소유하지 않은 상황에서 사용자가 전화를 걸거나 받을 때 발생한다. 2000년에 월드컴은 회선 비용이 매출의 42퍼센트라고 보고했다. 반면, 훨씬 커다란 네트워크를 보유하고 있던 AT&T의 회선 비용은 매출의 절반에 육박했다. 사실 월드컴의 진짜 회선 비용 비율도 부적절하게 자본화시킨 비용을 제외하면 비슷했다. 2001년, 장거리 서비스 시장은 경쟁이 매우 심화되었으며, 월드컴은 가격을 대폭 인하했다. 매출은 1년 만에 10퍼센트가 감소했으며 동시에 월드컴의 실제 회선 비용은 2001년에 10억 달러가 증가하여 이윤이 줄었다.

미국의 증권거래위원회에 보고된 사항에 따르면, 2001년 월드컴의 회선 비용은 30억 달러 정도 적게 계상되어 있었다. 이 중 27억 달러 정도는 회선 비용으로 처리되지 않고 건설 중인 자산으로 자본화되었다. 추후에 이러한 액수는 서비스 중인 자산 계정으로 옮겨지고 감가상각 처리되었다. 실질적으로 비용은 2001년 재무제표에 나타나지 않았고, 추후 몇 년 동안 감가상각으로 분할 처리되었다. 회선 비용은 명확하게 서비스 비용이었으며, 그 어떤 소유 장비와 직접적으로 관련되지 않았기 때문에 자본화되면 안 되었다. 매출이 감소했을 때도, 전송 장비의 총액은 2001년 18퍼센트 상승했다. EBITDA는 조작될 수 있었지만, 월드컴의 속임수는 자산과 부채의 증가에 의해 거짓임이 드러났다. 월드컴의 장기 부채는 2000년 말 177억 달러에서 2002년 7월 파산 신청 당시 410억 달러로 치솟았다.

어떤 기업은 공개적으로 특정 비용을 비용으로 인식하지 않은 것을 인정하는데, 그것이 사업의 특성상 무엇을 비용으로 인정할지에 대한 원리적인 차이에서 비롯된 것이라고 말한다. 대부분의 회계사들은 특정 회계 기준과 해석에 힘을 실어주는 편이지만, 그렇다고 소수의 의견이 꼭 틀린 것은 아니다. 석유 및 가스 (그리고 과학적인) 탐사에서 성공은 여러 차례의 실패가 있었기에 가능했다는 말은 아마 사실일 것이다. 하지만 나는 이러한 사실이 그 이전의 실패한 탐사 비용을 즉시 비용을 처리하지 않고 자본화시키는 행위를 정당화한다고 믿지는 않는다. 그렇지만 어떤 사람은 이러한 방법에 동의하며 FASB는 이러한 행위를 허용한다. 석유·가스 기업이 서로 다른 회계 기준을 사용하면, 그들을 동일하게 비교할 수 없고, 다만 같은 회계 기준을 사용하는 기업 내 부문들만 비교할 수 있다.

물론 미국의 회계 원칙을 정하는 FASB가 자신들이 정한 기준을 적용함에 있어 일정한 재량을 주기는 하지만, 그것이 모두에게 충분한 정도로 유연하지는 않다. 그래서 비일반회계기준이라는 하위문화가 성행하게 된다. 이름에는 힘이 있는데, '근본적인 이익'과 '현금 이익' 같은 이름은 일반회계기준 이익보다 세련되게 들린다. 기업들은 원하는 수정 사항을 제안하고, 월가 애널리스트들은 이를 따른다. 테크 기업들은 직원 보상이 주식 혹은 스톡 옵션 형태로 발생할 때 비용으로 인식해야 하는지를 뜨겁게 논의했다. (재능 있는 직원은 무보수로 일하길 희망하지 않던가?) 유형자산의 경우 내용 연수가 확정되어 있지만, 영업권 등과 같은 무형자산의 경우에는 확정되어 있지 않아 바뀔 여지가 있다. 그래서 많은 이들이 그 어떤 종류의 감가상각 혹은 대손상각도 실질적인 비용은 아니라고 주장한다.

나는 인터넷 서비스 기업인 마치퍼스트marchFIRST와 같은 기업을 볼 때 의구심이 생긴다. 조정이 적용된 기준으로 마치퍼스트는 2000년 첫 9개월 동안 이익이 났지만, 1년 전체 기준으로는 주당 6센트의 손실을 기록했다. 일반회계기준 2000년도 손실은 주당 마이너스 53.27달러를 기록했다. 이런 큰 손실을 보고한지 두 달도 채 되지 않아 파산 신청을 했다.

어떤 손실은 정말로 일회성이라 미래에 그것을 상쇄하는 이익을 만들어 낸다. 예를 들어 돈을 빌린 사람이 높은 금리의 빚을 조기 상환하려면 할증금을 지불해야 할 수도 있지만, 그 이후에는 낮은 금리를 지불하는 이득을 얻는다. 해고 및 공장 폐쇄 등의 행위는 조기에 현금 사용을 필요로 하지만, 그 이후에는 돈을 절약할 수 있게 된다. 하지만 한 기업이 큰 구조 조정 비용을 매년 지불하면서도 끝내 '약속의 땅'에 다다르지 못하는 경우에는 어떤 결정을 내려야 할까? 혹은 항상 어떤 기업을 매입하고 구조 조정하는 롤업 전략을 실행하는 경우는 어떻게 생각해야 하는가? 비일반회계기준의 숫자가 FASB가 인증한 수치보다 더욱 정확한 그림을 보여 주는지 아닌지에 대해 고민하는 것도 괴로울 수 있다.

조그만 글자 사이에 부채를 숨기기

회계 부정행위 중 가장 악질은 부채를 숨기는 것이다. 이런 행위는 재무제표에 거의 흔적을 남기지 않는다. 만약 단서가 있다면 이는 정말 길어서 읽기도 힘든 주석 어딘가에 파묻혀 있을 가능성이 크다. 꼭 확인해야 할 주석으로는 퇴직연금 계정, 자본 및 운용 리스, 선도 계약, 파생상품, 합작 투자회사 등이 있다. 기업은 다음 3가지 종류의 장부 외 자산 및 부채를 소유할 수 있다. 첫째, 합병되지 않은 법인, 둘째, 아직 이행되지 않은 계약, 셋째, 우발 채무다. 증권화, 합작 투자회사, 차입금이 포함된 프로젝트 등은 부채에 대한 소구권이 모회사에게 적용되지 않는 경우 서류상에 합병되는 것을 피할 수 있다. 리스 및 선도 매입 계약 등은 아직 이행되지 않은 계약으로 이는 계약자 양측이 아직 의무를 수행하지 않았다는 것이다. 우발 채무는 소송, 환경 복원, 품질 보증서, 그리고 부채가 발생하지 않을 수도 있거나 부채금액이 확정되지 않는 기타의 경우를 포함한다.

기업은 보유 현금이 부채를 초과한다 해도 파산하는 경우는 거의 없다. 그런데 2008년에 미국 전역에서 두 번째로 큰 전자 제품 소매 기업인 서킷시티Circuit City가 바로 이런 상황을 겪었다. 주석을 건너뛰고 보았다면, 서킷시티의 대차대조표에는 상당한 오해의 소지가 있었을 것이다. 2008년 2월 끝나는 회계연도에 감사를 받은 서킷시티의 주요 재무 수치는 현금 2억 9,600만 달러, 장기부채 5,700만 달러, 자기자본 15억 300만 달러 등이었다. 서킷시티는 한 주석에서 40억 달러의 운영 리스 지불 금액을 포함한 56억 달러의 미래 계약 의무future contractual obligations를 공시했다. 이렇게 어마어마한 장부 외 의무 중, 6억 3,700만 달러는 2009년 회계연도에 지불됐어야 했다. 여기에 마이너스 운영 현금 흐름을 더하면, 서킷시티가 왜 파산했는지 알 수 있다. 서킷시티와 같은 경우가 발생했기 때문에, FASB는 리스에 관한 회계 기준을 강화시켰다.

2008년 파산하기 전, 리먼 브라더스Lehman Brothers는 채권자와 감독 당국에 건강한 대차대조표를 보여 주기 위해 '리포 105Repo 105'(리포 105는 일종의 환매조건부 채권 매매로 현금 100달러 빌리면서 105달러 상당의 채권을 담보로 제공한다고 해서 붙여진 명칭이다 - 옮긴이) 회계를 사용했다. 리포란 유가증권을 추후 더욱 높은 가격에 되사는 조건으로 판매하는 계약을 의미하는데, 해당 기간 동안 보유한 사람이 증권에서 발생하는 배당이나 이자를 갖게 된다. 실질적으로는 리포는 유가증권을 담보로 한 단기 부채인 셈이다.

대출자는 담보로 유가증권에 대한 법적인 소유권을 가지며, 유가증권 가치에서 헤어컷^{haircut}(가치가 하락한 주식이나 채권과 같은 유가증권의 가격을 현실화하는 것. 이때 적용되는 하락률을 헤어컷 비율이라 한다 - 옮긴이)이라 불리는 준비금(가장 품질 좋은 채권의 경우 1~2퍼센트)을 제외한 자금을 대출해 준다. 이러한 준비금은 대출받은 기관이 채무 불이행을 저질렀을 때에 대비하여 대출자를 보호해 준다. 리먼 브라더스는 2퍼센트의 헤어컷이 적용된 100달러 가치의 유가증권을 매입하기 위해 2달러를 내놓는다. 그러면 대차대조표에는 100달러의 채권 가치가 기록되고, 리포 부채로 98달러가 기록된다. 2008년 금융 위기 당시, 금융기관들은 더 많은 양의 현금 유동성과 축소된 대차대조표를 보고하고 싶었다.

리먼 브라더스는 헤어컷이 5퍼센트가 넘는 낮은 등급 채권의 경우, 리포 105 방법을 사용했다. 리먼 브라더스는 또한 이런 방식을 8퍼센트가 넘는 헤어컷 주식에도 적용했다. 이를테면 5퍼센트의 헤어컷을 주고 1억 달러 상당의 채권을 매입하기 위해 500만 달러를 내놓은 후 500만 달러 상당의 선도 계약으로 보고한 것이다. 리포 부채는 리먼 브라더스의 대차대조표 그 어디에도 나타나지 않는다. 바로 이런 방식으로 수십, 수백억 달러에 달하는 부채를 숨길 수 있었다. 이러한 의무는 주석 그 어디에도 전체적으로는 공시되지 않았다. 대부분의 허위 진술과는 다르게 리포 105는 보고된 이익 수치에 영향을 주지 않았다.

꼼수의 단서

내가 엔론의 2000년도 '10-K 보고서'를 읽었을 당시, 의문이 해결되기보다는 더 많이 생겼다. 도매 서비스 부분의 이익 기여는 한쪽에 자산 및 투자 활동, 다른 한쪽에 원자재 판매 및 서비스로 나뉘어져 있었다. '자산 및 투자 활동'은 내게는 영업 활동으로 보이지 않는다. 2000년 '자산 및 투자 활동'은 8억 8,900만 달러의 영업이익을 발생시켰으며, 이는 엔론의 전체 이익의 3분의 1이 넘는 금액이었다. 하지만 '원자재 판매 서비스'에는 3억 8,100만 달러 상당의 증권화한 금융 상품 판매의 매출이 포함됐으며, 그중 일부는 엘론이 50퍼센트 이상의 지분을 소유하고 있는 화이트윙Whitewing에게 판매되었다. JEDI 및 JEDI II 등 두 계열사는 순이익 2억 5,500만 달러를 기여했다. 그런데 이익이 주 영업 활동에서 오는지, 원자재 트레이딩에서 오는지, 증권화에서 오는지, 혹은 자산 판매 차익에서 오는지 구분할 방법이 없었다.

엔론의 대차대조표는 부풀려지고 있었으며, '투자와 기타 자산' 계정은 224억 달러에 달했다. 이는 엔론 유형자산의 2배에 달하는 규모였다. 합병되지 않은 계열사들에 투자된 금액 및 그들에게 외상을 준 금액은 53억 달러에 달했다. 1년 동안, 가격 리스크 관리 활동에서의 자산이 29억 달러에서 90억 달러로 뛰었다. 나는 이런 종류의 투자에 대한 이해도를 높이기를 희망하며, '10-K 보고서'에서 '표 21'(수백 개의 계열사 및 협력 기업을 나열한 목록)을 유심히 관찰했다. 아무리 살펴봐도 활동에 관한 설명은 하나도 없었고, 보디플래시닷컴Bodyflash.com 및 멀린 애퀴지션Merlin Acquisition이 무엇을 하고 그들의 자산 규모가 어떻게 되는지 끝내 찾아내지 못했다. 표 21에 나열된 기업들에 대한 지분율은 그 어느 곳에도 나타나 있지 않았지만, 미스 키티 유한회사Miss Kitty LLC는 주석에 반복적으로 나타났다.

내가 추측하기에 다수의 엔론 계열사가 미스 키티에 작은 지분을 가지고 있었고, 그래서 주석에 그렇게 자주 등장한 것 같다. 엔론은 자신이 어떤 기업을 얼마만큼 소유하고 있는지 정확하게 공시하려 하지 않았다. 엔론이 50퍼센트를 소유하고 있는 애틀랜틱 워터 트러스트Atlantic Water Trust는 아주릭스

Azurix라는 기업의 지분 68퍼센트를 소유하고 있었으며, 이로 인해 엔론은 아주릭스의 지분 34퍼센트 정도를 소유하고 있는 셈이었다. 2000년에 아주릭스는 소유하고 있는 아르헨티나 수도 관련 자산을 4억 7,000만 달러 감액시켰고, 그로 인해 3억 2,600만 달러의 벌금이 발생했다. 이는 대략 감손액의 69퍼센트 정도였다.

엔론은 자비로운 투자자들로 하여금 이 손실을 무시하고 그해 주당 이익에 40센트를 더하도록 권유했다. 엔론이 나를 증거로 묻어 버리려고 하는 것처럼 느껴졌다. 내가 어떻게 엔론이 돈을 버는지 그리고 그 자산이 무엇인지 찾아내려고 고군분투하는 동안 다른 모든 상관없는 공시들은 하나도 쓸모가 없었다.

인생은 잡초 안에서 뒹굴거리기에는 너무 짧다. 세상에는 고를 수 있는 주식이 수천 개가 넘는다. 어떤 투자자는 주석에서 사소한 점을 찾아내면서 자신의 경험과 경력을 발전시킨다. 이는 투자은행 및 보험사 애널리스트들에게 필수 사항이지만, 나는 엔론 주식을 소유하고 있지 않은 펀드매니저라 그럴 필요가 없었다. 복잡한 지배 구조를 가지고 있어 공시를 많이 해야 하는 기업과 좋은 인연을 맺은 적이 한 번도 없다. 지배 구조가 복잡하거나 불투명한 공시를 하는 기업은 무언가를 숨기려 할 때가 많기 때문이다.

주석을 기발하게 사용하는 경우를 제외하고, 기업이 곤경에 빠져 있음을 보여 주는 것은 보통 재고자산이나 미수금 계정의 폭발적 증가다. 높은 재고와 미수금 수준이 교묘한 속임수를 나타내시 않더라도 이러한 신호는 기업이 매출을 위해 무리하고 있다는 것을 보여준다. 투자금, 무형자산 등 다른 자산이 급격히 증가하는 것 또한 경고 신호가 될 수 있으며, 특히 만약 연쇄적으로 인수를 단행한 경우라면 더욱 그렇다.

월드컴은 EBITDA가 위조될 수 있음을 보여 주었지만, 이러한 속임수는 마이너스 잉여 현금 흐름과 상승하는 부채 수준에서 민낯이 명확히 드러났다. 소매 기업에 투자하는 투자자는 리스에 관한 주석을 유심히 읽어 봐야 하며 노조화된 산업들은 퇴직 연금 수당을 살펴봐야 한다. 만약 주석이 너무 살쾡질팡한다면 그 기업을 멀리하는 게 좋다.

BMTS

Big Money Thinks Small

BMTS
Big Money Thinks Small

4부

기업과 번영

13. 가치의 4요소를 이해하라
14. 가격 변동이 심한 시장에서의 투자
15. 새로운 기술에 투자하는 법
16. 과도한 부채를 조심하라

13

가치의 4요소를 이해하라

나는 내 일을 통해 불멸을 이루고 싶지 않다.
나는 죽지 않는 것을 통해 불멸을 이루고 싶다.

- 우디 앨런 -

인생은 영원하지 않고 놀라운 일로 가득하다. 거래는 더욱 그렇다. 많은 사람이 주식의 가치를 평가할 때 이 사실을 잊어버린다. 투자자는 때로 지속성(혹은 기업이 실패하기까지 소요되는 기간)과 확실성의 중요성을 잊어버리기도 한다. 수익과 성장은 즐거운 화제이고 자주 계량화되지만, 확실성은 그보다 덜 계량화되는 편이며 약간은 더 무거운 화제이기도 하다. 하지만 이들은 모두 주식의 가치를 측정하는 데 있어 중요한 역할을 한다.

현금 흐름 할인법에 따르면 기업의 가치는 현재부터 끝 시점까지 계속되는 잉여 현금 흐름을 적절한 이익률로 할인한 가치의 합과 동일하다. 어떤 이들은 기업의 잉여 현금 흐름 대신 배당, 즉 실제로 주주에게 분배되는 현금 흐름을 이용하기도 한다. 가치를 이루는 중요한 4개의 요소는 수익성(혹은 수익), 수명, 성장, 확실성이다.

어떤 산업은 좀 더 우월한 조건을 가진다. 좀 더 나은 수익성, 월등한 수명, 빠른 성장, 더 나은 확실성을 보여 준다. 이 4가지 요소는 모든 산업에 통용되지만, 모두 다른 단계에서 나타나고 다양한 방식으로 조합된다. 이어지는 장에서 우리는 그 조합 중 일부를 살펴볼 예정이다. 그중에서도 확실성과 지속성에 기여하는 요소에 보다 집중하게 될 것이다. 그 내용 중 일부를 미리 이야기하자면, 수익성이 확실하고 높으며 경기순환적 변동이 심하지 않은 산업 내에서 활동하는 기업은 더 오래 살아남게 된다. 저렴한 비내구성 소비재 산업 같은 경우를 제외하고는 확실성과 가파른 성장은 동시에 나타나지 않는다.

현금 흐름 할인법은 때로는 부주의하게 이용되기도 하며, 거의 확실하게 발생할 사건과 거의 일어나지 않을 사건을 동일하게 취급하기도 한다. 어떠한 전망은 좀 더 믿을 수 있는 반면, 어떤 전망은 형편없는 경우가 있다. 투자자는 신뢰할 수 있는 정보를 받아들이고, 이를 추측과 소문으로부터 구분해야 한다. 이미 벌어지고 있는 사건에 대한 서술은 보통 먼 미래에 대한 추론보다는 믿을 수 있는 편이다. 먼 미래에 대한 예측은 틀릴 가능성이 높다. 일반적으로 아무도 예측을 할 수 없는 미래의 여러 가지 가능성은 '잔존 가치'라는 숫자 안에 포함된다.

워런 버핏이 이 말을 직접 사용한 적은 없지만, 나는 그가 '위험 마진margin of unsafety'(안전 마진 개념에서 착안하여 지자가 만들어 낸 개념이나 - 옮긴이)을 최소화하는 방식으로 불확실성을 해결할 것이라 생각한다. 여기서 위험 한도는 바로 최악의 시나리오를 가정하여 굉장히 보수적으로 책정한 현재 가치 대비 실제 주식 가격의 초과분이 될 것이다. 예측 가능한 모든 현금 흐름(개연성이 높은 현금 흐름과 터무니없는 현금 흐름 모두 포함)을 할인하는 대신, 가장 확실한 현금 흐름만 계산에 사용한다. 잔존 가치 또한 없는 것으로 간주한다. 대부분의 경우 이는 지나치게 어두운 전망으로 받아들여질 것이다. 개연성과 가능성이 있는 상상의 현금 흐름 일부는 실제로 현실화되는 경우가 있기 때문이다. 그래서 주식이 가장 확실한 현금 흐름만을 할인시켜 도달한 가격에 거래되는 경우는 거의 없다. 그러나 투자 제1원칙이 '돈을 잃지 말자'인 사람은 위험 한도를 최소화하는 것도 하나의 방법이다.

만약 기업의 기대 수명과 확실성을 알 수 있다면, 각 요소가 산업 내 주식 수익률에 얼마나 영향을 미치는지 알아볼 것이다. 하지만 그 둘은 쉽게 측정될 수 있는 것이 아니기 때문에 좀 더 주관적인 지표에 의존해야 한다. 산업도 시간에 따라 변화하고, 과거에는 미래 산업이라고 불렸던 것이 오늘은 쓸모없어 질 수도 있다. 그래서 특정 산업 그 자체보다는 그 산업의 속성과 환경에 더 많은 관심을 가질 필요가 있다. 이러한 속성과 환경을 찾아내는 것이 과거의 실적을 아는 것보다 미래에 성공하는 산업을 찾아내는 데 더 큰 도움이 된다.

기대 수명과 산업 구조

엘로이 딤슨Elroy Dimson, 폴 마시Paul Marsh, 마이크 스탠턴Mike Staunton(모두 런던 비즈니스 스쿨 소속이다)은 1900년부터 2016년까지 15개 산업군 내에서의 주식 성과를 조사하여 미국과 영국 주식시장의 역사를 통계로 한눈에 보여 주는 자료를 만들었다. 1900년대 대략 5분의 4 정도의 주식 가치는 오늘날 두드러지지 않는 산업 분야에 집중되어 있었다. 성냥과 양초가 1900년대의 주요 산업이었다. 116년을 포괄하는 연속성을 보장하기 위해 엘로이 딤슨의 연구는 이를 기타 제조업으로 분류했다.

엘로이 딤슨에 따르면 미국 시장에서 가장 좋은 성과를 낸 산업은 담배,

전기 장비, 화학, 식품, 철도 순이었다. 반대로 최악의 성과를 낸 산업은 운송, 직물, 강철, 제지, 유틸리티(수도, 전기 등), 석탄 순이었다. 영국에서는 가장 좋은 성과를 낸 산업은 주류 산업이었다. 금주법(1920~1933년)이 아니었다면 미국에서도 주류 산업이 가장 좋은 성과를 낸 산업이 되었을 수도 있다.

1900년대, 철도 주식은 그 자체가 주식시장이었다. 철도 산업 주식은 등재된 모든 미국 주식 가치의 63퍼센트를 차지했으며, 영국 주식시장에서는 절반을 차지했다. 오늘날 철도 산업 주는 두 국가의 주식시장에서 모두 1퍼센트도 되지 않는 작은 부분만 차지한다. 승객은 이제 철도 대신 비행기나 자동차를 타게 되었고, 배나 기차로 운반했던 화물도 이제는 트럭이나 비행기를 통해 운반한다. 이 기간 동안 철도와 열차가 트럭과 비행기로 대체되었지만 철도 주는 트럭과 항공사 주식보다 더 나은 성과를 보였다.

미국의 트럭 주와 항공사 주의 시장 데이터는 각각 1926년과 1934년부터 수집되었다. 그때부터 두 산업은 시장 수익률을 하회했다. 이제는 시장을 지배하던 수준에서 중요하지 않은 수준으로 규모가 줄기는 했지만, 철도 주는 항상 운송 산업 내에서 가장 좋은 성과를 내는 편에 속했다. 1970년대 초기에는 펜 센트럴Penn Central을 포함한 철도사들의 잇따른 파산 사태가 있었다. 배당은 철도주에서 얻을 수 있는 총수익에서 중요한 부분을 차지했다.

직관적으로 생각하면 철도사의 수익은 새로운 운송 수단의 등장으로 인해 형편없이 떨어져야 했다. 특정 산업이 대체 산업에 의해 고객을 빼앗길 경우 상대적인 중요성은 약해지고 마진도 줄어들기 마련이다. 이런 현상은 해운, 철강, 제지, 석탄 산업에서 모두 나타났다. 1970년대 여객열차 산업은 이미 재무적으로 큰 어려움을 겪고 있어 1971년 5월제(5월 1일에 열리는 봄 축제이며, 일부 국가에서는 노동절 기념일이다 - 옮긴이)에 정부는 도시 간 철도 서비스를 대부분을 국유화해야 했다. 그때는 화물 철도업도 매우 암울해질 것으로 보였다. 가장 위협적인 대체제는 가격이 싸고 기존 서비스보다 월등한 특징이 한 가지라도 더 있는 경우다. 여행을 한다고 가정할 때 인원이 많아질수록 자동차로 이동할 때 사용하는 인당 연료비가 철도 티켓보다 저렴해진다. 거기에 더해 추가로 차량을 이용할 경우 승객은 어디든 원하는 곳에서 하차할 수 있다.

화물은 트럭이나 항공기를 이용할 경우 더 빨리 운송할 수 있지만, 철도가 가격 면에서 우위를 가지고 있다. 철도사는 엄청난 원가 절감과 생산성의 향상을 통해 그 우위를 더 강화했다. 유명 철도사들의 고용은 1947년 135만 명에서 2016년 15만 1,000명으로 크게 감소했다. 디젤 기관차와 이중 컨테이너 적재를 통해 기존의 3배에 달하는 화물량을 더 빠르게 더 적은 인원으로 운반할 수 있게 되었다. 이런 결과 뒤에서는 주로 노선, 일정 편성, 안전, 철로의 보수 등의 자동화가 있었다.

철도 산업은 지역 독점 체제였기에 승객과 화물 수가 줄어도 마진을 지킬 수 있었다. 일단 두 지점을 잇는 하나의 철로가 완성된 이후에는 이와 경쟁하는 또 하나의 철로를 만들어 수익성을 내는 경우는 매우 드물다. 고객은 다른 운송 방식을 택할 수 있지만, 그 방식이 똑같은 노선의 다른 철도사인 경우는 많지 않기 때문이다. 항공, 트럭, 해운 산업은 모두 동일한 경로 내에서도 경쟁해야 한다. 트럭과 항공기의 교통량이 엄청나게 증가했음에도 그것에 투자한 투자자의 수익은 계속해서 낮았다. 두 산업의 경쟁 역학이 철도 산업보다 좋지 않기 때문이다. 매년 좀 더 많은 승객이 비행기를 선택하지만 과열된 경쟁은 항공사의 수익을 불안정하고 일시적인 것으로 만들었다. 트럭 산업은 항공 운항업처럼 경쟁이 과열되지 않았지만, 수익성은 철도 산업에 비해 항상 낮은 편이었다. 국제 해운 산업에는 앞서 말한 두 산업의 나쁜 점만 모여 있다. 심화된 경쟁은 해운업을 덜 중요한 산업의 위치로 몰아넣고 있다.

투자자는 일상적인 필요 품목을 공급하며 고객이 쉽게 옮겨갈 수 없거나 옮겨가지 않는 산업에서 더 나은 성과를 내왔다. 담배 산업은 한때 독점 산업이었고 지금도 소수 기업에 의해 과점되어 있다. 미국과 영국에서 각각 가장 높은 성과를 내는 담배와 주류 산업은 브랜드가 가장 큰 영향력을 가진다. 잭 다니엘Jack Daniels 위스키를 마시는 사람은 펩스트 블루 리본Pabst Blue Ribbon 맥주를 대체제로 인정하지 않는다. 말보로 담배를 피우는 대부분의 흡연가가 말보로 대신 저가 담배를 구입하지도 않을 것이다.

다른 산업 부문을 살펴보면, 전기 장비업은 다양성이 있는 산업으로, 제품 경쟁이 이루어진다. 지난 세기의 성장 산업을 하나 뽑으라고 하면 전기 장비업을 들 수 있는데, 이는 엔진과 전구가 육체노동과 촛불을 대체했기 때문이다. 또한 같은 시기 화학 산업 주식의 훌륭한 성과는 아마도 1900년대에 화학 산업이 제약 산업을 포함하고 있었기 때문일 것이다.

침몰하는 배와 쌓여 가는 석탄

1900년부터 2016년까지 대체재 및 내부 경쟁의 악영향을 받은 산업은 모두 나쁜 투자처였다. 경쟁은 해운, 직물, 철강, 제지 등의 산업에서 특히 심화되었다. 발전용 석탄의 구매처는 열량, 청정도, 최종 가격으로 제품을 비교한다. 해당 산업 분야에서 일한 사람은 그보다 더 많은 고려사항이 있다고 주장할지도 모른다. 물론 많은 경우에 그 말이 맞다. 그러나 좀 더 넓은 관점에서 살펴보면 결국 원자재에 대한 이야기다.

나는 고객이 특정 제품을 원자재로 보고 있지 않다는 것을 증명할 수 있지 않는 이상, 해당 제품을 원자재로 간주한다. 평균적으로 원자재 산업은 수익률이 크지 않다. 이런 산업은 보통 자본 집약적이고 쇠퇴기와 부흥기 사이에서 휘청거린다. 2000년 당시 북아메리카 철강 기업의 절반이 부도가 난 상태였으나, 6년 뒤에는 엄청난 돈을 벌어들이는 수익원이 되었다.

대체재가 없는 산업이나 경쟁자가 없는 기업은 수익률이 높고 오래 살아남는다. 그리고 가장 큰 소비자 가치를 전달하는 경향을 보인다. 전기 산업은 정확히 여기에 해당할 만한 조건을 갖추고 있지만, 이 이론에 맞아떨어지지 않는다. 전기는 그 사용처가 계속해서 늘어만 가는 소모품이며 대체재 또한 존재하지 않는다. 많은 전력 기업은 지역 독점적인 지위를 누린다. 문제는 대부분이 예상되는 원가에 적정 수익률을 더한 규제된 가격에 제품을 판매해야 한다는 것이다. 각 주의 규제 기관들은 전력 기업이 낮은 이율의 채무를 통해 재원을 조달한다고 가정하며, 적절한 자기자본 수익률 수준 또한 낮은 편이라고 간주한다.

산업 초창기에 심화된 경쟁 체제에 놓여 있던 전기 사업자들은 국가에 산업을 통합시키고 규제해 달라며 로비를 했다. 1900년대 초까지만 하더라도 몇몇 지방 정부는 여러 기업에게 사업권을 부여하여 무한 경쟁을 부추기기도 했다. 기업들은 이런 경쟁에 불만을 표시하며 전력 사업은 자연 독점 사업이 되어야 한다고 주장했다. 다른 도시에서는 전력 기업이 지역 독점 사업자로 변모하며 전기 가격을 끌어올렸다. 로체스터 대학University of Rochester의 그레그 제럴Gregg A. Jarrell 교수에 따르면 전력 사업에 대한 규제를 도입한 최초로 주들은 산업이 격한 경쟁 상태에 돌입해 있었다. 전기 요금은 평균보다 45퍼센트 낮았으며 인당 전기 소비량은 25퍼센트 높았고, 기업의 수익률은 낮았다. 규제가 도입된 이후 전기 요금이 상승했다. 그 당시 전력 기업들에게는 수익률이 낮더라도 생존과 확실성을 확보하는 것이 낮은 확률이지만 높은 수익을 얻을 수 있는 기회보다 중요했다.

수익성

투자에서 가장 중요한 첫걸음은 우월한 수익성을 가진 기업을 찾아내는 것이다. 만약 특별히 수익성이 좋은 기업이 있다면 얼마나 오랫동안 황금알을 낳을 것인지 따져 봐야 한다. 가장 폭 넓게 이용 가능한 상업용 자료는 보통 25년이 넘어가지 않는다. 나는 1965년에 발간되었으며 1,000개 기업에 대한 보고서를 담고 있는 『무디스 핸드북Moody's Handbook』을 이용하고 있는데, 이때 은행과 보험회사는 제외했다. 그리고 1964년에 영업이익률이 20퍼센트이거나 더 높았던 90개의 기업을 선별했다. 찾아보니 그런 기업은 각 산업 부문에 균등하게 분포되어 있지 않았다. 14개의 철도 기업, 10여 개의 제약 기업, 그리고 많은 소비재와 광업 기업이 있었다. 32개의 산업 부문에서 나는 각각 그 산업을 대표할 만한 기업을 다소 비과학적인 방법인 최대 매출, 최대 시장 가치, 최대 이익률 등의 조합으로 선별했다. 유통과 트럭, 철강, 차량, 반도체, 비브랜드 식품 산업에는 20퍼센트의 영업이익률을 가진 기업이 하나도 없었다.

반세기를 지나 2014년으로 돌아왔을 때, 이 기업들이 가지고 있던 우위는 다소 줄어들었으나, 이익률은 여전히 S&P 500의 평균인 10.5퍼센트보다 높았다. 나는 이 기업들을 (혹은 상속 기업) 〈표 13-1〉와 같이 2014년 기준으로 하여 이익률이 높은 순에서 낮은 순으로 정리해 두었다. 이미 7개의 기업은 파산했고, 많은 기업이 다른 기업에 인수되었으며, 대부분의 기업이 변화를 해야만 했다. 32개로 줄인 기업 목록은 산업군의 다양성을 보여 주기 위해 작성했다. 90개 기업 전체 목록을 보면 마진은 32개 기업 목록과 같이 평균으로 회귀하는 모습을 보여 주지는 않았다. 제약, 철도, 비내구성 소비재와 같은 고수익 산업에서는 이익률이 상당히 견고했다. 이는 어쩌면 산업 전반을 둘러싼 진입장벽 때문일지도 모른다. 예외인 산업 분야는 원자재 주기에 크게 영향을 받는 기초 자재 광산업이었다.

평균적으로 비내구성 소비재 브랜드를 보유한 기업이 다른 어떤 산업보다도 더 높은 이윤폭을 빈세기 동안 유지해 왔다. 사진 산업만 제외하면 해당 범주에 속한 기업 중에 파산한 기업은 하나도 없다. 대부분의 경우 이 기업들의 매출은 평균보다 경기의 영향을 덜 받았고 변동성도 적은 편이었다. 가치 있는 사업을 나타내 주는 4가지 지표 중에서 비내구성 소비재 산업은 수익성, 긴 수명, 확실성까지 가지고 있었다. 한 가지 빠진 지표는 빠른 유기적인 매출 성장성이었다.

표 13-1 **32개 산업별 대표 기업의 이익률**

회사	후임자	시세	산업	1964년 이윤	2014년 이윤
Brown-Forman		BEB	주류	27	33
Penn Central RR	Bk 1970/Norfolk So	NSC	철도	17	31
R.J.Reynolds	Reynolds American	RAI	담배	17	30
Coastal States Gas	Kinder Morgan	KMI	가스채취	19	27
Smith Kline	GlaxoSmith	GSK	제약	34	26
Cap Cities	Disney	DIS	TV/라디오	34	23
MMM		MMM	기타제조	22	22
Intl Flavors & Fragrances		IFF	조미료	24	19
IBM		IBM	컴퓨터	27	19
Hershey		HSY	사탕	23	19
Gillette	Procter & Gamble	PG	면도기	24	18
Tampax	Procter & Gamble	PG	생리대	43	18
Rayonier		RYN	목재	22	16
AMP	TE Connect	TEL	전기제조	21	15
Harbison Walker	BK 2002/Haliburton	HAL	냉장	21	15
Dome Mine	Goldcorp	G.TO	금 제련	30	13
Abbott Lab		ABT	의약품	21	13
Dupont EI		DD	화학	25	12
Caterpillar		CAT	건설장비	21	10
Stone & Webster	BK 2000/Chic, B&I	CBI	설계	35	8
Xerox		XRX	인쇄	30	7
Lone Star Cement	Buzzi Unicem	BZU IM	시멘트	20	7
American Commercial Line	Private in 2009	ACLI	해운	24	6
Dow Jones	Newscorp	NWS	신문	22	6
Maytag	Whirlpool	WHR	가전제조	25	6
Northwest Air	Bk 2005/Delta	DAL	항공	25	6
British Petroleum		BR	석유	22	5
Avon		AVP	화장품	27	5
US Gypsum	BK 2001/USG	USG	벽판제조	25	4
Noranda	Glencore	GLEN LN	광산	22	2
Champion Spark	Fed Mogul/BK2001	FDML	자동차부품	27	0
Eastman Kodak	BK 2012	EK	사진	27	-1

노트: BK는 파산을 의미

115년 동안 영국 주식시장에서 주류 산업 주식은 최고의 성과를 보였지만, 1인당 알코올 소비량은 오히려 줄어들었다. 또 거의 매년, 담배 소비도 줄어들고 있는 상황이다. 상당한 비만율과 식품 낭비율에도 불구하고, 앞으로 식품 섭취량이 인구 증가보다 훨씬 빠른 수준으로 증가할 가능성도 낮다. 식품이나 주류 같은 비내구성 소비재 산업의 이윤이 견고한 이유는 아마도 고정적인 수요와 점진적인 제품 개선 경향이 새로운 경쟁자가 진입하는 것을 막기 때문일 수도 있다.

나는 연구를 통해 이미 우수했던 이익률을 지난 반세기 동안 더욱 개선시킨 두 곳의 소비재 기업을 찾았다. 담배 생산 기업인 레이놀즈Reynolds와 잭다니엘 위스키의 생산 기업인 브라운-포르만Brown-Forman이었다. 다른 저렴한 소비재 기업도 높은 이익률을 유지했으며 단위당 판매량 또한 증가시켰다. 허시Hershey는 여전히 미국인이 가장 좋아하는 초콜릿바다. 프록터앤드갬블Procter & Gamble Company, P&G은 질레트Gillette와 탐팩스Tampax를 인수했으며 이익률은 18퍼센트였다. 질레트와 탐팩스는 제품 분류 자체와 동의어로 취급되기도 하는 강력한 브랜드를 가지고 있었다. P&G는 면도기 사업 분야의 사업 결과를 보고했는데, 2014년의 이익률이 24.4퍼센트에 달했다. 이는 질레트가 50년 전에 달성했던 수치와 비슷한 수준이다. P&G는 여성용 케어 제품의 이익률을 공개하고 있지 않지만 기업의 평균 이익률을 상회한다는 사실을 암시했다.

어떤 필수 소비재 제품 주식은 이렇게 잘 풀리지 않는다. 에이번Avon이나 이스트먼 코닥Eastman Kodak 같은 경우가 그렇다. 시장에서 낙오한 소비재 주식은 보통 브랜드가 없거나 약한 브랜드를 가지고 있는 경향이 있다. 흥미롭게도 에이번의 경우는 그 둘에 해당하지 않는다. 에이번은 세계에 매우 널리 알려진 화장품 브랜드를 소유하고 있었고, 이스트먼 코닥 또한 마찬가지였다. 실패의 원인은 유통 시스템 낙후였다. 쇼핑몰과 인터넷의 확산은 화장품을 이제 어디서나 구매할 수 있다는 것을 의미했다. 에이번은 또한 많은 여성 인력의 사회 진출에 의해서도 타격을 받았다. 직장 여성은 더 많은 화장품을 쓸지도 모르나, 방문 판매 여성을 통해 화장품을 구매하지는 않는다. 또한 사회적으로 여성에게 일을 선택할 수 있는 기회가 많이 생기자 낮은 급여는 판매원의 수요가 급감하는 요인이 되었다.

성장

이스트먼 코닥은 브랜드를 가진 저가의 소비재 기업이자 기술 기업이었다. 하지만 이 기업을 죽인 것은 기술의 변화였다. 1960년부터 1970년대까지 이스트먼 코닥은 코다크롬Kodachrome(이스트먼 코닥에서 1935년부터 판매한 8밀리미터, 수퍼 8밀리미터, 16밀리미터, 35밀리미터 등의 리버설 천연색 필름의 상표명. 유탁액이 발려 있는 일반 필름과 달리 외형 발색 필름이며, 원본 필름이 현상 후 영사 필름이 되었다 - 옮긴이) 컬러 필름의 엄청난 이익률에 힘입어 시장에서도 가장 화려한 주식 중 하나로 간주되었다. 즉석 사진 기술을 앞세운 폴라로이드의 등장에도 불구하고 이스트먼 코닥의 빠른 성장은 멈출 줄을 몰랐다. 폴라로이드는 창업자인 에드윈 랜드Edwin Land의 명성에 걸맞게 하늘에 닿을 듯한 높은 PER에 거래되었다. 그는 533개의 특허를 가진 발명의 천재였는데, 이보다 많은 특허를 낸 것은 토머스 에디슨Thomas Edison 밖에 없었다. 이스트먼 코닥의 마진은 일본의 경쟁자들이 시장 점유율을 빼앗아가며 줄어들었다. 궁극적으로 화학 사진 산업은 디지털 화상 기술에 밀려 사장되었다. 혁신을 통해 첫 라운드에서 빛난 폴라로이드는 이스트먼 코닥보다 4년 빠른 2008년에 파산했다.

폭발적인 성장과 엄청난 수익성이 바로 트레이더들이 전문 기술 분야의 스타 기업을 쫓는 이유다. 그런데 이런 스타 기업은 통상 수명이 길지도 않을뿐더러 예측하기도 쉽지 않다. 표 13-1에 등재된 32개 기업 중에서 제록스의 PER이 가장 높았고, IBM이 그 뒤를 이었다. 이스트먼 코닥 또한 굉장히 좋게 평가된 편이었다. 앞서 말한 3개 기업은 모두 1970년대에 '니프티 피프티Nifty Fifty'라고 불리던, 인기 있는 50개의 성장 종목 모음에 속해 있었다. 빠른 속도로 변화하는 산업 내에서 살아남기 위해서는 스스로 계속해서 변화해야 한다. IBM은 세 기업 중 50년 동안 가장 좋은 성과를 보였는데, 이는 비즈니스 모델을 컴퓨터 하드웨어에서 소프트웨어와 서비스로 완전히 바꾸었기 때문이다. 제록스는 아웃소싱 서비스로 사업을 일부 다각화하였으나 이미 마진이 곤두박질친 복사기 부문에서도 여전히 판매, 대여, 서비스 사업을 계속하고 있다. 2012년 이스트먼 코닥은 계속해서 필름과 카메라에만 집중하다가 결국 파산했다.

시장에서 거부당한 기술로 인한 또 하나의 피해자는 바로 스톤앤웹스터Stone & Webster다. 이 기업은 원자력 발전소를 디자인하고 설계하는 사업을 했는데, 미국에 있는 모든 원자력 발전소에 대한 서비스를 수행했다. 원자력 발전소는 엄청나게 저렴한 가격에 전력을 생산할 것으로 기대되었으나 대중의 강력한 항의는 건설 비용의 증가로 이어졌다. 1979년의 스리마일 원전 사고Three Mile Island Accident 이후 전력 기업들은 원자력 발전소의 발주를 중단했고, 진행 중이던 공사 또한 취소했다. 실제로 고려되고 있었던 원자력 발전소 중 절반은 완공되지 못했다. 스톤앤웹스터는 좀 더 수익성이 낮은 사업 쪽으로 다각화하며 살아남았으나, 결국 설계와 시공을 전문으로 하고 입찰을 통해 일감이 떨어지지 않도록 하는 또 하나의 평범한 기업이 되어 버렸다.

기술자는 기술이 본래 의도된 목적을 이룰 수 있는지에만 신경을 쓰고 있고 그 부작용에는 신경을 쓰지 못하는 경우가 많다. 그래서 때로는 예측하지 못한 결과가 기업을 파멸시킬 수도 있다. 석면 피해자 집단 손해배상 소송은 하비슨워커HarbisonWalker, 페더럴모굴Federal-Mogul, 그리고 유에스지 코퍼레이션USG Corporation을 파산시켰다. 대중은 부정적인 간접 영향 때문에 기술을 거부한 것이지, 그 기술이 작동하지 않아서가 아니다.

석면은 여전히 '기적의 광물'이라는 명성을 구가하고 있을 만큼 내연성과 내열성이 강하다. 물론 시간이 지나면서 석면 필터는 '담배 역사상 최고의 건강 보호제'로 널리 알려졌던 켄트Kent의 마이크로나이트 필터Micronite filter를 포함하여 많은 적용 분야에서 대부분 다른 소재들로 대체되었다. 그러나 미국에서는 아직도 더욱 안전한 내연 소재를 구할 수 없는 분야에 한정시켜 석면의 사용을 합법으로 인정하고 있으며, 개스킷gasket(금속이나 그 밖의 재료가 서로 접촉할 경우 접촉면에서 가스나 물이 새지 않도록 하기 위해 끼워 넣는 패킹 - 옮긴이)이나 지붕, 바닥 타일 등에 널리 이용되고 있다.

당시에는 석면과 원자력 기술의 위험을 경고한 보고서뿐만 아니라 담배와 술의 유해성을 다룬 보고서도 많이 출간되고 있었다. 이러한 현상은 미래 세대가 어떤 제품으로부터 등을 돌릴지 암시해 주는 것만 같았다. 금주령의 선포와 철회를 돌이켜보면, 사람들은 특정 상품이 주는 혜택이 그로 인해 야기되는 사회적 피해보다 더 크다고 느끼다가, 또 시간이 지나면 다시 그 피해가 더 크다고 결론을 내리기도 한다. 혹자는 인터넷이 정부와 광고주로 하여금 사람들을 매일 24시간 감시할 수 있게 만들며, 심지어 자신에 대한 정보도 소유할 수 없다고 경고한다. 그런데도 지금까지는 공동체 구성원들이 인터넷은 아주 훌륭하다는 것에 합의했다. 유전공학은 농업 생산성의 엄청난 향상을 가져왔지만, 회의론자들은 공포스러운 돌연변이의 탄생을 걱정한다. 이렇듯 미래라는 것은 우리가 쉽게 예측할 수 있는 것이 아니다.

확실성 그리고 알 수 없는 미래

나는 수요 변동, 정부의 규제, 독점력, 브랜드 충성도 등 쉽게 변하지 않는 제품의 속성을 보면서 일정 수준의 확실성을 느낀다. 경기순환의 영향을 심하게 받는 사업의 경우에는 평균 수준의 수요는 계산할 수 있겠지만, 특정 해의 매출이나 이윤은 흐름으로부터 심하게 벌어질 수 있어서 예측하기가 어렵다. 정부의 규제나 독점력이 특정 기업을 경쟁으로부터 보호하고 있다면, 시장 점유율 확대를 위한 전투나 가격 전쟁의 위험은 줄어들게 된다. 강력한 브랜드는 충성스러운 고객과 가격 결정력을 가지고 있음을 암시한다. 느린 속도로 변화하는 제품(그리고 원자재가 아닌 제품)은 대체될 위험과 시장 점유율이 변동할 위험에서 비교적 안전하다.

구매와 판매 계약뿐만 아니라 채무, 리스 계약까지 모든 계약은 확실성을 증가시키거나 감소시킬 수도 있다. 어떤 구매나 판매는 장기 계약을 통해 이루어지며 특정 기업의 향후 수년간의 매출과 비용, 가격 정책을 알 수 있게 해 준다. 정기 간행물, 통신 서비스, 혹은 소프트웨어 유지 보수 서비스에 대한 자동 반복 구독 계약(종료 일자가 명시되어 있지 않은 형태의 구독 계약. 구독자가 계약을 해지하기 전까지 계약이 무기한 유효하다 - 옮긴이)은 계약을 연장하겠다는 의지보다는 관성 때문에 지속되는 경우가 많다. 원가 가산 방식의 계약은 계약자에게 미리 알려진 일정 수준의 이윤을 보장한다. 반면에, 형편없이 쓰인 계약서는 불확실성을 가중시킬 수 있다. 경기 침체기에 기업은 모든 비용이 가변비용이며 고정비용이 아니기를 소망한다. 대부분의 기업은 불확실한 미래의 수입 중 정량을 떼어 지급하기로 약속한 부채 및 리스 계약을 보유하고 있다.

펜 센트럴Penn Central과 노스웨스트 오리엔트 에어라인Northwest Orient Airline이 파산 신청을 한 이유는 단순히 채무가 너무 많았기 때문이 아니다. 너무 비쌌던 고용 계약 구조를 조정하기 위해서였다. 1968년 이루어진 펜실베니아 철도 회사Pennsylvania Railroad와 뉴욕 센트럴New York Central의 합병은 펜 센트럴에게 많은 노선에 대한 독점권을 부여했던 반면, 격렬한 노동조합 활동이 원가 효율성을 떨어뜨렸다. 펜 센트럴의 여객 사업 부문은 승객이 줄어들고 비대한 고용 상태가 계속되면서 1960년대에 많은 손실을 감수해야만 했다. 1966년 펜실베니아 철도 회사는 통근 노선인 롱아일랜드 철도를 뉴욕주에 매각했지만 다른 출퇴근 노선과 일부 도시간 여객 노선은 계속해서 유지했다. 화물 사업은 주기적으로 경기의 영향을 받았으며, 33억 달러의 채무를 지닌 펜 센트럴의 비용 구조는 계속해서 경제가 활기 있을 것이라는 전망을 그대로 반영한 듯했다. 1970년에 펜 센트럴은 파산 신청을 했는데, 이는 합병 이후 고작 2년만이었고 주주에게 배당을 지급한 적도 없었다.

1964년 당시 노스웨스트 오리엔트 에어라인은 성장성이 무궁무진했다. 더 많은 사람이 항공기를 이용하고 있었고, 항공사는 정부에 의해 규제되고 있었으며, 국내 노선은 지속적으로 수익을 남기고 있었다. 기업의 대차대조표 역시 훌륭했는데, 부채가 자본의 절반도 되지 않았으며 비행기도 모두 최신식이었다. 거기에 더해서 광범위한 아시아 노선을 보유하고 있었다. 역사적으로 극동 지역의 기항 권리는 굉장히 엄격하게 통제되었다. 오늘날에도 아시아는 항공 여행이 성장하고 있는 시장이다. 아시아 지역의 항공 요금은 상당히 비싼 편이어서 항공사는 고객에게 대단한 신경을 쏟으며 경쟁한다. 세계에서 가장 훌륭한 항공사 목록에는 대부분 아시아 항공사가 뽑힌다(미국 항공사는 뽑히지 않는다).

1978년, 항공 산업에 대한 규제가 풀리고 국내 노선의 경쟁이 더욱 치열해졌다. 노스웨스트 오리엔트 에어라인은 리퍼블릭Republic 항공과의 합병을 통해 세인트 폴과 디트로이트 허브에서의 지배적인 위치를 더욱 공고히 하고자 했다. 하지만 합병의 부작용으로 서비스 중단 상태가 계속해서 이어졌다. 1989년의 차입매수 이후, 노스웨스트 오리엔트 에어라인은 이미 보유한 항공기들을 매각한 후 리스하는 방식으로 선단을 유지했으며, 해외에 보유하고 있던 부동산 등도 같은 방식으로 매각 후 빌려 사용하는 방식으로 운영 시스템을 변화시켰다. 이후 기업의 정체성은 분열되었다. 도쿄행 노선에는 호화로운 서비스를 제공하면서 동시에 근로자의 혜택을 반복적으로 줄였다. 일정 기간 동안 노스웨스트 오리엔트 에어라인은 원가 절감을 위해 땅콩이나 베개 같은 편의 서비스의 제공을 중단하였으나 아시아 노선의 항공기에는 이러한 서비스 절제를 적용시키지 않았다. 차입 매수와 수년간의 손실이 노스웨스트 오리엔트 에어라인에 남긴 것은 수십억 달러의 채무와 마이너스 순자산, 노후화된 항공기, 그리고 매우 적은 수의 판매 가능한 자산뿐이었다. 정부 규제, 독점 시장, 낮은 부채와 리스 비용 등 기업의 미래에 대한 가시성을 부여하던 모든 요소가 사라진 뒤였다. 일부 승객들은 그 기업을 '노스워스트Northworst'라고 비난하기도 했다.

우버Uber와 같은 승차 서비스가 규제를 피할 방법을 찾은 것은 오랜 기간 택시 산업이 누렸던 확실성에 끝을 가져오는 사건이었다. 75년 이상 동안 뉴욕시는 택시 운행에 메달리온Medallion(수량이 한정되어 있는 택시 자격증 - 옮긴이)을 요구하고 그 수를 제한함으로써 경쟁을 제한했다. 대공황 시기에 택시를 이용하는 승객은 줄었고 요금 또한 인하되었다. 택시를 독점화하자는 제안이 잠깐 떠돌았으나 지미 워커Jimmy Walker 시장이 당시 최대의 택시 회사였던 팜리 택시Parmlee Taxi로부터 뇌물을 받았다는 사실이 보도되면서 사라졌다. 1937년, 뉴욕시는 10달러에 1만 3,000개의 메달리온을 발행했다. 2013년, 메달리온은 개당 110만 달러에 거래되고 있었다. 복리로 매년 15퍼센트 이상의 가격 증가율을 보인 셈이다. 완벽하게 장비된 최신식 택시가 10분의 1 가격도 되지 않는다는 사실을 고려한다면 말도 안 되는 가격이었다.

메달리온을 가지고 있지 않은 택시 기사는 보통 이런 시스템을 합법화된 갈취 수단으로 생각한다. 하지만 투자자에게는 무조건 성공할 수밖에 없는 투자 수단으로 보였다. 대부분의 메달리온 소유자는 택시 기사들에게 메달리온을 대여해 줬으며, 이를 통해 연 7만 달러 정도의 소득을 올렸다. 감가상각을 제외하면 연 수익율은 6퍼센트 정도였다. 더욱이 이런 임대 소득은 줄지 않았는데, 수요 감소와 비싼 연료 가격의 리스크를 감수하는 것은 택시 기사들이었기 때문이다.

1980년대에 체커 모터스Checker Motors는 상장 기업이었다. 나는 개인적으로 체커 모터스가 만들던 연비가 좋지 않은 큰 택시를 좋아하긴 했지만, 이 기업은 수많은 메달리온의 소유주이기도 했다. 그중 일부의 메달리온은 파멀리Parmelee의 지분을 통해 보유하고 있었다. 나는 체커 모터스의 주식 일부를 구매했지만, 얼마 지나지 않아 체커는 비상장 기업으로 전환했다. 당시 나는 가격이 너무 저렴하다고 생각했는데, 돌이켜보면 체커 모터스를 인수한 사모펀드는 손도 대지 않고 코를 푼 격이었다. 오늘날 우버와 리프트는 메달리온 없이 더 싼 가격에 승차 서비스를 제공하지만, 기사가 집에 가지고 가는 돈은 메달리온을 가진 택시 기사와 비슷한 수준이다. 그러는 와중에 메달리온의 가격은 곤두박질쳤다.

정기 구독 모델과 습관의 힘은 다우 존스Dow Jones와 같은 신문사가 지난 수십 년간 지루할 정도로 확실한 사업 모델을 영위할 수 있게 해 주었다. 정부는 미디어 업계의 경쟁을 제한하지만, 이런 제한 없이도 대부분의 도시에는 주요 신문사가 하나 정도밖에 없다. 전자 미디어가 성장하는 동안에도 기존 신문사의 독자층은 느리지만 꾸준히 성장했다. 부동산과 구인 광고를 제외한 대부분의 광고는 경기를 타지 않는 편이었다. 신문 광고가 무너진 시점에 인터넷은 이미 등장한지 오래였다. 미래에 대한 예측은 법률적 근거든 독점력이나 계약이든 전통이나 습관이든 상관없이 결국 완전하지 않은 인간의 행동의 영향을 받는다.

가치의 4가지 요소인 수익성, 수명, 성장성, 확실성은 분명히 일반적인 사회적 행동의 유형을 반영한다. 우리가 가치의 4가지 요소와 숫자를 연결하려 해도 물리학에서처럼 정확하게 맞아떨어지지는 않는다. 확실한 수익성은 끊임없이 소비자가 그 제품을 원하고 있고, 다른 어떤 곳에서도 그 제품을 구입할 수 없다는 사실을 반영한다. 기업의 수명은 제품에 대한 직접적인 수요가 떨어지는 시기에 의해 단축된다. 매출이 경쟁 기업 때문에 변하는 경우나 단순히 경기순환의 변덕 때문에 줄어든 경우나 결과는 똑같다. 성장은 경쟁 제품으로 대체될 수 없거나 사용자가 이전에는 할 수 없었던 일을 가능하게 만들어 준다는 사실을 말해 준다. 확실성은 계약과 여러 제도 속에서의 인간 행동을 반영한다. 투자에서 어려운 점은 바로 현실적이지 않은 기대에 휩쓸리지 않는 것이다. 역사는 많은 기업이 결국 0의 가치를 가지게 된다는 것을 보여준다.

14

가격 변동이 심한 시장에서의 투자

자본주의 시스템에서 가장 큰 호텔의 가장 비싼 방은 항상 사용 중이다.
그러나 머무르는 사람은 바뀐다.

- 조지프 슘페터 -

원자재 생산 기업의 주식은 투기꾼에게는 놀이감인 반면 일반 투자자에게는 지뢰밭이다. 원자재 상품은 모두 유사하며 수급을 반영한 시장가격에 거래된다. 활기를 띤 주식시장에서 사람은 대부분 원자재 수요에 관련된 이야기를 하지만, 투자자는 오히려 원자재 공급 쪽을 유심히 본다. 생산가가 가장 낮은 생산지는 가장 높은 마진을 가지고, 이를 통해 가장 높은 성장률을 달성할 수 있다. 만약 가격이 안정적이라면, 나는 저평가된 자산과 낮은 생산가를 찾는다.

어려운 부분은 경쟁 요소가 가격 한 가지이기 때문에 원자재 가격은 변동을 거듭하며, 가끔은 아주 심하게 출렁인다는 점이다. 공급량은 가격이 높아진 이후 약간의 기간을 두고 증가한다. 이러한 변화에 경쟁자들이 어떻게 반응하느냐에 따라 생산자의 상대적 비용이 변한다. 활황에서는 저비용 생산자가 이윤을 발생시킬 수 있는 설비 용량을 추가시키지 않는다면, 기회를 잃게 된다. 빈대로 불황에서는 저비용 생산자가 마지막까지 버틸 수 있지만, 경쟁자들의 비용은 다른 속도로 변화한다. 낮은 가격을 유지하기는 어렵기 때문에 자산 가치 또한 놀라울 정도로 빠르게 변한다.

예를 들어 1배럴의 석유를 찾고 생산하는 비용은 미리 정확히 알 수 없다. 회계사들은 에너지 기업의 비용을 3가지로 분류한다. 첫째, 매장 지대 탐사, 둘째, 매장 지대 개발, 셋째, 석유 및 가스 생산이다. 매번 시추의 결과를 예측할 수 없기 때문에 석유를 찾는 것은 운과 기술력이 따라야 한다. 탐사 비용은 변동 폭이 크기 때문에 한 지역에서 일어난 역대 모든 탐사 활동의 평균값을 적용해야 한다. 나는 이때 왜 유독 한 기업의 비용이 낮은지 알아보기 위해서 지질, 기술, 사회 제도 등을 살펴본다.

개발 비용은 특정한 유전 및 가스전 혹은 특정 프로젝트와 연결되어 있다. 그래서 탐사자들은 해당 자원의 측정치에 비례하는 비용을 예산으로 잡는다. 어떤 매장 지대는 초기 탐사 비용은 적게 들지만 개발하거나 생산하는 데 많은 비용이 들기도 한다. 물론 반대의 경우도 있다. 수익성을 유지할 수 있는 규칙 중에 하나는 개발 비용이 판매 비용의 3분의 1을 초과하면 안 된다는 것이다. 예를 들어 판매가가 배럴당 45달러라면, 비용은 배럴당 15달러를 넘으면 안 된다.

생산 비용은 개발 비용보다는 더 예측 가능한데, 그 이유 중 하나는 생산 비용에 세금과 로열티^{royalty}(남의 특허권이나 상표권 따위의 공업 소유권을 사용하고 지불하는 값. 매출의 특정 퍼센트로 계약에 정해져 있는 경우가 많다 - 옮긴이)가 포함되기 때문이다. 탄화수소를 깊은 해양 유정에서 끌어올리는 데 소요되는 비용이 얕고 자원이 풍부한 내륙의 유정에서 올리는 비용보다 크다. 한 유정에서도 처음 끌어올리는 석유가 가장 쉽고 싸게 올릴 수 있고, 그 이후부터는 가격이 점차 상승한다. 프로젝트의 경제성이나 지질은 세계 곳곳마다 다르기 때문에 모든 배럴이 같지 않은 것이다.

가격은 미래 수급 상황에 대한 예측에 따라 시시각각 변화한다. 가격 상승은 특정 원자재에 대한 수요가 커진다는 의미이지만, 새로운 광물 자원을 개발하기 위해서는 기약 없는 시간이 소요된다. 이러한 차이는 때로 너무 커서 가끔 가격 변동과 공급 변화 사이에 실질적인 관계가 존재하는지에 근본적인 의구심이 생기기도 한다. 유가는 2008년 7월 145 달러에서 정점을 찍고 내려왔으나 미국 석유 생산량은 2015년 현재 아직도 증가하고 있다. 다른 광물 자원과 달리 석유는 재사용할 수 없다. 석유는 농작물과 다르게 인위적인 생산력 증대에는 한계가 있다. 균형 가격은 쓸모 있는 개념이지만, 이 개념을 너무 심각하게 받아들이는 사람은 실제 석유 시장에서 뒤통수를 맞기 마련이다.

트레이더가 이윤을 남기기 위해서는 실물 시장에서 변화하는 가격의 방향을 예측해야 하는 것이 아니라, 시장이 예측하고 있는 미래 가격의 변화를 예측해야 한다. 선물 시장에서 발생하는 거의 모든 트레이딩은 1년 내에 실물 거래될 상품에 대한 계약이다. 또한 주식 투자자에게 가장 중요한, 1년 이후 선물 계약의 가격 예측은 어렵다. 그래서 석유, 가스 주식은 각각 서로 다른 유가 예측치 흐름을 가격에 반영시키고 있다.

나는 원자재 관련 기업은 피하는 편이지만, 만약 꼭 투자해야 한다는 사람이 있으면, 석유 기업을 추천한다. 공급이 한정되어 있고 수요가 그나마 상대적으로 비탄력적이기 때문이다. 자원이 재생 가능한 경우에는 비용은 탐사, 생산, 대체 등으로 구성된다. 각각의 원유 생산자는 매장량을 대체할 수 있겠지만, 전 세계적으로는 매장량이 한정되어 있으며 고갈되고 있다. 허버트 피크Hubbert's Peak(1956년 지질학자 킹 허버트King Hubbert가 1970년대 초반 미국 내 유전 원유 생산이 절정에 이르고 이후 고갈되기 시작해 심각한 경제 위기를 초래할 것이라고 예언했다. 이후 1971년 미국 내 원유 생산량이 급격히 줄어들었고, 석유수출기구^{OPEC}가 원유 생산을 제한하며 1973년 석유 위기로 이어졌다 - 옮긴이)는 전 세계 매장량의 절반이 생산되었을 때 발생한다. 물론 이 시점이 이미 지났을 가능성도 있다. 발전된 기술을 이용하여 우리는 더 많은 석유 매장량을 찾고 추출할 수는 있지만, 결국에는 지구 내 자원은 한정되어 있다.

지금은 수요가 안정적으로 증가하고 있다. 2015년까지 10년 동안, 세계 원유 생산량은 가장 좋지 않았던 해에 1.6퍼센트 감소했으며, 가장 좋은 해에 2.7퍼센트 증가했다. 자동차 및 신재생 에너지 기술이 더 발전하기 전까지는(현재 많은 발전이 이뤄지고 있는 중이다) 아직까지 교통수단 원료로 석유를 대체할 만한 자원이 없다. 만약 지구 온난화가 사실이라고 해도, 갑자기 석유 사용을 중단하는 것은 불가능하다. 하지만 원유 산업이 현재 강성하다고 해도, 개별 기업도 그렇다는 보장은 없으며, 미래에도 강성할 것이라는 보장은 더더욱 없다.

재생될 수 없는 천연자원을 정당하게 소유할 수 있는 사람은 누구일까? 이 질문에 대한 답에 따라, 원유 생산 비용에 대한 추정치가 달라진다. 탄화수소는 자연적으로 발생하고 고갈되기 때문에 대부분의 정부는 이 자원에 일부 청구권을 요구한다. 많은 국가에서 국영 기업이 독점적으로 소유권을 가지고 있다. 해외에서 석유와 가스 매출은 세금과 로열티 부담을 많이 받는다.

동시에 에너지 생산과 소비에 관련한 일부 비용은 사회가 부담한다. 예를 들어 중동 지역에서 전쟁이 발생할 때, 유가는 상승하는 경향이 있다. 높은 유가는 생산 국가가 전쟁을 지원할 정도의 도움을 주지만, 더 직접적으로는 전쟁이 원유 보급로를 막는다. 수년 동안 간헐적으로 수니파^{Sunni}와 시아파^{Shiite}, 유정, 파이프라인, 그리고 항구 위치를 연구한 결과, 투자를 진행하기에 아주 유용한 결론을 내리지 못했다. 한 사람이 아랍 문화와 역사에 대해 일생을 바쳐 연구를 하고도 좋은 주식을 선정하지 못할 수도 있다. 결론은 전쟁 지대에는 투자하지 말라는 것이다.

석유 매출의 대부분은 세금, 로열티, 그리고 이익 등으로 구성된다. 이를 경제학자들은 지대^{rent}라고 부르며, 물리적 투입물이 아닌 사회적 제도에 의해 결정된다. 이는 석유 가격이 여럿 존재할 수 있음을 의미하며 균형가격도 없다는 것을 뜻한다. 정부, 토지 소유자, 기업은 석유 매출에서 가능한 가장 큰 부분을 얻길 원하지만, 동시에 자신이 너무 많이 요구하면 석유가 생산되지 않아 결국 아무것도 돌아오지 않는다는 것도 이해한다. 하지만 이러한 현실을 납득하는 속도는 행위자마다 다르다.

1980년부터 2003년까지, 대부분의 물가는 2배 이상 상승했지만 에너지 가격은 떨어지거나 같은 가격을 유지했다. 따라서 석유, 가스 생산자는 비용을 절감해야 했는데, 2008년부터 한 번 더 비용을 절감해야 했다. 앞에서 언급한 3가지 종류의 비용은 모두 함께 고려되어야 한다. 예를 들어 탐사 비용이 적게 들어가는 프로젝트는 높은 개발 비용 혹은 생산 비용이 요구될지도 모른다. 기존 유정(석유의 원유를 퍼내는 샘 - 옮긴이) 근교에서 발견되는 '스텝 아웃$^{step\ out}$' 및 '확장' 유정은 높은 적중률을 보이는 반면, 신규로 유정을 시추하는 것은 리스크가 높고 또 아무런 결과를 보장받지 못할 수도 있다. 많은 기업이 더 높은 확률의 방법을 쫓아 전통적인 탐사와 시추를 포기했다.

새로운 기술은 자원 회수율을 높이고 탐사 비용을 줄였다. 1980년 초반 당시 시추 기업들은 일반적으로 20퍼센트 정도의 원유 회수율(특정 유정에서 원유를 추출할 때 매장량 정부를 회수하는 것은 현재 기술로 불가능하다 - 옮긴이)을 기대했으며, 50퍼센트의 회수율은 극히 드물었다. 지금은 2차 회수 방법을 통해 60퍼센트의 회수율까지 기대할 수 있다. 측정 장치를 이용해서 수평으로 시추하여 (더욱 적은 양의 물과 가스 부산 발생) 더욱 많은 원유를 추출할 수 있다. 프래킹fracking(수압 파쇄법 - 옮긴이)은 셰일shale(점토가 굳어져 이루어진 수성암 - 옮긴이) 시반을 열어 그 안에 갇힌 탄화수소를 나오게 만든다.

보통 셰일과 강화 회수 프로젝트는 높은 개발 혹은 생산 비용을 수반한다. 같은 유전 안에서 추가 시추는 비교적 작은 타깃을 공략하기 때문에 배럴당 비용이 더 높아진다. 유전이 오래될수록 물, 가스, 혹은 이산화탄소를 투입하고 폐수까지 처리하는 데 시간과 비용이 더 많이 소요된다. 셰일 유정은 상대적으로 수명이 짧아서 대부분의 석유나 가스가 2~3년 내로 생산된다. 셰일 생산자는 상품 판매를 통해 현금을 벌어들이는데, 유정의 짧은 수명은 지속적인 관리가 필요하며 새로운 자원이 계속 발견되어야 함을 뜻한다. 그 어떤 셰일 생산자라도 이 쳇바퀴를 벗어나려고 하면 생산량 감소를 겪게 된다.

원유 탐사자는 좋은 지질과 매력적인 세금 및 재정 조건이 갖춰진 지역에 끌리게 마련이다. 부정부패가 심하거나 전쟁이 만연한 지역은 피하고 싶어 한다. 시간이 지나면 가장 활발하게 시추가 이루어진 지역은 새로운 시추 기술이 적용되어도 고갈된다. 주로 가장 크고 수익률이 높은 유전이 가장 먼저 발견되며, 그 후의 발견은 더 작고 수익률이 떨어지는 경향을 보인다. 지질학자들은 이러한 수확 체감을 '크리밍 커브creaming curve'라고 말한다. 탐사자가 매우 큰 발견을 할 수 있는 곳은 심해 깊은 곳이나 정치적으로 문제가 많은 위험한 지역 뿐이다.

사랑과 함께 러시아에서

2000년 초반 민영화된 러시아 원유 기업은 나를 포함한 외국 투자자들의 주의를 끌기 시작했다. 러시아는 단일 국가로서는 가장 많은 양의 원유와 천연가스를 생산한다. 매장량을 기준으로 천연가스 부문에서 1위, 원유에서는 8위를 기록하고 있다. 또 아주 낡은 기술을 사용함에도 지질 형태가 좋아 생산 기준에서 볼 때 비용 곡선의 하단에 위치한다. 2000년부터 현재까지 지구를 보았을 때 모든 기준(PER 비율, 매장량 대비 주가, 혹은 자산 현재 추정 가치 등)에서 값싼 에너지 주식은 러시아에 있다.

러시아에서는 누가 무엇을 합법적으로 소유하고 있는지 확실하게 알 수 없는데, 특히 석유 산업은 그 정도가 심하다. 러시아가 원유 산업을 민영화했을 때, 민영화된 기업은 대부분 영향력 있는 정부 관료의 소유가 되었다. 실질적으로 유코스Yukos는 더 높은 입찰자가 있었음에도 메나텝 은행Bank Menatep과 미하일 호도르콥스키Mikhail Khodorkovsky에게 309만 달러로 주식 담보 대출을 통해 판매되었다. 당시 유코스의 실제 수익성과 가치를 측정하는 것이 불가능하지만, 힌트를 주자면 유코스의 매출은 80억 달러였다. 1990년대 말에, 유코스의 주식은 말도 안 되는 PER인 2분의 1에 거래되었다. 이는 순이익의 절반밖에 안 되는 가격이었다.

유코스의 4개 주식으로 구성된 미국 예탁증권은 나스닥에 2001년부터 10달러에 거래되기 시작됐다. PER로 치면 1.5배였다. 유코스 주식은 기업이 보유한 매장량으로 계산한 시가총액 대비 파격적으로 저렴한 가격에 거래되고 있었다. 2002년 말, 유코스는 40억 달러의 현금 및 현금성 자산을 보유하고 있었다. 장기 부채 3억 7,800만 달러를 제하면, 미국 예탁증권ADR당 7달러의 현금과 맞먹는 액수였다. 유코스는 라이선스가 만료되기 전까지 59억 배럴에 상당하는 매장량을 보유하고 있었고, 이는 미국 예탁증권당 10배럴과 비슷한 매장량이었다. 확인된 매장량의 3분의 2는 이미 개발된 상태였다. 만약 유코스가 라이선스가 만료된 후에 갱신할 수 있다고 가정한다면, 주가로 46억 배럴의 확인 매징량이 회수될 수 있었다. 또한 확인 매장량 4.6조 큐빅 피트(1 큐빅 피트=0.028 큐빅 미터)의 천연가스도 보유하고 있었다. 2003년 유코스의 ADR이 7배 상승한 68달러에 도달했을 때도 같은 기업의 확인 매장량의 주식시장 가치는 배럴당 6달러였다. 다른 주식과 비교해 보자면, 엑손모빌 주식은 40달러에 거래되고 있었으며 주당 1.7배럴의 원유와 8,500큐빅 피트 상당의 천연가스 확인 매장량을 보유하고 있었다. 천연가스를 1대 6의 비율로 배럴로 전환시키면 엑손은 주당 3배럴의 확인 매장량을 보유한 것이었다. 이는 배럴당 13달러 정도로 계산할 수 있다.

유코스의 자산 가치는 얼마였을까? 그들의 미 증권거래위원회 10K 혹은 20F(미국 기준으로 해외 기업의 미국 현지 법인 등이 상장될 경우 20F를 미 증권거래위원회에 제출한다 - 옮긴이) 연간 보고서에 따르면, 석유 및 가스 생산자는 '할인 순현금 흐름의 표준화된 측정치'라는 보유 매장량의 추정 가치를 제공한다. 이는 원유 기업의 연간 보고서 중 가장 중요한 표다. 이 표는 기업의 미래 개발 계획을 포함한 확인 매장량의 가치에 대한 분석을 요약하여 보여 준다. 이 수치는 매우 보수적으로 기록되는데, 미 증권거래위원회가 제시한 기준에 따르며 지질학적 정의, 시장, 혹은 승인 등을 포함하지 않은 투기성의 프로젝트는 제외한다. 유가가 떨어지지 않은 이상, 지난해 대비 매장량이 하향 조정된다는 것은 해당 기업의 보고 정직성이 부족함을 보여 준다.

미 증권거래위원회의 기준에 따라, 유코스는 2002년 말 상품 가격, 비용, 과세 체계가 영속될 것이라고 간주했다. 원유는 2002년 12월 28달러에 거래되고 있었다. 유코스는 탄화수소의 경제적 회수율에 대한 추세 또한 주관적으로 가정했다. 이러한 가정을 기반으로, 매장 자원을 생산하면 얻게 될 세

후 현금 흐름을 계산했으며, 10퍼센트의 할인율을 적용시켜 현재 가치로 환산했다. 이는 라이선스 만료 전에는 유코스 미국 예탁증권당 54달러로 계산되었으며, 라이선스가 연장될 경우에는 62달러로 계산되었다. 논란의 여지가 있을 수는 있지만, 이는 보수적인 추정치였다. 유코스의 현금, 정제 시설, 서비스 스테이션, 혹은 잠재 매장량을 모두 제외한 수치였다.

러시아에서 실로빅Silovik(러시아 정치인 중 소련의 국가보안위원회 등 군대 및 정보기관 출신을 지칭하는 말이다 - 옮긴이)이 아닌 모든 사람에게 나쁜 일이 발생한다. 2003년 2월, TV로 방영되는 크렘린Kremlin의 회의에서, 그 당시 러시아에서 가장 부유했던 호도르콥스키Khodorkovsky가 정부 고위 관료가 뇌물로 수백만 달러를 받았다는 혐의를 제기하며 러시아 대통령인 블라디미르 블라디미로비치 푸틴Vladimir Vladimirovich Putin과 정면으로 부딪혔다. 정부는 곧 유코스에게 세금 조사를 내렸고, 270억 달러의 세금을 부과했다. 2001년 및 2002년 세금액은 당기 매출액을 넘어섰으며, 2003년 세금은 매출의 83퍼센트에 달했다. 정부는 유코스의 자산을 동결시켰으며, 가장 큰 자회사를 경매를 통해 94억 달러에 팔아 버렸다. 드레스너 클라인워트Dresdner Kleinwort는 그 자산의 가치를 150억 달러에서 170억 달러 사이로 추정했다. 푸틴과 더욱 친분이 있던 로스네프트Rosneft가 나중에 유코스의 자산 대부분의 신규 소유주가 된 것으로 밝혀졌다.

러시아와 같이 수출의 대부분이 원유인 국가에서는 실질적으로 '석유의 저주'라는 말이 있다. 석유 판매 수입만으로 재정을 충분히 꾸려살 수 있는 정부는 국민의 지지를 얻지 않아도 되며, 필요한 경우 억압적이며 비민주적이 될 수 있다. 경제적인 자유와 법규 또한 불필요하다. 실제로 도둑 정치는 아무도 자원 소유권에 대해 감히 청구권을 요구하지 않을 때 더 효과적이다. 내 직감에 따르면 원유 수출국이 더 많은 전쟁과 분쟁에 휘말리는 경향이 있다. 사우디아라비아, 러시아, 이란, 이라크, 나이지리아, 앙골라, 베네수엘라가 이러한 곳이다. 하지만 노르웨이, 캐나다, 그리고 아랍에미리트 등의 원유 수출국은 평균 이상의 경제적 및 시민적 자유를 누린다. 2013년까지 영국 또한 원유 수출국이었다.

리오의 카니발 축제

2003년 당시 브라질은 세계에서 몇 안 되는 좋은 지형 조건을 가지고 있는 국가였다. 하지만 동시에 인권과 재산권과 관련해서는 민주적이지 못한 나라였다. 1985년, 브라질의 군 독재가 막을 내리면서 새로운 공화국이 들어섰다. 헤리티지 공과대학Heritage Institute은 경제적 자유 분야에서 2003년 브라질을 세계 평균보다 살짝 높은 등급으로 평가했다. 2015년, 세계 사법정의 프로젝트Word Justice Project는 브라질을 '법의 지배 지수'에서 칠레, 코스타리카, 우루과이보다 뒤에 위치한 것으로 평가했는데, 이 순위는 10개 이상의 타 남미 국가보다는 앞서 있는 것이었다. 2003년 루이스 이냐시오 룰라 다 실바Luiz Inacio Lula da Silva는 브라질 대통령으로 당선되었는데, 그 전 정권의 부정부패를 척결한다는 공약 덕이었다.

　나는 해안 석유 서비스 기업의 고객사 중 어떤 곳이 가장 흥미로운 탐사를 진행하고 있는지 물었다. 그들은 페트로브라스 브라질레이로Petroleo Brasilerio라고 말했다. 이 기업은 1953년 국영 석유 기업으로 설립됐는데, 1990년대 개혁 이전까지 브라질 석유 사업에 독점권을 소유하고 있었다. 그때까지 브라질 내 모든 탐사는 페트로브라스 브라질레이에 의해 진행됐으며, 지금도 대부분의 사업을 진행하고 있다. 다른 메이저 석유 기업들은 브라질에서 최소한의 활동만 하고 있었다. 그 석유 서비스 기업의 관점에서 페트로브라스 브라질레이는 연안에서 거대하고 기술적으로 복잡한 유전에 자리 잡고 생산 활동을 하고 있었으며 자신들이 제공하는 서비스를 필요로 하는 기업이었다.

페트로브라스 브라질레이는 원유 탐사 비용이 평균 이하 수준이었으며, 이를 기반으로 매장량을 신속히 늘렸는데, 이는 브라질에 비교적 미발견 지역이 많다는 인상을 주었다. 1990년대, 페트로브라스 브라질레이는 액상 석유 생산량을 거의 2배로 늘렸고, 2000년대 들어와서도 꾸준히 늘렸다. 특히 2000년부터 2004년까지 생산량의 2배에 달하는 매장량 발견과 확장을 이루었다. 대부분의 유명 석유 기업은 매년 기존 생산량을 가까스로 유지하거나 아주 조금 증가시킨다. 이 기간 동안 페트로브라스 브라질레이의 확정 원유 매장량은 83억 배럴에서 99억 배럴로 증가했다. 메이저 석유 기업 중에서는 성장주에 가장 가까운 주식이었다.

서류상으로 브라질의 세금 및 로열티 시스템은 미국 시스템과 비슷했다. 나는 페트로브라스 브라질레이의 신규 발견 석유의 탐색 및 개발 비용을 배럴당 4달러 정도로 고정시켰다 (비용은 계속 변한다). 2003년, 정부의 몫을 제외한 페트로브라스 브라질레이의 채굴 비용은 배럴당 3.48달러였다. 그 이후에는 채굴 비용을 3달러로 낮추기로 목표를 정했다. 한편, 정부의 몫은 판매가의 5분의 1에 해당하는 5.14달러로 올랐다. 세계 원유 가격이 배럴당 25달러인 상태에서, 페트로브라스 브라질레이는 탐사 및 생산 부문에서 50퍼센트가 조금 넘는 영업 이익율을 달성했다. 정부가 의결권 주식의 대부분을 소유하고 있기도 했지만, 기업은 세금을 미루거나 회피하려는 노력을 거의 하지 않아서 2003년에 실효세율 31퍼센트를 기록했다. 페트로브라스 브라질레이와 같이 좋은 지질, 현대 기술, 협조적인 사회 제도를 가지고 있는 석유 기업은 성공해야 마땅하다.

비관론자 쪽에서는 루이스 이냐시오 룰라 다 살바 대통령이 뼛속까지 사회주의자라는 점을 이야기했다. 그의 공식 교육은 4학년에서 끝났으며, 노동당 소속 정치인이 되기 전까지 노조에서 일했다. 이는 두려울 만한 일이었지만, 에너지 장관인 지우마 호세프Dilma Rousseff는 시장 친화적인 인물이었다. 그녀는 이후 룰라 대통령의 비서 실장이 된다. 페트로브라스 브라질레이는 호세프가 이사회장 의장을 역임한 것만 봐도 알 수 있듯이 분명히 경제 정책 도구였다. 2002년 법을 통해 대부분의 물가는 시장가로 바뀌었지만 페트로브라스 브라질레이의 상품 중 몇 가지는 통제된 가격에 판매되었다. 이 상태에서 만약 브라질이 페트로브라스 브라질레이에 대한 세금 혹은 로열티를 상승시켰다면, 정부의 한 부처가 다른 부처로부터 돈을 빼앗아 오는 것과 마찬가지였을 것이다.

2000년 8월, 페트로브라스 브라질레이의 미국 예탁증권은 브라질 대통령 페르난두 엔히키 카르도주Fernando H. Cardoso의 집권 아래 시행되었던 민영화 정책의 일환으로 뉴욕거래소에 상장되었다. 투자자는 룰라가 민영화 및 기타 시장 친화 개혁 정책을 철회할까봐 두려워하고 있었다. 애널리스트 중 한 명은 "브라질은 미래 국가이며, 언제나 그럴 것이다"라고 이야기했다.

결과적으로 여러 긍정적인 요소에도 불구하고 페트로브라스 브라질레이의 주식은 2003년부터 2004년까지 PER이 5와 6를 횡보하며 저평가된 것처럼 보였다. 비교해 보면, 2004년 엑손모빌은 저점인 PER 13배에 거래되고 있었다. 2002년부터 2004년까지 페트로브라스 브라질레이의 주식은 2배 상승했지만, 내 추정 가치는 그보다 훨씬 높았고, 다행히 운도 따랐다. 기준 원유가는 5년 동안 25달러에서 145달러로 치솟았다. 2007년, 페트로브라스 브라질레이는 60억 배럴의 매장량을 보유하고 있는 투피 유전Tupi field(이후 룰라 유전으로 개명했다 - 옮긴이)을 발견했다. 그 이후 수십억 배럴의 발견이 이어졌다. 이는 30년 동안 지속된 세계 원유 발견 감소 추세를 뒤집었다. 브라질은 10억 배럴 이상의 신규 유전을 찾을 수 있는 유일한 장소로 여겨졌다. 룰라는 역대 브라질 대통령 중 가장 인기 있는 대통령으로 칭송받게 되었다.

페트로브라스 브라질레이 주식은 멈출 줄 모르고 고공 행진을 이어갔다. 주가는 2005년 2배가 되었으며, 2007년까지 또 다시 2배가 되었고, 2008년 상반기 동안에도 계속 상승했다. 2004년부터 2008년 6월까지, 주식은 10배 상승했으며, 대부분의 메이저 석유 기업을 크게 앞질렀다. 페트로브라스 브라질레이는 처음과는 다르게, 이미 내 펀드에서 가장 큰 포지션이 되어 있었다.

이 주식을 이 시점에 파는 것은 실수로 보일 수 있지만, 해당 주식은 더 이상 저평가되어 보이지는 않았다. 2008년 6월, 71달러일 때 이 기업의 시가총액이 2,500억 달러에 달했으며, PER은 30배가 넘었다. 두 수치는 모두 마이크로소프트를 능가하는 것이었다. 내가 그 시가총액을 매장량 대비 가격으로 전환시켰을 때, 주식은 비싸 보였다. 페트로브라스 브라질레이의 매장지대 중 상당 부분은 아직 개발되지 않았으며, 앞으로 큰 지출이 발생할 것을 알 수 있었다. 배럴당 기준으로 볼 때, 미개발된 매장량의 가치는 개발된 매장량만큼의 가치가 없었다.

내가 페트로브라스 브라질레이 주식을 계속 보유하려고 했다면 추정 및 가능 매장량, 미래의 행운에 대해 적극적으로 추정해야 했을 것이다. 2010년에 리브라 유전Libra field이 발견되었다. 80억 배럴의 매장량으로 이는 투피보다 규모가 컸다. 동시에 리브라 유전 근처에서 45억 배럴의 프랑코 유전Franco field 또한 발견되었다. 그리고 그 이후에도 수십억 배럴의 암염하층 유전(연안 1마일 깊이에 소금과 바위로 구성된 움직이는 지층 밑에 갇혀 있는 매장량 - 옮긴이)들이 발견되었다. 브라질은 아마도 아주 큰 규모의 석유 수출국이 될지도 모른다고 금융 미디어에서 난리였다.

원자재 가격이 상승할 때 저비용 생산자가 생산력을 늘리지 않는다면 수익을 창출할 기회를 빼앗기게 된다. 원유 가격이 25달러일 때 총비용이 20달러인 유정은 유가가 145달러가 되면 로열티와 세금이 동시에 상승한다고 해도 현금을 마구 쏟아낼 것이다. 배럴당 145달러 가격에서는 총비용이 145달러보다 적게 소요되는 모든 유정에서 수익이 난다. 예를 들어, 총비용이 100달러인 유정을 더하는 것은 기업의 수익률은 낮추겠지만 절대적인 달러 수익은 증가시킨다. 페트로브라스 브라질레이와 OGX(2007년 설립된 부채 비율이 높은 브라질 시추 업체)는 모두 고비용 기회를 잡으려고 혈안이 되어 있었다. 60억 배럴의 투피 유전은 이 중 가장 큰 유전이었고, 이외에도 브라질 연안에는 전망이 좋은 유정이 많이 포진되어 있었다.

2009년, 페트로브라스 브라질레이 소속 경제학자들은 『유가와 석유 생산 비용은 연관되어 있는가?』라는 제목의 놀라운 보고서를 출간했다. 그들의 대답은 "그렇다!"였다. 2002년, 브렌트유Brent Oil(영국 북해 지역에서 생산되는 원유 - 옮긴이) 가격이 25달러였을 때, 브렌트유의 손익분기점은 20달러였다. 글로벌 메이저 석유 기업의 탐색 및 개발 비용은 배럴당 평균 5.4달러였다. 브렌트유는 2008년에 100달러 선을 크게 상회한 적이 있지만 배럴당 97달러를 유지했다. 산업의 손익분기 가격은 탐색 및 개발 비용이 5배인 배럴당 25.52달러로 오르면서 배럴당 86달러로 상승했다. 석유 서비스 계약 업체들은 장비 사용료를 높였으나 이렇게 높은 유가에서는 비용을 더 지불하더라도 수익성이 있었다.

페트로브라스 브라질레이는 캄푸스Campos 및 산투스Santos 유역에서 수십억 배럴 규모의 매장 지대를 발견했는데, 이 지역은 비용 압박이 매우 컸다. 어떤 유정에서는 석유에 도달하려면 20,000피트나 내려가야 했다. 유정 위치가 연안 200마일 안쪽에 있을 때, 시추 장비를 그쪽까지 옮기려면 수년의 시간과 복잡한 절차를 거쳐야 할 것으로 예상되었다. 투피(룰라) 유전 규모의 전례가 그 당시까지 없었고, 다른 대규모 프로젝트 또한 추후 진행될 것으로 예상되었다.

브라질 정부는 이러한 석유 횡재를 지속하고 싶었고, 이를 쉽게 하기 위해 몇 가지 법규를 통과시켰다. 브라질 현지 조달 의무 조항은 연안에서 사용되는 장비로까지 확장되었다. 그때까지 브라질 연안에서 사용되던 굴착기 중 5분의 1도 채 되지 않은 숫자가 브라질산이었는데, 이 비율은 5분의 3으로 증가했다. 최신 기술을 보유한 국제 석유 서비스 하청업자들은 이러한 법규를 피하기 위해 현지 파트너와 손잡아야 했다. 페트로브라스 브라질레이는 신규로 발견되는 모든 유전의 운영자가 될 것이었고, 어느 곳이든 최소 30퍼센트 이상의 지분은 확보하게 될 계획이었다. 브라질은 '석유는 우리 것'이라는 점을 확실히 하려했지만, 이는 페트로브라스 브라질레이가 앞으로 매년 수조 달러의 부채를 더하게 될 것이라는 것을 의미했다. 2015년 순부채는 1,000억 달러로 증가했다.

페트로브라스 브라질레이의 슬로건은 '석유는 우리의 것'이었지만 나는 여기서 '우리'가 누구인지 꽤 궁금했다. 석유의 주인이 브라질 시민인지, 기업 주주지, 아니면 정부 고위 관료인지 같은 질문이었다. 볼리비아는 2006년 자국 석유 산업을 국유화했다. 그 다음 해에 베네수엘라는 오리노코 유역에서 페트로브라스 브라질레이를 포함한 외국 기업 소유 유정을 일부 몰래 썼다. 2009년 당시에는 알지 못했지만, 2012년에 아르헨티나는 YPF(아르헨티나 석유,가스 회사)를 다시 국유화시켰다.

페트로브라스 브라질레이는 더 이상 저비용 생산자가 아니었다. 이미 자신의 현금 흐름 이상을 지출하고 있었으며, 부채 수준 또한 불길할 정도로 상승하고 있었고, 주가 또한 두드러지게 저평가되어 있지 않았다. 그런데 설상가상으로 유가는 2008년에 6개월 동안 145달러에서 36달러로 곤두박질 쳤다. 이후 36달러에서 바닥을 찍고 2011년 125달러까지 상승했지만 석유와 같은 원자재 사업에서는 주요 경기순환도 고려해야 했다. 하강 사이클에서 실패하는 기업은 비용이 높거나 부채 비율이 높거나 혹은 둘 다 높은 경우다. 나는 모든 펀드에서 페트로브라스 브라질레이 주식을 청산했다.

이후 훨씬 낮은 가격에 주식을 정리하면서, 나는 2008년 미국 예탁증권당 72달러라는 고점의 거래 기회를 놓쳤다는 것을 아쉬워했다. 물론 지금 생각해 보아도 후회는 하지 않는다. 유전 개발은 수십조의 추가 비용이 소요되며 일정이 지연되고 있었다. 브라질은 아직도 석유 수입 국가다. 지우마 호세프는 룰라의 임기가 끝나고 대통령에 당선되었다. 상대적으로 가난하고 인구가 적은 브라질 동북부 3곳을 포함한 4개 지역에 신규 정유소를 설립한다는 계획이 발표되었다. 이 중 두 곳은 건설 중에 중단되었다. 페트로브라스 브라질레이의 정유 비즈니스는 수십억 달러의 손해를 봤는데, 원유는 시장가에 매입되는 반면 가솔린은 정해진 가격에 판매되었기 때문이다. 오늘날, 페트로브라스 브라질레이는 엑손모빌과 비교할 때 절반도 채 되지 않는 매출을 올림에도 훨씬 더 많은 직원들을 고용하고 있다. 이는 말 그대로 페트로브라스 브라질레이가 직원을 너무 많이 고용하고 있다는 것을 암시한다.

유가가 2014년 말 급락하고 지우마 호세프가 재당선되었을 때, 페트로브라스 브라질레이는 수십억 달러의 부정부패 손실을 발표했다. 페트로브라스 브라질레이의 프로젝트에는 알 수 없는 할증료가 부가되곤 했는데, 그때까지 약 30억 달러에 달하는 돈이 노동당 내 정치인에게 전달된 것으로 밝혀졌다. 이 작업의 암호명은 '작전명 세차'였는데, 현금이 주로 페트로브라스 브라질레이 주유소를 통해 전달되었기 때문이었다. 들은 소리에 의하면 브라질 석유 산업에서 뇌물 없이 계약을 따낼 수 있는 방법은 없다고 한다. 부정부패로 탄핵받았다가 무죄로 풀려난 전 대통령 페르난두 콜로르 지 멜루Fernando Collor de Mello를 포함한 수십 명의 브라질 상원 의원, 하청업자, 그리고 유망한 관료 등이 기소되었다. 지우마 호세프 대통령은 2016년 탄핵되어 자리에서 쫓겨났다.

재무 분석가 관점에서 볼 때 부패, 부정 경영, 높은 세율과 로열티, 나쁜 지질, 나쁜 운은 비용을 높이는 조건이다. 특히 부패는 문제가 큰데, 윤리적인 관점을 떠나 애널리스트들이 사태를 파악하기 어렵고, 얼마만큼 변화할지를 측정하기 어렵기 때문이다. 나는 부정 경영을 직원당 매출 등의 간단한 비율 등으로 탐지할 뿐이다. 유가가 상승하며 지주와 정부가 욕심이 많아질수록, 법규가 탄탄한 국가에서도 세금과 로열티와 같은 안정된 비용이 변동할 수 있다.

석유 산업의 탐사 비용에 대한 조사 결과는 과거에 대해 알려줄 수는 있다. 하지만 지질학적인 기회에 대한 미래 전망, 재정적 계약의 안정성, 그리고 기업의 기술을 결합해서 생각해야 한다. 일반적으로 탐사 및 개발 비용은 자원은 풍부하나 탐사가 아직 덜된 지역에서 더 낮아야 한다. 세금과 로열티 시스템은 부정부패가 만연하지 않은 이상 민주국가에서 가장 안정적이다. 어떤 기업은 뛰어난 기술과 지질학적 전문성을 통해 비용을 낮춘다.

원자재 가격의 잦은 변동은 투기꾼에게는 매력적일지 모르나, 투자자에게는 원자재 관련 산업을 피하게 만드는 원인이 될 가능성이 크다. 예를 들어 유가를 예측하려고 하는 것은 헛수고일지 모르지만, 이러한 예측 없이 기업의 이익과 자산 가치를 추정하는 것은 불가능하다. 자산 및 이익을 추정할 때, 불완전하지만 보수적인 관점을 포함시키는 방법은 현재 가격과 10년 평균 가격 중 낮은 가격을 사용하는 것이다. 나는 안전을 알려주는 신호를 찾는데, 여기에는 낮은 생산가, 정치적 안정성, 자산 가치에 대한 할인적용, 낮은 PER 비율, 낮은 부채 수준 등이 포함된다. 안전 신호를 무시하는 투기꾼은 영화 〈데어 윌 비 블러드 There Will Be Blood〉에서 대니얼 플레인뷰가 말했던 것처럼 가끔 다음과 같은 결말을 맞이한다.

"난 끝이다."

15

새로운 기술에 투자하는 법

기술이란 끊임없이 변하기 때문에, 나는 변치 않는 것에 집중한다.

- 제프 베조스 -

테크에 있어 워런 버핏은 존재하지 않는다

포브스가 선정한 400대 부자 목록에서 상장 테크 주식 투자를 통해 부자가 된 사람은 없다. 벤처 투자자나 테크 사업가 그리고 주요 간부는 억만장자지만, 그들은 대중 시장에 투자하는 사람보다 앞서가는 점이 있었다. 바로 혁신의 길이 어떻게 펼쳐질 것인지에 대한 전망과 그 길을 바꿀 수 있는 영향력이다. 그들은 모든 자산과 열정을 한 기업에 쏟아붓고, 그 기업의 주식이 불어날 때까지 인내하며 기다렸다.

    테크 업계의 억만장자는 남보다 훌륭한 통찰력 때문에 부자가 되었다고 볼 수 있지만, 그보다도 집중투자한 하나의 주식이 운이 좋게도 엄청난 수익을 가져다준 경우가 많다. 실패 사례가 많음에도 실패보다 눈에 띄는 성공이 더 부각됨을 종종 간과하기도 한다. 마크 저커버그Mark Zuckerberg와 같은 인물도 존재하지만 그 뒤에는 몇 년 동안 빛을 보지 못하는 수백 명의 테크 사업가와 업계 종사자가 있다. 잠깐 다른 이야기를 하자면 제니퍼 애니스턴Jennifer Aniston과 샌드라 불럭Sandra Bullock은 영화배우가 되기 전에 식당 종업원으로 일했다. 로스앤젤레스에 있는 배우를 지망하는 7만 명의 사람들은 캐스팅 콜을 한 번도 받지 못한다. 투자자가 선정한 한 개의 주식이 페이스북과 같이 '대박'이 날 확률은 매우 낮다는 말이다. 혹 운이 좋아 대박을 치더라도 스타덤은 오래가지 못할 수도 있다.

스타트업은 운을 지속시키기 위해 새로운 기술과 낮은 비용을 둘 다 필요로 한다. 하지만 둘 중 하나의 목표를 달성하고자 하면 나머지 하나를 포기해야 하는 경우가 많다. 기술에 집중하는 기업은 현재의 수익성을 포기하면서도 연구개발에 집중투자하는 반면, 재정적인 결과에 집중하는 기업은 연구개발비를 포함한 비용을 절감하려고 애쓴다. 그러니 혁신적인 면에서 뒤떨어지게 되는 것은 당연한 일인지도 모른다. 안타까운 점은 제아무리 훌륭한 상품이라고 해도 결과적으로 시대에 뒤떨어진다면 장기적인 관점에서 전망과 재정이 모두 어둡다는 것이다. 테크 주식에 투자하는 사람 역시 필요에 따라 미래파 혹은 금융 전문가로서 주식에 접근해야 한다. 재무분석만으로 미래의 혁신이 어느 방향으로 나아갈지 알 수 없지만 그것을 이해하고 배워 나가는 것부터가 투자의 시작이다.

아무도 가지 않은 길을 가는 것이 옳은가?

영화 〈스타트렉Star Trek〉의 인물들처럼 대부분의 테크 사업가나 투자자는 아무도 가지 않은 길을 대담하게 가려고 한다. 그들은 확률을 예측할 수 없고 결과를 정의할 수 없는 상황을 매력적이라 생각한다. 세상을 바꾸는 혁신은 시대에 뒤처질 수 없고 경쟁이 거의 없기 때문에 이러한 목표를 가진 사람에게 비용과 경쟁을 이야기하는 것은 무의미하다. 혁신적인 제품을 내놓는 기업은 시작은 미약하나 비약적인 성장을 이루며 엄청난 수익을 낸다. 하지만 새로운 분야를 탐험하다 보면 좌절과 실패를 겪기도 한다.

상상에는 한계가 없고 가능성 역시 무한하지만 투자자는 현실을 살아간다. 과학이나 기술 분야에서는 비전과 현실이 충돌해서는 안 된다. 물리학자인 리처드 파인먼Richard Feynman은 "당신이 한 번도 보지 못한 것을 상상해 보라. 그것은 당신이 본 것과 세세한 부분까지 일치해야 하며, 이전까지 생각했던 것과는 달라야 한다. 또한 모호하지 않고 뚜렷해야 한다"라고 말했다. 성공한 미래주의자는 관찰로 지식을 넓히며 이미 실험한 것과 실패한 것에 집중한다.

한 천재 과학자의 독창적인 아이디어가 반드시 쓸모 있는 제품으로 탈바꿈한다는 보장은 없으며, 그 제품이 시장에 받아들여져 독점적 위치를 차지하리라는 보장도 없다. 더욱이 현재 그 시장을 독점하고 있는 기업이 그 입지를 오랫동안 유지할 것이라는 보장 역시 없다. 지금까지 기술의 역사는 발명품을 만들었지만 결국 파산하는 천재와 그 발명품을 가지고 억만장자가 되는 사람의 연속이었다. 예를 들어 줄리어스 에드거 릴리엔펠드Julius Edgar Lilienfeld는 제일 먼저 트랜지스터에 대해 특허권을 따냈지만 AT&T의 벨 연구소Bell Labs가 이를 활용한 장치를 개발하여 인정을 받았으며, 인텔은 트랜지스터를 기반으로 하는 반도체를 개발해 수십억을 벌었다.

한 분야의 권위자는 큰 부자가 되는 것보다 사회에 공헌하고 가치 있는 일에 더 보람을 느끼는 것 같다. 제너럴 일렉트릭General Electric, GE을 설립한 토머스 에디슨은 실리콘 밸리의 사고방식을 앞질렀다. 그는 "내 인생의 목적은 더 많은 발명을 하기 위해 충분한 돈을 버는 것이다"라고 말했다. 비슷하게 알파벳 주식회사Alphabet Inc.의 강령은 '전 세계의 정보를 정리하여 세계 어디에서든 이용 가능하고 유용하게 만드는 것'이다. 이 임무에 방해받지 않고 욕심 많은 주주가 단기적 수익을 내도록 강요하지 못하도록 하기 위해 알파벳 주식의 절반은 의결권이 없으며 설립자인 래리 페이지Larry Page와 세르게이 브린Sergey Brin의 보유 주식은 각각 10개의 의결권을 가진다.

과학에서 가장 큰 영광을 누리는 발명품은 여러 방면으로 재적용될 수 있고 수많은 방식으로 응용될 수 있는 '빌딩 블록building-block' 기술이다. 발명품을 기반으로 한 응용 서비스와 제품이 실제 발명품보다 더 많은 돈을 버는 일은 흔하다. 찰스 배비지Charles Babbage가 가장 처음으로 컴퓨터를 발명했지만, 그 발명품을 완벽히 마스터하고 소프트웨어를 발명하여 거대한 규모의 사업으로 만든 것은 IBM이다. 검색 엔진은 인터넷을 응용한 것이고, 인터넷은 컴퓨터의 응용이지만, 검색 엔진 자체가 '빌딩 블록' 발명이라고 할 수 있다. 앨런 엠티지Alan Emtage, 빌 힐런Bill Heelan, 그리고 J. 피터 도이치J. Peter Deutsch가 웹 콘텐츠 검색 엔진을 발명했지만, 이들 중 그 아무도 구글의 설립자만큼 부자가 되지는 않았다.

시장성 있는 제품을 세상에 내놓을 시기가 가까워진 연구 프로젝트는 보통 가장 안전한 투자처로 여겨진다. 하지만 시장에 나온 뒤 미세하게나마 개선해야 할 사항이 있고 어쩔 수 없이 따라오는 시행착오도 있다. 재무 분석가 입장에서는 이 모든 것이 엄청난 손해이고 낭비로 보인다. 중국에서 기술은 종종 불법 복제된다. 그리고 밸리언트 제약Valeant Pharmaceuticals은 제약 회사를 사들이고 연구비를 삭감하여 이미 진행이 순조롭게 되는 개발과 그것에 따른 마케팅에 집중한다. 비슷하게 애플도 디자인과 개발에 막대한 자금을 투입하지만 그보다 더 많은 비용을 특허 소송에 들이고 있다.

예상 가능한 발명과 예상치 못한 발명

아서 C. 클라크$^{Arthur\ C.\ Clarke}$는 그의 책 『미래의 모습$^{Profiles\ of\ the\ Future}$』에서 진보는 운의 영향을 많이 받는다 말하며 중요한 발명을 '예상 가능한 것' 그리고 '예상치 못한 것'으로 분류했다(〈표 15-1〉). 여기서 클라크가 말하는 '예상치 못한' 발명이란 원래의 목적과는 별개의 발견과 옛 과학자들이 그 발명의 목적이나 용도를 이해하지 못한 경우를 말한다.

표 15-1 예상한 발명품과 예상치 못한 발명품

예상치 못한 발명	예상한 발명
인공장기	비행기
블랙홀	인공생명
DNA 지문	자동차
진화	휴대폰
레이저	살인광선
전자레인지	홀로그램
MRI	불멸
원자력	LSD
양자 컴퓨터	장기이식
레이더	로봇
초전도체	태양 전지판
TV/라디오	우주선

증강현실	증기기관
X-Ray	잠수함

출처: kk.org

블랙홀만 하더라도 예상치 못한 발견이었고 지금도 과학자들이 이해하지 못하는 영역이다. 그와 반대로 고대 그리스인과 레오나르도 다빈치Lenardo Davinci는 하늘을 나는 기계를 만드려는 시도 속에 후대에는 그러한 기계가 등장하리라는 사실을 예측할 수 있었다. 이 차이는 투자자에게 크게 두 가지의 의미를 갖는다. 첫째, 예상치 못한 발명은 주로 흔치 않은 '빌딩 블록' 발명 중에 존재한다. 상대적으로 덜 개척되었던 분야에서의 예상치 못한 발견은 전망이 좋은 길과 기회의 문을 열기도 한다. 또한 인접한 분야와 새 발명의 응용 제품 역시 경쟁이 약할 것이다. 둘째, 예상치 못한 발명은 다른 연구의 부산물이기 때문에 비용이 거의 들지 않는다. 반면, 무인 자동차나 저렴한 재생에너지 (그리고 에너지 보관), 드론 배송, 증강 현실, 양자 컴퓨터를 발명하기 위해서는 수십억 달러가 필요하다.

실험적인 연구 개발 프로젝트에서 실패는 반복적으로 나타나는 특징이다. 회계사는 실패한 실험을 과학자와는 다르게 정의한다. 회계에서 목표를 달성하지 않은 실험은 실패이며 그 비용은 손실 처리된다. 과학자는 가정에 대해 결론을 내지 못했을 때, 즉 아무것도 새로 배운 것이 없었을 때를 실패라고 정의한다. 오늘의 연구가 훗날 어떤 결실을 맺을지를 평가할 수 있는 방법을 고안해 낸 사람은 아직 없다.

우연한 발견은 연구의 부산물이긴 하지만, 그러한 운 또한 관찰을 통해 새로운 발견을 하고자 하는 유연함을 가진 자에게만 허락된다. 비아그라Viagra는 본래 심장을 치유하는 목적으로 개발되었으나, 다른 용도로 상업화되었다. 결과적으로 임상 시험에 참가한 남성의 심박 수를 증가시킨 것은 확실하다. 스펜서 실버Spencer Silver라는 3MMinnesota Mining and Manufacturing의 연구자는 강한 접착제를 만들고자 했으나 실패했고 10년 후에 아서 프라이Arthur Fry라는 다른 3M 연구자가 이를 이용하여 포스트잇을 만들었다.

테크 분야 전문가는 우연한 발견의 부작용에 대해 이야기하기를 꺼린다. 이 우연한 발견의 부작용을 모두 확인하는 데 걸리는 시간이 매우 길고 참담한 결과를 불러올 수도 있기 때문이다. 한 예로 시바Ciba라는 제약 회사는 탈리도마이드thalidomide라는 약품을 간질 치료 목적의 항경련제로 개발했으나 결과적으로 실패했다. 대신 매스꺼움을 억제하는 효과와 진정제의 효과가 강해서 임산부의 입덧 치료제로 쓰였다. 그런데 1950년 후반과 1960년대 초, 탈리도마이드를 복용한 임산부들이 낳은 아이 중 1~2만 명 정도가 유산되거나 팔다리가 결손된 상태로 태어났다. 현재 탈리도마이드는 암이나 에이즈 바이러스, 간질의 부작용을 치료하는 데 처방된다.

많은 발명이 이미 존재하는 기술을 새로운 방법으로 재결합하면서 탄생한다. 예를 들어서 인터넷은 컴퓨터와 전화 통신 기술을 결합했으며 페이스북은 전화, 인터넷, 그리고 사진 기술이 합쳐진 결과물이다. 무인 자동차는 자동차와 센서 그리고 인터넷의 복합체다. 제록스 복사기는 사진 기술과 정전 인쇄법을 합친 것인데, 이 특허 상품을 시장성 있는 제품으로 만드는 데 20년이라는 시간이 걸렸다. 제록스는 판을 사용하여 인쇄하는 방법 대신, 어둠에서는 절연체였다가 빛에서는 전도체가 되는 물질로 된 원통이 필요했다. 모든 시행착오를 통해서 제록스는 셀레늄이 용도에 맞다는 것을 알게 되었으며, 1955년 복사기에 셀레늄 사용 독점권을 부여하는 특허권을 획득했다.

획기적인 아이디어를 성공적인 제품으로 만들 수 있는 연결 고리를 찾는 데에는 몇십 년의 시간이 걸리기도 한다. 100년 전에 니콜라 테슬라Nikola Tesla는 현대 사회가 이루어 내지 못한 무선 전기를 예상했지만 빈털터리로 세상을 떠났다. 전기 차는 1800년대에 발명되었으며 1910년 경에는 자동차 시장의 8분의 3을 차지했다. 하지만 주행거리가 짧고 충전할 수 있는 곳이 적다는 이유로 널리 사용되지 못했다. 비슷한 예로, 페르디난트 포르셰$^{Ferdinand\ Porsche}$ 박사는 첫 가솔린과 전기 하이브리드 자동차를 1900년대에 개발했지만 1996년 도요타가 프리우스^{Prius}를 시장에 내놓기 전까지 하이브리드 자동차는 큰 인기를 끌지 못했다. 소비자는 새로운 것보다는 성능이 좋고 사용하기 편한 것이 더 중요한 셈이다.

운과 승자 독식 제도

대부분의 지식 기반 산업은 규모의 경제가 자리 잡았다. 이는 신제품을 출시하는 작은 스타트업이 가장 비용이 낮기 쉽지 않다는 의미를 내포하고 있다. 이 때문에 실리콘 밸리는 빠른 성장에 집착한다. 인텔의 창업자 중 한 명인 고든 무어$^{Gordon\ Moore}$는 집적회로의 트랜지스터 수가 2년에 한 번 2배로 성장할 것이라는 '무어의 법칙'을 제시한 사람이다. 생산된 반도체 장비의 수가 많아질수록 필연적으로 하나 더 생산하는 데 소요되는 비용이 줄어든다. 이 사실이 나타내는 전략적 시사점은 인텔은 수백 만 개를 판매할 수 있는 블록버스터급 제품 몇 개에만 집중해야 한다는 것이었다. '무어의 법칙'은 디스크 드라이브의 실제 밀도 등 전자 제품 그 어떤 것에도 적용될 수 있다.

인터넷 및 소프트웨어 사업은 네트워크 효과의 수혜를 입는데, 좀 더 많은 고객이 유입될수록 서비스의 매력도가 높아진다는 점, 그리고 정보가 추가 비용 없이 수차례 재사용될 수 있다는 점이 이를 뒷받침한다. 이베이^{Ebay} 혹은 아마존의 시장 플랫폼에 상인이 많아질수록 상인에게 플랫폼의 매력이 높아지고, 상인이 많아지면 또 다시 판매자가 증가한다. 다만 상상의 네트워크 효과를 주의할 필요는 있다. 아메리카 온라인$^{America\ Online,\ Inc.,\ AOL}$은 구독자를 늘리며 이익을 높였지만 유저의 경험을 증진시키지는 못했다. 마이스페이스^{Myspace}는 초기에 네트워크 효과가 있었지만 유저가 페이스북만큼 좋아하지 않았다.

규모의 경제와 네트워크 효과는 많은 테크 산업에 승자 독식적인 성격을 부여한다. 2015년, 러셀 2000 지수에 포함되어 있는 테크 주식 중 3분의 2가 가중평균 수익률을 하회했고, 3분의 1이 상회했다. 테크 주식의 규모가 클수록 이런 비대칭 경향은 심화된다. 10년 전부터 러셀 2000 지수에 있던 테크 주식 중 절반도 안 되는 숫자만이 아직도 시장에서 거래되고 있다. 이 양상은 테크 산업 내에는 많은 패자와 소수의 승자가 존재한다는 것을 보여 준다. 그런데 이들이 얼마나 긴 수명을 가졌는지는 아직 아무도 모른다.

어떤 투자자는 최후의 승자를 골라내기 어렵다는 점을 인정하며, 성장률이 매우 높은 산업인 서비스로서의 소프트웨어, 클라우드 컴퓨팅, 3D 프린팅, 웹 호스팅, 스마트폰 등의 주식을 모아둔 ETF를 매입한다. 이러한 접근 방식은 해당 산업의 기회 대비 주식의 전체 가치가 비교적 낮을 때 성공할 가능성이 크다. 나는 이를 '운 좋은 경우'라고 부르는데, 이 경우에는 아주 성공한 소수가 대부분의 주식이 잃는 가치를 만회하며 더욱 높은 수익을 올릴 수 있는 기회에 노출시켜 준다. 이런 결과는 스폰서가 일정 수익을 가져가는 복권 시스템 내의 티켓을 모두 샀을 때 얻게 되는 결과와 비슷하다. 전체적으로 봤을 때 아주 큰 상금 몇 개가 실망스러운 결과 전부를 완전히 만회하지는 못한다. 가치 투자자에게는 불편한 마음이 들지만, 최후의 승자로 분류되는 주식은 정말로 엄청나게 높은 기대치를 가진다. 그러나 이런 화려한 주식 모두가 끝내 승자가 되지는 않는다. 오히려 실제로 대부분은 결국 주저앉는다.

표 15-2 승자 독식 복권 주식

	수	수익률	기말 가치
대박	1	9,900%	100
매우 양호	1	4,900%	50
현상 유지	50	0	50
파산	48	-100%	0
합계	100	100%	200

다음의 시나리오를 상상해 보라. 한 산업 내 100개의 기업에 각각 동일한 액수의 투자를 한다고 생각해 보자(표 15-2). 10년 혹은 20년 동안, 주식 하나가 분명한 리더가 되고, 이 주식의 가격은 100배가 뛴다. 그리고 50배 상승하는 도전자도 있다. 50개 정도의 주식은 정체되고 가치를 유지하게 된다. 48개의 주식은 없어진다. 포트폴리오 가치는 2배 상승한다. 만약 1년 안에 2배를 달성한다면 좋겠지만, 10~20년 동안 2배가 되는 것은 그렇게 좋은 결과는 아니다.

이 시나리오는 컴퓨터 하드디스크 드라이브^{HDD} 산업이 겪은 경험과 유사하다. 오늘날 디스크 드라이브 산업은 성숙했지만, 1990년에는 PC 산업이 아직 어린 수준이었기 때문에 투자처로서의 매력은 상당히 높은 편이었다. 그때부터 PC와 디스크 드라이브의 연간 출하량은 20배 증가했다. 누적적으로 봤을 때 200개가 넘는 기업이 하드 디스크 드라이브를 생산했다. 수십 개의 경쟁사가 합병했지만, 그중 다수는 문을 닫았다. 시게이트^{Seagate}와 웨스턴 디지털$^{Western Digital}$이 현재 남아 있는 지배적인 기업이다. 20년 동안, 웨스턴 디지털의 주식은 50배 이상 상승했다. 1982년 상장 때의 시가총액인 1억 8,000만 달러부터 2000년 비상장으로 전환했을 때까지 시게이트의 시가총액은 100배 상승했다. 만약 10개의 하드 디스크 드라이브 생산자 주식을 샀다면, 최소한 8개는 별 볼일이 없었을 것이라는 뜻이며 최악의 경우 10개 모두 하찮을 수도 있었다는 것이다.

시게이트의 전략은 가장 많은 용량 생산에 도달하는 첫 기업이 되고, 수직 합병을 한 후, 기업 고객에 집중하고, 소프트웨어를 추가하는 것이었다. 결과적으로 이 전략은 옳았다. 하지만 시게이트 주식이 독보적으로 잘나갈 수 있었던 것은 소프트웨어 쪽에 사이드 베팅$^{side\ betting}$(주요한 내기의 부차적인 내기 - 옮긴이)을 단행했던 것이 큰 성과를 거두었기 때문이다. 시게이트가 2000년 비상장사로 전환했을 때, 주주는 190억 달러 가치를 인정받았는데, 이는 주식 공개 상장 당시의 시가총액 대비 대략 100배에 달하는 가치였다. 시게이트는 베리타스^{VERITAS}에 170억 달러의 주식을 받고 기업의 소프트웨어 부문을 팔았다. 결과적으로 시게이트를 인수한 사모펀드는 디스크 드라이브 부문을 20억 달러가 안 되는 금액에 산 셈이다. 이는 바겐세일이었다. 현재 하드 디스크 드라이브 산업은 과점이며 이 산업의 걱정거리는 SSD$^{Solid\ State\ Drive}$(반도체를 이용하여 정보를 저장하는 장치. 하드 디스크 드라이브에 비하여 속도가 빠르고 기계적 지연이나 실패율, 발열이나 소음도 적으며, 소형화 및 경량화를 할 수 있는 장점이 있다 - 옮긴이)가 하드 디스크 드라이브를 대체하며 노후화되는 것으로 옮겨졌다.

판은 바뀐다

기업에 베스트셀러 제품이 생기게 되면 이전과는 다른 방식의 경영이 필요하다. 누군가는 제품을 조립해야 하고 누군가는 제품 마케팅을 전문으로 해야 한다. 그리고 누군가는 자금을 관리해야 하며, 누군가는 가장 골치 아픈 인사 업무를 맡아 한다. 기업을 지금 이 시점까지 이끌어온 창의적인 엔지니어 및 디자이너가 해온 업무의 성격과는 달리, 이러한 업무는 평균적이고, 반복적이고, 진부한 환경에서 가장 빛을 발한다. 대부분의 컴퓨터 하드웨어 제조업은 비용 절감을 위해 아웃 소싱을 한다. 아마도 이렇게 하는 이유 중 하나는 직원의 충돌을 막고 관리를 하기 위해서일 것이다. 애플은 2015년 11만 명의 직원을 두고 있었다. 애플의 하청 업체인 홍하이Hon Hai는 1억 2,900만 명을 보유하고 있었다(아웃소싱으로 인해 프로세스 혁신의 장소가 아시아로 옮겨졌다. 이는 중요하다. 헨리 포드의 조립 라인도 프로세스 혁신이었다).

엔지니어는 인적 시스템보다 기술 시스템을 디자인하는 훈련을 받았으나, 성공적인 엔지니어는 결국 둘 다를 하게 된다. 삐쭉 머리의 프로그래머 집단을 정장 차림의 회계 부서와 같은 방식으로 관리할 수는 없지만, 어떤 방식으로든 그 둘은 협력하거나 돌아가면서 서로를 이끌어야 한다. 제록스의 창립자인 조지프 윌슨Joseph Wilson의 자리를 C. 피터 맥컬로C. Peter McColough가 계승했다. 맥컬로는 법대 및 하버드 경영학 석사 졸업장, 리하이 콜 앤드 네비게이션Lehigh Coal and Navigation에서의 경험을 가진 인재로 기업에 많은 도움이 되었다.

테크 기업은 노후화와 경쟁을 피해야 하며, 그러지 못할 경우 살아남지 못한다. 제품 관련 직원은 고객을 즐겁게 하기 위해 혁신하는 것에 집중하는 반면, 재무 관련 직원은 낮은 비용과 어떻게 하면 고객의 호주머니에서 돈을 더 많이 빼올 수 있을지 고심한다. 현재의 이익을 지키려는 기업은 같은 제품을 오랫동안 생산하며 연구개발 비용은 최소화한다. 또한 저비용 생산자가 되는 데에 초점을 맞춘다. 때로는 경영진이 독창적인 제품 개발을 꺼릴 수 있는데, 그 이유는 기존의 제품을 더 많이 생산할수록 원가가 줄어들기 때문이다. 그러나 지속적으로 새로운 기능을 추가하지 않는 인터넷 기업은 결국 소비자를 잃게된다.

제록스는 기계를 대여하거나 고가 상품을 판매하여 매출을 올리는 것보다 토너 등 작은 세품 판매에 집중하는 매력적인 비즈니스 모델을 가지고 있었다. 제록스와 판매상들에게 이것이 더 꾸준하고 반복되는 수입의 원천이었다. 반복 수입의 비중이 크면, 예산을 맞추는 데 큰 어려움이 없으므로 경영진이 주식 애널리스트들에게 좀 더 정확한 지도를 주기에 용이했을 것이다. 고객이 복사기를 리스하는 것은 운영 비용으로 간주되므로, 설비 투자와는 다르게 고위 경영진의 승인을 받지 않아도 되서 편리했을 것이다. 제록스는 복사기 시장에서 독점적 위치를 갖고 있는 제조업자로, 기존 모델 몇 가지를 계속 제조하는 것만으로도 비용을 절감할 수 있었다. 잠재적으로 노후화될 리스 장비의 오너로서, 제록스는 모델을 너무 빨리 개선시키는 것을 선호하지 않았다. 이는 제품 관련 종사자와 장인 정신이 제록스에서 빠져나가고 있다는 신호였다.

그럼에도 불구하고 1969년에 제록스는 가장 뛰어난 연구 관련 기획 중 하나를 출범시켰다. '팔로알토 연구센터Palo Alto Research Center, PARC'라는 연구 기관을 세운 것인데, 이 기관이 없었으면 애플, PC, 그리고 인터넷이 아마 탄생하지 못했을 것이다. 오늘날 PC는 PARC에서 발명되었고, 이더넷Ethernet 네트워킹, 그래픽 사용자 인터페이스Graphic User Interface, GUI, 마우스, 이메일, 사용하기 쉬운 워드 프로세서, 데스크톱 퍼블리싱desktop publishing, 화상 회의 등이 여기서 발명되었다. 제록스의 비전인 '미래의 오피스'에 가장 잘 맞는 발명품은 레이저 프린터였는데, 이는 제록스보다 휴렛 패커드Hewlett-Packard, HP가 더 잘 활용했다(나는 오늘날 유사한 수준의 발명품인 알파벳의 고위험 벤처가 성공할지 유심히 지켜보고 있다).

제록스는 세상을 바꿀 발명품을 가지고도 시장을 점유하는 것에 실패했으며 작은 시장조차 얻지 못했다. 그로 인해 애플, 마이크로소프트, 휴렛 패커드 등 다른 기업이 이러한 발명품을 중심으로 거대 비즈니스를 꾸릴 수 있는 발판을 마련했다. 스티브 잡스가 빌 게이츠에게 애플의 아이디어를 도용했다는 혐의를 씌웠을 때, 빌 게이츠는 이렇게 답했다. "스티브, 나는 이 문제를 여러 관점에서 볼 수 있다고 생각해. 우리 둘 다 제록스라는 부자의 이웃에 살았는데, 내가 그의 텔레비전을 훔치러 들어갔었다가 당신이 이미 그걸 훔쳐 갔다는 것을 깨달은 것과 같아."

PARC의 자유분방하고 적응력 좋은 연구자들이 시장에 판매할 만한 제품을 발명했지만, 정작 제록스의 비즈니스 책임자들은 이 제품을 제조하고 판매하도록 설득하지는 못했다. 예를 들어, 알토^{Alto}는 시장 최초의 조립 PC가 될 수 있었지만, 이를 판매할 만한 시장이 존재하지 않았다. 알토를 제록스의 달라스 타자기 공장에서 조립하자는 제안이 있었는데, 공장의 조립 라인과 장치를 변경하는 데 비용이 많이 들며 현재 마진이 높은 사업을 중단시키는 결과를 초래할 것이라며 받아들여지지 않았다.

1979년, 제록스는 결국 자신의 PC 기술을 애플의 주식과 교환하며 소유권을 넘겼다. 제록스가 실제로 판매한 첫 PARC 발명품은 이더넷 네트워크지만, 복사기 세일즈 직원은 이더넷 네트워크 판매에 관심이 없었다. 그들은 신규 제품에 대해 훈련받은 게 없었다. 이런 네트워크 사용자는 복사기 고객과는 달랐으며, 기존 고객층에 추가 세일즈로 판매하기에도 어려웠다. 세일즈 입장에서 이런 신규 제품은 낮은 마진에 한 번 판매하면 반복되기 어려운 구조였던 반면, 복사기와 토너는 매우 높은 마진에 계속 반복되었다. 또 새로운 기술이 어떻게 쓰일지조차도 확실하지 않았다. 기술이 어떻게 적용될지 알아내는 것도 시간과 노력이 요구된다. 세련되지 않고 유행에 맞지 않는 1세대 기술은 고객에게 속여서 팔 만한 물건이 아니었다.

경쟁과 진입 장벽

수익성이 좋은 산업은 진입 장벽이 있지 않은 이상 경쟁자들을 끌어들인다. 제록스는 셀레늄 특허 등 주요 특허 몇 가지를 이용하여 이러한 장벽을 만들었다. 1975년, 제록스는 자신의 기술 특허를 임대하기로 하며 반독점 형태에 합의했지만, 심각한 경쟁은 1980년대 초반까지 시작되지 않았다. 그때는 이미 중요한 특허는 만료되어 있었고, 경쟁자들은 다른 특허도 피하는 방법을 터득했다. 캐논Canon과 리코와 같은 일본 기업도 제록스로부터 점유율을 많이 빼앗아 갔고, 그런 경향은 해외시장의 소형 기계 품목에서 더 심하게 두드러졌다.

소비재와는 다르게, 전자 하드웨어 분야에서 제품의 질이나 가격이 더욱 좋은 제품이 나오면 브랜드의 힘은 놀라울 정도로 무력해진다. 컴팩Compaq과 IBM은 한때 PC 분야에서 선두 주자였지만 더 이상은 아니다. PC 시장을 떠나기 직전에 IBM은 자신의 PC가 IBM 상표를 붙였을 때보다 아무 로고가 없는 하얀색 박스에 판매할 때 더 잘 팔린다는 것을 깨달았다. 브랜딩은 서비스가 실제로 더 좋을 때만 효과가 있다. 좀 더 속도가 빠른 인터넷 서비스가 출시되었을 때, AOL의 브랜드는 구독자가 다른 서비스로 떠나는 것을 막지 못했다.

1980년대에 제록스와 경쟁하던 일본사들은 제록스의 생산가 수준 정도의 가격에서 복사기를 판매하고 있었다. 제록스는 판매 비용을 회수하고 수익을 얻기 위해 프리미엄을 붙여야 했다. 제록스가 복사기 업계에서 독점적인 위치에 있고 30퍼센트의 영업 마진을 남기고 있을 때는 제조 비용을 삭감할 필요가 없었다. 그때는 제록스가 고급화 전략을 썼던 때라 오히려 비용 삭감은 기업 이미지를 저해했을 것이다. 하지만 제록스는 자사 프로세스에 경쟁자보다 불량 제조품이 많다는 것을 발견하면서 1980년대에는 경쟁사의 프로세스를 벤치마킹하고 비용을 절감하기 위해 노력했다. 제록스가 반복되는 매출의 대부분을 놓치지 않고 있었지만, 낮아진 가격과 마진을 수용해야 했다.

테크 업계에서 영원한 것은 없다

애널리스트들은 특정 상품의 궁극적인 가치를 추측할 때, 영광의 순간만을 공상하며 그것이 계속될 것이라 가정한다. 물론 그건 동화에 불과하다. 1994년, AOL의 구독자는 100만 명이었으며 그 숫자는 2002년 2,700만 명까지 늘어났다. 대략 연간 50퍼센트의 연평균 성장률을 보인 셈이다. AOL의 주가는 구독자 수가 정점에 이르기 2년 전에 최고조로 상승했는데, 같은 기간 주가는 80퍼센트나 폭락했다. 10년 후, AOL의 유료 구독자 수는 300만 명으로 떨어졌다. 비슷한 경우로 블랙베리Black Berry가 있다. 블랙베리의 매출은 5년 동안 거의 10배 가까이 상승했다가 꼬꾸라졌다. 그러나 주가는 수익이 최고조에 이르기 3년 전에 이미 정점에 도달했다. 인터넷 통신internet access 및 스마트폰 매출은 계속해서 늘어났지만, 좀 더 나은 제품이 AOL과 블랙베리를 추월했고, 이들은 엄청난 피해를 받아들여야만 했다.

제록스와 이스트먼 코닥은 비슷한 출신 배경을 가지고 있었다. 두 기업 모두 뉴욕 로체스터의 사진 산업에 뿌리를 둔 기업이었다. 이 브랜드들은 일본 기업이 나타나기 전까지 세상에서 가장 유명한 브랜드 중 하나였다. 하지만 제록스만이 디지털화라는 흐름에서 살아남았다. 내가 이런 사실을 알지 못했다면 아마도 한 세기 이상 안정적이었던 화학 사진 산업과 이미지 현상 산업이 출시된지 수십 년 밖에 되지 않은 제로그라피xerography(전자 복사와 같은 건조 인쇄법 - 옮긴이) 방식을 이겨낼 것이라고 예측했을 것 같다. 보통은 오래된 유형의 제품과 제도가 좀 더 오래 살아남을 확률이 크다. 만약에 세상에 출시된지 어느 정도 시간이 된 제품이라면, 얼마간 더 살아남는다고 보는 것이 아마도 합리적일 것이다.

제품의 쇠퇴에는 기술적, 공학적 측면이 존재하지만 사회적 측면도 무시할 수 없다. 이스트먼 코닥은 화학 현상 프로세스에는 상당한 전문성을 가지고 있었지만 전자 기기 분야에서는 그렇지 못했다. 지금은 누구나 스마트폰으로 디지털 카메라를 들고 다니지만 그전에는 특별한 일이 있을 때에만 사진을 촬영할 수 있었다. 초기 스마트폰의 사진 품질은 특출 날 것이 없었지만 소비자는 가격에 민감했다. 이런 점에서 사진의 품질로는 명성이 높았지만 전자 기기에 대해서는 아는 것이 적었던 이스트먼 코닥이 스마트폰 시장과 경쟁하는 것이 과연 현명한 선택인지 의문이 들었다. 어쩌면 이스트먼 코닥 입장에서 최선의 선택지는 야외용 혹은 콤팩트 카메라의 품질을 계속해서 강조하는 것이었을지도 모른다. 하지만 고프로GoPro가 나중에 찾아냈듯이, 그런 수요를 가진 시장의 규모는 생각보다 작았다. 2012년 이스트먼 코닥은 파산을 신청했다.

의도하지 않은 결과

때로 투자자는 특정 발명의 영향력이나 사회적 반응은 고려하지 않고 발명 그 자체에 열광하는 경우가 있다. 자동차는 현재 인구 밀집 지역의 형태를 만들었고, 사람들이 쇼핑을 하는 방식을 변화시켰으며, 자동차에 탄 채로 이용할 수 있는 식당의 출현을 도왔다. 인쇄 미디어와 음악 CD 산업은 인터넷의 희생자가 되었다. 원자력은 스리마일섬 사고 이후로 쇠퇴했다. 공상 과학 소설 작가는 만연한 감시와 소득 양극화의 위협에 대해서 오랫동안 글을 써왔다. 인터넷은 이 모든 것들을 상상하지 못했던 규모로 만들어 놓았지만, 딱히 여론으로부터 질책을 받고 있는 것 같지는 않다. 어쩌면 공상 과학 소설을 즐겨 보던 독자가 인터넷으로 더 많은 혜택을 누리게 되었기 때문일지도 모른다.

어쩌면 개인 정보 보호에 대한 우려가 그 어느 때보다도 많은 양의 데이터와 광고를 판매할 수 있는 기업의 역량을 방해할 수도 있다. 정부와 기업은 항상 개인 정보 데이터베이스를 갖고 있었지만 그 정보의 수준이 오늘날만큼 포괄적이고 가치 있으며 회수 가능한 성격을 가지고 있지는 않았다. 이런 정보 중 많은 부분이 대상자의 인지나 적극적 동의 없이 수집된다. 이는 해킹과 더불어 대상의 이익에 반해 데이터를 이용할 수 있는 전례 없는 능력을 만들어 낸다.

인터넷 산업은 이용자가 자신의 정보를 소유하지 않는다는 전제 위에 만들어졌다. 지금보다 복잡하던 시절에 만들어진 법 덕분이었다. 유명한 일화로 헨리에타 랙스$^{Henrietta\ Lacks}$의 후손들은 그녀의 암세포가 인지나 동의 없이 채집되어 의학 연구에 사용되는 헬라 세포$^{HeLa\ cells}$를 배양하는 데 이용되었다는 것을 나중에 알게 되었다.

이와 마찬가지로 타깃^{Target}(미국의 슈퍼마켓 체인 - 옮긴이) 점포도 빅 데이터를 사용하여 어떤 고등학생 소녀가 임신했다는 사실을 그녀의 아버지보다 먼저 알아내기도 했다. 광고 타깃팅을 돕는 기술이 비민주적 국가에서 정치적, 종교적, 성적 수수 집단을 어압하는 데 악용 될 수도 있다. 유럽에서는 개인 정보 보호를 위해 광고 매출을 감소시킬 수도 있는 방향으로 법을 개정하려는 움직임이 진행되고 있다. 365일 24시간 내내 인터넷에 접속해 있다고 해도, 인간의 의식은 오로지 광고 몇 개의 정보만 소화할 수 있다. 미국인은 매일 평균 4시간 이상 TV를 시청하는 것으로 추정되는데, 그중 광고를 보는 시간이 1시간에 달한다고 한다.

모바일 인터넷 광고가 TV 광고를 대체하든지 보완하든지 간에, 나는 좀 더 많은 자극에 노출되어 산만해진 소비자가 광고에 덜 반응하게 될 것이라고 생각한다. 그뿐만 아니라 만약 인터넷이 가격 투명성을 촉진하게 된다면, 상품은 이전보다 적은 마진율로 판매될 것이며 결과적으로 광고 예산은 줄어들게 될 것이다.

어느 정도의 가치가 있나?

가치 이론은 기업의 수명 기간 동안 계속해서 발생할 미래의 현금 흐름을 예측할 수 있어야 한다는 것을 전제한다. 이런 전제는 발명, 경쟁, 쇠퇴에 따라 나타날 수 있는 수많은 갈래의 미래를 예측한다는 뜻이기 때문에 그다지 현실적인 것 같지는 않다. 확률과 통계, 회계, 그리고 재무 분석과 관련된 대부분의 방법론은 평균의 세계를 보여 주기 위해 만들어진 것이다. 평균의 세계에서 반복적인 패턴이 나타나고, 특정한 기준이 미래의 사건에 대한 이정표가 될 수 있다. 평균에 입각해서 보면 생산하는 데 100만 달러가 들어간 재고자산의 가치는 분기 말에나 현재에나 동일하게 그 가치여야 하지만, 항상 그런 것은 아니다. 인터넷 소프트웨어의 복사본을 만드는 데는 어떠한 비용도 발생하지 않기 때문에 새로운 도구와 가정이 필요하다.

이렇듯 예측하기 힘든 현금 흐름에 대응하는 방법 중 한 가지는 지속적으로 쏟아지는 뉴스에 테크 주식 매매로만 반응하는 것이다. 고려해야 할 가능성이 수없이 많을 때 어떤 투자자는 바로 앞에 놓인 가능성만 고려한다. 예를 들어 '분기 이익이 늘어날까?', '보고 순익이 시장의 예상치를 상회할까?' 와 같은 질문에 집중한다. 이렇게 지나치게 활발한 트레이딩은 슬프게도 현실에서는 작동하지 않는다. 1972년 제록스 주식은 향후 25년 동안 회복되지 않을 높은 수준으로 치솟았고, 이는 2016년 제록스 주식의 시장 가격의 2배에 달하는 수치였다. 제록스의 이익은 계속해서 증가했는데, 1972년부터 1980년 사이에는 2배 이상 증가하기도 했다. 그러나 같은 기간 동안 주가는 60퍼센트 이상 하락했다. 1972년에 제록스를 파는 것이 맞다는 결론을 내리면 이익 성장성을 따라서는 안 되며, 그보다는 가치에 대한 개념을 가지고 있는 편이 좋다. 예컨대 추정 순이익의 41배에 달하는 주가는 굉장히 PER이 높은 편이라는 개념 같은 것 말이다.

PER이 높은 편이라는 것 자체가 주식이 과대평가되어 있다는 것을 꼭 의미하지는 않는다. 하지만 현재 가치를 산출하기 위해서는 기업의 전체 수명 주기를 바라보는 방식으로 돌아갈 필요가 있다. 주의를 기울여야 하는 요소는 정확히 남들은 신경쓰지 않는 것들이다. 이를테면 이런 질문들이다. 만약 어떤 기업이 제록스와 같이 탁월한 제품으로 시작을 했다면, 그 기업이 관료화가 되어 성공을 지속적으로 유지하는 데 어려움이 있는가? 제품을 생산하여 판매하고 관련된 인력과 재무 상태를 관리할 능력이 있는가? 기업이 이룬 혁신은 얼마나 빨리 그 빛을 잃을 것이며, 혹시 그런 일이 정말 벌어진다면 원가 경쟁력에서 승산이 있는가?

나는 현재 가치 평가 방법 자체를 배제하기보다는 한 기업의 전체 수명 주기를 살펴보는 것이 이상하지 않은 상황을 찾으려고 한다. 보통 유행을 타는 제품이나 쇠퇴가 예상되는 제품은 피하는 게 좋다. 나는 원자재처럼 차별화되지 않고 수많은 경쟁사가 진입해 있는 산업 또한 피한다. 가까운 미래에 엄청난 이익이 날 것이 명확하지 않은 이상 현재 손실을 보고 있는 기업에 투자를 하는 것도 피하고 있다.

앤시스ANSYS는 경쟁과 쇠퇴를 동시에 피하고 있는 소프트웨어 기업의 한 예이다. 엔지니어들은 앤시스의 멀티피직스 모델링 소프트웨어multi-physics modeling software를 사용하여 제품 디자인에 문제가 있지는 않은지 실험한다. 예를 들어, 항공 우주 산업의 엔지니어는 바람의 영향, 날개 부분의 서로 다른 청사진이 받는 압력 상태 등을 시뮬레이션 할 수 있다. 진동, 온도, 속도, 기압에서 발생하는 압력의 상호 작용 또한 모델링될 수 있다. 비행기의 날개는 극도로 높은 온도나 극도로 빠른 속도 둘 중 하나는 버틸 수 있지만, 그 둘을 동시에 버틸 수는 없다. 물리학의 법칙은 유행이 지나가는 일이 없기 때문에 이를 다루는 소프트웨어도 똑같아야 한다. 의료 기기 설계라는 훌륭한 응용 산업이 새롭게 나타나기도 한다.

　서비스 산업은 쇠퇴의 위협에서 좀 더 안전한 편이며 기술 진보의 수혜를 입기도 하지만, 진입 장벽이 있는지를 신중하게 살펴보는 편이 좋다. 신용카드 결제 산업이 바로 진입 장벽을 가지고 있고 과점적 가격 협상력을 가진 산업의 한 예다. 은행이 규제를 받고 수십억 달러의 돈이 결제 시스템을 통해 오가기 때문에 소상인과 고객 그리고 은행을 보호를 위한 법령이 존재한다. 이러한 진입 장벽이 없었다고 하면, 나는 왜 소상인에게 매출의 일정 부분에 달하는 수수료가 부과되는지 설명할 수 없을 것이다.

낮은 PER은 테크에서도 통한다

널리 알려진 투자 상식과는 반대로, 낮은 PER과 높은 현금 흐름률의 조합을 통해 종목을 선정하는 것은 테크 분야에서 특별히 더 좋은 성과를 낸다. 나는 위와 같은 잘못된 상식이 퍼진 이유는 아무래도 빠르게 변화하는 시장 환경에서 경쟁과 쇠퇴에 대한 징후를 모두 추적하는 것 자체가 힘든 일이라 애널리스트들이 다른 요소에는 신경을 쓰기 어렵기 때문이라고 생각한다. 또한 재무분석은 주의 깊고, 분석적이고, 정확한 사고를 요구한다. 훌륭한 재무분석가는 기술 미래주의자가 갖춰야 할 창의성이나 유연성, 적응 능력을 가지고 있지 않을 수도 있고, 반대의 경우도 성립할 것이다.

나는 미래주의자보다는 재무분석가에 더 소질이 있다. 그래서 작은 확률의 큰 결과보다는 높은 확률의 괜찮은 결과를 더 선호한다. 시장이 얼마나 커질지에 베팅하지, 과학 기술이 과연 작동할지의 여부에는 베팅하지 않는다. 내가 가장 좋아하는 주식은 낮은 생산 원가 구조를 가지고 있고, 천천히 변하는 과점적 산업 내에 위치해 있어 미래의 이익 흐름을 어느 정도 예측할 수 있는 주식이다. 그리고 그 예측이 크게 틀리지 않는 산업의 주식이다. 거기에 더해 운이라는 요소에 자신을 노출시키면 더 좋은 결과를 얻는 경우도 존재한다.

복권 티켓을 사기보다 높은 확률에 자신을 노출시키고 싶다면, 테크 주식을 분석할 때 기술 미래주의자의 방법뿐만 아니라 전통적인 재무분석가의 분석 방법을 같이 사용하는 것이 도움이 된다. 수십 개의 소셜 미디어 기업이 놀라울 정도의 가치를 평가받아 거래되고 있다면 주식시장에 뛰어드는 사람은 복권을 사는 것이다. 일부 사람의 성공이 수많은 사람의 손해를 메우지 못하는 그런 구조의 복권 말이다. 거꾸로 테크 투자자의 행태는 수없이 바뀌기 때문에 대담함을 통해 보상받을 수도 있다. 이러한 성공의 보상은 그간 놓쳤던 자잘한 실수를 보상하고도 남을 것이다. 하지만 이것만 기억하라. 운을 가져다 줄 힌트가 블로그나 TV 방송에 나와 있는 경우는 거의 없다.

이러한 접근 방법은 재미도 없고 느려 보일지도 모른다. 하지만 벤처 내부 관계자의 기술 및 지식과 견줄 수 있는 능력을 가진 투자자는 얼마되지 않는다. 유명한 하버드 자퇴생을 굳이 언급하지 않는다고 하더라도, 변화의 벡터 값을 이해하려면 때로 수년간의 전문화된 훈련이 필요하다. 면밀한 검토 끝에 이런 창업가는 낮은 가격(혹은 실패해도 큰 영향이 없을 만큼 낮은 총액)에 투자를 하고, 경영 능력과 중요한 고객 관계를 제공하며, 사업 전략에 영향을 주고, 기업에 몇 년간이라도 남아 있을 수 있게 된다.

일반 시장의 테크 투자자는 때로 가치를 무시하고, 경쟁과 쇠퇴의 징후를 주의 깊게 생각하지 않는다. 생각하기보다는 그저 열정적으로 투자를 할 뿐이다. 앞서 말한 모든 경우는 실패한 결과로 이어지는 경우가 많다. 만약 현재의 이익과 현금 흐름을 확보한 기업에 집중하고, 주식의 현재 가격을 내재 가치와 비교할 수 있다면, 좀 더 나은 결과를 낼 수 있을 것이다. 벤처 캐피털에서 힌트를 얻자면, 투자자는 소프트웨어와 독창적이고 반복적으로 사용되는 서비스에 집중해야 한다.

16

과도한 부채를 조심하라

> 당신이 좋은 경기를 하고 있을 때 얼마나 잘 하고 있는지는 중요하지 않다.
> 당신이 나쁜 경기를 하고 있을 때 얼마나 잘 하고 있는지가 중요하다.
>
> - 마르티나 나브라틸로바 -

기업의 실패는 경기 변동이나 기술 변화, 혹은 고객의 호의를 잃는 것에서 시작된다. 그러나 그 마지막을 장식하는 것은 보통 과도한 부채다. 전망이 좋을 때 채무자는 돈을 빌리기 위해 혈안이 되고 채권자 또한 돈을 빌려 주는 것을 꺼리지 않는다. 경기가 좋을 때 투자자와 채권자는 수익과 자산 담보 범위 등을 크게 고민하지 않고 자본의 제공을 약속한다. 경기가 나빠질 징후가 보일 때 가장 좋은 보호 수단은 충분한 현금 쿠션, 느슨한 커버넌트Covenant(계약을 체결할 때 하거나 하지 말아야 할 행동을 적은 조항 - 옮긴이), 그리고 완만한 채무 상환 일정이다. 단기간에 도래하지 않는 채무는 적어도 고통을 늦춰준다. 운용 자산과 고객 영업권을 즉시 현금화할 방법이 자산을 대폭 할인된 가격에 청산하는 것밖에 없을 때 구제 불능의 늪에 빠지게 된다.

　대부분의 채무 불이행은 적절하지 않은 인수 계약을 맺거나 두 가지 수익 대응 원칙을 제대로 살펴보지 않는 것에서 비롯된다. 바로 기간과 리스크다. 은행가는 어떤 대출이 재량 소득에서 쉽게 상환될 수 있으며, 유사시에 이자 및 원금을 담보물로 커버할 수 있는 경우에 적절하다고 간주한다. 어떤 채권자는 채무자의 소득이 충분하다면 좀 더 낮은 담보물을 받아들이기도 한다(소득이 충분하지 않다면 좀 더 높은 금액의 담보물을 요구한다). 기간 대응 원칙이란 장기 자산은 자기자본 혹은 장기 채무를 통해 자금을 조달해야 한다는 것이다. 리스크 대응 원칙은 위험 자산은 위험을 부담하는 재원(자본)과 대응되어야 하며 안전 자산은 위험 회피성 재원(부채)과 대응되어야 한다는 것이다.

실질 가치는 없지만 신용 등급은 훌륭한 경우

던 앤드 브래드스트리트Dun & Bradstreet, 무디스Moody's, 맥그로우힐McGraw-Hill은 유형 자산 가치를 상회하는 수준의 부채를 가지고 있는데, 이는 통상적으로 말하는 파산 상태와 크게 다르지 않다. 그러나 이들은 모두 투자 적격 등급으로 평가되고 있다. 이 기업들이 가지고 있는 것은 바로 훌륭한 현금 흐름과 재무제표에는 드러나지 않는 놀라운 무형자산이다. 이들은 신뢰받고 있는 중요한 재무 정보 제공자라, 경쟁이나 쇠퇴에 의해 큰 피해를 입을 가능성은 높지 않다. 사업 모델이 특별히 경기를 타는 편도 아니다. 정부는 무디스와 S&P를 국가공인통계평가기관으로 지정하고 있는데, 이는 이들 기업에서 제공하는 평가에 특별한 법적 지위를 부여한다. 즉 견고한 진입 장벽을 가지고 있는 것이다.

시장을 주도하는 신문사는 수십 년간 대도시에서 계속해서 성장하는 캐시카우cash cow(어떤 사업체의 고수익 상품 또는 사업 - 옮긴이)와 다름없었다. 신문사는 구독 모델에 의해 판매되는 일일 소비재 기업으로, 안정적이고 예측 가능한 매출 구조를 가지고 있다. 자본 지출 없이 판매 부수를 증가시킬 수 있었고, 대부분의 현금 흐름은 채무 상환이나 배당, 인수 지출에서 자유로웠다. 차입 매수 대상으로서 완벽한 조건을 갖추고 있었던 셈이다. 미디어 자산이 거래될 때 거래액의 대부분은 영업권의 가치가 차지하는데, 신문의 상호, 보도 권리 등도 이에 포함된다. 실물 공장도 일부를 차지한다. 현금 흐름이 좋아지면 영업권의 가치도 상승한다.

샘젤Sam Zell은 트리뷴 컴퍼니Tribune Company를 2007년에 수천만 달러를 쓰고 직원 사주 신탁 계획Employee Stock Ownership Plan 등을 통해 인수했다. 인수액의 나머지는 대출을 통해 충당되었다. 그 결과로 기업에 남게 된 110억 달러의 부채는 트리뷴 컴퍼니의 총자산인 12억 달러의 9배에 달하는 수치였다. 부채/EBITDA의 비율이 4배를 넘는다면, 유형 자산의 가치가 부채를 상회하는 경우를 제외하고는 굉장히 무서운 경우로 취급받는다. 하지만 시카고 트리뷴Chicago Tribune과 다른 미디어 자산은 좋은 담보물이었다. 그들의 계획은 시카고 컵스Chicago Cups와 같은 트로피 자산Trophy Asset 중 수익성이 그리 좋지는 않은 자산을 판매하여 채무를 줄이는 것이었다.

인수 후 고작 1년 만에 트리뷴 컴퍼니는 파산을 신청했다. 어쩌면 불경기의 영향일지도 모르고 어쩌면 인터넷 때문에 발생한 자기잠식효과cannibalization(한 기업의 신제품이 기존 주력 제품의 시장을 잠식하는 현상 - 옮긴이)의 영향일지도 모르지만, 어쨌든 광고 매출은 2008년에 크게 떨어졌다. 트리뷴 컴퍼니의 다른 미디어 자산의 시장 가격 또한 폭락했다. 케이블 네트워크나 인터넷 웹 사이트들 또한 예외가 아니었다. 트리뷴 컴퍼니가 2012년에 파산 절차에서 빠져나왔을 때, 젤의 투자금은 이미 모두 날아간 상태였고 직원들은 쥐꼬리만큼의 돈을 돌려받았다. 채권자는 자연스럽게 구조 조정된 기업의 최대 주주가 되었으나, 지분 가치는 채무 전액에 비해 부족한 규모였다.

상환 연장

기업의 경쟁 우위와 강력한 브랜드는 장기적인 무형자산이다. 이들을 제외한다면 기업의 영업권은 사라지기 매우 쉬운 자산이다. 가장 우려스러운 일은 바로 기업이 계속적인 차입 매수를 실행하는 '롤업'의 경우다. 인수합병이 끊임없이 계속되는 상황에서 매수자는 인수 기업의 경영진과 사업의 본질을 알아가는 데 상대적으로 적은 시간을 쓸 수밖에 없게 된다. 이렇게 많은 거래를 진행하다보면, 인수 기업의 경쟁 우위 혹은 인수 가격에 대해 까다롭게 구는 것도 어렵게 된다. 대차대조표상의 영업권은 견고한 장기 무형자산을 나타내는 것일 수도 있지만, 단순히 거래에 너무 많은 돈을 썼다는 의미일 수도 있다. 회계사가 이러한 분석을 대신하는 것은 아니기 때문에 투자자가 직접 그 의미를 파악해야 한다.

1990년대 후반에 글로벌 크로싱$^{Global\ Crossing}$은 정신없이 빠른 속도로 해저 광섬유 케이블 통신망을 구입하고 건설했는데, 최종 목표는 7개의 대륙을 잇는 것이었다. 1997년부터 2000년까지 이 기업의 자산은 50배 증가했으며 총부채는 150억 달러까지 뛰어올랐다. 글로벌 크로싱 대차대조표의 절반 이상은 위험한 연성 자산$^{soft\ assets}$, 기술, 브랜드, 인력 등이 차지했는데, 이는 순유형자산 가치가 마이너스라는 것을 의미했다. 시장에 광섬유가 과잉 공급되면서 글로벌 크로싱의 유형자산 가치는 급락했다. 연간 베이스로 순이익이나 잉여 현금 흐름을 기록한 적이 한 번도 없었다. 글로벌 크로싱이라는 풍선은 부풀어 오른 속도보다 더 빠른 속도로 줄어들면서 결국 터져버렸다. 결국 2002년 1월 파산 신청을 했다.

2008년, NCI 빌딩NCI Building 또한 '롤업' 중이었다. 이 기업은 대응 원칙을 무시했을 뿐만이 아니라, 신용 시장 상태에 민감했기 때문에 2배는 더 위험에 노출되어 있었다. 최대 규모의 철골 빌딩 기업인 NCI는 폭넓은 제품 라인, 라이벌보다 더 나은 유통 시스템, 그리고 진출 지역의 다양성 등의 강점을 가지고 있었다. 하지만 철골 빌딩 산업에 진입하는 것 자체는 어렵지 않았다. 고객은 가격에 민감했고, 매출은 경기순환적 구조를 가지고 있었다. 그래서 영업권의 가치는 추측할 수밖에 없었다.

돌이켜보면, NCI는 장기 자산과 장기 차입을 대응시키는 것, 위험 자산과 그 위험을 부담하는 자기자본을 대응시키는 데 실패한 것으로 보인다. 무형자산이 NCI 총자산의 절반 이상을 차지했다. 철골 빌딩 매출의 주기성을 고려한다면 NCI의 영업권은 위험한 장기 자산에 가까웠다. 일반적으로는 부채 규모가 자기자본보다 작고, 현금 추정치의 3배수보다 작으면 큰 문제가 되지 않을 것으로 여긴다. 그러나 그러한 계산 방식은 NCI의 자산 구조와 채무의 만기를 전혀 고려하지 않는 것이다.

2008년 말 NCI의 유동자산은 4억 6,600만 달러로 유동부채인 2억 3,500만 달러의 약 2배에 달했다. 하지만 대부분의 유동자산은 현금이 아닌 재고자산과 매출 채권이었다. 2008년 매출이 급감하면서 미판매 재고자산은 40퍼센트가량 증가했으며 현금을 소진시켰다. 그리고 유동부채는 그다음 해에 도래할 거액의 부채를 포함하지 않았다. 만기가 도래하면서 해당 부채는 단기 차입금으로 재분류되었다. 100만 달러의 유동부채가 2분기만에 4억 7,600만 달러로 뛰어오른 것이다. 모든 채무가 한 번의 지불 기간에 몰리는 경우, 이를 만기 일시 상환 내지는 '총알 만기'라고 부르는데, NCI의 경우 이 비유가 적절했던 것 같다.

2009년 NCI의 매출이 반으로 줄면서 영업이익도 사라졌다. 이로 인해 당시 6억 2,300만 달러로 기입되어 있던 기업의 무형자산 가치에 대한 의구심이 생겼다. 구조 조정과 재융자, 영업 손실을 통해 NCI는 주당 33.58달러의 손실을 보았다. 기업의 순자산 전체가 날아간 셈이었다. '조정된 영업이익'을 기준으로는 주당 39센트의 손실만 보았다.

NCI 부채 대부분의 만기가 바로 도래하면서 운전자본이 바닥이 났으며 완전 자본 잠식이 일어났다. 이제 채권자가 모든 카드를 들고 있었다. 채권과 주식이 교환되었고, 그 결과 주식 발행 금액은 2,000만 달러에서 2억 7,070만 달러로 상승했다. 고점에서 저점까지, 기업의 주식 가치는 98퍼센트 급락했다.

무모한 비행

부동산, 에너지, 수도, 가스, 항공, 금융 같은 자산 집약적 산업은 담보 가치의 크기가 채권자를 유혹한다. 재무 레버리지(매출액의 증감과 직접적인 관계없이 고정적으로 지출되는 이자 비용 등의 고정비에 따라 매출액의 변동 폭보다 손익의 변동 폭이 확대되는 것을 말하며, 기업이 자산을 취득하기 위하여 조달한 자금 중 타인 자본이 차지하는 비율을 가리킨다 - 옮긴이) 없이는 이 산업들의 자기자본 수익률은 큰 매력이 없다. 물론 리스크 대응 원칙에 따라 차입의 상당 부분은 위험 자산이 아니라 국공채 같은 안전 자산을 담보로 가능하다. 그러나 이 산업들은 그 자체로도 경기순환적이고, 산업 리스크에 대한 인식 또한 마찬가지다. 상황이 가장 좋아 보일 때 리스크가 가장 큰 것은 그렇게 드문 일이 아니다. 이 산업에서 대출 기관은 대출 기간을 짧게 유지하는 것이 더 안전하다고 느끼기 때문에, 기업이 장기 자산에 대한 자금 조달을 할 때도 자산 내용연수와 대출 기간이 어긋나는 경우가 많다.

가장 주요한 기업 실패 사례는 많은 경우 자산 집약적 산업에서 일어났으며, 대부분 은행이나 다른 금융기관의 주도로 유발되었다. 높은 차입 성향으로 이른바 억만장자들이 선호하는 자본 집약적 산업은, 실제로는 지나치게 재난에 직면하기 쉬운 구조를 가지고 있다. 자동차, 항공, 운송, 강철, 석탄 산업 같은 다른 자산 집약적 산업은 최근에 수많은 파산 사례를 남겼고, 오직 소수의 억만장자만을 배출했을 뿐이다. 이런 산업에서는 경쟁자가 빠르게 따라할 수 없는 무엇인가를 제공한다는 것 자체가 사실상 불가능하다. 경쟁에서 이기기 위한 유일한 방법은 자본 배분을 매우 잘하는 것밖에 없다. 이는 경쟁자가 투자를 하지 않을 때 투자하는 것과 그 반대의 경우를 포함한다.

원자재 산업에서 실패는 파동 속에서 무리지어 나타나는 경우가 많다. 대부분의 기업이 모두 동일한 가격 및 비용 압력을 동일한 시기에 받으며 함께 손실을 보게 된다. 모든 기업이 채권자로부터 자산 가격을 할인하여 판매하도록 압박받는다. 부동산은 다른 용도로도 이용될 수 있기 때문에 괜찮은 가격을 받지만, 고도로 전문화된 장비의 판매가는 형편없이 떨어진다. 중고 드라이 벌크Dry Bulk(곡물, 면화, 석탄 따위처럼 용적 단위로 산적散積하는 뱃짐의 종류 - 옮긴이)선의 가격은 새로운 선박을 제조하는 데 소요되는 원가를 상한선으로, 그리고 선박이 해체되었을 때 고철 가격을 하한선으로 하여 가격이 정해진다. 2008년 1억 3,700만 달러에 구입된 초대형 유조 선박이 4년 뒤 2,800만 달러에 판매되었다. 동시에 많은 해운 업체가 어려움을 겪고 있거나, 아무도 이 같은 상황을 겪지 않게 된다.

1978년의 규제 완화 이후로 항공 산업 내에서는 파산 신청이 끊이지 않았는데, 그 숫자를 전부 합치면 약 200건이 넘는다. 가장 최근의 큰 파산 사례는 들어보면 2011년에 파산을 신청한 미국의 종합 운송 업체인 AMR의 사례를 들 수 있다. AMR은 손실을 지속했고, 이로 인해 전 자본이 바닥 났으며, 완전 자본잠식 상태에 빠졌다. 자본 총계는 마이너스 71억 달러였다. 10년 동안 2006년부터 2007년까지만 흑자를 냈다. AMR의 주가는 2007년 40달러를 넘는 수준에서 정점을 찍었고, 당시의 시가총액은 100억을 상회했다.

AMR은 높은 주가를 기회 삼아 신주를 발행했고, 잠시나마 자본 총계를 흑자로 전환시켰다. 그러나 다시 영업 손실을 기록하게 되면서 회계상의 흑자는 다시 사라졌고, AMR은 동전 주로 전락하고 말았다. 결정적으로 리스 계약과 불만을 가진 노조가 AMR의 운명에 쐐기를 박았다. 2013년 AMR은 아메리칸 에어라인American Airlines으로 재조직되었다. 레버리지, 경기순환성, 과점에 의한 가격 협상력이 아메리칸 에어라인에 유리하게 작용하여 2014년 기업의 주가는 2배가 넘게 뛰었다.

경쟁적이고 범용화된 산업에서 회계 가치와 내재 가치, 그리고 시장 가치는 서로 자주 분리된다. 중고 비행기가 판매되는 시장이 있으며, 현재 시장가격이 장부 가치를 대신하기도 한다. 운항 허가권 또한 숨겨진 자산으로 평가받을 수 있지만, 파산 시점에 이러한 자산은 아직 구체화되지 않은 노동 협약 부채에 대비하여 작게 평가되었다. 이익이 난 해에도 AMR은 작은 마진을 기록했다. 이 모든 사실이 2011년 AMR의 마이너스 장부 가치가 공정했고, 오히려 투자 가치를 과대 계상하고 있을 수도 있다는 것을 증명했다.

사고 난 자동차의 잔해

2005년 제너럴 모터스General Motor, GM의 제멋대로인 대차대조표는 모호한 자산 항목과 이해하기 심든 부채 항목으로 가득 차 있었다. 총자산은 4,740억 달러였으며 확정 선물 계약까지 더할 경우 해당 액수는 5,000억 달러에 달했다. 자기자본은 147억 달러에 불과했으며 장기 채무는 325억 달러였다. 이 둘을 합쳐도 장부 기입액의 10퍼센트 정도였다. 누적된 연금과 예측 급여 채무(퇴직 후 기업이 직원의 연금 이외에 지불할 의무가 있는 비용. 생명보험, 의료 비용 등이 포함될 수 있으며 기업의 회계 장부에는 이 비용을 예측하여 기장한다 - 옮긴이)이 GM의 장기 채무보다 더 큰 수치를 기록했다.

GM의 재무제표는 제네럴 모터스 어셉텐스 코퍼레이션General Motors Acceptance Corporation, GMAC이라는 GM 산하 보험 및 금융 사업 부문에 크게 좌우되었었다. 이때 해당 부문의 부채액은 2,950억 달러였다. GMAC은 1999~2005년에 GM의 자동차와 트럭 판매가 줄어들었음에도 자산을 2배 이상으로 늘렸다. GMAC 성장의 대부분은 서브 프라임과 상업용 모기지를 통해 발생했는데, 해당 부문은 자동차 금융 부문보다 더 큰 수익을 냈다. 2006년 GMAC는 상업용 모기지 사업을 캡마크 파이낸셜Capmark Financial이라는 이름으로 분할시켜 매각했는데, 이 기업은 2009년 파산했다.

2006년 GM은 GMAC의 51퍼센트 지분을 서버러스Cerberus에 판매함으로써 장부를 축소시켰는데, 이를 통해 3,140억 달러의 자산을 회계상 장부에서 떨어낼 수 있었다. GM이 GMAC에 대해 가지고 있는 잔여 지분은 75억 달러였다. 서버러스는 다음 해 크라이슬러Chrysler의 지배 지분을 인수했고, 결과적으로 GMAC는 크라이슬러의 차량에 대한 금융 서비스도 제공하게 되었다.

GMAC을 제외하더라도 GM의 자산과 부채에는 여전히 불확실한 부분이 많았다. 2006년, GM은 3/5억 달러의 선지급 연금액을 자산으로 등재했다. 하지만 누적 연금과 퇴직자 혜택 충당 부채는 620억 달러에 달했다. 이연 법인세(이월하여 연기하는 법인세 - 옮긴이)는 2006년 450억 달러의 자산으로 기록되어 있었다. 이 항목은 대변貸邊(복식 부기의 분개법에서 장부상의 계정 계좌의 오른쪽 부분. 자산의 감소, 부채, 자본의 증가, 이익의 발생 등을 기입한다 - 옮긴이)에서 169억 달러 규모의 '기타 부채 및 이연법인세'가 상승하고 있었다. 주주의 몫은 거의 없는 것이나 다름없었다.

사업이 정상적으로 운영되고 있을 경우라면 담보, 약정, 이자, 혹은 즉각 상환 계획이 없는 부채를 보유하고 있는 것이 도움이 된다. 이와 같은 부채는 보통 변동 금리를 제공하며 일반적으로 플로트^{Float}라고 부른다. 이연법인세는 플로트와 비슷하지만 정확하게 같지는 않다. 세법은 때로 가속상각과 같은 방식을 통해 조기에 공제액을 산정하여 법인세를 낮추고, 추후 발생할 법인세는 높이는 방식의 처리를 허용한다. 회계사는 추후 납부해야 할 세금액이 어느 정도 되는지 집계하지만, 거기에는 어떤 약정이나 담보, 이자율이 적용되지 않는다. 지급 시기의 차이만 예측 가능한 방식으로 변경될 뿐이며, 그로 인해 그림자 만기일(서류상 만기일이 있지만 지급 시기가 예측 가능한 방식으로 변경될 때, 예측 가능한 '실질' 만기일 - 옮긴이)이 만들어지게 된다.

연금과 퇴직 급여 부채의 경우에는 약정이나 담보가 적용되지 않지만, 재원 마련과 관련된 다른 법률을 준수해야 한다. 이러한 의무 사항의 현재 가치는 어느 정도의 할인율 혹은 이익율을 적용하느냐에 따라 크게 달라진다. GM과 같은 거대한 규모의 지급 계획을 가진 기업은 비현실적으로 높은 할인율을 적용하여 현재의 부채액을 최소화하려는 유혹에 빠진다. 예를 들어, 연간 100만 달러의 지급액을 30년간 지급해야 할 경우, 그 현재 가치는 2퍼센트의 할인율에서는 2,300만 달러지만 8퍼센트의 할인율에서는 1,200만 달러에 불과하다.

그러나 GM의 재무 상황은 계속되는 재앙에 가까웠다. 2007년 주당 68.45달러의 손실을 기록했고 2008년에도 주당 53.32달러의 손실을 기록했다. 2008년 12월 GM과 크라이슬러는 중앙 정부로부터 긴급 구제금융을 받게 되었다. 2009년 2분기에는 두 기업 모두 파산 신청을 하기에 이르렀다. 긴급 자금을 제공한 정부에서 두 기업의 구조 조정 절차를 맡게 되었고, GM

의 경우 38일 후, 크라이슬러는 41일 후 본 절차가 완료되었다.

　법적인 측면에서 GM의 조직 개편은 '옛 GM'의 가장 매력적인 자산과 일부 부채를 '새로운 GM'에 판매하는 형태의 거래라고 할 수 있었다. 기업이 파산했을 때, 채권자는 법적으로 우선순위에 놓인다. 즉 굉장히 구체적인 청구 서열에 따라 상환을 받을 수 있다. 실질적으로 채권자가 상환받게 되는 금액은 협상의 결과에 의해 결정되며, GM의 경우와 같이 청구 서열과 관계없이 결정되는 경우도 많았다. 담보가 있는 채권자는 보통 직원, 협력사 및 후순위 채권자와 같은 무담보 채권자보다 먼저 상환을 받는다. GM의 경우 대차대조표의 그 엄청난 부채는 대부분 담보 없이 설정된 것들이었다.

　GM의 구조 개편 계획은 대출 기관이나 채권자처럼 명시적으로 자금을 대출해 주지 않았던 이해 당사자 또한 공정하게 대하는 것에 초점을 맞춘 것으로 보인다. 자동차 노조는 새로운 기업의 17.5퍼센트 지분과 65억 달러 규모의 우선주 취득을 통해 대부분의 무담보 청구액을 상환받았다. 반면에 채권자는 보통 선순위 채권 보유자에게 보장된 청구액 중 일부만 보장받았다는 느낌이 있었다. GM의 주주는 모든 것을 잃었다.

은행에 너무 의존하지 말라

GMAC을 완전히 소유하고 있을 때 GM은 작은 자본이 거대한 부채를 커버하는, 전형적인 금융 회사의 대차대조표를 가지고 있었다. 금융 회사는 두 가지 대응 원칙을 지키는 한 얼마든지 큰 레버리지를 지닐 수 있다. 두 가지의 대응 원칙이란, 리스크 회피 성향의 예금은 보수적인 대출과 대응시키고, 자산과 부채의 기간을 대응시키는 것이다. 여기서 문제는 GMAC가 이 법칙을 지키지 않았다는 것이다. GMAC는 세계 금융 위기에 일조하려는 듯, 서브프라임 모기지에 지대한 관심을 보였다. GMAC에게 주택 금융은 이미 자동차 금융보다 더 큰 사업이 되어 있었다.

금융 회사 혹은 한 기업의 대출 관련 사업의 폭발직 성장은 기입을 파국으로 이어지게 할 가능성이 크다. 돈이야 말로 궁극적인 원자재이기 때문이다. 금융 회사가 급속한 성장을 이룰 수 있는 방법은 낮은 이율을 제공하거나 낮은 신용 기준을 적용하는 것이다. 아니면 둘 모두를 하고 있을 수도 있다. 높은 수익률은 높은 리스크에 대한 시장의 견해를 반영하는데, 면밀한 검토 없이 시장이 틀렸다고 태평하게 가정하는 것은 잘못된 일이다. GMAC는 좀 더 위험한 대출에 손을 뻗기 시작하면서, 더욱 많은 돈을 빌리기 시작했다. 2000년 GMAC은 주식 가치 1달러에 12달러의 자산을 보유하고 있었으나 2006년에는 이 수치가 20달러로 상승했다. GMAC만이 그랬던 것은 아니었는데, 워싱턴 뮤추얼Washington Mutual, 컨트리와이드 크레딧Countrywide Credit, 그리고 기타 기업도 유사한 행태를 보였고, 결국 똑같이 비극적 결과를 맞이했다.

신중한 기업은 부채의 계약 기간을 자산의 기간과 대응시켰지만, 이 같은 원칙을 모든 기업이 지킨다면 은행 시스템은 존재할 수 없었을 것이다. 은행은 출금 요청이 있을 때 바로 지급해야 하는 예금을 재원으로 삼아 더욱 높은 이율의 장기 대출을 실행한다. 예금자가 상당 부분의 예금을 동시에 인출하는 경우는 매우 드물기 때문에 은행은 확률적 접근을 통해 유동성 쿠션을 만든다. 그러나 예상치 못한 뱅크런Bank Run(은행의 대규모 예금 인출 사태 - 옮긴이) 사태가 발생할 경우, 손실을 보며 보유 대출과 채권을 처리해야 할 수도 있다. 만약 그 숫자가 클 경우 인출 사태는 은행의 지불 능력과 유동성을 마비시킬 수 있다. 인출 사태 기간 동안 중앙은행은 은행에 긴급 유동성을 제공할 의무가 있지만 비은행 금융기관은 이런 혜택을 받지 못한다.

2008년 금융 위기 당시 GMAC는 자금 부족, 미심쩍은 담보물만을 보유,

파산 직전 상태, 그리고 비은행 기관이라는 최악의 상황에 처해 있었다. GMAC가 파산 상태에 빠지는 것을 막기 위해 미국 재무부는 3번의 구제금융을 통해 총 172억 달러의 우선주와 보통주를 매입했다. GMAC는 은행 라이선스를 신청하고 승인을 받아 연방준비은행에서 자금을 빌릴 수 있는 조건을 만족시켰다. 그리고는 앨리 뱅크$^{Ally\ Bank}$로 이름을 바꾸었다(이후에 앨리의 서브 프라임 모기지 자회사인 레스캡^{ResCap}은 파산했으나 앨리 뱅크는 파산을 피할 수 있었다). 미국 재무부는 GMAC와 앨리에 대한 긴급금융을 실시하는 과정에서 수십억 달러의 손실을 입었을 것이다.

빌리지도, 빌려주지도 말아라?

부채는 좋은 효과든 나쁜 효과든 그 효과를 확대시킬 수 있는 능력이 있다. 보통은 어느 정도 부채를 가지고 있는 것이 최적이다. 정확히 어느 정도의 부채 수준이 적정한 것인지는 상황에 따라 달라지며, 리스크와 기간 대응 원칙을 따라야 한다. 포장 식품이나 규제되는 수도, 전력 산업과 같이 매우 안정적인 산업의 경우에는 기업 수명이나 경영 확실성에 영향을 미치지 않으면서 많은 자금을 대출받아 수익성과 성장성을 증폭시킬 수 있다. 이런 경우 미래 현금 흐름은 예측 가능성이 높아 미래 지급 의무와 꽤 정확하게 대응시킬 수 있다. 물론 그런 산업조차 예측이 빗나갈 경우를 대비한 현금 쿠션을 보유할 필요는 있다.

대부분의 경기순환성 사업의 경우에 현재의 수익과 기업의 지속성이 상충하여 교착 상태를 부른다. 어떤 투자자는 태양이 높이 떴을 때 건초를 만들어 두고 내일 일은 내일 걱정하는 편을 선호할지도 모른다. 사업이 실패하는 경우 주주는 더 이상 수익성이나 성장으로 인한 혜택을 얻지 못한다.

경기순환 주기와 변동성에 대한 예측은 어떤 시점이 되서는 빗나갈 수밖에 없다. 그런데 만약 이런 상황에서 기업의 자산이 대부분 현금화하기 어렵거니 다른 산업에서 사용할 수 없는 상태라면, 높은 부채율은 해당 기업을 위험에 빠뜨릴 수 있다. 나는 레버리지를 사용하지 않고서도 성장과 수익성을 달성할 수 있는 기업에 투자하는 것을 선호한다.

기업의 지속성

투자자로서 기업의 지속성에 관심이 높다면 일본을 공부하는 것이 좋다. 아리 드 게우스$^{Arie De Geus}$에 따르면 세상에는 1700년 이전에 설립되어 아직까지 운영되고 있는 기업이 967개가 있는데, 그중 절반 이상이 일본에 위치하고 있다. 오늘날의 하이테크 기업은 하나도 이 목록에 포함되어 있지 않다. 전통적이고 느리게 변화하며 완벽하게 범용화되지 않은 산업, 예를 들어 사케, 제과, 차, 음식, 식당, 주점, 종교적 공예품 산업 같은 경우가 이에 해당한다. 변화는 인생을 신나게 만들어 주기도 하지만, 계속해서 변화해야 하는 기업은 결국 어느 시점에서는 잘못된 결정을 내리고 무릎을 꿇게 된다.

만약 일본인처럼 기업을 초장기 자산이자 위험 자산으로 분류한다면, 자산 대부분을 자기자본으로 조달하는 것이 적절할 것이다. 일본에 상장된 기업의 절반 이상이 부채보다 더 많은 현금을 보유하고 있는데, 다른 어떤 선진국을 살펴봐도 이런 사례는 찾기 힘들다. 또한 대체로 재무제표상 영업권 또한 다른 국가보다 매우 작은 것을 볼 수 있는데, 일본 기업 또한 유명한 브랜드와 불멸의 프랜차이즈를 보유하고 있음을 염두에 둘 때 매우 특징적인 점이다.

기업의 수명은 앞에서 언급한 두 가지 대응 원칙을 얼마나 잘 지키는지에 따라 달라지지만, 사회적 이유도 중요하다. 기업도 결국 사람이 만들어낸 공동체다. 살아남는 기업은 직원과 고객, 그리고 협력 업체가 한 팀이 되어 운영되는 공동체인 것이다. 이러한 기업은 현실 속 경쟁에서 끊임없이 도전하고 적응하면서도 자신만의 뚜렷한 특징과 소명을 지켰다. 또한 광범위하게 분산화를 실시하지도 않았다. 1700년대에 대부분의 사업은 가족 소유였고, 그리하여 그때부터 지금까지 생존한 기업 또한 가족 지배 기업이다. 이런 점이 이들 기업을 굉장히 특별한 형태의 공동체로 만든다. 학자들은 미국에서도 이와 같이 지배 지분을 보유한 주주가 있는 기업이 흩어진 지배력을 갖춘 기업에 비해 더 나은 성과를 내고 있다는 점을 발견했다.

투자자에게 있어 궁극적인 지향점은 수익성과 성장성이 좋으면서도 지속 가능한 기업을 찾는 일일 것이다. 재무 레버리지는 기업을 파괴하지는 않지만 변동성을 만든다. 다음과 같은 대응 원칙을 존중하는 기업을 찾아라. 채무는 안전 자산과 대응시키고, 장기 자산은 장기부채와 대응시켜라. 원자재 사이클에 민감하거나 노후화되기 쉬운 산업, 고객의 선호가 자주 바뀌는 산업의 경우에는 조심해서 접근해야 한다. 문제가 생길 경우, 이연되고 시차가 있는 상환 일정을 가지고 있어야 한다. 또한 계약 조건이 까다롭지 않고, 채권자가 친절한 편인 무담보 대출을 이용한 기업을 찾아야 한다. 현금 쿠션과 아직 사용하지 않은 신용 한도 또한 기업이 어려운 시기를 헤쳐 나가는 것을 도울 수 있다.

BMTS
Big Money Thinks Small

5부

가치의 평가

17. 성장률과 주가수익비율에 주목하라
18. 이익을 올바르게 정의하라
19. 나쁜 주식을 피하는 4가지 질문
20. 시장이 들썩일수록 차분해져라
21. 결론: 두 가지 투자의 패러다임

17

성장률과 주가수익비율에 주목하라

예측들은 미래를 내다보는 데 도움을 주기 보다는
그 예측을 한 사람에 대해 더 많은 것을 알려준다.

- 워런 버핏 -

주식의 (자산 집단으로써 혹은 개별 주식으로써) 수익성 혹은 내재 할인율이 무엇인지 묻는 것은 합리적인 질문임과 동시에 말도 안 되는 질문이다. 가치의 예측치는 어떤 할인율을 적용했느냐에 크게 좌우지된다. 영구 연금의 경우, 할인율을 8퍼센트에서 6퍼센트로 낮출 경우 그 가치가 3분의 1가량 상승하게 되는데, 이 정도의 편차는 안전 마진을 만들 수도 있고 없앨 수도 있다. 투자자는 할인율에 대한 질문을 피해갈 수 없다. 돈을 채권이나 부동산 대신 주식에 투자하려면 비교 기준이 필요하며, 수백 가지의 가능성 중에서도 순위를 매기고 결정할 수 있는 방법이 필요하다.

주식의 수익성은 처음에 그 주식을 얼마에 샀느냐에 크게 달라지지만, 시간이 지날수록 근본적인 비지니스의 수익성을 따라간다. 액티브 투자자는 늘 확률적 불리함을 극복하고 싶어 한다. 확률을 산출하기 위해서는 시장 할인율을 이해해야만 하며 자신이 받아들일 수익률이 적합하지 않을 만큼의 낮은 할인율을 적용해서 높은 가치를 매기는 것을 주의해야 한다. 이번 장에서 다루게 될 예상 수익률들은 확실하지도, 정확하지도 않은 장기적 예측이다. 그 무엇이라도 감당할 자신이 없다면 투자하지 않을 것을 당부하고 싶다.

이익 수익률이 당신의 수익률이 될 것인가?

순수주의자는 동의하지 않을 수도 있지만, 나는 주식의 예상 수익률을 예측하는 첫 단계로 이익 수익률(PER 비율의 역수)을 사용하는 것을 선호한다. 이 예측의 정확성을 높이는 방법들은 잠시 후에 소개하기로 한다. 만약 이 장이 지루하게 느껴진다면 이것 한 가지만 기억해 두면 좋을 것이다. 낮은 PER 주식에 관심을 갖고 높은 PER의 주식은 피하라. 이익 수익률, 기대 수익률, 할인율은 모두 매력적인 주식의 요소이며, 투자 시기와 시장을 정하는 데 도움을 준다. 이 중에서도 이익 수익률이 유일하게 쉽게 찾을 수 있는 수치다. 기대 수익률과 할인율의 경우에는 추측과 계산 등의 추가 노력을 해야 하는 반면에 항상 더 나은 결과로 보답하지는 않는다.

여기서 문제점은 장부상 순이익은 경제적 현금 흐름과 같지 않으며, 현금 흐름은 현재의 순이익과도, 또 주주 실현 이익과도 동일하지 않을 수 있다는 것이다. 보고된 1달러의 이익이 주주에게 돌아가는 1달러의 수익과도 같다는 가정을 전제 해야 하는데, 그러기 위해서는 기업이 보고된 이익이 현금 흐름을 정확히 반영하고 있으며 재투자된 금액이 주주에게도 같은 가치를 지녀야 한다. 또 다른 전제는 현재의 소득이 무기한으로 유지된다는 것인데, 현재의 이익 수익률을 주기적인 피크나 바닥, 또는 쇠퇴의 상태에 있는 기업에 적용시키는 것은 오해의 소지가 다분할 것이다.

기업의 성장을 위해 재투자된 1달러는 향후 성장률과 현금 흐름에 어떻게 기여하느냐에 따라 그 이상 혹은 그 이하의 가치를 지닐 수 있다. 탄력적인 산업에서 차별화된 상품을 제공하며 유능하고 정직한 경영진을 가진 기업이 수익을 재투자하면 주주의 수익률을 크게 향상된다. 시간은 좋은 비즈니스에게는 약이 되지만 그렇지 않은 비즈니스에게는 독이 된다고 하는 이유다. 기업의 경제적 상황이 투자자의 수익성에 결정적인 역할을 하는 상황에서도 기업이 좋은 상태에서 경영될 것이라는 확신을 얻기 위해서는, 경제적 해자economic moat(워런 버핏이 버크셔 해서웨이의 연례 보고서에서 언급하며 알려진 개념으로, 적의 침입을 막기 위해 성 주위에 판 연못인 해자와 같이 기업을 경쟁자로부터 보호하는 경쟁력이나 역량을 의미한다) 내지는 경쟁 우위 장벽이 존재하는지를 확인할 필요가 있다.

눈에 띄게 좋은 이익 수익률을 자랑하는 주식은 대개 경기순환적이거나 상용화된 산업, 미심쩍은 회계 처리, 부정직하거나 무능력한 경영진 중 하나 이상의 결점을 갖고 있기 마련이다. 이런 결함은 주주의 수익성에 나쁜 영향을 끼치기 때문에, 이익 수익률은 기대 수익률이나 할인율과 유사하지만 그렇다고 동일하다고 볼 수는 없다.

미국 금융의 역사를 돌이켜 보면, 주식의 수익률은 대개 초기의 이익 수익률을 초과했다. 기업이 미래에 어떻게 성장할 것인지 정확하게 예측하고 측정할 수 있다면, 성장을 이뤄낼 것이다. 아무도 시작부터 일부러 가치를 파괴하려고 하지는 않는다. 하지만 이런 규칙이 모든 경우에 적용되리라고 생각하는 것 역시 옳지 않다. 일정 기간 동안 주요 지수의 수익률이 첫 이익 수익률보다 낮은 적은 많다. 하지만 대부분 장기에서는 재투자한 1달러가 그 이상의 가치를 창출했다.

가정이 지나치게 단순화되었다는 점과 PER을 쉽게 구할 수 있다는 점을 감안하면, 낮은 PER(혹은 높은 이익 수익률) 효과가 존재하지 않을 것 같지만, 이 방법은 여러 주식의 예를 통해 충분히 입증되었다. <표 17-1>에서 볼 수 있듯이, 다트머스 대학Dartmouth College의 교수인 케네스 프렌치Kenneth French의 연구에 따르면 주식을 이익 수익률 기준으로 순위를 매기고 분류했을 때 가장 높은 이익 수익률을 자랑하는 그룹이 가장 좋은 실적을 보였다. 대부분의 경우, 특히 장기간의 자료를 분석하는 경우에 일반회계기준 순익 수치가 사용되었다. 경우에 따라 짧은 기간의 조정 수치와 추정치가 사용되었으나 결론은 비슷했다.

낮은 PER 효과는 소형주 효과와도 연관이 있다. <표 17-1>에서 가치 가중 방식value weighting이란 미국 주식의 총시가총액이 20조 달러라고 할 때 상위 10분위는 이익 수익률이 가장 높은 2조 달러 가치의 주식으로 이루어져 있음을 의미한다. 반면 동일 가중 방식equal-weighting이란 3,000개의 기업을 조사했을 때, 상위 10분위에 이익 수익률이 가장 높은 300개의 기업이 포함되었음을 뜻한다. 이익 수익률이 굉장히 높은 주식의 대부분은 소형주다. 동일 가중 방식을 이용한 포트폴리오가 가치 가중 방식 포트폴리오보다 눈에 띄게 좋은 결과를 낸 것을 볼 수 있는데, 이는 투자자에게 생소한 주식이 포함되어 있기 때문이다. 예를 들어 GM과 스트래텍 시큐리티Strattec Security 주식을 같은 양으로 보유하고자 하는 기관은 별로 없을 것이다. 그럼에도 가치 가중 방식을 이용한 포트폴리오는 평균 이상의 실적을 낸다. 두 방법에서 모두 서가의 10분위 주식이 고가의 주식보다 거의 항상 더 높은 수익률을 낸다.

표 17-1 프랑스의 이익 수익률로 분류한 연간 수익률
(누적 %, 10분위 수로 분류, 1951~2015년)

	1분위	2분위	3분위	4분위	5분위	6분위	7분위	8분위	9분위	10분위
가치 가중 방식	9.1	8.9	10.4	10.5	11	12.5	13.3	13.9	14.8	15.6
동일 가중 방식	9.1	11.4	12	13	13.7	14.4	15.2	16.2	17.4	18.6

출처: 살렘 하트Salim Hart 피델리티, 모닝스타 리스트에 포함된 5억 달러 이상 규모의 액티브 주식 펀드들

평균적으로나 장기적으로 보면 이익 수익률이 높은 주식의 경우 시장을 초과하는 수익을 내지만, 이는 평균일 뿐 모든 주식이 항상 그렇지는 않다. 1951년과 2015년 사이에 동일 가중 방식을 사용한 포트폴리오의 상위 10분위가 평균 이하의 수익률을 낸 기간이 3분의 1에 달했다. 이러한 현상은 투기성이 짙어지는 강세장의 끝자락 그리고 불경기의 시작에 더 자주 나타난다. 경기순환이 심한 산업의 주식은 대개 불경기에 대한 우려로 인해 낮은 PER을 갖지만, 그럼에도 불경기가 닥치면 주가는 더욱 하락한다. 저평가된 주식의 가치가 더 하락해야만 깜짝 놀랄만한 가치주를 찾을 수 있다. 결국 이익 수익률이 높은 주식으로 구성된 포트폴리오가 훌륭한 실적을 내긴 하지만, 이는 기다림에 대한 작은 위로일 뿐일지도 모른다.

나를 포함한 대부분의 포트폴리오 매니저는 이익 수익률이 상위 10퍼센트인 주식에 전부를 걸지 않는다. PER이 낮은 주식은 대개 소형주이며 회전율을 줄이는 편을 선호한다면 더욱 그러하다. 한 조사에서 케네스 프렌치Kenneth French는 한 달 주기로 포트폴리오를 재조정했다. 나는 이 전략이 주식 매매를 끊임없이 해야 한다는 점, 그로 인해 큰 비용을 지불해야 한다는 점, 소형주를 이 정도 빈도로 매매하는 것이 어렵다는 점에서 비현실적이라 여겼다. 그 대신에 〈표 17-1〉에서 나타나는 포트폴리오는 1년 단위로 재조

정되었다. 많은 주식이 그대로이기 때문에 연간으로 재조정한다고해서 완전히 새롭게 바뀌는 것은 아니다.

월마트에 특가는 없다

대부분의 투자자는 PER보다는 더 눈에 띄는 특성에 집중하기 마련이다. 1999년 12월 월마트의 경우를 보자. 월마트는 내가 좋은 기업에서 바라는 모든 강점을 갖고 있었다. 이해 가능한 사업, 지속성, 업계 내 차별화된 지위, 정직하고 유능한 경영진 등이다. 그 당시에 월마트는 몇십 년간 상승세를 자랑하는 수익과 20퍼센트가 넘는 ROE를 자랑하는 성공 신화였다. 오늘날의 아마존과 같이 모든 소매업자의 두려움과 경외의 대상이었다. 모든 사람의 생필품을 경쟁력 있는 가격에 파는 것만큼 강력한 비즈니스가 또 있을까?

1999년말 월마트의 주가는 69.13달러였으며 2000년 1월 보고한 주당순이익EPS은 1.25달러로 전년도 대비 0.99달러 상승한 수치였다. 이에 상응하는 이익 수익률은 1.8퍼센트, PER은 55배였다. 당연하게도 투자자들은 낮은 이익 수익률보다도 20퍼센트의 ROE와 이익 성장률에 초점을 두었다. 나는 빠르게 성장하는 기업의 경우, 성장률과 이익 수익률을 연결시키려고 한다. 8퍼센트의 이익 수익률을 내려면 월마트는 5.53달러의 주당순이익(69.13 달러의 8퍼센트)이 필요하다. 이 수치를 달성하기 위해서 몇 년간 얼마의 성장률이 필요한지 계산할 수 있다. 최상의 경우, 목표를 달성할 때까지 그리 오래 걸리지 않을 것이며, 목표를 달성한 이후에도 기업이 빠른 속도로 성장할 것이라고 믿는다.

나는 월마트의 성장이 계속될 거라고 생각했다. 조금 더디게 성장해도 그다음 회계연도에 발표한 12퍼센트 정도 될 것이라 믿었다. 여러 분야에서 이미 압도적으로 자리매김한 미국 소매 기업으로서 월마트는 끊임없이 시장 점유율을 늘릴 수는 없었다. 월마트가 멕시코에서는 눈부신 성공을 거두었으나 다른 국가에서는 쉽지 않은 전투를 벌이고 있었다. 12.1퍼센트의 복리 수익 성장률을 가정했을 때, 월마트가 초기 매입가 대비 8퍼센트의 이익 수익률을 달성하려면 13년이 걸릴 것이었다. 어떤 애널리스트들은 월마트의 성장률에 대해 조금 더 긍정적이었으며 이 목표를 조금 더 빨리 달성할 수 있을 것이라고 믿었다. 하지만 내 계산법은 현금의 시간 가치와 복리 효과를 배제했음으로 목표를 달성하는 데까지는 더 오랜 시간이 걸릴 것이라고 예상했다. 역사에서 13년 동안 매년 12퍼센트의 성장률을 유지한 기업은 극히 드물다.

놀랍게도 월마트는 그 후 13년 동안 11.3퍼센트의 복리 수익률을 유지하는 데 성공했으나 주가는 정체되었다. 2012년 월마트 주식의 최저가는 57달러로, 이는 같은 기간 주당 10달러의 누적 배당금을 감안한다 해도 손해였다. 2012년 월마트의 평균 주가는 1999년 말 주가와 비슷한 수준이었으므로, 해당 기간 주식을 보유한 투자자에게 주가 상승으로 인한 이익은 존재하지 않은 채 배당금만이 주식의 유일한 수익원이었음을 의미했다. 누계로 총수익률과 배당 수익률은 수익 성장률이나 ROE보다는 초기 이익 수익률이었던 1.8퍼센트와 비슷한 수준이었다. 1999년에 월마트 주식에 투자한 사람은 월마트의 매력적인 성공 가능성에 이끌려 주식 가격을 흥정하려 하지 않았다.

월마트의 실현 수익률은 내가 가정한 8퍼센트의 할인율에도 미치지 못했다. 이는 수익이 기대치보다 낮았던 탓도 있지만 PER의 평균 회귀 영향도 있었다. 월마트의 실질 수익률을 5.02달러로 초기의 목표였던 5.53달러에 크게 뒤처지는 수준은 아니었다. 하지만 13년 동안 쌓인 예상 수익과 실질 수익 사이의 차이는 상당했다. 이는 8퍼센트 수익을 달성하려면 훨씬 높은 목표의 수익을 설정해야 함을 의미했다. 또한 13년이라는 장기적인 예측을 신뢰해도 좋을지에 대한 의구심도 있었다.

월마트 PER의 평균 회귀 현상은 월마트에게만 적용되는 현상이 아니라 시장 전반적으로 나타나는 현상이었다. 통계학자들은 비교 분석을 하기 위해 최대한 넓은 견본을 원한다. 월마트는 계속해서 기하학적인 성장을 이루었으며 프리미엄이 붙는 것 또한 놀라운 일도 아니었다. 하지만 이러한 업적이 영원히 지속될 수 없었다. 기업의 과거 배수가 타당성과 유효성을 유지하려면 그 기업의 미래가 이미 지나온 길만큼 화려해야 한다. S&P 500 지수에는 제각기 다른 단계에 있는 비즈니스가 포함되어 있지만, 월마트 주식은 당연히도 그 모든 것을 한 번에 가지고 있을 수 없었다.

1999년에 월마트 주식은 과거 대비 높은 PER에서 거래되고 있었다. 2012년도에 S&P 500의 PER이 하향세를 그리자 월마트의 PER도 14배 밑으로까지 곤두박질쳤으며 결국 S&P 지수의 배수와 유사한 수준에서 거래되었다. 월마트의 이익 수익률은 결국에는 기대했던 것과는 전혀 다른 방식으로 (이익이 성장한 게 아니라 주가가 낮아지며) 8퍼센트를 기록하게 되었다. 평균 회귀를 초래하는 요소는 쉽게 눈에 띄지는 않지만, 시간이 지날수록 그 영향력은 결정적이게 된다.

시장 지수의 PER이 높을 때를 노려라

1999년의 S&P 500 지수의 PER은 30배를 넘어섰으며, 월마트뿐만이 아니라 주식을 사는 사람에게도 좋은 해가 아니었다. 이익 수익률이 이처럼 낮을 때에는 그다음 해의 시장 수익률 역시 그리 훌륭하지 않은 경우가 많다. 네드 데이비스 Ned Davis 연구 그룹은 미국의 주식시장을 PER을 기준으로 크게 5

개의 그룹으로 나누었다. 가장 낮은 그룹을 기준으로 S&P 500은 10년 동안 인플레이션을 감안했을 때 11.5퍼센트의 수익률을 냈다. 낮은 그룹에서 높은 그룹 순으로, 각가 10.0퍼센트, 9.6퍼센트, 5.3퍼센트 그리고 4.4퍼센트였다. 여기서도 비슷한 패턴을 관찰할 수 있다. PER이 이익 수익률로 환산되었을 때, 1퍼센트의 초기 수익률이 평균 회귀 현상의 도움으로 1퍼센트 이상의 수익률을 투자자에게 안겨 준다는 것이었다.

저렴한 가격의 주식(그리고 시장)도 실망감을 안겨 줄 수 있다. S&P 500 지수가 시장 PER 기준 가장 낮은 그룹에 속해 있을 때 10년 수익률은 최고 19.4퍼센트까지 올랐지만, 최저 0.3퍼센트까지 내려갔으며 이는 가장 높은 그룹의 평균 수익률보다도 낮은 수치였다. PER이 가장 높은 그룹은 10년 수익률이 최고 15.7퍼센트까지 올랐으며 이는 최저 그룹의 평균을 훨씬 앞섰다. 시장 지수의 PER이 1년 후 어떻게 바뀔지를 예측하기란 비교적으로 쉽지만, 시장 타이밍을 결정하는 데 사용하기에는 위험 요소가 많다. 평균으로 회귀하는 데 시간이 걸리기 때문에 장기적으로 자산을 어떻게 분배할지, 시장 타이밍을 길게 보고 결정을 하는 데 적용하기를 추천한다.

1999년에도 보았지만 규모가 큰 성장주가 굉장히 비싸게 거래되는 시기가 있다. 이 시기에는 시가 가중 평균 비중을 사용하는 것이 높은 가치 평가를 포착하기에 가장 적절하다. 다른 시기에는 일반 주식까지도 가격이 전부 높을 때가 있는데, 이런 경우에는 동일 가중 평균 기준을 사용하는 것이 좋다. 같은 가중 평균 기준을 사용했을 때는 가중 평균보다는 중간값을 사용하는 편이 낫다. 1962년부터 2016년 6월 사이에 규모가 가장 큰 3,000개의 주식을 분석해 봤을 때 PER 중간 값이 15배 이하의 시장은 10년 동안 317퍼센트의 수익을 낸 반면, 25배 이상인 시장은 불과 65퍼센트의 수익률을 달성했다(〈표 17-2〉). 자료를 연도별이 아닌 누계로 표시해서 나는 복리의 위력과 낮은 PER이 10년 후에도 유효함을 나타내려 했다.

펀드 매니저는 종종 매력적이지 않은 장기 수익률 전망하에서 할 수 있는 행동을 제한받는다. 자산 배분가는 주식에서 자금을 빼내어 수익률이 더 좋을 것으로 예상하는 채권, 현금 등으로 옮길 수 있다. 주식 매니저로서 자산 배분을 할 수 없게 되어 있기 때문에, 나는 좋지 않은 주식들 사이에서 그나마 최선의 주식을 찾기 위해 노력한다. 나는 최고의 수익률을 쫓기보다는 수익의 지속성과 예측의 신뢰성에 더 큰 의미를 둔다.

표 17-2 다양한 PER 시작점으로부터의 계산된 수익률
(이전 PER 중간 값, 미국 상위 3,000 주식, 1962~2016년)

초기 PER	평균 PER 중간 값 1년 수익률	평균 PER 중간 값 5년 수익률	평균 PER 중간 값 10년 수익률
0~15	18%	102%	317%
15~20	13%	71%	188%
20~25	10%	59%	130%
25 이상	3%	38%	65%

출처: 팩트셋Factset, 살렘하트Salim Hart (피델리티 인베스트먼트)

모든 주요 시장의 정점에서 PER은 상승해 왔으나, 이미 시장을 구성하는 종목의 주가는 값비싼 수준에 머무르고 있던 경우가 많았다. 1929년 다우존스 산업 평균 지수는 이익의 27배, S&P의 경우는 20배까지 치솟았다. 1962년에 S&P 지수의 PER이 22배에서 고점을 찍고, 나머지 1960년대 기간 동안 20배 근처 수준을 유지했으며, 1974년까지는 이 수준이 무너지지 않았다. 비슷한 예로 S&P지수의 PER이 32배까지 오른 2000년 이전인 1990년대에는 7년 동안 20배를 상회했다. 1990년대에 조정 국면을 거치긴 했지만 사태가 심각해진 것은 2000년부터였다. 아직도 존경받는 헤지펀드 매니저 한 명은 당시 주의하며 행동했다. 1990년대 그의 펀드의 부진한 실적은 자산의 반을 S&P 500 지수에, 그리고 나머지 반은 매트리스 밑에 숨겨 뒀어도 달성 가능한 수익률이었다.

경기 조정 PER

진정으로 비극적인 파멸은 수익과 PER 모두 엄청난 단계까지 올라갔을 때 발생했다. 최근 몇십 년간의 배수를 비교해 봤을 때 1929년에 S&P 500의 PER이 고작 20배 올랐고 이 정도가 경제 붕괴와 대공황을 초래했다는 것은 믿기 어렵다. 하지만 S&P는 물가 하락 속의 침체로 인해 수익이 큰 타격을 입었던 1921년 이후 처음으로 그 정도의 PER에 거래된 것이었다. 1929년에 S&P 500의 수익은 1921년 대비 5배 증가한 상태였으며 PER 역시 높았다. 1921년도의 수익은 심하게 하락해 있는 상태였기 때문에 치솟는 PER을 걱정하는 것은 무의미했다. 반면, 1921년 때의 수준만큼은 아니었지만, 1929년의 높은 PER은 높은 이익까지 동반하고 있었기 때문에 걱정하기에 충분했다.

예일 경제학자 로버트 실러Robert Shiller는 불경기와 호황기가 PER에 주는 영향을 줄이기 위해서 10년간 평균 이익을 기준으로 PER을 산출하기를 제안했다. 이를 실러 이익Shiller earnings이라고 한다. 이 방법을 이용하면 1921년의 S&P 500은 경기조정 주가수익비율Cyclically-Adjusted Price Earnings Ratio, CAPE이 5배였으며, 이는 S&P 500 지수가 고평가된 것이 아니라 오히려 저평가되었음을 의미했다. <그림 17-1>가 나타내듯 CAPE가 이렇게 낮은 수치를 나타낸 것은 1921년 이후 1933년과 1974년뿐이었다. 1929년에 S&P 500 지수의 CAPE는

33까지 올랐으며 이 기록은 닷컴 버블 전까지 깨지지 않았다. 닷컴 버블의 정점이었던 2000년도에 S&P 500의 CAPE는 44를 기록했다. 이처럼 극단적인 상황에서 CAPE는 장기 전략을 짜는데 있어 훌륭한 지표가 된다.

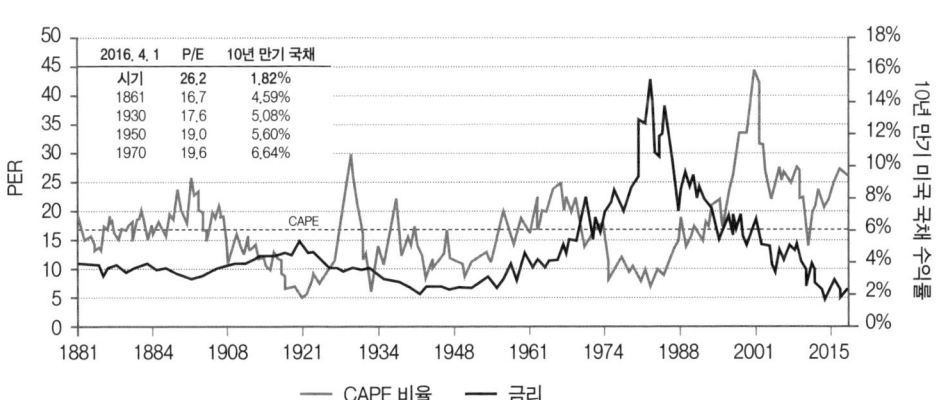

그림 17-1 다양한 PER 시작점으로부터의 계산된 수익률

평균적으로 봤을 때 CAPE는 시장 지수의 현재 이익 수익률보다는 미래 수익률을 예측하기에 더 유용하다. 1881년과 2015년 사이에 S&P 500의 가장 고평가된 10분위의 평균 CAPE는 30.3으로 이는 3.3퍼센트의 이익 수익률을 의미했다. 이 시점을 시작으로 10년간 S&P 500은 평균 실질 수익률 0.5퍼센트를 기록했으며 가장 저평가된 10분위의 경우 9.6배 이하의 CAPE, 그리고 인플레이션을 감안하고 복리로 계산했을 때 10.3퍼센트의 수익률을 기록했다(〈그림 17-2A, B〉 참고). 평균적으로 유효하다는 것이 항상 옳다는 것을 의미하지 않는다는 것을 기억하는 것이 중요하다.

그림 17-2A 1881~2011년 10년 CAPE 대비 미국 주식 평균 실질 복리 수익률

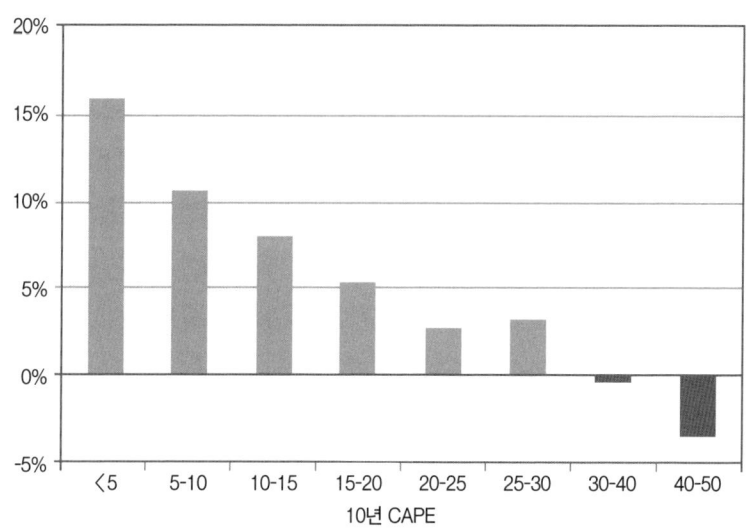

그림 17-2B 이익의 힘.
투자 수익률은 시장의 실러 수익률이 낮을 때 더 높다

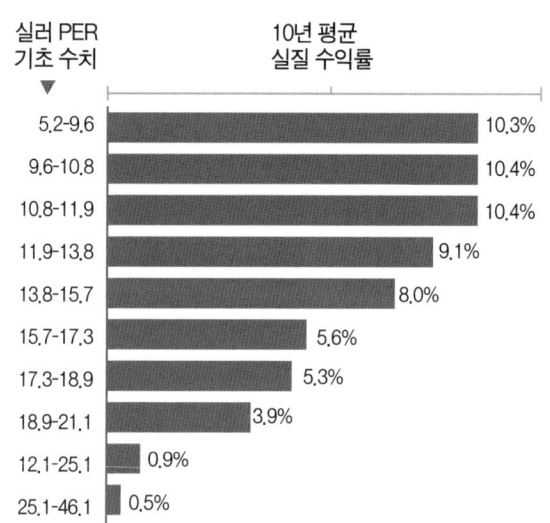

최근 몇십 년간 CAPE가 과거의 평균치보다 높은 경우가 많았다. 어떤 사람은 세상과 회계가 변해서 이제는 CAPE의 유효성과 정확성이 떨어진다고 말한다. 이런 이의 제기가 향후 몇 년 동안 수익률이 좋지 않을 수 있다는 사실을 받아들이지 못하는 것에서 비롯되는 경우가 많기는 하지만, 타당한 측면이 있는 것도 사실이다. 어떤 사람은 기술의 발전이 창조한 가치를 회계 기준이 충분히 담지 못하기 때문에 수익이 전반적으로 저평가되고 있다고 주장한다. 또 다른 주장은 아직 보지 못한 광범위한 마이너스 금리를 감안하면 PER이 더 높아야 한다는 것이다. 세 번째 주장은 급성장하는 인터넷 기업들이 경제에 너무나 큰 부분을 차지하기 때문에 더 높은 PER이 당연하다는 것인데, 나는 이 주장에 큰 의미를 두지 않는다. 나는 오히려 전체 GDP 성장률의 증가가 가속화되지 않았기 때문에 인터넷 산업 외의 다른 분야가 줄어들거나 느린 속도로 성장해서 결과적으로 PER을 낮출 것이라고 생각한다.

기술의 발전에 의한 가치 창출을 평가하는 데 회계가 큰 영향을 한다는 것은 당연한 사실이지만, 일반회계기준이 그 전보다 더 보수적이 되었는지는 확실치 않다. 조정된 수익은 과거에 비해서 복잡해졌지만 일반회계기준은 그렇지 않을 수도 있다. 과거에 스톡옵션의 비용은 어디에도 포함되지 않았지만, 이제는 지출 비용으로 처리되며 조정된 수익에 다시 더해진다. 임원에게 돌아가는 보상, 특히 스톡옵션의 양은 전보다 훨씬 커졌다. 2001년 이전에 무형자산은 유한한 내용 연수를 갖고 최대 40년에 걸쳐 보상되었는데, 이는 현재 방식보다 더 보수적이다. 이제는 여러 종류의 손해 비용이 두루뭉술하게 보고되기 때문에 수익이 더 불규칙적으로 보이게 된다.

2008년부터 2009년까지 은행과 보험사뿐만 아니라 많은 기업이 금융 위기로 엄청난 손해를 기록했으며, 이는 실러 수익에 악영향을 끼쳤을 수 있다. 회계법이 시가로 평가하여 평가절하하는 것을 인정하지만 그의 반대는 허용하지 않는 한, 이 주장은 유효하다. 반대로, 서브프라임 파이낸싱을 통한 수익은 모두 실질적이지만 손해는 그렇지 않다고 주장하는 것은 타당하지 않다. 시간이 지나면서 대출의 증권화 및 자산 판매 이익을 처리하는 회계법은 더 완화되었다. 은행은 과거에 엄청난 양의 대손충당금을 쌓았고 이는 수익을 평탄하게 함과 동시에 보수적 회계 처리를 가능하게 했다. 나는 보고된 수입이 예전에 비해 확실히 더 불안정해졌으며 이는 실러 공식에 더 유효성을 부여한다고 믿는다.

주식, 채권, 재정 증권

이론적으로 주식의 이익 수익률은 채권이나 수익률에 맞춰 요동쳐야 하지만, 과거를 분석해 보면 큰 변동이 없는 시기와 평균으로 회귀하려는 현상이 강하게 보인다. 1929년을 제외하고 1959년 이전에는 주식이 거의 항상 채권보다 높은 배당률을 자랑했다. 나머지 이익분은 성장을 위해 유보되었으며, 이는 높은 이익 수익률을 유지하는 데 보탬이 되었다. 대공황과 두 번의 세계대전, 사회주의와 공산주의의 도래는 주식은 위험 부담이 큰 반면 미국 국채는 안전하다는 인식을 심어줬다. 1940년대의 채권 이율은 현재만큼이나 낮았다. 이와 같은 상황에서 높은 주가는 당연한 듯했지만 PER은 그리 높은 편은 아니었다. 주식을 사기에 이만큼 좋은 시기는 없었다. 이율이 높아서였을까 아니면 채권보다 상대적으로 높은 수익률 때문이었을까?

유럽에서는 오랫동안 국채를 무위험 자산으로 분류하는 것을 꺼렸다. 1923년 독일 재정 증권에 투자한 사람은 인플레이션으로 거의 모든 것을 잃었다. 독일 국채인 분트^{bund} 역시 마찬가지였을 것이 분명하나 가격 변동이 너무 극심했던 나머지 관련 자료가 모두 폐기되었다. 1948년에 독일의 통화가 라이히스마르크에서 마르크로 대체되면서 대부분의 국채 계약은 취소되었다. 정부가 부채로부터 자유로워지는 가장 흔한 방법은 인플레이션이지만 채무 불이행, 채무 재구성, 그리고 지불 유예 역시 선택 사항이다. 케네스 로고프Kenneth S. Rogoff와 카르멘 라인하트Carmen Reinhart의 『이번엔 다르다This Time is Different』에 의하면 전 세계의 거의 모든 국가가 이러한 선택 사항에 의존한 적이 있다.

1981년에 채권의 위험성에 대한 인식이 늘어났고 채권 가격에도 그것이 반영되었다. 결과적으로 채권 수익률은 주식의 이익 수익률을 초과했다. 예상과 달리 이는 정확히 채권의 위험 조정 수익률이 상승할 것이라는 것을 의미했다. 주식에 비해서 채권은 명목 소득에 대한 위험이 훨씬 적음에도 불구하고, 1980년대에는 주식과 비슷한 수준의 수익을 냈다. 절대적인 기준으로, 높아진 채권의 수익률은 주식에게 있어 거짓된 징조였다. 전례 없는 채권 수익률과 높은 이율은 주식과 채권 모두에서 엄청난 수익의 전조가 되었다. 국채의 인플레이션을 감안한 이율이 낮은 시기에 주식의 수익률 역시 비슷한 행보를 보였다.

인플레이션이 줄어들고 세율이 완화됨에도 불구하고 채권 수익률은 세계 금융 위기가 다다를 때까지도 실러 수익률에 비해 높은 수준을 유지했다. 1990년에 실러 수익률은 주식이 기록적인 이익을 낼 것이라는 징조를 보이지 않았으며, 수익률 스프레드 역시 주식이 채권을 넘어설 것이라 예측하지 못했다. 종종 평균으로 돌아오는 데까지는 너무 오랜 시간이 걸리기도 한다. 2000년에 들어서자 실러 수익률은 최저치를 기록했으며 채권 수익률 대비 손실은 점점 커졌다. 이는 주식을 멀리하라는 징조였다.

2000년대에 들어서자 이러한 하락세에 대한 우려는 곧 현실로 나타났다. 그러나 채권의 비교적 높은 수익률은 2009년까지 유지되었다. 우선 테크와 성장주가 2001년에 큰 타격을 입었다. 채권의 값은 금리가 떨어짐과 동시에 크게 올랐다. 저금리로 인해 서브프라임모기지$^{Subprime\ Mortgage}$(비우량 주택 담보 대출) 대출을 받아 집을 사는 사람이 늘었으며, 이로 인해 부동산 버블이 형성되었다. 2007년에 한 저명한 증권사 투자 전략가는 무엇인가 잘못되었다는 것을 깨닫고 고객에게 우량주에 집중투자하라고 권했다. 세계 경제위기에 앞서 이루어진 훌륭한 판단이었다. 이를 실행에 옮기기 위해서 그는 존슨 앤 존슨이나 마이크로소프트와 같은 블루칩 주식이나 AIG나 AMBAC과 같이 신용 등급이 AAA인 금융 업체의 리스트를 만들었다. 금융 업체들과 그 외의 기업들은 하우징 버블이 꺼지기 시작하자 큰 손실을 입었다. 이 계기로 인해 투자자에게 주식 투자는 도박과도 같은 반면에 국채는 안전하다는 인식이 더 강해졌다.

낮은 금리가 주식의 낮은 이익 수익률을 설명할 수는 있지만 주식 리스크 프리미엄은 요동쳤으며 PER은 여전히 암울한 수준이었다. 전쟁, 경제 공황, 인플레이션, 사회주의와 몰수적 과세는 들락날락하기 때문에 주식이 항상 채권에 비해서 꾸준히 더 높은 수익률을 낼 것이라고 가정할 필요는 없다. 이러한 요소들을 제외하고 채권의 수익률이 저조하고 PER이 높다면 투자자는 과거와 비교했을 때 형편없는 수익을 기대해야 할 것이다.

국가 간의 비교

투자자가 전쟁, 인플레이션이나 사회주의 같은 거시적인 요소에 노출되지 않는 이상, 낮은 PER의 주식시장에 투자하면 좋은 결과를 낼 것이다. 〈그림 17-3〉에서 보이는 것과 같이 자산 운용사인 그랜덤 마요 반 오텔루$^{Grantham\ Mayo\ Van\ Otterloo}$는 16개 선진국 시장의 5년 평균 수익을 향후 35년의 실질 수익률과 PER을 비교하여 분석했다. 물론 35년에 한 번 포트폴리오를 리밸런싱

(운용하는 포트폴리오의 자산 비중을 재조정하는 일 - 옮긴이)하는 것은 당연히 유지 비용이 적은 접근법이다. 일본, 노르웨이, 오스트리아는 가장 고평가된 시장이었지만 가장 성적이 저조했다. 통계적으로 가장 저평가된 시장의 수익률은 모두 중간치를 능가했다.

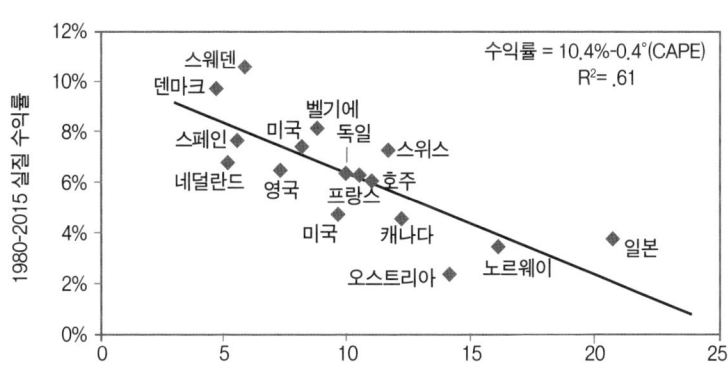

그림 17-3 선진국 시장 5년 평균 수익과 향후 35년 실질 수익률 비교

이 그래프에는 하락하는 인플레이션과 전쟁을 겪지 않는 풍요로운 시기의 입헌 민주주의 국가만 포함되었다. 더 폭넓은 기준으로 정리해 보자면 모두가 이러한 풍요로움을 누리지는 못했다. 오스트리아의 경우에는 인플레이션을 감안한 주식 수익률은 오랫동안 지속적으로 마이너스를 기록했다. 오스트리아는 1차 세계대전 중에 오스트리아-헝가리 제국의 해체를 시작으로 90년간 수많은 일을 겪었다. 그 이후에는 극심한 인플레이션을 겪었다. 2차 세계대전 중에는 나치 독일 합병되었으며 그 후에는 유럽연합 국가들의 신탁통치를 받으며 국경에는 철의 장막이 처졌다. 여기에 높은 세율과 원치 않은 정부 개입까지 더해졌다는 것을 감안하면 오스트리아의 경제학자들이 거대 이론에 회의적인 것이 이해가 된다. 하지만 독일, 프랑스와 이탈

리아 역시 실제적 수익 없이 50년 이상의 시간을 보냈다.

미래를 예측할 때, 미국과 같이 운이 좋았던 국가가 앞으로도 승자로 남을 것인지, 또 오스트리아와 같은 국가에게 불운이 계속 이어질 것인지를 확신할 수 없다. 나는 미국 시민으로서 미국의 예외주의가 계속되길 바라지만, 한편으로는 앞으로도 그러려면 미국이 이렇게 특수한 카테고리에 포함될 것이라는 설득력 있는 이유가 있어야 한다는 것 또한 알고 있다. 타당한 이유가 없다면 미국의 미래 수익을 예측하기 위해서는 미국만이 아닌 모든 선진 자본주의 국가의 자료를 바탕으로 해야 할 것이다. 독일이 겪었던 하이퍼인플레이션은 모든 국가의 투자자가 겪을 수 있는 리스크다. 독일에게 이 경험은 너무나 쓰라렸기 때문에 나는 독일이 다시 하이퍼인플레이션을 겪을 확률이 다른 곳보다 훨씬 낮다고 판단한다.

전쟁을 겪고 있거나 비민주적이거나 사회주의를 따르는 개발도상국의 경우는 크게 다르다. 보통 실제 확률을 알지 못하며, 연구하는 사람은 정보를 쉽게 입수할 수 있는 주제에 끌리기 마련이다. 미국 주가의 역사에는 기본적으로 미국 남북전쟁의 여파가 반영되어 있지 않다. 주식시장의 붕괴나 거래 중지와 같은 흔치 않은 요소는 어떻게 반영해야 할까? 1900년에 러시아 주식은 전 세계 시장 규모의 11퍼센트를 차지했지만 1917년의 볼셰비키 혁명 이후 붕괴되었다. 1931년에는 전쟁으로 인해 전 세계 24개의 주식시장 중에서 1년이 넘는 기간 동안 10곳이 문을 닫았다. 영향을 받지 않은 곳은 7군데뿐이었다.

이익 수익률, 할인율, 그리고 수익률

재앙과 뜻밖의 횡재가 초기의 이익 수익률과 실현 수익률의 차이를 더 넓히지만, 이 또한 투자할 당시에 고려해야 할 사항이다. 투자의 결과는 얼마나 주식시장의 확률을 자기 편으로 만들 수 있느냐에 달렸다. 1990년 후반에 러시아의 석유 기업인 유코스는 200퍼센트의 이익 수익률에 거래되었고, 이는 러시아의 재산권이 불안정함을 예고했다. 하지만 유코스의 초기 투자자는 배당금을 통해 원금 이상을 회복한 반면, 늦게 투자한 사람은 거의 모든 것을 잃었다. 투자의 결과는 어떻게 반응하는지에 전적으로 달려 있다. 종종 무너지지 않고 있음은 아직까지 투자자가 그 상황의 심각성을 제대로 이해하지 못해서일 때도 있다.

일어날 수 있는 사건의 빈도와 심각성을 예측하여 결점은 최소화하고 순풍은 맞이하여 이익 수익률과 예상 수익률의 차이를 줄일 수 있다면 이상적일 것이다. 하지만 여러 요소들의 상관관계를 공식화하는 것은 쉽지 않으며, 작은 변화가 결과를 어떤 방향으로 움직일지는 확실치 않다. 인기주들의 상승세는 성장률이 평균 회귀 현상을 능가하는 한 계속될 것이다. 나는 평균 회귀 현상의 덕을 보기 위해, 그리고 저조한 성장률이 수익률을 낮출 것을 알기 때문에 이익 수익률이 높은 주식에 주로 투자한다. 기업이 파산하거나 현금을 쓸데없이 낭비하지 않는 이상 결과는 대체로 만족스럽다. 장기 투자자에게 거시적이거나 산업 전반적인 리스크와 불확실성은 언제 발생할지 모르는 만일의 사태라고 생각하는 것이 최선이다.

전에 언급했듯, 투자자는 자신이 선호하는 투자 상품의 순위를 매기기 위한 기준이 필요하다. 나 같은 경우에는 이익 수익률이 비슷한 주식들의 리스크와 불확실성을 비교하며 내가 부담할 수 없는 것은 제외한다. 승산이 없는 상황을 피하는 것이 내 투자의 원칙이다. 그러나 안타깝게도 나는 백과 사전, 피아노, 신문 그리고 사진과 같이 오랜 시간 동안 문명 사회의 일부이리라 생각했던 것들에 투자했던 경험이 있다. 기술의 발전과 함께 모든 것은 끊임없이 변하며, 주기적인 상품을 생산하는 기업은 부채 비율이 높은 기업과 같이 언젠가는 파산할 위험이 높다. 어떤 곳에서는 도둑 정치, 몰수, 연고주의가 답일 수도 있으나 나는 그런 것들에는 관심이 없다.

낮은 PER과 높은 성장률을 쫓아라

다시 정리해 보자. 가치 투자를 하기 위해서는 우선 보고된 수익과 실현되는 수익의 차이가 큰 주식을 피해야 한다. 이익이 주주의 이익으로 환산되지 않는다면, 그 기업의 재무제표는 과대평가되어져 훗날 네거티브 서프라이즈negative surprise(실제 보고된 이익이 이익 예측치를 하회하는 상황. 보통 이럴 경우 주가가 심하게 하락한다 - 옮긴이)를 초래할 수 있다. 현금 흐름이 현재 가치의 증가와 대응하지 않는다면 자산이 낭비되고 있을 것이다. 그 예로 지역 신문을 들 수 있는데 브랜드와 지적 재산권이 더 중요해질수록 명백해질 것이다. 기업이 쓸데없는 곳에 자본을 낭비할 때도 가치는 사라진다. 경영진이 수익을 가로채기 때문에 현재 가치가 수익에 반영되지 않는 경우도 있다.

다음으로 수익을 계산할 때는 미래에도 지속될 법한 조건들에서 창출된 수익의 평균치를 고려해야 한다. 실러의 공식은 보고된 10년치의 수익을 기반으로 하는데, 이는 몇 번의 경기순환을 반영한다. 성장주의 경우, 단순히 보고된 수익의 평균치로 판단하면 심히 고평가된 것처럼 보일 것이다. 나는 대신에 10년 평균 이윤이나 자기자본 이율에 현재 매출액이나 주주 지분을 곱하여 수익을 추정하는 편을 선호한다. 자동차나 철강과 같이 경기순환형 사업의 경우, 현재 매출이 지나치게 높거나 낮을 수 있으므로 주의가 필요하다. 또한 세월을 이겨낼 수 있는 경쟁력 있는 상품을 찾아라.

세 번째로는 높은 가치 평가를 정당화시킬 수 있을 만큼 기업이 향후 몇 년간 충분히 성장할 수 있을지를 판단해라. 월마트는 이 테스트를 통과하지 못했지만, 다른 기업의 경우는 달랐다. 이런 경우에는 초기 이율보다는 할인율이 예측 수익률을 판단하기에 더 유용하다. 분기점을 지나고 수많은 기회가 열린다면 수익률은 예상을 훨씬 초과할 수도 있다. 반대로 같은 방법을 이용하면, 현재 가격을 정당화할 수 없을 만큼 비즈니스가 빠른 시간에 하락세를 탈 것인지 예측할 수 있다. 현재로부터 평생의 현금 흐름을 예측하겠다는 야망을 가진 사람은 완전한 현금 흐름 할인 모형을 통해서 정확한 이익률을 구할 수는 있으니 마음껏 해 보길 바란다.

마지막으로 나는 신뢰할 수 있으며 비슷한 이율을 가진 주식들은 하나로 묶고 반대로 감당할 수 없는 리스크 요소가 있는 주식들은 과감히 버린다. 아마도 내 위험 감수도는 다른 투자자와 다르다. 위험 감수도는 특수한 지식이 있음을 반영하기도 한다. 벤처 투자자를 생각해 보라. 위험 감수도는 집중과 분산과도 연관이 있으며, 집중투자는 최고 혹은 최악의 수익을 낸다. 이렇게 집중된 포트폴리오의 경우 작은 리스크도 공포스러운 결과를 야기할 수 있다. 나는 한 가닥 희망이 보이는 리스크를 찾으려고 노력하기도 한다. 예를 들어 느리게 성장하는 시장은 경쟁자의 수가 적다.

대부분의 투자자가 여러 기회들을 비교 분석한다. 이때 미래 수익률을 잣대로 사용하는데, 그런 경우 이익 수익률은 괜찮은 대용물이다. 수익이 온전히 주주에게 돌아가지 않는 주식을 피하고, 수익률의 평균치를 사용하고, 수익을 보장할 상품을 찾고, 성장률이 미칠 영향을 계산하고, 청천벽력과 같은 상황을 피할 수 있다면 조금 더 정확한 예측이 가능할 것이다. 쉽게 말해서 장기 전망이 상당히 확고하고 질이 좋으며 성장 중인 PER이 낮은 주식을 찾아라.

18

이익을 올바르게 정의하라

> 고객(서류 더미를 가리키며): 이 문서의 숫자를 다 더하면 값이 얼마인가요?
>
> 회계사: 얼마가 되기를 원하죠?
>
> - 오래 전부터 투자 업계에 전해오는 유머 -

장기적으로 이익이 주가를 결정한다. 여러 가지 이익을 어떤 식으로 정의하느냐에 따라 기업의 추정 가치가 근본적으로 변화할 수 있다. 발표된 수치가 있고, 또 신뢰성이 불확실한 예측치가 있다. 많은 투자자가 분기 이익에 집착하지만, 나는 이익이 과거와 미래 현금 흐름에 대한 움직이는 그림이라고 생각한다.

주주의 입장에서 양질의 이익은 배당으로 안전하게 연결되는 잉여 현금 흐름에 상응한다. 애널리스트들은 여러 가지 방식으로 보고된 이익을 조정한다. 더 자세히 말하면 일반회계기준이 아닌 스톡옵션 발행 비용, 구조조정 비용, 상각 비용 등이 당기순이익에 더해져 더욱 높은 '조정 이익'이 만들어진다. EBITDA는 아주 대략적인 지표다. 이 모든 수치가 특정 맥락에서는 의미가 있지만, 나는 개인적으로 '일반회계기준 이익', '주주의 이익', 그리고 '잉여 현금 흐름'이 가치를 가장 분명하게 보여 주는 지표라고 생각한다.

어떤 조정은 특정 이슈에 집중하거나 한 기업의 이익을 장기간 비교할 때 도움이 된다. 현재 이익이 지난 기간 대비 발전했는지 여부를 분석하기 위해서는 비순환 항목을 제거하기도 한다. 예약 실행율run rate 이익을 추정하기 위해서는 다른 유사한 상황이 발생하지 않는다는 전제하에 이미 중단된 부문의 사업 활동에 대한 손실을 무시하는 것이 타당하다. 경영진이 똑바로 일하고 있는지를 판단하기 위해서 어떤 애널리스트들은 이익에 주식 보상을 더한다. 하지만 어떤 경우에는 결론을 긍정적인 방향으로 내기 위해 특정 잣대를 의도적으로 선택한다. 또한, 이러한 조정이 맥락 없이 쓰이면 오해의 소지가 있을 수도 있다.

조정 행위는 가끔 서로 다른 기업의 비교를 공정하지 못하게 할 때가 있다. 일반회계기준과 같은 약정된 규칙이 없다면 아마 선두주자에게 가장 관대한 기준이 적용될 것이다. 어떤 기업은 이런 조정을 하고, 어떤 기업은 저런 조정을 하고, 나머지는 일반회계기준을 완벽하게 따르는 세상에서, 비교 가능성은 현저히 줄어든다. 일반회계기준이 항상 옳은 것은 아니지만, 조정된 이익 수치보다는 대부분의 경우 기업의 실제 경제 상황을 더 잘 보여 준다. 그러지 않을 때는 어떤 회계 기준이 더 나은지 구분할 능력이 내게는 없다.

당기순이익과 현금 흐름이라는 개념이 겹치는 부분이 있지만, 구분되는 부분도 분명히 있다. 순이익으로는 영업 활동으로 인한 주식 가치의 상승을 측정할 수 있다. 이익이 항상 현금의 유입을 의미하지는 않는다. 다른 자산 가치가 상승하거나 부채가 줄어들 수 있다. 현금 흐름이 순이익보다 낮을 때는 보통 재고 자산이 쌓이고 있거나, 회수하지 못한 외상 매출금이 쌓이고 있기 때문이다. 현금 흐름표와 손익 계산서를 비교하여 두 재무제표 모두 동일한 이야기를 하고 있는지 확인해야 한다.

현금 흐름표는 영업 현금 흐름에서 시작하는데, 영업 현금 흐름은 영업을 유지하거나 확장하기 위해 쓸 수 있는, 혹은 주주에게 돌려줄 수 있는 순현금 유입을 보여준다. 현금 흐름표에서 투자와 재무 현금 흐름 항목은 영업 현금 흐름을 어떻게 사용했는지를 보여준다. 설비 투자중 영업을 유지하기 위한 지출(유지 설비투자)은 영업을 확장시키기 위한 설비투자 항목과 합쳐져 보고된다. 애널리스트는 그 둘을 분리해야 한다. 쓰러져 가는 산업의 기업들은 유지 설비투자를 제거하고 순이익 초과 현금 흐름을 빨아들인다. 특정 시점부터 이러한 기업은 시들기 시작하는데, 이러한 선택지를 경영진은 선호하지 않는다.

나는 주주 이익을 영업 현금 흐름에서 유지 설비투자를 뺀 값으로 정의한다. 대부분의 제조사에게는, 감가상각 비용이 유지 설비투자 비용을 대표한다. 브랜드, 지적 재산권, 그리고 독점의 세계에서는 현재 상태를 유지하기 위해 얼마나 많은 설비투자 비용이 요구되는지 정확하게 알 수 없다. 신문사들이 자신의 영업 현금 흐름을 모두 설비투자 비용으로 쓴다고 해도, 그중 대부분은 영업 현금 흐름을 안정화시킬 수 없을 것이다. 대부분의 신문사는 현금 흐름을 유지할 수 있는 방법이 방송국이나 인터넷 기업을 사는 것이라 생각했다. 이 경우, 인수에 사용된 자금은 유지 설비 투자 비용으로 간주된다.

주주 이익은 일반회계기준 수치와 조정 수치를 대조 검토한 수치다. 왜냐하면 완벽한 세계에서는 그 세 가지 숫자가 동일해야 하기 때문이다. 주주 이익은 주주 자산의 증가를 나타내기도 하지만, 미래 성장을 위해 쓰일 수 있거나 혹은 주주에게 돌려 줄 수 있는 현금 유입량(배당, 자사주 매입)을 의미한다. 대개 이러한 조정 이익 수치는 구하기 가장 쉽다. 일반회계기준 수치는 공식 재무제표에 숨겨져 있지만, 조정 이익 수치는 월가 혹은 화상 회의에서 흔하게 사용된다. 주주 이익은 공식적으로 발행되는 것이 아니기 때문에 가장 알기 어렵다. 이 수치는 직접 계산해서 얻어야 하며 실제 유지 설비투자 비용이 얼마인지에 대한 자신의 판단이 계산에 들어 있어야 한다. 하지만 주주 이익은 내재 가치를 풀 수 있는 열쇠다.

비경기순환 기업의 가치를 추정하는 방법 중 하나는 주주 이익을 영구 연금 공식을 사용하여 할인율로 나누는 것이다. 이 방법은 현재 이익 수준이 앞으로 평생 유지될 수 있다는 가정에 기초하기 때문에 경기순환 산업에서는 적용할 수 없다. 경기순환 산업의 기업 가치를 추정할 때는, 주주 이익의 평균을 보여 줄 수 있는 수치가 필요하다. 이러한 추정치는 많은 경우 과대 계상되는데, 그 이유는 호황일 때 투자자들이 불황이 오면 경기가 어느 정도 안 좋아질 수 있는지 잊어버리기 때문이다. 나는 평생 유지될 수 없을 것이 분명한 최첨단 기술, 유행, 패션 등과 관련된 기업에 연금 공식을 사용하는 것에 대해서도 조심하는 편이다. 이러한 산업에서는 훨씬 더 정밀하게 현금 흐름을 추정해야 한다. 회계 수치들이 경제 현실을 어느 정도 반영하지 않는 이상, 내재 가치에 대한 추정치는 그 어떤 것도 신뢰할 수 없다.

인플레이션, 무형자산, 그리고 롤업

일반회계기준 회계가 특정 상황에서의 재무적 현실을 모두 담아낼 수는 없다. 특히, 인플레이션이 극심한 시기, 지적 재산권이 포함된 경우, 혹은 인수와 합병을 반복하는 기업의 경우는 더 조심해야 한다. 인플레이션이 극심한 시기에는 과거에 낮았던 비용은 현재 높아진 판매가와 맞아떨어지지 않기 때문에 실제 경제적 이익을 과대 계상하게 된다. 연구개발 비용이 발생하는 즉시 상각되며 대차대조표에 흔적을 남기지 않는다. 이 비용으로 인해 매우 가치 있는 발명이나 발견이 이루어질 수도 있는데 말이다. 계속되는 인수 합병 활동은 작은 조각을 많이 남기기 때문에 이전에 서로 다른 개체였던 기업들의 영업 추세 분석을 어렵게 만든다.

인플레이션이 심하게 지속되는 경우에 발생하는 회계적인 고민은 현금이 유입되지 않을 때 자산 가격 인상분을 수익으로 간주할지에 대한 것이다. 2개의 동일한 상품을 가지고 있는 상점을 예로 들어보자. 한 상품은 최근 75달러에 매입했으며, 다른 상품은 이전에 65달러에 매입했다. 상점은 그중 하나를 100달러에 판매하여 간접 비용으로 25달러의 비용을 초래한다. 이때 판매된 상품을 80달러에 매입하여 다시 채운다. 결론적으로 이 상점은 동일한 재고 자산을 보유하지만 현금 5달러를 잃게 된다. 이제는 허가되지 않는 후입선출법Last In, First Out을 사용하면 그 상점은 65달러의 재고 자산을 판매한 것으로 간주되어 10달러의 이익을 보고할 것이다. 이 유령 이익에 세금이 매겨질 수 있으며 이로 인해 순현금 유출량이 증가할 수 있다.

수십 년의 인플레이션 누적 효과는 부동산, 방송국, 파이프라인 등 장기 보유 자산의 회계 처리를 왜곡시킨다. 감가상각 비용을 위한 준비금은 과거 비용에서 비롯된다. 수십 년 전에 매입된 빌딩은 오늘날의 가격에 매입됐을 경우보다 더 작은 감가상각 비용을 일으킬 것이다. 일반적으로 장기 보유 자산의 유지 비용 지출은 EBITDA에서 아주 작은 부분을 차지하지만, 이는 자산의 종류에 따라 변화한다. 호텔이나 학생 아파트는 창고 등의 자산보다 훨씬 많은 유지 비용이 요구된다. 예를 들어, EBITDA는 중간수로 사용될 때만 의미가 있다. 즉, 모든 유지 비용과 이자 비용 및 세금을 제한 숫자여야 한다.

영업권과 지적 재산권의 과거 비용 또한 현재 가치와 연관이 없는 경우가 많다. 무형자산은 만료가 임박한 특허처럼 내용 연수가 짧을 수도 있고, 코카콜라, 디즈니, 루이뷔통의 브랜드와 같이 매우 길 수도 있다. 그런가하면 코닥, 폴라로이드, 그리고 씨어스처럼 한때 업계를 호령했던 브랜드들도 사라지긴 했다. 만료 날짜가 정해져 있는 특허권과 라이선스를 제외하고 대부분의 무형자산의 내용 연수는 결정될 수 없으며, 이로 인해 그들의 가치를 판단하기도 힘들다. 한 해 동안 무형자산이 얼마나 사용되었는지 알 수 있는 방법은 없다. 만약 회계사에게 경제학자들이 간주하는 완벽한 지식이 있다면, 무형자산이 1년 동안 사용된 가치만큼만 비용으로 처리할 것이다. 그 대신에 대부분의 내부 연구개발 비용 및 마케팅 비용은 발생하는 즉시 비용 처리되며 대차대조표에 나타나지 않는다. 이런 노력이 성공하면, 기업은 기록되지 않는 자산을 가지게 되는 것이다.

브랜드 구축 및 연구개발 비용은 발생한 특정 매출과 연결될 수 없으며, 이로 인해 인수된 무형자산을 어떻게 처리할 것이냐의 문제가 발생한다. 인수 합병이 일어나면 이 숫자들은 한 자리 수 이상의 변화를 겪게 된다. 어떤 기업은 무형자산이 보고된 총자산의 절반이 넘게 된다. 영업권은 이제 더 이상 재무 보고의 일환으로 상각되지는 않지만, 세금 혜택을 일으킨다. 어떤 무형자산은 상각되는 동안 일정한 내용 연수를 갖게 된다. 어떤 기업은 무형자산에 특정 내용 연수를 부여하기보다 영업권으로 간주하여 상각 비용을 피하고 더욱 높은 이익을 보고한다. 실제로는 회계사들이 불황 때 다년간 쌓인 영업권 손상을 한 번에 반영시킨다. 손실이 과거에 발생했기 때문에 이미 모든 게 드러난 상황이고, 투자자들은 이러한 손상을 무시한다. 실제로 많은 사람이 내용 연수가 짧고 한계가 정해진 자산들에 대한 감가 상각도 무시한다.

인수 합병 때처럼 일이 휘몰아칠 때, 그 아무도 무엇이 진행되고 있는지 알 수 없다. 기업 롤업 전략은 가끔 시너지를 발생시키기 위해 영업 부문들을 통합시키는데 그러면 그 전에 나뉘어져 있던 부문들의 기여 및 진전을 알아내기 어려워진다. 매입된 기업의 재무 수치는 다시 쓰여지고, 세금과 관련한 이유로 선택된 숫자를 사용되는데, 이러면 애널리스트들에게는 조금 더 현실성 있는 수치로 조정되어 보여진다. 때때로 구조조정 비용 또한 매입가에 포함되거나 미래 사용을 위한 준비금에 포함된다. 회계 수치가 경제적 현실을 반영하지 못한다는 것을 보여 주는 예는 이외에도 많다.

밸리언트의 평행 우주

한 애널리스트가 밸리언트Valeant 제약의 신규 전략에 대한 소개를 흥분한 톤으로 시작했을 때, 나는 선입견을 억누르고 더 들어보기로 결심했다. 밸리언트의 전신인 ICN 제약은 내부자 거래로 미 증권거래위원회의 조사를 받았었다. 바이오베일Biovail(밸리언트가 2010년에 인수함 - 옮긴이) 또한 이익 수치를 부적절하게 조종하고 허위 진술을 하여 조사를 받았었는데, '비현금 투자 및 재무 활동'이라는 항목을 만지작거렸던 것도 포함되었다.

밸리언트 CEO인 마이클 피어슨Michael Pearson은 일견 생각을 많이 담은 듯한 기업 전략을 구상했다. 이는 특별한 내구재, 쓰레기 처리, 규모의 경제를 얻기 위한 인수 합병을 통한 성장 등에 집중하는 것이었다. 피부 관리와 안구 관리 분야가 특히 매력적인 틈새시장으로 보였다. 밸리언트는 바이오베일의 본부가 있는 캐나다로 회사를 옮겼고, 이로 인해 미국 바깥에서 발생하는 매출의 세금 비용을 낮췄다. 마이클 피어슨은 23년 동안 건강 관련 분야의 컨설턴트로 일했기 때문에 그가 하는 프레젠테이션은 설득력이 있었다. 그가 경영에 나선 뒤부터 밸리언트는 다음 몇 해 동안 100차례가 넘는 인수 합병을 진행했다.

마이클 피어슨은 밸리언트가 공시한 주당 현금 이익 수치들(이른바 조정 이익)을 이용하여 눈부신 성공을 이루었다. 2008년부터 2014년까지의 기록을 보면 1.01달러, 2.19달러, 2.05달러, 2.93 달러, 4.51달러, 6.24달러, 그리고 8.34달러로 놀라운 일을 벌였다. 회계 기준을 일반회계기준으로 변환하며 발생한 세금 타이밍을 적용했고 이로 인해 밸리언트가 발표한 2015년 조정 이익은 주당 10.16달러에 도달했다. 이 괄목할 만한 성장은 밸리언트의 끊임없는 인수 합병으로 이루었으며, 2014년 엘러간Allergan 인수를 시도할 때 580억 달러를 제시했다가 실패한 후 중단되었다. 하지만 밸리언트는 발톱균을 치료하는 주블리아Jublia 및 루주Luzu와 같이 급성장하는 제품도 가지고 있었다. 심지어 오래된 제품군도 다시 활기를 띠는 듯했는데, 밸리언트는 이를 특수 의약품을 통한 개선된 마케팅의 효과라고 설명했다.

밸리언트의 보고된 일반회계기준 수치는 개운하지 않게 다른 인상을 남겼다. 주당 연간 손실은 2010, 2012, 2013, 2015 각각 1.06달러, 0.38달러, 2.70달러, 0.85달러로 보고되었다. 2008, 2009, 2011, 2014년의 일반회계기준 이익의 합계는 이외 년도의 손실을 겨우 만회할 만한 정도이다. 일반회계기준 이익과 현금 이익과의 차이를 잇기 위해 밸리언트는 영업권, 지적 자산, 구조조정 비용, 그리고 주식 보상 비용 등에 대한 대손상각 목록을 제공했다. 이러한 조정은 분석적인 질문에 빛을 비추었다. 이 자료들은 주식의 가치를 측정하는 데 쓰려고 만든 것이 아니었다.

개인적으로는 짜증이 났지만, 밸리언트가 자체적으로 정의한 현금 이익은 기업의 주식 성과에 대한 훌륭한 지표였다. 밸리언트의 주가는 2008년 7달러에서 2015년 263달러로 상승했다. 6년 안에 이익을 3번이나 2배로 상승시키는 주식은 PER이 말도 안 되는 수치가 아닌 이상 기막히게 좋은 주식이 될 운명일 수밖에 없다. 주가가 상승할수록 기대감은 증폭했다. 헤지펀드 주식 포럼에서는 밸리언트에 대한 이야기가 끊이지 않았다.

나는 밸리언트의 현금 이익에 대한 정의가 너무 너그럽다고 느꼈다. 일반회계기준 운영 현금 흐름은 지속적으로 현금 이익보다 낮았다. 2012년부터 2013년까지 밸리언트의 운영 현금 흐름은 현금 이익의 절반 정도를 기록했다. 운영 현금 흐름은 대부분의 경우 현금 이익보다 큰데, 두 수치 모두 유사한 비용들을 다시 더하는 반면, 순이익은 감가상각 혹은 자본 확충 준비금을 일부 반영하기 때문이다. 결과적으로 밸리언트의 현금 이익은 현금을 사용하는 일부 운영 비용을 무시하게 되었다.

구조 조정 비용은 밸리언트가 아마도 투자자들에게 운영 추세를 더욱 명확하게 보여 주려는 목적에서 비용으로 간주하지 말라고 이야기한 현금 비용 항목 중 하나이다. 예를 들어, 경영진은 공장 합병이나 해고와 관련한 시기를 결정할 수 있는데, 각각의 공장은 한 번만 문을 닫기 때문에 관련한 비용은 논쟁의 소지가 있다. 하지만 특정 기간에 종속되지는 않기 때문에 현재 분기 실적이 아무리 좋더라도 결과는 형편없게 나오게 된다. 이러한 비용은 돌아오는 분기에 재발되지 않을테니 미래 이익을 예측하는 데 도움이 되지 않는다. 하지만 밸리언트와 같이 비용에 민감하고 인수 합병을 많이 하는 기업에서 비용 간소화는 절대 멈추지 않는다. 따라서 이 주식에 대한 가치 평가를 할 때 구조조정 비용은 무시할 수가 없다.

운영 추세를 투자자는 예측을 위한 기준으로 사용하지만, 이사회는 경영진에 대한 보상을 정할 때 사용한다. 경영진은 당연히 자신들이 매우 훌륭하게 일을 해내고 있으며 보상을 많이 받아야 한다는 것을 보여 주는 기준을 선호한다. 또한 쉽게 왜곡될 수 없고 가치 창출을 보여 주는 수치를 좋아한다. 일반회계기준을 따르더라도, 경영진은 더욱 높은 이익을 보고할 수 있게 하는 회계 방식을 고를 수 있다. 예를 들면 무형자산을 영업권으로 분류하여 상각하지 않을 수 있다. 구조조정 비용은 전기나 후기로 미루어 적용시킬 수 있으며, 이미 실적이 안 좋은 해에 비용을 뭉뚱그려 계상할 수도 있다. 주주는 높은 주가를 원하기에 약간의 의구심이 있더라도 경영진이 제시하는 기분 좋은 수치를 따라간다.

조정된 수치가 왜곡을 피하기 위한 것이지만, 오히려 새로운 가능성을 만들기도 한다. 일반회계기준 계정들을 사기로 꾸미는 대신, 경영진은 비용들을 무시할 수 있는 범주로 옮긴다. 모든 사람이 이 이자 비용을 기업 운영 비용으로 인정하지만, 가끔 자금 조달을 위한 선불 혹은 후불 수수료는 애매하다. 채무자들은 어느 정도까지는 낮은 이자 비용을 얻기 위해 높은 수수료를 낼 수도 있고 그 반대가 될 수도 있다. 밸리언트는 2014년 자금 조달 수수료 1억 9,960만 달러와 2015년 1억 7,920만 달러를 현금 수입을 계산하는 식에서 제외했다. 주식 보상은 비일반회계기준 계산에는 가끔 포함되지 않는다. 이 비용이 측정되지 않거나 포함되지 않고, 보고되는 현금 흐름에 당장 주식에 영향을 주지 않더라도, 주식 보상 비용은 현재 주주의 주당 현금 흐름을 축소시킨다.

특허 약품은 전매특허 상품으로써 기한이 정해져 있어 신규 제품들로 계속 채워져야 한다. 밸리언트는 투자자들에게 라이선싱 및 인수를 통해 제품군을 갱신하는 비용의 일부를 잊어 달라고 요청했다. 제약 기업은 전통적으로 연구실에서 연구 개발을 통해 신약을 개발하는 데 들어가는 비용을 탕감해 왔다. 밸리언트는 그와 달리 바이오테크 기업은 개발했던 제품의 라이선스를 받은 후 투자자들에게 일반회계기준에서의 라이센싱 비용을 무시해 달라고 이야기할 수 있는 것이다. 혹은 시중에 유통되는 제품을 가지고 있는 기업을 인수한 후 연구개발 비용을 깎을 수도 있다. 밸리언트는 다른 기업의 지난 연구개발 비용으로 개발된 제품의 현금 흐름을 인수한 후 그것의 대체 수단을 효과적으로 없앴다. 일반회계기준 회계는 기업이 지적 자산을 위해 인수되었을 때 따라가기 어렵다. 그래서 밸리언트는 일반회계 기준이 따라가는 부분까지는 투자자들이 관련 비용을 무시하기를 바랐다. 2015년에 밸리언트의 현금 이익 계산은 기한이 있는 무형자산의 감가상각과 대손상각 비용 24억 4,000만 달러를 포함하지 않았다. 밸리언트는 같은 기업이 매입했던 2억 4,800만 달러 규모의 진행 중인 연구 개발비를 손상 처리하기도 했다.

이를 긍정적으로 보는 사람들의 견해는 밸리언트의 브랜드 소비 제품 라인은 특허 보호에 의존하지 않았으며 특허품은 내구성이 좋아서 실제 제품 개발 비용은 회계상 감가상각보다 작다는 것이었다. 그래서 나는 더 공정한 숫자가 무엇인지 연구를 시작했다. 가중 평균 상각의 일정은 길다. 파트너십 관계인 경우에는 4년 정도로 짧고, 기업 브랜드의 경우에는 15년 정도까지 길어지기도 한다. 개별 제품에 대한 상세한 정보 없이는 이러한 주기가 합리적인지 아닌지 구분할 수 있는 방법이 없었다. 또한 나는 2015년 말 밸리언트의 185억 달러의 영업권 중 일부는 유한 무형자산으로 재정의되어야 한다는 생각도 가지고 있었다.

나는 각각 제품 라인의 판매 추세를 파악함으로써 제품 포트폴리오의 내구성과 성장성이 어느 정도인지 알고 싶었는데, 밸리언트는 이런 노력을 무용지물로 만들었다. 2015년까지 밸리언트는 상품별 매출을 공개하지 않았으며, 지금도 상품별 단가 및 판매량은 공개하지 않는다. 2011년에 영업 부문은 유럽의 브랜드 제네릭스 부문, 그리고 중남미 제네릭스 부문을 포함했는데, 이들은 2012년 개발도상국 부문으로 통합되었다. 미국 피부과 상품, 미국 신경약 제품, 그리고 캐나다 및 호주 부문은 2012년 선진국 부문으로 통합되어 2013년부터 뭉뚱그려 보고되었다. 이렇게 분류가 계속 바뀌어서, 인수 관련 성장과 제품별 성장률 및 가격 정책을 분석하는 것이 불가능해졌다.

인수에 관한 공시 정보를 종합했을 때 밸리언트의 제품은 알려진 것보다 내구성이 떨어진다는 것이 암시되었고, 몇몇 제품은 급격히 악화되고 있었다. 예를 들어, 여드름 관련 제품인 솔로딘[Solodyn]은 2010년 3억 8,600만 달러의 매출을 기록했다. 결국 밸리언트는 솔로딘의 2015년 매출이 2억 1,300만 달러였다는 것을 공개했다. 밸리언트는 약품 판매량을 공시하지 않지만, 대부분의 약에는 처방전을 추적하여 기록하는 서비스가 있다. 솔로딘의 소매가는 2011년 월 700달러에서 2015년 월 1060달러로 상승했는데, 해당 약품의 매출이 감소한 것에서 미루어 보았을 때 판매량은 더욱 떨어졌을 것으로 보인다. 밸리언트는 판매된 약품의 가격을 기록하지 않기에 높아진 판매가가 얼마나 할인, 공제, 지불 취소, 유통 비용, 리베이트, 환불, 환자 지원 프로그램 등을 통해 상쇄되었는지 알 수 없었다.

밸리언트는 또한 '대체 이행alternative fulfillment'이라는 뭔지 모를 방식을 통해 많은 양을 판매하고 있다고 보고했다. 내 직감으로는 대체 이행은 가격 차별화와 할인의 새로운 방식이었다. 데이터 서비스는 이러한 대체 처방전은 추적하지 않기 때문에 그 가격 또한 알 수 없다. 내가 의심하지 않았던 것은 밸리언트가 많은 보험사들이 요구하듯 값싼 대안인 제네릭스를 쓰지 않고, 비싼 자신들의 약을 처방한 처방전을 그대로 준수하는 '유착' 관계의 약국을 원했다는 것이다.

처음에 밸리언트는 이 사실을 부인했다. 그러나 가장 큰 특수 의약품 약국 고객인 필리도르Philidor를 실질적으로 소유했다. 2014년 12월 밸리언트는 1억 달러를 지불하여 필리도르를 인수할 수 있는 옵션을 확보했고, 향후 최대 1억 3,300만 달러의 차후 정산 또한 약속했다. 2015년 3분기에 필리도르는 밸리언트 매출의 7퍼센트인 1억 9,000만 달러를 기록했다. 필리도르는 밸리언트 제품만 제공했으며, 매출의 대부분은 통신 판매를 통한 피부과 제품이 차지했다. 명백하게 필리도르는 기존에 거절되었던 값비싼 밸리언트 의약품에 대한 보험금 청구 서류를 일부 문구를 '쓰여진 대로 조제할 것'으로 고쳐 새로운 약국 ID를 이용하여 다시 제출했고, 그 과정에서 보다 값싼 제네릭스의 사용 가능성을 원천 봉쇄했다. 필리도르는 보험사들을 속여 넘겼을지는 모르지만, 보험에 가입되어 있지 않은 현금 구매 고객은 상당한 할인가에 약을 구매했고, 이는 업계의 가격 정책 및 판매 규모에는 기록되지 않았다.

밸리언트가 필리도르를 소유하고 있다는 것이 알려지자 주 약품 라이선싱 이사회와 보험사의 발등에 불이 떨어졌다. 갑자기 재무제표의 독자들은 필리도르를 포함하지 않은 6페이지짜리 자회사 명단의 아래에 있는 주석의 중요성을 깨달았다. "규정 S-K내 항목 601개에 따라 특정 자회사들은 다음의 표에서 제외되었다." 밸리언트는 매우 화가 난 보험사와 투자자를 달래기 위해 필리도르와의 관계를 종료했고, 이는 밸리언트가 재무제표를 다시 쓰도록 만들었다. 필리도르는 폐업했다. 솔로딘과 주블리아Jublia의 매출은 급감했다. 2015년 4개월 동안 밸리언트의 주가는 65퍼센트 폭락했다.

이러한 일들은 밸리언트가 얼마만큼의 돈을 써야 기업의 피부과 제품 라인의 가치를 유지할 수 있을지 아무도 알 수 없게 만들었다. 매출이 바닥을 치고 있는 것으로 미루어 보아, 0이라는 유지 비용은 말도 안 되는 추정치였다. 나는 외부자로서 솔로딘 혹은 주블리아의 남은 내용 연수 동안의 매출과 비용을 예측할 엄두조차 나지 않았다. 과거 자료가 없었기 때문이다. 그래서 앞을 예측할 때 밸리언트 내부자조차 유출된 기존 약품을 대체하는데 얼마만큼의 비용이 들지를 추측해야 했다.

만약 주식의 가치가 미래 현금 흐름의 현재 가치라고 가정한다면, 밸리언트의 실제 운영 현금 흐름, 주주 이익, 성장률, 제품 내용 연수가 알려지지 않았다면 기업의 가치 또한 알 수 없다. 반면, 밸리언트의 부채는 진짜였으며 급격히 팽창하고 있었다. 2009년과 2015년 사이, 밸리언트의 장기부채는 3억 달러에서 303억 달러로 100배 증가했다. 이는 60억 달러의 잠재적 조세 채무, 기타 장기부채 13억 달러 등은 제외한 수치이다. 2015년 말, 이러한 부채는 불안정하게도 2억 달러의 순 유동자산 및 14억 달러의 유형고정자산 등 소액만 포함한 유형자산을 상대로 잡혀 있었다. 밸리언트의 부채 상환 능력은 전적으로 기업의 브랜드와 지적 자산으로부터 발생하는 미래 현금 흐름에 기반했다. 하지만 압도적인 부채 규모는 밸리언트가 이러한 현금 흐름을 만들어 내기 위해 택한 길과 상환 능력을 변경시킬지도 몰랐다.

밸리언트의 현금 흐름은 만성적으로 이익 대비를 무시할 정도였기 때문에, 나는 기업이 급격히 변하지 않는 이상 이러한 패턴이 계속될 것이라고 봤다. 과거는 미래를 예측하기 위한 가장 좋은 도구다. 미래는 과거와 다르지만 평균해 보면 크게 다르지 않다. 미래 이익과 현금 흐름 예측은 과거 데이터의 일관성과 질을 대변해야 한다. 가끔 조정 순익은 이러한 패턴을 더 뚜렷하게 보여 준다. 왜냐하면 조정 순익이 보통 더 높기 때문이다. 순익이 불규칙하고 주기적이면, 앞으로도 비슷한 패턴을 기대하면 된다. 특히 예상치는 진폭 효과나 하향 장의 기간 등은 제대로 고려하지 못하는 경우가 많다.

예측치는 또한 평균에 가까운 가치 뒤에는 극단적인 수치가 뒤따르는 경향을 반영하지 못한다. 초조해 하는 통계학자들은 평균 회귀가 통계 표본 추출 과정에서의 분산과 오류에 관한 것이라고 이야기하는데, 이러한 영향이 있다고 볼 수 있다. 기업인은 이를 경쟁적 압력이라고 생각하는데 이는 약간은 다르게 작용한다. 정말 수익성이 좋은 산업은 경쟁을 불러일으키고, 곧 수익성은 줄어든다. 주기적인 경기변동을 제외하면, 수익성이 매우 좋지 않은 기업은 평균으로 회귀하지 않는다. 대신 실패한다. 그런데도 혁신적인 신규 기업은 기발한 아이디어가 고수익으로 이어질 것이라는 희망에 기대어 출발한다. 투자자는 특정 개체에만 신경을 쓰지 인구 평균에 신경 쓰지 않는다. 투자자는 우량 기업만 특별히 찾기 때문에, 경쟁에 더욱 민감해야 하며 경쟁을 제한하는 요소들을 자신의 예측 모델에 포함시켜야 한다.

나도 현재 가치 계산식에 얼마를 넣어야 할지 알려 주는 알고리즘을 제공해 주고 싶지만 안타깝게도 그렇게 할 수가 없다. 숫자만 가지고 끝없는 분석을 하는 것보다는 기업이 어떻게 성장하려고 계획하는지, 그리고 왜 기업의 수익성이 경쟁에 의해 줄어들지 않을지를 연구하는 것에 시간을 할애해야 한다. 밸리언트는 기업 인수 합병에 돈을 쏟아붓고, 낭비를 줄이고, 제품 확장하고, 가격을 올리고, 신규 마케팅 채널을 발굴할 것이라고 공시했다. 제약 시장은 상품을 의사가 선택하고, 그 약을 소비하지 않는 제3자가 부분적으로 비용을 대며, 효능에 대한 데이터를 환자(심지어 의사조차!)가 구할 수 없는 경우가 있다는 점에서 특이한 시장이다. 치료 방법이 몇 가지 되지 않은 병에 한해서 의약품은 적어도 특허가 만료되기 전까지 엄청난 가격 결정력을 지니고 있다.

나는 밸리언트의 끝없는 인수 행보 그리고 빠른 제품 가격 인상이 기업의 성장에 방해가 된다는 생각이 들었다. 2015년 2월, 밸리언트는 심장약 관련 약물인 이수프렐Isuprel과 나이트로프레스Nitropress의 가격을 각각 525퍼센트 그리고 212퍼센트로 인상시켰다. 2015년 말, 대통령 후보인 힐러리 로댐 클린턴Hillary Rodham Clinton은 밸리언트를 언급하며 이러한 과도한 제약 가격 책정에 대한 조사를 요구했다. 밸리언트에서 매우 큰 폭의 가격 인상이 만연했던 것으로 드러났다. 2015년 10월, 도이치 방크는 보고서를 통해 밸리언트의 가중 평균 약품 리스트 가격이 2012년 19.7퍼센트, 2013년 31.6퍼센트, 2015년 52.9퍼센트, 2015년 10월까지 85퍼센트 인상되었다고 밝혔다. 결국 그때 이미 CEO에서 해임당했던 마이클 피어슨은 국회에 출석하여 밸리언트의 가격 인상은 실수였었다고 증언했다.

이때 밸리언트의 주가는 이미 고점 대비 90퍼센트 하락한 상태였다. 밸리언트의 일반회계기준 손실과 마이너스 자유 현금 흐름은 이러한 재앙을 강력하게 예고했다. 회의론자들은 아마도 그렇다고 해서 일반회계기준 이익이 비일반회계기준 수치보다 가치에 대한 더욱 신뢰도가 높은 지표라 말할 수 없다고 이야기할 것이다. 결국, 밸리언트가 스스로 집계한 현금 이익은 수년 동안 그 기업의 주가에 대한 가장 좋은 지표였다. 일반회계기준 이익이 주주 이익 혹은 경제적 현실에서 벗어나는 경우가 종종 있는데, 이는 무형 및 지적 자산, 인플레이션이 높은 기간, 기업 롤업 전략 등을 취급할 때 주로 발생한다. 그리고 나는 기간별 비교 가능성을 높이기 위해 기업의 이익을 조정하지만 일반회계기준 기준 없이는 기업 간의 비교를 신뢰하지 않는다.

조정 이익을 조심하라. 현금 흐름표를 확인하여 그 항목들이 앞서 발표된 이익과 일관적인지 보라. 특히 롤업과 관련한 거대 무형자산을 주의해야 한다. 전통적인 제조업에서는 기업을 유지하는 비용을 비교적 계산하기 쉬웠다. 브랜드, 지적 자산, 혹은 독점이 갱신되어야 하는 곳에서는 비용이 정해져 있지 않으며, 주주 이익도 정해져 있지 않다. 때때로 보고된 순익과 주주 순익의 차이는 재고와 매출 채권의 수준이 너무 높아져 있다는 것을 상기시켜주는 신호였다.

잉여 현금 흐름은 인수 합병을 위해 실제로 쓸 수 있는 (만약 인수 비용이 자본 지출의 일환으로 아직 차감되지 않았다면) 혹은 주주에게 돌려줄 수 있는 현금을 측정한다. 매우 좋은 수익을 얻을 수 있는 매우 좋은 기회가 있지 않은 이상, 나는 보통 어떤 기업이든 어느 정도의 잉여 현금을 만들어 낼 거라고 기대한다. (드물지만 일반회계기준 이익 대비 높은 잉여 현금 흐름을 가진 성장하는 기업의 경우에는, 비일반회계기준 수치가 진실에 더욱 가까운 것이라고 인정할 용의는 있다.) 가치는 성장 기회 및 배당으로 사용될 수 있는 잉여 현금 흐름의 크기에 의존한다.

19

나쁜 주식을 피하는 4가지 질문

> 현실을 설명하기에 수학 법칙은 확실치 않고,
> 확실한 수학 법칙은 현실을 설명하지 못한다.
>
> - 알베르트 아인슈타인 -

가치 투자자가 하는 모든 일은 결국 증권의 가격과 그 내재 가치를 비교하는 것과 관련되어 있다. 여기서의 내재 가치는 통상적으로 미래의 현금 흐름을 할인한 가치를 통해 유추한다. 현금 흐름 할인discounted cash flows, DCF 이론은 현재의 수입, 성장성, 수명 주기, 확실성을 정확하고 사실적인 방법을 통해 엮어낸다. 예를 들어 어떤 투자가 1년 후 105달러를, 2년 후 110.25달러의 수익을 안겨 주고 적정한 할인율이 5퍼센트라면 각각 지불액의 현재 가치는 100달러이며 그 합은 200달러가 된다. 내가 이런 수익 실현 기회를 150달러에 구입할 수 있다면, 할인된 구매 가격에 의해 매년 5퍼센트의 적정 이익뿐만 아니라 50달러의 현재 가치의 차익을 얻을 수 있다. 그러나 어떤 숫자가 모델이 제대로 작동하도록 사용될 수 있는지에 대한 판단은 정확하지도 사실적이지도 않다. 이 장에서 우리는 주식의 가치를 평가한다. 그리고 이어질 장들에서는 할인해야 할 정확한 현금 흐름과 이용해야 할 올바른 할인율, 그리고 어떤 경우에 가격이 가치에서 멀어질 수 있는지를 알아보도록 하겠다.

쓰레기 골라내기

현재 가치를 계산하기 위해 사용되는 모든 숫자는 결국 혼란스러운 현실의 경험과 관찰을 통해 얻어야 한다. 이는 이 숫자들을 믿어야 할지 말아야 할지를 판단하는 것을 포함한다. 물론 이런 과정에는 장애물이 있다. 우리는 미래에 대한 데이터를 가지고 있지 않고 과거의 데이터를 가지고 있을 뿐이다. 인간이 하는 시도는 과거와 비슷하지만 또 다른 모습으로 나타나게 된다. 즉, 같은 것과 다른 것이 섞여 있다.

투자자는 어떤 주식의 현금 흐름 할인은 예측할 수 있지만, 많은 경우에 그 예측은 의미가 없다. 쓰레기 예측치를 집어넣으면, 쓰레기 값이 나오게 되는 것이다. 정확하게 수익, 현금 흐름, 배당, 수익률을 예측할 수 없다면, 이런 복잡한 과정을 실행하는 것은 의미가 없을 뿐 아니라 종종 잘못된 길로 투자자를 안내하기도 한다. 최상급 채권의 현재 가치는 정확하게 계산할 수 있는데, 그 이유는 이자와 원금이 계약에 의해 정해져 있기 때문이다. 물론 채권의 예상 이자율은 실세로는 소금 날라질 수 있긴 하지만, 주식 할인율에 비해서 채권의 평가 이자율은 훨씬 신뢰가 가능한 편이다.

현재 가치를 평가하는 데 사용되는 가정들을 신뢰성과 현실성에 따라 분류하라. 그리고 설득력이 없는 가정에는 큰 무게를 두지 않는 편이 좋다. 향후 수년간의 이익이나 현금 흐름에 대한 예측은 그나마 대체로 믿을 만하다. 반면 어떤 기업의 20년 후 현금 흐름이 어떨지에 대한 예상은 신빙성이 그다지 크지 않다. 테크 기업이 식품 기업의 경우보다 더 심한 편이다. 현재 가치 공식은 이렇듯 서로 다른 신뢰성을 가진 숫자를 모두 더하며, 각각의 숫자가 동일한 타당성을 가진 것으로 취급한다. 사실에 가까운 정보와 환상에 불과한 정보를 가지고 있다면, 그 둘을 섞는 것은 위험하다. 오늘날에는 모두가 컴퓨터를 가지고 있어서 계산이 굉장히 쉬워졌으니 투자자는 스스로 자신이 합리적인 가정을 사용하고 있는지를 확인하면 된다. 가치 투자자는 초과 지불의 위험을 많이 경계하지만, 학술적인 재무 이론에서 이 리스크는 존재하지 않는다. 그 이유는 모두가 완벽한 정보를 가지고 있고 모든 것의 가격이 합리적으로 매겨진다는 것이 전제되기 때문이다.

지난 장에서 우리는 가치의 추정이 잘못될 수 있는 많은 이유를 살펴보았다. 많은 투자자가 미래의 현금 흐름을 추정하려는 노력 자체를 하지 않고, 불편한 작업 대신 특정 사건이 가져다주는 감정적인 유행과 흥미에 몰두한다. 증권의 가치를 측정하려 시도하는 사람도 지금 현재 무슨 일이 벌어지고 있는지에만 지나친 무게를 두고 산업의 역사적 특성과 같은 지루한 특징에는 큰 신경을 쓰지 않는다. 사기와 거대한 실수는 드물기 때문에, 우리는 그것을 모델에 포함시키지 않는다.

사업이 범용화되었거나 부채가 많은 기업의 경우에는 특히나 어느 누구의 예상보다도 빠르게 잔존 가치가 0이 되는 지경에 이르게 되는 경우가 많다. 어떤 애널리스트들은 최악의 경우를 포함한 여러 가지 시나리오를 세우기도 한다. 실제 사건이 벌어졌을 때, 상황은 이렇게 가정된 최악의 경우보다 훨씬 재앙적인 결과로 치닫는 경우가 많다. 물론 파산까지 이미 가정한 경우는 예외겠지만. 낙관론자들은 때때로 기업의 실적이 상상 외로 낙관적 시나리오보다 더 나을 수도 있다고 말하고 싶을 것이다. 어떤 경우가 되었든 간에, 상상할 수 있는 가장 나쁜 결과가 나타나도 받아들일 준비를 하는 편이 좋다.

좀 더 단순한 상황이라 해도 계산 수식이 꼬인다던지 잘못된 계산을 하여 과다한 금액을 지불하게 되기 십상이다. 공격적인 성장 투자자는 8퍼센트의 성장률도 매력적이지 않다고 생각한다. 만약 어떤 기업이 매년 8퍼센트씩 성장하고 할인율 또한 8퍼센트라면, 현금 흐름 할인 공식은 해당 주식의 가치가 무한에 수렴한다는 답을 내놓을 것이다. 문제는 현금 흐름 할인 공식이 아니라 잘못된 가정에 있다. 조금 전 언급한 예로 보면 몇 년 동안 8퍼센트의 성장률은 합리적인 추정이 될 수도 있지만, 그 이상 그리고 영원히 계속될 것이라는 가정은 비현실적이다.

워런 버핏은 현금 흐름 할인 방식의 열렬한 지지자이지만 인간의 지식에는 한계가 있다는 것 또한 알고 있다. 그는 어떤 사건에 의해 완전히 뒤집어질 수도 있는 복잡한 가정들에 대해 회의적이다. 자신의 현금 흐름 할인 분석 결과를 공개한 적이 없는데, 공개되었다면 현금 흐름 할인 방식을 어떻게 사용하는지 보여 주었을 것이다. 그의 이런 점은 공개적으로 하지 말아야 할 일이 있다는 것을 수줍게 표현하고 있는 듯하다. 나의 추측은 다음과 같다. 워런 버핏은 현금 흐름 할인 프로세스가 채권과 고급 사업체에 한해서는 강력한 도구가 될 수 있다고 생각하지만, 다른 곳에서는 그렇지 않다고 생각하는 것 같다. 그는 가정을 세우는 데에 있어서 보수적이다. 그는 높은 잠재력을 찾으려 하지만 그에 의존하지는 않는다. 상당히 확실한 현금 흐름을 보유한 소수의 기업에 대해서 그는 가파른 할인율을 적용할 필요가 없다. 기업의 가치를 측정하기 위해 그는 고통스럼도록 복잡한 모델을 세우는 대신 보다 간단한 방법을 사용한다.

현재 가치와 연금 공식

수식의 현재 가치를 계산하고자 할 때, 나는 대부분의 경우 영구 연금^{perpetual} ^{annuity} 공식에서 시작한다. 전형적인 영구 연금의 예는 영국 정부에 의해 발행되었던 '콘솔^{consol}' 공채이다. 콘솔 공채는 매년 정해진 이자를 지급했지만 상환이 계획되지 않은 채권이었다. 영구히 계속되는 연간 3파운드의 수익을 3퍼센트의 할인율로 할인하면 그 가치는 100파운드(3파운드/0.03)에 달한다. 할인율, 채권 이율, 만기 이율은 깔끔하게도 모두 동일하다. 액면가로 거래되지 않는 다른 채권의 경우에는 해당하지 않는 일이다. 연금 공식이 전제하는 사회에서는 모든 이들이 자신의 위치와 소득을 알고 있고, 그 임금은 여러 세대에 걸쳐 줄어들지도 늘어나지도 않는다.

무역은 전통적인 영국의 귀족이 향유하던 안정성을 더 이상은 가지고 있지 않다. 그러나 주식과 콘솔은 정해진 종료일을 가지고 있지 않으며, 연금 공식의 계산 또한 간단한 편이다. 수익을 할인율로 나누게 되면 현재 가치가 나오는 것이다. 어떤 사람은 나누기보다 분수로 곱하는 편을 더 선호하기도 한다. 3퍼센트의 할인율의 경우 수익을 0.03으로 나누기보다, 0.03분의 1로 곱하여 현재 가치를 산출할 수 있다. 주식의 경우 수익 대비 주가의 비율을 이익수익률이라고 부르고, 주가를 주당순수익으로 나눈 값을 주가수익률이라고 부른다. 개인적으로 나는 할인율과의 직접적인 비교를 위해 이익 수익률을 사용하는 편이지만 월가에서는 PER이 보다 널리 활용된다.

여기서 나는 이익이란 일반회계기준에 따라 계산된 주당 수익률이라고 가정하고 설명을 계속하겠다. 어떤 애널리스트들은 수익을 보정하거나 수년간의 평균치를 사용하는 것을 선호하기도 하고, 다른 이들은 배당에 집중하기도 한다. 글을 쓰고 있는 지금 나는 8퍼센트를 내 자본 할인율로 가정한다. 참고로 2010년에는 10퍼센트를 사용했었다. 훗날 주식의 리스크 프리미엄과 미국 국채 수익률이 바뀌게 되면 이 수치도 다시 바뀌게 될 것이다.

좋은 결정을 내리기 위해 항상 정확한 예측을 할 필요가 있는 것은 아니다. 여기서의 좋은 결정이라고 하는 것은, 세상이 어떻게 바뀔지 전혀 모르는 상태에서도 대부분의 경우 만족스러운 결과를 안겨 주는 결정을 말한다. 동시에 만약 내가 투자의 결과에 대해 전혀 예측을 할 수 없는 경우라면 내가 내릴 수 있는 최선의 결정은 한 발 물러나는 것이다. 감정적인 결정을 내리는 것을 피함으로써, 내가 잘 이해하지 못하는 투자를 하는 것을 지양한다. 또 좋지 않은 사람과 사업체를 멀리함으로써 내 잠재적 투자 대상의 목록을 줄일 수 있고, 실제로도 그렇게 했다. 어느 기업에 가치의 요소 중 무엇이 되었건 기준에 못 미치는 것이 있는지 연구하고 나면, 더 많은 기업을 잠재적 투자의 명단에서 지울 수 있다.

가치 요소의 가치 함정

'가치 함정value trap'이란 결과가 좋지 않거나 그럴 것이라 예상되는 주식을 부르는 흔한 별칭이다. 이 별칭은 투자 평가 기법을 통해 특정 증권이 저평가되어 있다고 밝혔으나, 그 이후의 수익률이 좋지 않은 경우를 의미한다. 내가 이 용어를 좋아하지 않는 것은 자신이 아닌 누군가에 의해 실수가 만들어졌다는 뉘앙스를 풍기기 때문이다. 내가 어떤 실수를 했는지를 말해 주지 않기 때문에 같은 실수를 다시 반복하기 십상이다. 손쉬운 투자 분석 방법이나 현금 흐름 할인 분석이 실패하는 이유는 수익성, 수명 주기, 성장성, 그리고 확실성의 4가지 가치의 요소 중에서 약한 연결고리가 있기 때문이다. 나는 짧지만 충족시키기 쉽지 않은 체크리스트를 사용하여 어떤 부분에 문제가 있는지를 찾아낸다.

1. 주식이 높은 이익 수익률, 즉 낮은 PER을 가지고 있는가?
2. 기업이 성장의 기회에서 굉장한 수익을 안겨 줄 만한 특별한 사업 모델을 가지고 있는가? 기업이 안전장치를 가지고 있는가?
3. 기업이 지속될 수 있는가? 아니면 경쟁이나 단기 유행, 쇠퇴, 혹은 과도한 채무로 인한 리스크를 안고 있는가?
4. 기업의 재무 상태가 안정적이고 계속적으로 예측 가능한가? 아니면 경기를 타거나 큰 변동성을 가지고 있거나 불확실한가?

나는 각각의 질문에 답하기 위해서 기업의 실적을 분석한다. 각종 통계가 왜 그렇게 나타나게 되었는지, 그리고 앞의 요소들이 얼마나 오래 지속될 것인지를 설명 해주는 미래 지향적인 설명도 필요하다. 신제품이나 규모의 경제에 의해 더 나은 미래가 펼쳐질 수도 있지만 반대로 경쟁의 심화나 제품의 쇠퇴에 의해 보다 암울한 미래가 펼쳐질 수도 있다. 아무리 매력적인 이야기가 들리더라도, 나는 특정 기업이 미래에도 우월한 수익률을 유지할 수 있을 것이라고 가정하지 않는다. 지난 10년 동안 해당 기업이 매년 10퍼센트에서 12퍼센트의 자기자본 수익률을 기록하지 않았다면 말이다. 나는 특별히 실적이 좋지 않았던 해와 특별 지출에 주의를 기울인다. 이런 요소들은 이야기에 빠져 있는 경우가 많지만 투자에 부정적 영향을 미칠 수 있다.

2010년 미국의 건강보험 개혁법 혹은 '오바마케어Obama care'라고도 불리는 법안이 통과되었을 때, 건강 보험 산업에 대한 전망은 기존과 완전히 달라졌다. 돌이켜 보면, 당시 보험 업계의 이익률과 성장성은 훌륭했다. 정부의 통제를 받는 사업답게 건강보험 사업자가 파산한 경우는 역사적으로 매우 드물었다. 규모가 있는 기업의 수익은 보통 안정적인 편이었다. 그들의 수익률은 보험업의 증권 인수 회전에 의해 변화했는데, 이는 전체 산업의 순환과는 분리되어 있었다. 나는 가장 큰 관리 의료 업체인 유나이티드 헬스

UnitedHealth Group에 집중했다.

기업 가치의 4요소는 모두 주식이 과소평가 되어 있다는 내 생각을 뒷받침해 주는 듯했다. 단 한 가지의 사실만 제외하고 말이다. 만일 미국이 단일 건강 보험자 체제를 채택하게 된다면 관리 의료 업체는 더 이상 필요가 없어질 것이다.

1번 실험: 낮은 PER

유나이티드 헬스 주식은 가치의 4요소 중 첫 번째인 수익성만 평가했을 때는 상당히 저렴해 보였다. 2010년 4.10달러의 주당 이익을 벌어들였으며, 당시 주식은 30달러 선에서 거래되었다. 이때의 이익 수익률은 13.7퍼센트, 그리고 PER은 7.3에 달했다. 연금 공식과 10퍼센트의 할인율을 적용했을 때의 PER은 10이었다. 이는 유나이티드 헬스의 주식 가치가 주당 41달러에 달하며, 시장가격인 30달러보다 37퍼센트 이상의 가치가 있어 충분한 안전폭을 가지고 있음을 의미했다. 낮은 PER을 보는 것 외에도 다양한 가치 측정 기법이 있다. 예컨대 성장성, 지속성, 확실성 등을 살펴보는 것이다. 그러나 기업의 낮은 PER은 주가가 저평가되어 있다는 강력한 신호다.

나는 물론 유나이티드 헬스의 이익이 건강보험 개혁법이 발효된 이후에도 지속될 수 있는 것인지 확인하고 싶었다. 11개의 데이터 포인트와 하나의 예측치는 통계적으로 유의미한 결과를 얻기에는 너무 적은 자료이지만, 이를 통해 과거에 발생했던 일의 범위 정도는 알 수 있다. 2010년 유나이티드 헬스는 4.9퍼센트의 순수익을 벌어들였다. 이는 지난 십수 년간 수치의 중간에 약간 못 미치는 정도였다. 유나이티드 헬스의 최고 순수익률은 2005년의 7.3퍼센트였고, 최저 순수익률은 1999년의 2.9퍼센트였다. 이런 작은 표본군을 이용했을 때 기업의 이익률은 표본군의 중앙값에 가깝거나 그에 약간 못 미치는 수준으로 나타났다. 유나이티드 헬스의 2010년 추정 주당 이익인 4.10달러도 평범한 수준으로 보였기 때문에 그 어느 때보다 마음을 편하게 먹을 수 있었다.

대부분의 투자자는 확률 분포의 중앙값 정도를 가치의 추정치로 간주한다. 나는 전체 분포를, 즉 비관적인 시나리오를 포함한 결과의 범위를 고려한다. 유나이티드 헬스의 2010년 순수익이 1999년의 2.9퍼센트 정도로 낮았다면 기업의 주당 이익은 2.42달러였을 것이고, 여기에 PER인 10을 곱하면 주식의 가치는 24.20달러였을 것이다. 가치에 대한 최선의 추정치가 41달러이고 12분의 2의 확률로 주식의 가치가 30달러 이하일수도 있다고 말하는 것은 일관성이 없다. 12년간의 표본군은 하나의 법칙에 의해 결정되는 확률 분포의 형태를 알아내는 데에 유용한 힌트를 줄 수 있을지는 모르겠지만, 그 법칙 자체가 오바마케어에 의해 변화하고 있었다.

나는 건강 보험 기업이 과거에 어떻게 실패했는지를 이해하고 싶었고, 그러기 위해서는 보다 긴 역사를 살펴봐야 했다. 1990년대에 건강보험 기업들은 두드러진 버블 형성과 붕괴의 언더라이팅 주기underwriting cycle를 경험하고 있었으며, 유나이티드 헬스는 1998년에 적자를 기록했다. 그 이후로 건강보험 시장의 통폐합이 이루어졌고 산업 구조 또한 변화했다. 많은 관리 의료 업체들이 1990년대에 이익의 감소를 감수하더라도 가입자 수를 공격적으로 늘리고자 했다. 소규모 보건 기관Health Maintenance Organization, HMO과 진료 계약 기관Preferred Provider Organization, PPO도 조산과 같은 여러 가지 증상이 급증하고 새로 진출한 영역에서 보장 건수가 증가하면서 지속적인 실패를 경험했다. 전통적으로 출산이나 천식 등의 보장 건을 수익성 있게 운영하던 메디케이드Medicaid(소득이 빈곤선의 65퍼센트 이하인 극빈층에게 미국 연방 정부와 주정부가 공동으로 의료비 전액을 지원하는 제도. 1965년 민주당 케네디 대통령 시절

도입되었다 - 옮긴이) 보건 기관들은 장애인에 대한 보장 건은 보험 계리적으로 상당히 다르게 접근해야 한다는 것을 갑작스럽게 알게 되었다. 수십억 달러짜리 질문은 바로 보험 개혁법이 이러한 문제들을 다른 형태로 부활시키게 될 것인지 아닐 것인지였다.

보험 개혁법하에서 모든 미국인은 건강보험에 가입을 하든지 아니면 벌금을 내야 했다. 새로운 보장 인구에 대한 과거의 의료 비용 데이터가 항상 이용 가능한 것은 아니었고, 이용 가능한 데이터가 있다 해도 향후의 청구 성향을 예측하는 데에는 형편없는 지표가 될 수도 있었다. 좀 더 경쟁적인 보험료 책정이 이루어지게 하기 위해 정부는 새로운 건강 보험 거래소들을 설립했다. 좀 더 젊고 건강한 가입자의 요율은 늙고 병든 가입자를 보조하기 위해 경제적 원가 이상에 책정되어야 했다. 보험 회사들은 이러한 가격 제도에 의해 늙고 병든 사람들이 먼저 가입하게 되는 상황을 두려워했다. 해당 법안은 또한 보험 업체가 최소 보험료 수입의 일정 부분을 의료 원가에 지출하거나 차액을 소비자에게 환급해 주도록 강제했다. 관리 의료 업체들은 처음에 보험료를 너무 낮게 책정하면 향후에도 비용을 보전할 기회를 박탈당할 수 있어 조바심을 냈다.

수많은 위험 요인이 있었으나 위험을 감수할 유인은 없었다. 나는 보험사들이 향후에 후회가 없을 만한 방향으로 인수 심사를 하게 될 것 같았다. 법안들은 보장에 많은 비용이 드는 인구에 대해 무심사 정책을 요구했지만, 보험사들은 보험료를 높게 책정하여 비용을 보전하거나 법안을 따르지 않을 수 있었다. 보험 거래소는 보험업의 지역적 확장의 가능성을 열어 주었지만, 이미 지역 안에 자리 잡은 큰 네트워크가 더 낮은 비용과 더 나은 품질을 제공했다. 지역에 네트워크와 비용 데이터베이스를 갖추지 못한 신규 경쟁자는 보다 높은 원가와 낮은 수준의 다양화에 직면해야 했다. 거래소와 새로운 경쟁자 모두의 이익을 약간은 쥐어짤 수 있을지 모르겠지만, 신규 진입자는 기존 업체보다 더 큰 출혈을 감수해야 했다.

2번 실험 : 수익성 기반 성장

빠른 성장률은 보통 해당 주식이 더 큰 가치를 가지고 있다는 것을 나타낸다. 문제는 기업이 투자된 자본에 적절한 수익률을 돌려줄 수 있도록 계속적으로 이윤이 증가해야 한다는 점이다. 기업이 얼마나 빠르게 성장하던지 간에, 만약 계속해서 적정 이윤만을 벌어들인다면 현금 흐름 할인의 가치는 증가하지 않을 것이다. 증가하는 자본 대비 수익률이 낮다면 기업의 규모가 커지는 것은 주주 가치를 감소시키기도 한다. 그러나 대부분의 기업에게 성장은 가치를 증가시키는 요인으로 작용한다. 2015년 S&P 500 기업의 자기자본 이익률의 중간값은 14.5퍼센트였다. 내가 8퍼센트로 계산했던 자기자본 비용을 훨씬 뛰어넘는 수치였다.

이론적으로는 어떤 기업이 특별할 정도로 높은 이익률을 가져다주는 경쟁 우위를 가지고 있지 않는 한, 성장률의 변동은 그 가치를 크게 변화시키지 않는다. 많은 기업이 다른 기업은 따라할 수 없는 특이한 사업 모델을 가지고 있지 않고, 그렇다고 자본을 투하하는 특별한 기술을 가지고 있는 것도 아니다. 이는 일반적인 주식의 경우에 성장성에 대해 따로 조정을 하지 않더라도 연금 공식이 제대로 작동한다는 의미이다. 성장성의 가치를 계산하기 위해서는 먼저 기업의 이익률을 높게 유지해 주는 경쟁 우위가 언제까지 계속될 것인지, 그리고 그 이익의 규모는 어느 정도가 될 것인지 추정할 필요가 있다. 경쟁 우위 기간은 기업이 파산하기 전에 끝나지만, 그 둘은 연결되어 있다. 번영하는 기업은 다른 기업보다 오래 살아남는다. 만약 완벽한 예견 능력을 가지고 있다면, 우리가 노려야 하는 것은 미래의 이익 대비 낮게 평가된 현재의 가격이다.

　나는 유나이티드 헬스의 자기자본 이익률과 성장성의 조합에 근거하여 성장성이 그 기업의 가치에 긍정적인 영향을 미칠 것이라고 확신했다. 나는 2010년 10퍼센트의 자기자본 할인율을 사용하고 있었고, 유나이티드 헬스의 투자 자본에 대한 이익률은 보통 그 수치를 상회하고 있었다. 재무제표상에 상당한 액수로 표시되고 있는 영업권이나 특정 시기에 발생한 의료 원가의 증가에도 자기자본 이익률은 1999년과 2010년 사이 평균적으로 20퍼센트를 상회하여 해당 기업을 엘리트 그룹 안에 위치시켰다. 가장 나빴던 해에도 유나이티드 헬스는 14.4퍼센트의 자기자본 이익을 거두었으며 이는 여전히 내가 사용하던 자기자본 할인율에 비해 월등한 수치였다. 나는 이러한 이익이 최대 관리 의료 업체인 유나이티드 헬스의 위치가 만들어내는 규모의 경제 덕분이라 생각하면서 그러한 우위가 계속될 것이라고 기대했다. 유나이티드 헬스의 향후 10년간의 성장성을 추정했을 때, 미래의 이익에 대한 PER은 4보다도 낮을 수 있었다. 즉 굉장히 저렴한 가격이었다.

　미국 최대의 건강 보험사로서 미국 전역에서 활동하던 유나이티드 헬스는 엄청난 협상력과 규모의 경제를 가지고 있었다. 이를 통해 병원의 종합 가격표 목록에서 가장 큰 할인을 받을 수 있었으며 절차상의 보상율도 정할 수 있었다. 의사들은 유나이티드 헬스를 통해 많은 수의 환자에게 접근 가능해진다는 점에 매력을 느끼고 있었다.

　고객 또한 유나이티드 헬스가 가진 많은 수의 의사와 병원 네트워크를 강력한 가치 제안으로 인식하고 있었다. 최근 수십 년간 보건 기관은 보다 폭넓은 의사와 병원의 선택지를 제공하는 진료 계약 기관에 시장 점유율을 빼앗기고 있었다. 유나이티드 헬스는 전국적인 고용 기업을 겨냥하여 원스톱 건강 보험 쇼핑을 제공했다. 관리 부서와 영업 부서에서 규모의 경제를 실현시킬 수 있는 여지가 있었다. 유나이티드 헬스의 매출 대비 간접비는 에

트나Aetna와 시그나Cigna와 비교했을 때는 낮았지만, 관리 의료기관 중에서 가장 낮은 편은 아니었다. 유나이티드 헬스의 경쟁 우위는 경쟁자가 따라 하기 힘든 것이었으며, 쉽사리 없어질 만한 것도 아니었다.

그러나 나는 유나이티드 헬스의 계속된 인수 합병이 주주 가치를 증가시켰는지에 대해서는 정확한 평가를 할 수 없었다. 2005년 유나이티드 헬스가 최근에 성사한 가장 큰 인수 건은 주식과 현금으로 퍼시피케어Pacificare를 인수한 건이었다. 유나이티드 헬스는 20대의 PER을 지불했고, 이는 퍼시피케어의 인수가 낮은 자기자본 수익률로 이어질 것임을 의미했지만, 기업의 주식 또한 거의 비슷한 수준으로 높은 PER에 거래되고 있었다. 인수 이후 수년 동안 퍼시피케어의 판매 마진은 상당한 수준으로 증가했다. 2007년 유나이티드 헬스는 시에라 헬스Sierra Health의 인수를 통해 진정한 의미의 국민 기업으로 거듭났다. 유나이티드 헬스가 인수에 대한 관심을 가지고 있는 건강 보험 업체는 소규모 기업뿐이었다.

유나이티드 헬스의 인수의 초점은 이제 빠르게 성장하고 있는 옵툼Optum의 헬스케어 데이터 분석, 제약, 그리고 직원 지원 사업으로 옮겨 갔다. 이러한 사업은 모두 높은 주가 수익 비율을 가지고 있었는데, 이는 인수가 대비 자본 이익률이 낮다는 것을 의미했다. 놀라운 일은 아니지만 2010년 옵툼의 자산 대비 이익률은 유나이티드 헬스의 관리 의료 부문보다 낮았다. 나는 그래서 유나이티드 헬스가 초과 지불을 한 것은 아닌지 걱정했다. 그러나 옵툼의 이익은 이후 치솟기 시작해서 2014년에는 관리 의료 사업 부문보다 높아졌다. 이를 2010년의 나는 알지 못했다.

나는 유나이티드 헬스가 자본을 얼마만큼 생산적으로 사용하는지를 가치 평가에 대입하지 않았지만, 유나이티드 헬스는 주식 발행과 환매의 시기를 잘 조정했다. 퍼시피케어 인수 3년 후, 유나이티드 헬스의 수익은 높아졌지만 주식 가격은 3분의 2만큼 폭락했다. 유나이티드 헬스는 이때 나서서 주식 환매 프로그램을 실행했는데, 2년이 지나기도 전에 퍼시피케어를 인수하기 위해 발행했던 주식을 모두 사들이고도 남을 정도였다. 증가하는 순이익과 떨어지는 주식 가격의 조합은 유나이티드 헬스의 주당순이익을 빠르게 증가시켰다.

나는 유나이티드 헬스가 계속해서 높은 유기적 성장을 이뤄갈 것이라 생각했다. 매출은 단 한 해도 하락세를 보인 적이 없었다. 가장 느린 성장을 이룬 것은 2007년으로, 매출이 5.7퍼센트 증가했다. 관리 의료는 계속해서 증가하는 미국 인구를 대상으로 하는 사업이었고, 그 증가세는 매년 1퍼센트에 가까웠다. 나는 건강보험의 적용 범위가 보편적이 될수록 양적 성장은 가속화될 것이라고 생각했다. 지난 반세기 동안 헬스케어 지출은 명목 GDP 성장률에 2퍼센트를 더한 수치만큼 계속 증가했다. 2000년대에 들어서는 인당 병원 입원일과 방문일은 실제로는 줄어들었다. 늘어난 지출이 개선된 의료의 질을 반영하는 것이든 헬스케어에 특정된 인플레이션을 반영하는 것이든 간에, 유나이티드 헬스에게는 나아갈 순풍을 제공한다. 그리고 옵툼은 오바마케어에서 비롯된 성장의 기회를 가지고 있었다.

선형적 분석 방법은 기업의 수익성과 성장성이 계속 변화하면 작동하지 않는다. 그러나 그것이 정상적인 상황이다. 성장성의 가치를 측정하기 위해서는 정석적인 현금 흐름 할인 분석 방법을 피해갈 수는 없다. 고든 성장 모형gordon growth model이라고 불리는 한 분석 방법에서는 배당이나 잉여 현금 흐름이 영속적으로 안정적인 비율로 성장할 것이라고 가정한다. 주식의 할인율은 배당률과 계속될 배당 성장률을 더한 값이다. 그러나 어떤 성장률도 고작해야 몇 년을 더 갈 뿐이지 지속되지는 못한다. 나는 유나이티드 헬스의 순이익과 잉여 현금 흐름이 연간 8퍼센트씩은 증가할 것이라고 생각했다.

유나이티드 헬스의 가치는 주당 123달러에 상당할 지도 몰랐다. 최근 주가였던 30달러의 4배에 달하는 금액이다. 10퍼센트의 할인율에서 8퍼센트의 성장률을 차감한다는 것은 유나이티드 헬스의 잉여 현금 흐름 수익률이 2퍼센트가 되어야 한다는 의미다. 기업이 20퍼센트의 자기자본 수익을 계속해서 벌어들인다는 가정하에, 유나이티드 헬스는 8퍼센트 성장하기 위해 순이익의 40퍼센트를 재투자해야 했다. 그럼 주당 4.10달러의 순이익 중, 2.46달러의 잉여 현금 흐름이 남게 될 것이다. 유나이티드 헬스의 주식은 2퍼센트의 잉여 현금 흐름 수익률에서 30의 PER을 가지고도 123달러에 달하게 될 것이다. 다르게 말하면 기업이 10년 후 벌어들일 것이라고 예상한 수익의 14배의 가치를 가지게 되는 것이다.

여기서 나는 성장에 대해 보다 조심스러운 예측치를 적용하여 유나이티드 헬스의 가치가 주당 41달러에서 63달러 사이가 될 것이라 계산했다. 대부분의 경우 성장률과 자본 수익 증가율을 각각 8퍼센트와 20퍼센트로 시작하여 점점 줄어들 것이라 가정했다. 가장 낙관적인 시나리오에서 성장률과 수익률은 15년 동안이나 지속되었다. 가장 비관적인 상황에서는 이익률이 보험 개혁법에 의해 줄어들 것으로 예상되었다. 미래에는 성장이 가치를 더하지는 않을 것이라 유나이티드 헬스는 연금 가치만을 가지게 될 것이었다. 주식의 가치는 항상 범위로 고려되어야 한다. 그러나 나는 두 시나리오의 기하 평균 값을 계산했으며, 이 값은 주당 50달러에 상당했다. 내가 한 것보다 더 가혹한 상황을 상상하지 않는 이상, 성장은 당연히 유나이티드 헬스의 가치를 증대시킨다.

3번 실험: 잘 버틸 수 있는가

가치의 세 번째 요소인 미래의 수명 주기는 기업이 얼마 만큼의 기간 동안 훌륭한 수익률을 유지할 수 있는지에 의해 좌우된다. 독점적 수익을 가지는 영구 자산은 드물다. 경쟁자들이 계속해서 경쟁 우위를 모방하려 시도하기 때문이다. 평범한 사업은 평범한 수익을 가져다주기 때문에 대부분의 기업은 평범하지 않은 수익을 긴 시간 동안 유지할 수 없다. 수익성을 지켜 낼 수 있는 경쟁 우위를 가진 기업이 보다 오래 살아남는다. 테크나 패션과 같이 빠른 속도로 변화하는 산업을 제외하고는 가시적인 경쟁 우위를 가진 기업이 호황을 통해 보다 오래 살아남을 것이라 기대할 수 있다.

현재 가치 측면에서 바라보면 기업이 언제 문을 닫을 것인가는 큰 문제가 아니다. 영원히 계속되는 연간 8달러 수익의 가치는 8퍼센트로 할인하여 100달러에 상당한다. 같은 연간 수익이 75년간 계속된다고 가정했을 때 이를 할인한 가치도 반올림을 하면 100달러다. 소수점 밑 첫 번째 자리에서 반올림했을 때 30년, 20년, 10년간 계속될 연간 8달러 수익의 가치는 각각 90달러, 79달러, 그리고 54달러다. 물론 투자자는 형편없고 짧은 수명을 가진 사업은 피하고 싶을 것이다. 그러나 특정 시점을 지나게 된다고 하면 수명 연수를 더하는 것은 오직 작은 효용만을 가져다준다. 그 기간 동안 기업이 어떤 일을 성취할 수 있는지가 더 중요하다.

유나이티드 헬스는 수십 년 동안 지속될 수 있을 만한 높은 수익성의 원천, 즉 경쟁 우위를 보유하고 있는 것처럼 보였다. 일반적으로 관리 의료 기업이 파산할 확률은 낮았다. 건강보험 업체는 정부의 강한 규제를 받는다. 파산으로 가입자가 보호받지 못하는 것은 공익에 맞지 않기 때문이다. 또한 규제는 경쟁을 제한하다 건강보험 업체가 문제를 겪는 경우는 업체의 규모가 너무 작고 분산화가 되어 있지 않아 빈발하는 보험금의 청구를 감당할 수 없을 때인데, 유나이티드 헬스 상황은 그 정반대였다. 제대로 된 조사를 하지 않는다고 하더라도, 내가 아는 유일한 대규모의 보건 기관 파산 사례는 1989년의 맥시케어Maxicare와 2001년 맥시케어의 자회사의 파산 사례가 유일했다. 맥시케어는 대규모 차입을 통해 제대로 운영되고 있지 않던 상당수의 보험을 인수함으로써 미국 최대의 보건 기관으로 등극했었다.

내가 유나이티드 헬스에게 경쟁 우위 유지 기간과 전체적 수명 주기 때문에 높은 점수를 주긴 했지만, 내가 추정한 기업 가치는 주당 50달러 선에서 변하지 않았다. 경쟁 우위 유지 기간은 이미 성장성의 가치를 측정하는 과정에 포함되었기 때문에 이를 이중으로 계산하지 않았다. 나는 유나이티드 헬스가 대부분의 기업보다 더 오래 살아남으리라고 생각했고, 이는 현재 가치 계산의 측면에서는 영속 기업만큼이나 훌륭한 조건이었다. 기업의 수명 주기는 많은 경우 좋지 않은 투자를 걸러내는 데 효과적으로 이용된다. 유나이티드 헬스는 이에 해당하지 않았다. 강력한 경쟁 우위와 튼튼한 재무 상태를 가지고 있었으며 생활에 꼭 필요한 서비스를 제공하고 있었기 때문이다.

많은 기업의 경우 그 최후는 매각이지 파산이 아니다. 기업이 인수되면 관리자가 직장을 잃는 경우가 많다. 그래서 인수 제안은 거절할 수 없을 만큼 좋아야 한다. 말하자면 보수적인 현금 흐름 할인 가치보다 더 높은 가격을 제안해야 한다. 특별히 좋은 시기를 택하여 매각을 할 수 있는 능력은 관리자들에게 굉장한 가치의 옵션을 남긴다.

실험 4 : 확실성을 어떻게 측정해야 하는지 확실하지 않다

불확실성들이 외부자의 관점에서 같은 범주로 묶일 때, 불확실성은 종종 리스크가 된다. 여기서의 리스크는 앞으로 일어날 일을 예측하는 데 있어 어느 정도 통계적 근거를 가진 불확실성을 의미한다. 『머크 매뉴얼Merck Manual』에서 나는 존재하는지도 몰랐던 질병을 몇 개든지 찾을 수 있다. 그러나 책을 아무리 읽어 보아도 내게 생길 질병이 어떤 것인지는 짐작할 수는 없다. 언제 어떻게 병마에 시달리게 될지 알아야 하는 상황이라면, 불확실성을 맞닥뜨리게 된다. 반대로 보험사는 수백만 환자의 헬스케어 비용의 합계만 알면 되며, 그렇기에 구체적인 불확실성이 아닌 전체적인 리스크를 관리하게 된다.

관리 의료 산업은 굉장히 안정적이고 예측 가능한 매출 구조를 가지고 있다. 가입자들은 한 해 앞서 책정된 보험료를 내고 보장 내역에 가입한다. 많은 이들에게 건강보험은 필수재이며 수요의 경제적 민감도도 거의 없다시피 하다. 많은 가입자가 수년간 같은 계약을 사용하며, 그렇기에 보장 건수도 천천히 변화한다. 의사와 병원에 대한 배상 비율 또한 1년 전에 계약을 통해 결정되어 향후 원가의 흐름 또한 파악 가능하다. 의료비 청구는 보통 몇 주 안에 완료되기 때문에 어떤 문제가 생기더라도 금방 포착할 수 있다. 만약 고객의 의료비 청구 건수가 예상치 못하게 증가하면, 다음 해에 그 고객의 보험료는 상승한다. 미국의 보험 개혁법이 통과된 이후로도 연 단위로 살펴보았을 때 주요 보건 기관과 진료 계약 기관은 적자를 보지 않았다. 몇몇 작은 조합이 파산을 한 경우는 있지만 말이다.

내가 보기에 유나이티드 헬스는 업계 내의 다른 경쟁자보다 더 나은 사업의 확실성을 가지고 있었다. 다만 이런 확실성이나 모르는 어떤 것을 계량화할 수 있는 방법은 없다. 유나이티드 헬스는 미국 내에서만 다각화되어 있는 것이 아니고, 고객 형태 측면에서도 다각화되어 있었다. 고객은 거대 기업, 소규모 기업, 개인, 메디케어와 처방약 보험, 메디케이드 등으로 다양했다. 유나이티드 헬스가 기술에 투자를 한 이유는 예상 외의 변수를 조기에 진단하기 위함이었다. 통계적으로 유나이티드 헬스의 수익과 자기자본 수익률의 분산은 업계 경쟁자에 비해 낮았다. 내가 거기에서 멈췄다면 유나이티드 헬스의 상대적으로 높은 운영의 확실성은 낮은 할인율을 적용해야 한다는 신호로 작용하여 결과적으로 주식의 가치는 주당 50달러 이상이 되어야 했을 것이다.

그러나 나는 전혀 다른 실존적 리스크를 고려할 필요가 있었다. 보험 개혁법은 기존 건강보험 사업의 사업 모델 자체를 없앨 만한 위험을 가진 법안이었다. 미국 정부가 모든 의료 비용에 대한 '단일 보험자'로서 나서게 된다면 보험 업체는 존재의 가치를 잃게 된다. 이런 비관적인 시나리오 또한 충분히 발생 가능했다. 영국이나 캐나다와 같은 나라는 단일 보험자 건강보험 체제를 가지고 있다. 메디케어 시스템 아래에서 미국 정부는 이미 65세 이상 노령자에 대한 단일 보험자로서 기능하고 있다. 그런데 메디케어 시스템은 어떤 청구 건은 인정하지 않고 나머지도 전액 보전을 해 주지 않는 경우가 많다. 그래서 메디갭Medigap이라는 보조 보험 사업이 성행한다. 또한 많은 사람이 보험 상품을 통하여 메디케어의 혜택을 받기도 한다. 이런 리스크를 반영하는 방법은 두 가지가 있다. 바로 주관적 확률 적용과 베타인데, 둘 모두 나를 조금씩은 불편하게 만드는 방법이다.

나는 오바마케어가 관리 의료 산업을 궤멸시킬 가능성이 주관적으로 10퍼센트 정도될 것이라고 어림잡았다. 사실 알 수 없는 불확실성에 수치를 부여하는 것은 무모한 시도지만, 확률을 짐작이라도 하지 않는 이상 현재 가치 평가 자체를 할 수 없게 된다. 그래서 나는 계속 진행했다. 잘 나가고 있었고, 과거에는 합법이었던 기업이 미국 정부에 의해 문을 닫아야 했던 사례가 적어도 하나는 있었다. 보기 A는 볼스테드 법Volstead Act에 의한 금주령이다. 반세기 전에 있었던 위생부 장관의 경고 이후로 정부는 담배의 판매를 금지시키려고 노력하고 있다고 말할 수도 있다. 정부가 공익을 지키기 위해 산업을 폐쇄시킨 사례가 분명히 있지만, 상당히 드문 사례이며 그 행위가 빠른 시간 내에 이루어지지도 않았다.

모든 것이 없어질 수도 있는 10퍼센트의 확률과 50달러를 벌 수 있는 90퍼센트의 확률은 유나이티드 헬스의 주당 가치가 45달러가 된다는 것을 의미했다. 그러나 나는 최악의 사태가 일어났을 때에도 준비가 되어 있을 것이라는 확신이 필요했다. 만약 소수의 주식 종목만을 보유하고 있는데 워런 버핏과 같은 마음의 수양과 재산을 가지고 있지 않다면 유나이티드 헬스가 마주하고 있던 것과 같은 실존적 리스크를 가진 주식은 매입하지 않는 것이 좋다. 개인적으로 나는 주요 자산이 쓸모없이 변해 버리는 확률을 계산할 때 객관적인 자세를 유지할 수 없다. 그래서 내 펀드는 굉장히 분산화되어 있다. 누군가는 너무 심하게 분산화되어 있다고 말하기도 한다. 이런 분산화는 내가 리스크를 통계적으로 계량하는 것을 가능하게 해 준다.

리스크를 계산하는 또 하나의 방법은 자본자산가격결정모형Capital Asset Pricing Model, CAPM을 통한 주식의 할인율을 베타, 즉 주식의 변동성을 이용하여 조정하는 것이다. 전체 시장과 동일한 수준의 변동성을 가진 주식은 1의 베타 값을 가진다. 나는 베타가 사업상의 리스크를 모두 포괄한다고 생각하지는 않는다. 그러나 이는 학교에서 가르치는 방법이기도 하며 데이터를 구하기도 쉽다. 그러니 이보다 더 나은 방법이 없다면, 충분히 고려할 만한 가치가 있는 접근 방법이다. 사업 리스크는 단 하나의 숫자로 표현되기에는 고려 요소가 많다. 주식 트레이더의 입장에서 베타는 사실상 단기간의 가격 리스크를 나타내는 숫자다. 투자자의 가치 측정 리스크, 즉 초과 지불의 리스크는 베타와 아무런 관계가 없다. 유나이티드 헬스의 주가가 갑작스럽게 급락했지만 내재 가치는 조금 떨어졌다면, 투자자의 초과 지불 리스크는 줄어든 것이다. 동시에 유나이티드 헬스의 베타 값이 증가할 수도 있는데, 이는 주식의 리스크가 증가했다는 것을 의미한다.

내가 1.11의 베타 값을 CAPM 공식에 대입했을 때, 유나이티드 헬스의 주식 가치가 45달러에 상당한다는 결과가 나왔다. 베타는 온갖 종류의 구조적 리스크를 하나의 숫자로 뭉뚱그려 설명하기 때문에, 이론적으로는 오바마케어로 인한 리스크에 대한 조정을 추가적으로 더 실시할 필요는 없었다. 나는 유나이티드 헬스가 리스크 낮은 사업 모델을 가지고 있어서 훨씬 낮은 베타 값과 할인율을 적용받아야 한다고 생각했지만, 그 결과를 받아들였다, 오바마케어를 고려했을 때의 결과라고 생각했기 때문이다. 주관적인 확률 적용 방법과 베타를 이용한 방법이 유나이티드 헬스의 주식 가치가 주당 45달러라는 같은 결과를 도출한 것은 어쩌면 순전히 우연일 수도 있다. 어쩌면 아닐 수도 있다. 현재 가치 모형은 참 성가시다.

가치 추정 과정은 의미가 있었다. 2010년부터 2016년까지 6년 동안 유나이티드 헬스의 주가는 30달러에서 150달러로 5배나 뛰었다. 같은 기간 S&P 500은 2배 상승하는 것에 그쳤다. 관리 의료 산업이 보험 개혁법에 의해 사멸될 확률이 정확히 몇 퍼센트였는지, 유나이티드 헬스의 진정한 주식 가치가 얼마나 되는지는 영원히 알 수 없을 것이다. 하지만 옵툼에 대한 내 기대는 너무 조심스러운 편이었다. 다른 투자자는 나보다 더 보수적이거나 더 공격적인 가정을 사용했을 수도 있다. 분석 중에 이상한 왜곡이 일어날 수도 있고 명백한 거짓이 드러날 수도 있다. 그래서 나는 왜 워런 버핏이 자신의 현금 흐름 할인 분석을 대중에 공개하지 않는지 이해한다. 당시 내가 가장 선호하던 투자 기회는 바로 이 장에서 앞서 언급했던 목록을 통해 저평가 사실을 알아낼 수 있는 주식이었다.

1. 주식이 높은 이익 수익률, 즉 낮은 PER을 가지고 있는가?
2. 기업이 성장의 기회에서 굉장한 수익을 안겨 줄 만한 특별한 사업 모델을 가지고 있는가? 기업이 안전장치, 즉 해자를 가지고 있는가?
3. 기업이 지속될 수 있는가? 경쟁이나 단기 유행, 진부화, 과도한 채무로 인한 리스크가 있는가?
4. 기업의 재무 상태가 안정적이고 계속적으로 예측 가능한가? 아니면 경기를 타거나, 큰 변동성을 가지고 있어 불확실한가?

이 체크리스트가 저평가된 모든 주식을 찾아내는 데 도움을 주지는 못한다. 그러나 실망스러운 주식을 대부분 추려낼 수는 있다. 나쁜 일이 절대 일어나지 않으리라는 보장은 해 주지 못하지만, 성공 확률을 올려 준다. 내 포트폴리오를 위의 4요소를 충족시키는 주식으로 가득 채웠을 때, 나는 다른 결함을 가진 주식을 추가적으로 매입할 필요를 느끼지 못한다. 대부분의 주식이 이 심사 과정을 통과하지 못한다. 그러나 그렇다는 것이 그 주식이 저평가되어 있지 않다는 의미는 아니다. 그런 경우에 제대로 된 현금 흐름 할인 분석 방법을 사용할 필요가 있다. 이미 알려진 취약 지점에서 기인할 수 있는 예측 오차의 리스크에는 주의할 필요가 있지만 말이다.

시장이 들썩일수록 차분해져라

> 버블은 어느 날 갑자기 나타나는 것이 아니다.
> 현실에 확실한 토대를 가지고 있다.
> 문제는 그 현실이 오해로 왜곡되어 있다는 것이다.
>
> - 조지 소로스 -

버블 경제란 사람들에게 달갑지 않은 큰 규모의 활황장세다. 하지만 이 정의를 맞거나 틀렸다고 할 수 없다. 버블이 심화될 때는 앞으로 무슨 일이 일어날 것인지가 아닌, 진짜 가치가 무엇인지 판단하는 것이 중요하다. 효율적 시장 가설을 신봉하는 사람조차 내재 가치와 주가가 2배 이상 차이가 난다면, 가격이 잘못되었다는 것에 동의할 것이다. 버블로 정의되기 위해서는 한두 개의 주식이 아닌, 주요 자산군의 가격이 크게 어긋나야 한다. 평균을 벗어난 값은 항상 존재하며, 그렇지 않다면 가치 투자 역시 의미가 없다.

좋던 나쁘던 주식의 가치는 눈에 보이지 않으며 언제나 지식을 기반으로 한 견해일 뿐이다. 하지만 효율적 시장을 믿는 사람은 버블이 붕괴되기 전까지 아무도 알 수 없다고 주장한다. 주가가 반토막이 나고 나서야 버블의 존재를 인정하기도 한다. 주가가 눈에 보이지 않다는 것이 거슬린다면 주식 시장의 평균 PER이 14에서 15사이였고 버블 경제 시기에는 이 수치가 2배로 치솟았다는 것을 생각해 보자. 눈에 띄게 많은 주식이 이익의 13배 이상에 거래된 시기는 모두 누군가의 눈물로 끝났다. 1990년의 일본의 경우에는 전체 시장이 2배로 뛰었다. 이 현상을 버블이라고 정의하지 않더라도, 투자하지 않는 편이 낫다는 것은 명백하다.

직접 겪지 않고서 버블 경제는 어리석게 들릴 수도 있다. 나 역시 광란의 20년대나, 활기찬 60년대, 튤립 버블 그리고 앞서 소개한 남해회사 버블을 기록을 통해 접했다. 금융기관들은 주식을 말도 안 되는 수준까지 조작했으며, 지나치게 복잡한 금융 상품을 발행했다. 부채 비율은 지나치게 높았으며 경영진은 자신들의 보상에만 지나치게 관대했다. 지주회사들은 제멋대로 합쳐졌다. 이익에 눈이 먼 많은 사람이 투자했으며 멍청하고 사치스러운 일을 저질렀다. 어느 순간 모두가 재정적인 부분에 정신을 놓은 것과 같아 보였다. 남의 이야기를 듣기만 하면 버블이 아무런 이유 없이 일어난다고 생각할 수도 있다. 하지만 직접 겪어 보고 나면 버블 초기의 전제가 보통 정확하며 주목할 만하다는 것을 알게 된다.

공짜 화폐

공짜 화폐나 금융 완화가 모든 버블의 필수 요소다. 중앙은행은 금융 완화가 빠른 경제 성장률에 기여하기를 원하지만, 이는 가장 먼저 자산 가격의 상승을 야기한다. 미 연방준비은행이 통화를 공급하면, 이는 은행 예금의 형태로 나타나 금융시장에 영향을 준다. 금융업에 몸담고 있는 사람에게 돈을 제공하면, 그들은 가장 먼저 금융자산에 투자할 것이다. 이 돈은 주택 버블에서 그랬던 것처럼 물리적인 자산의 형태로 바뀔 수도 있다. 돈이 금융시장에 오래 머물수록 버블은 더 오랜 시간 동안 지속된다. 광케이블이나 라스베이거스의 콘도와 같이 실물 자산이 되면 투자에 대한 열정이 식을 수도 있기 때문이다. 트레이더는 가장 빨리 움직이는 자산을 계속 거래하기를 원하기 때문에 현실과 동떨어져 있는 자산일수록 이득이다.

1990년대에 인플레이션이 잠잠해지는 듯하자 연방준비은행은 가차 없이 규제를 완화하여 금융시장에 충분한 유동성을 제공했다. 1981년에는 최고 15퍼센트 가까이 올랐던 미국 국채 10년 수익률은 1990년에는 8퍼센트, 1996년에는 6퍼센트까지 떨어졌다. 1987년 연방준비은행은 미국 증시 폭락과 1990년 초반까지도 지속된 높은 실업률을 두려워 하고 있었다. 주식과 채권의 가격은 할인율이나 금리가 떨어지는 것과 반대로 상승하기 때문에, 이런 상태는 금융자산의 가격에는 호재였다. 꾸준한 수익률과 성장률이 제로인 주식은 할인율이 15퍼센트에서 6퍼센트로 떨어지면 가치가 2.5배 상승한다. 성장세의 기업일 경우에는 주가가 훨씬 더 많이 상승할 수도 있으며, 초기의 가치 산정에 비해서 이 높은 수치는 버블처럼 느껴질 수도 있다.

이후 연방준비은행은 활황인 주식시장이 정치적으로 인기가 있다는 것을 깨달았다. 경기나 주식시장이 안 좋아질 조짐이 보일 때마다 연방준비은행은 통화를 공급하여 원하는 목표를 달성했다. 노동 인구가 증가함에도 불구하고 실업률은 떨어졌으며 인플레이션도 크게 움직이지 않았다. 경제학자들은 '대안정기 great moderation'가 경기순환을 과거의 유물로 만들 것이라고 이야기했다. 투자 전략가들은 '그린스펀 풋 Greenspan Put'이라는 용어를 탄생시키며 연방준비제도 이사회의 의장인 앨런 그린스펀 Alan Greenspan이 주가에 난류가 감지될 때마다 그 위험을 상쇄시킬 것이라 믿었다. 앨런 그린스펀이 개입하지 않는다면, 규모가 크고 활발히 거래되던 주식은 순식간에 팔아 치워질 수도 있었다.

월가의 속설에 의하면 개인 투자자는 언제나 상황을 잘못 짚는다. 그런 사람들이 주식시장에 쏟아져 들어오고 있다. 한때는 재미없는 회계사로 여겨졌던 증권가 애널리스트들은 방송에 출연하기 시작했다.

1996년 앨런 그린스펀은 "비이성적 과열이 자산 가치를 과도하게 상승시켜 지난 10년 동안 일본이 겪었던 것과 같이 예상치 못한 장기간의 경기 위축을 가져올지 어떻게 알 수 있는가?"라는 질문을 했다. 나는 앨런 그린스펀이 마침내 아무리 좋고 올바른 아이디어도 도가 지나치면 의도한 바와는 다른 결과를 초래할 수 있다는 것을 깨달았다고 생각했다. 하지만 그의 발언은 앞으로 일어날 일들에 대한 경고가 아니었다. 연방준비은행은 대공황부터 1974년도까지 몇십 년 동안 투기를 잠재우고 싶을 때마다 증거금률을 높였다. 앨런 그린스펀의 '비이성적 과열' 발언 이후에도 연방준비은행은 아무런 조치를 취하지 않았으며 2017년까지도 50퍼센트의 증거금률이 유지되었다.

그린스펀 풋 덕분에 경제와 주식시장은 과거보다 훨씬 안전해진 것처럼 보였다. 시장 전략가는 주식의 수익률이 등급이 높은 채권의 수익률과 같아야 한다는 '연방준비은행 모델'을 언급하기 시작했다. 경제학자 글라스먼Glassman과 하셋Hasset은 그들이 1999년에 저술한 『다우 36,000 Dow 36,000』이라는 책에서 이 모델을 더 깊이 파고들었다. 그들은 장기적으로 보면 주식이 채권보다 리스크가 적기 때문에, 주식이 채권과 같은 수익률을 내도록 가격을 측정하는 것이 합리적이라고 주장했다. 주식의 총수익률과 할인율을 예상하기 위해서는 배당 수익성과 배당 성장률을 더해야 하는데, 이 공식에서 총수익률과 성장률은 주어지기 때문에 배당금이 변수가 된다.

투자자의 할인율이 기업의 성장률보다 낮으면 이 공식은 성립되지 않는다. S&P 500 지수의 배당금이 6퍼센트로 성장하고 채권 수익률이 5퍼센트라면 배당 수익은 필요치 않다. 시스코Cisco와 같은 고성장주의 경우는 특히나 그랬다. 1998년 6월에 시스코는 64달러에 거래되었으며 이는 수익 대비 86배에 다다른 것이었다. 실제 가치는 주당 399달러로 계산되었다. 글라스먼과 하셋은 가치를 범위로 예상했다. 시스코의 주가는 최저 122달러에서 최고 1,652달러일 수도 있었다. 최고점에 거래되면 PER이 2,000을 넘는다는 것을 의미했다. 나는 혼란스러웠다.

나는 연방준비은행이 끊임없이 유동성을 제공하고 금리를 낮춘다면 반대할 이유가 없다고 생각했다. 저축대부은행과 작은 은행들은 하락하는 금리와 풍부한 유동성의 도움을 받고 있었다. 한 자릿수의 PER에 거래되는 금융기관이 많았으며 이는 장부가액보다도 낮은 수준이었다. 저축대부은행은 1990년대에 가장 실적이 좋은 주식 중 하나였다. 이와 비슷하게, 기존에 높은 금리의 이자를 내던 기업은 낮아진 금리로 재융자를 받아서 소득을 증가시킬 수 있었다. 이런 특별한 자극 없이도 주식이 저평가되었다면 나는 낚아챘을 것이다.

세계화와 미국의 소생

1990년대에는 세계를 뒤바꾸는 일들이 한참 진행되고 있었고 이는 버블 경제에서는 흔히 있는 일이었다. 1990년대의 붐은 세계화와 기술이라는 두 가지의 형태 위에 지어진 이중 버블이었다. 이 큰 흐름이 얼마나 강력할지 아무도 예상하지 못했지만 모든 예측은 너무 부정적으로 보였다. 세계적 기업과 테크 주식이 무한한 수익 가능성을 가졌다는 것이 명백해졌다. 실행할 가치가 있는 모든 행동은 과하게 실행할만한 가치가 있었다.

규제 완화와 무역의 세계화는 미국 경제를 다시 한 번 정상에 올려놓았다. 기술은 PC와 휴대폰, 그리고 인터넷의 보급을 의미했다. 자본주의는 또한 번 승리했고 미국은 다시 정상에 올랐다. '악의 제국'은 붕괴되었고 베를린 장벽은 무너졌으며 독일은 재통일되었다. 각국 정부는 산업의 국영화를 멈췄으며 민영화를 시작했다. 특히 전화나 유틸리티 기업을 포함한 많은 산업의 규제가 완화되었다. 세율은 대폭 삭감되었으며 대기업은 홍콩, 아일랜드, 룩셈부르크와 같은 세율이 낮은 지역으로 사업을 옮겨서 세금을 줄였다.

1776년에 영국 경제학자 애덤 스미스Adam Smith는 국제 무역이 두 나라 모두에게 득이 된다고 주장했다. 각 국가는 자신이 비교 우위에 있는 제품을 생산하고, 그렇지 않은 제품을 국내에서 생산하는 대신에 수입하면 된다. 이 이론은 국가의 수출과 수입의 균형이 맞는 완벽한 상태를 전제로 한다.

1970년대의 오일쇼크 이후에 세계 무역은 가속화되었다. 상승하는 무역 가치는 부분적으로 상승하는 유가를 반영했다. 독일과 일본 같이 석유를 수입해야 하는 나라의 반응을 반영하는 것이기도 했다. 예를 들어 일본은 1970년대 후반에 무역 적자를 기록했다. 이러한 상황에 놓인 국가들은 증가하는 유가와 무역 수지를 유지하기 위해서 수출을 늘려야 했다. 독일과 일본은 독보적인 수출국이 되었다. 사우디아라비아나 그 외의 산유국은 무역 흑자를 기록하며 이 수익금을 미국 내에 재투자하거나, 최소한 유로 달러(유럽의 은행에 예치된 미화 달러 예금으로 국제 결제, 특히 무역 지불에 쓰인다 - 옮긴이)와 같이 달러로 표기된 자산에 투자했다.

이는 미국의 자본시장에는 뜻밖의 수확이었지만, 경세학사인 로베르 트리핀Robert Triffin은 이 상황이 또 다른 딜레마를 불러올 것이라고 예측했다. 미국은 다른 국가의 국제 거래를 뒷받침하기 위해 기축통화인 달러 공급을 늘려야 했다. 이로 인해 미국은 무역 적자를 피하기 어려워지는데, 이는 수출 산업에는 치명적이었지만 금융시장에는 득이었다. 현재 소비를 충당하기 위해서 해외에서 빌려 온다는 것은, 오늘날 미국인이 생산하는 것보다 많은 양을 소비할 수 있게 됐다는 것을 의미했다.

해외 자산을 빌린 미국은 비교 우위에서 절대 우위로 입지가 바뀌었다. 수입이 수출과 맞아떨어지지 않아도 된다면, 미국 기업은 제품을 가장 낮은 가격으로 전 세계에 수출할 수 있었다. 전 세계에 미국보다 시급이 낮은 국가는 많다. 1990년대가 되자 신발, 섬유, 의류 산업, 그리고 전자 제품 산업은 아시아로 옮겨 갔다. 치솟는 수입품은 물가를 낮추었고, 이는 연방준비제도가 완화적인 통화 정책을 유지할 수 있도록 도왔다.

미국인을 좋게 생각하지 않는 국가에서도 미국 제품과 기술을 사용했다. 미키 마우스를 보고 즐거워하며, 코카콜라, 펩시, 버드와이저를 마시고, 말보로를 피웠으며, 나이키를 입었다.

세계적인 공급망을 갖게 된 미국 기업은 가격 경쟁력을 얻었으며 새로운 시장들과 더욱 가까워졌다. 새로운 기술은 전 세계 사람들과 비지니스의 연결고리가 되었으며 새로운 세계 시장의 문을 열며 판매, 마케팅, 물류에 관련된 비용 절감했다. 새로운 기술의 가격은 점점 올라갔으나 생산 비용은 더 빠른 속도로 하락했다. 낮은 인플레이션과 증가하는 생산량, 그리고 상승하는 수익이 모두 동시에 가능하게 된 것이다.

S&P 500의 대기업은 이러한 세계화의 덕을 톡톡히 보았다. 한때 유통 제품의 대부분이 미국에서 생산되었음을 강조했던 월마트는 미국에서 가장 큰 수입사가 되었다. 1998년에 월마트의 주가는 2배로 상승했고 다른 대기업의 주가 역시 반등했다. S&P 100은 S&P 500를 넘어섰고 나스닥 100 역시 나스닥 종합 주가지수를 능가했다.

소규모 기업은 상대적으로 비용이 높았고, 점점 불필요해지는 미국 내 공급망의 일부였다. 게다가 빠르게 성장하는 국제 시장에 대한 접근성이 떨어졌다. 대기업에 집중한 한 펀드매니저는 내게 소규모 기업은 시대에 뒤처지고 더 이상 매력적이지 않은 자산 그룹이라며 흥분했다. 내 펀드는 소형주에 집중투자 했기 때문에 해외 사업을 갖고 있는 미국 기업과 해외의 소형 기업의 주식을 사들였다. 나는 노키아Nokia라는 핀란드의 중형 텔레비전과 전화통신 업체에 투자했는데, 노키아는 새로운 휴대폰 출시할 생각에 들떠 있었다. 알고 보니 해외의 작은 기술 기업도 아시아에 제조 공장이 있는 경우가 허다했다. 미국 소비자가 정말 선호하는 제품이 있다면, 그 제품은 프랑스를 제외한 유럽에서도 인기를 끌 확률이 높았다.

PC, 전화기와 인터넷

모든 주식시장의 붐은 신식 기술 도입의 도움을 받는 것일지도 모른다. 1890년의 도금 시대는 철도의 도움을 받았다. 1920년에 자동차, 가정용 전자기기, 전화기와 전기가 보급되었다. 그리고 1960년에는 컴퓨터, 컬러 텔레비전, 제로그라피, 즉석 사진 기술, 항공 여행과 운송업이 도입되었다. 1970년에 엘빈 토플러Alvin Toffler는 너무 많은 변화가 인간에게 주는 영향에 관해 쓴 『미래의 충격Future Shock』이라는 베스트셀러를 발표했다.

모든 혁신이 수많은 경쟁자를 끌어들였으나 대부분은 실패했다. 하지만 버블의 정점에서는 승자 역시 실망을 안겨 주기도 한다. 라디오 코퍼레이션 오브 아메리카Radio Corporation of America, RCA는 1년 반 사이에 5배로 성장한 1920년대 강세 시장의 마스코트였다. 라디오가 발명된 이후로 뉴스와 음악은 새로운 국면을 맞이했다. 1929년에 이 기업의 주식을 샀다면 그 후 50년 동안 시장에 뒤처졌을 것이다. 비슷하게 폴라로이드Polariod, 이스트먼 코닥, 제록스는 1960년대에는 스타였지만, 정점을 찍은 후로 장기간 동안 재앙과 같은 하락세를 경험했다. 시스코와 아메리카 온라인 역시 비슷한 운명에 처했다.

어릴 때부터 나는 컴퓨터가 예측 가능하지 못한 방향으로 우리의 삶을 변화시키는 중요한 존재가 될 것을 알았다. 내가 예측하지 못한 미래의 조각 중 하나는 전화 통신망의 영향이었다. AT&T의 분리를 시작으로 다른 경쟁 업체들이 시장에 진입히기 시작했다. 그 이후 휴대폰, 광섬유 케이블, 네트워크와 다른 발명품들이 쏟아져 나왔다. 텔레비전에 나오는 딕 트레이시Dick Tracy나 매닉스Mannix 같은 가상의 인물은 휴대폰을 사용했지만, 일반인은 휴대폰을 사용하고 싶어할지 궁금했다. 장거리 통화 서비스는 저렴해져서 할머니나 부모님과의 통화는 더 이상 10분, 그리고 주말 저녁으로 제한되지 않았다. 이는 합리적으로 좋아해도 될 만한 일이었다.

기술 기업과 대규모의 세계적인 기업은 이런 산업에서 명백한 승자였다. 기술 기업은 전 세계를 연결시킬 수 있는 도구를 판매했고, 가장 우수한 고객은 다른 기술 기업이었다. 세계적인 기업은 해외 판매에 들어가는 비용과 마케팅 비용을 절감할 동기가 강했다. 제너럴 일렉트릭은 전자 상거래와 마케팅으로 수십억 달러를 아낄 수 있는 자세한 방안을 발표했다. 시스코, 델, 인텔과 마이크로소프트와 같은 기업은 이 두 가지 카테고리에 속해 있었으며 "네 명의 기수"라고 불렸다.

새로운 세계를 이해하고자 하는 노력

모든 것이 너무 빨리 바뀌고 있어서 나는 무슨 일이 일어나고 있는지 완벽하게 이해할 수 없었다. 기술과 통신 산업은 주요 산업이고 전례 없는 기회를 제공했기 때문에 무시할 수 없었다. 신문과 금융 관련 방송을 보는 것은 잘 나가는 제품이 무엇이고 기술의 로드맵을 공부하는 데 큰 도움이 되지 않았다. 기업의 연차 보고서는 기가 헤르츠와 면 밀도 등에 대한 정보를 제공했지만, 그것이 무엇이고 어떤 것이 중요한지 알 수 없었다.

증권 기업은 테크 주식을 전문적으로 다루는 인력을 보충했고, 비니^{Vinnie}는 그 중 한 명이었다. 그는 웃으며 내가 시장 상황을 이해하지 못 한다고 조언하며 자신의 요점을 납득시키려 했다. 지금 경제 상황은 다르며, 테크 주식도 다른 주식과는 다르다. 테크 주식의 가치 평가도 다르며, 과거를 통해 배울 수 없다. 과거의 기준은 새로운 현실을 반영하지 않으며 빠르게 바뀌는 세상에서 이미 아는 것이 많은 애널리스트는 그것을 잊으려고 노력해야 한다고 말했다. 하지만 나는 테크 주식이 다른 식으로 평가되어야 한다거나, 과거가 무용지물이라는 말에 설득되지 않았다.

샌프란시스코에 있는 함브레트 앤드 퀴스트$^{Hambrecht\ \&\ Quist,\ H\&Q}$는 실리콘 밸리와 연줄이 깊은 가장 매력 있는 테크 중심 투자은행이었다. 나는 그 기업의 활동적이고 에너지 충만한 느낌이 좋았다. 이 은행의 CEO인 대니얼 케이스$^{Daniel\ Case}$는 나랑 같은 해에 태어났으며 그 당시 이 분야에서 가장 젊은 경영자 중 한 명이었다. 그의 동생인 스티븐^{Steven}은 아메리카 온라인의 CEO였다. 함브레트 앤드 퀴스트는 최고의 컨퍼런스와 빠르게 진행되는 30분의 미팅에 6개의 기업이 동시에 발표하는 모임을 개최했다. 이 미팅과 주식 거래는 200명의 친한 친구가 동시에 한 공간에 밀어 넣어지는 것 같은 느낌이 든다는 점에서 비슷했다.

증명할 수는 없지만, 나는 버블 경제 중에 도덕적인 기준이 무너진다고 믿는다. 투자자는 미팅 사이에 모여서 업계에 떠도는 소문에 대해 이야기한다. 몇 명은 이 일에 하루의 대부분을 쓰는 듯했다. 니는 기술 회의에서 인텔에서 일하는 루미^{Roomy}라는 똑똑하고 친절한 여인과 자주 마주쳤다. 그녀는 라지 라자랏남$^{Raj\ Rajaratnam}$이라는 헤지펀드 매니저와 유독 친해보였는데, 나는 그가 니덤^{Needham}에서 일하는 유능한 반도체 애널리스트라는 것을 알고 있었다. 그 후 연락하지 않은 채 10년이 넘는 시간이 흘러서 루미와 라즈를 잊고 지내고 있었다. 얼마 뒤 나는 갤리언 그룹$^{Galleon\ Group}$이라는 헤지펀드

20. 시장이 들썩일수록 차분해져라 | 363

가 내부자 거래로 고소되었다는 뉴스를 접했다. 이를 통해 루미는 1년, 라지 라자랏남은 11년을 선고받았다. 그들과 연락이 끊긴 것은 참 다행스러운 일이었다.

주식 공개 상장

새로운 기술 기업이 꾸준히 시장에 진입하자 브로커들은 그들의 신규 주식 공개 상장Initial Public Offering, IPO에 대해 열심히 가르쳤다. 투자은행은 IPO를 주관하는 수수료를 확보된 자금의 6퍼센트로 유지하기 위해 전략적으로 공모했다. 주가가 15달러라면 주당 90센트를 수수료로 받으려 한 것이다. 비니는 이런 신규 상장을 좋아했다. 평범한 주식 거래에서 기관이 받는 수수료는 주당 5센트(지금은 더 낮다)라면 신규 상장을 통해 비니가 받을 수 있는 수수료는 훨씬 높았으며 거래 규모도 더 컸다. 게다가 새롭고 흥미로운 이야기를 접하는 건 누구에게나 신나는 일이다.

　보통은 상장 기업이 정말 그만한 가치가 있는지 모른 채 IPO에 투자하는 것은 위험하지만, 이때는 특수한 상황이었다. 많은 주식이 IPO 후 주가가 하락하지만, 1990년대에 거의 모든 기술 기업의 IPO는 급등했다. 인기가 높은 주식이었지만, 그럴수록 할당량은 적었다. 내 펀드와 같이 몇십억 달러의 포트폴리오에서 가격이 2배로 뛰는 주식을 800주 정도 확보하는 것은 큰 의미가 없었다. IPO 미팅을 주최하는 것은 더 많은 주식을 받는 데 도움이 되긴 하지만, 그보다 내가 얼마나 그 주식을 소유하고 싶은지 판단하는 데 도움이 된다.

　나는 1989년도에 롱 디스턴트 디스카운트 서비스Long Distance Discount Services, LDDS의 IPO 로드쇼에 참가하지 못했으나 훗날 임원진과 만났다. LDDS는

AT&T가 법무부에 의해 분리된 후 1983년에 설립된 기업으로 스프린트^Sprint 나 MCI보다 규모는 훨씬 작았지만, 빠르게 성장하며 경쟁자들을 인수하고 있었다. LDDS의 주식은 예상 수익 대비 10대 초반의 PER에 거래되고 있었다. 나는 적은 수의 주식을 샀으며 그렇게 오래 보유하고 있지는 않았다. 가격이 급등한 후 너무 비싸다고 판단해서 팔았는데, 1998년에 월드컴 커뮤니케이션즈^WorldCom Communications로 사명을 변경하고 주가가 7배나 상승했다.

나는 계속해서 10배 이상 오른 주식을 매각한 것을 후회했다. 1992년에 아메리카 온라인의 IPO 미팅을 주최했는데, 발행가는 11.5달러였으며 첫날 14.75달러에 마감했다. 대부분의 투자자는 이 주식에 크게 신경 쓰지 않았고 총 600만 주를 환산해도 시장가치는 여전히 9,000억 달러 이하로 규모가 크지 않았다. 처음에 제공하던 서비스는 게임 라인^Game Line이라는 것으로 흥미롭긴 했지만 대성공은 아니었다. 아메리카 온라인은 더 큰 일을 할 수 있을 것이라 믿었고 경영진은 프랑스의 미니텔^Minitel을 지목했다. 이 기업은 온라인 구매나 표 예약을 하기 위해 만들어졌으나 로맨틱한 만남과 같이 다른 용도에도 쓰일 수 있었다. 아메리카 온라인은 이미 이익이 높았고, 매출은 상승세를 타고 있었으며, 그 기업의 경영진이 좋았기에 나는 투자하기로 결심했다. 1995년에 아메리카 온라인은 20배 증가했으나 나는 그 이익의 아주 작은 부분밖에 갖지 못했다.

아메리카 온라인은 새로운 구독자 확보를 위해 발송하는 플로피 디스크 비용을 어떻게 회계 처리해야 하는지를 두고 많은 논란을 일으켰다. 빠른 속도로 성장하고 있었지만 새로운 고객을 유치하기 위해 많은 현금을 소비하고 있었다. 이 비용을 얼마의 기간에 걸쳐 분할 상환해야 할까? 이는 고객의 해지율에 따라 달라지는데, 이 또한 종잡을 수 없었다. 미 증권거래위원회는 아메리카 온라인의 회계 과정을 끊임없이 파고들었고 이는 반복되는 벌금과 재무제표 재작성을 의미했다.

그럼에도 불구하고 아메리카 온라인의 주가는 영향을 받지 않았다. 매출은 매해 상승했으며, 1994년에는 2배 이상 뛰었고, 이는 1995년과 1996년에도 마찬가지였다. 1999년에는 2대 1 주식 액면 분할을 6번이나 하며 조정 IPO 가격은 18센트가 되었다. 아메리카 온라인은 타임워너Time Warner 대비 2배 이상의 가치를 가졌으며, PER은 몇 백에 이르는 수치였지만 아무도 신경 쓰지 않았다. 사용자 클릭과 페이지 뷰가 더 의미가 있었다. 아메리카 온라인과 타임워너가 2000년에 합병한 후, 시장가치는 3,000억 달러를 넘어섰다.

나는 내가 신규 IPO에 대해 지나치게 조심스러웠던 것을 후회했고, 이는 다른 투자자들도 마찬가지인 듯했다. 그들은 그 후회를 씻어 버리려는 것처럼 형편없는 IPO를 사들이기 시작했다. 1980년대와 1990년대 초반에는 3분의 1도 안 되는 IPO가 손해를 봤던 반면, 1999년에는 4분의 3이 돈을 잃고 있었다. 거의 모든 IPO에는 엄청난 양의 프리미엄이 붙으며 1999년에 IPO는 평균적으로 첫날 주가가 2배로 상승했다. 1999년대에 IPO의 수는 400건이 넘었다.

1999년 10월에 시커모어 네트워크Sycamore Networks는 38달러에 상장되어 첫날 184달러에 마감했다. 4개월 후에 주가는 다시 한 번 3배가 상승했고, 두 창업주는 하루아침에 백만장자가 되었다. 시커모어는 첼름스퍼드Chelmsford라는 시골에 위치하고 있었기에 보스턴의 언론들은 떠들썩했다. 그때 비니는 세 번의 이직 이후 자신 소유의 헤지펀드와 벤처캐피털 펀드를 설립한 상태였다. 어쩐 일인지 비니는 많은 양의 시커모어 네트워크 주식을 할당받았으며 그의 작은 펀드는 초창기부터 엄청난 인기를 끌었다. 자본은 끊임없이 유입되었다. 비니는 이익을 취하는 대신 시커모어 네트워크 주식을 계속 사들였다. 시커모어 네트워크는 전성기에 최고 440달러의 시장가치를 자랑했는데, 이는 실적이 가장 좋은 해의 매출이 3억 7,400만 달러였음을 고려하면 엄청난 수치였다. 다음 해 매출은 5분의 4 감소했으며 이 매출에서 어떠한 영업이익도 달성하지 못했다.

이처럼 이상하게 보일 수도 있지만 사업가들은 스타트업이 엄청난 가격에 팔릴 수만 있다면, 수익이 없을 것을 알면서도 새로운 사업을 시작한다. 2000년도 피델리티의 젊은 직원들에게 코즈모닷컴(Kozmo)이라는 웹사이트는 매우 인기가 있었다. 코즈모닷컴은 20대가 필요한 DVD, 비디오 게임, 잡지, 음식, 스타벅스 음료 등 모든 것들을 온라인으로 판매했다. 게다가 최소 구매 가격과 배송비에 상관없이 1시간 내에 물품을 배달했다. 몇 달러만 지불하면 집 밖에 나가지 않고 여자 친구와 좋은 시간을 보내면서 텔레비젼을 보고 탄산수와 껌을 집으로 배송받을 수 있었다.

좋은 아이디어만 있다면 모두가 부자가 될 수 있는 듯했다. 내 대학교 동기 중 한 명은 인터넷 식료품 배달 서비스를 공동 설립해서 순식간에 백만장자가 되었다. 나보다 좀 어린 동료의 동기는 28세에 더 큰 성공을 이뤄서 인터넷 기업의 비상장 주식을 1억 달러어치를 소유하게 되었다. 한두 해 후 그 주식의 가치는 휴지 조각이 되었지만 말이다.

믿지 않는 자는 입을 다문다

내 펀드들은 평균적으로 상승장세에는 뒤처지지만 하락장세 중에는 좋은 실적을 냈다. 끊임없이 상승하는 시장에서 뒤처진다는 것은 고질적인 실적 부진으로 보일 수도 있다. 인격적으로 문제가 있거나 사기꾼이 아닌 이상 상승장세 동안에는 해고되지 않을 것이라고 나는 스스로에게 되뇌었지만, 애널리스트들이 기술 기업과 같은 곳에 공격적으로 투자하지 않았다는 이유로 강등되는 것을 보고 불안하기도 했다.

또한 내 고객은 시장이 좋지 않을 때 돈이 급히 필요할 것이고, 그들을 보호하는 것이 내 의무라고 생각했다. 하지만 내 뮤추얼펀드 주주들이 그들의 계정을 아무 때나 마음대로 닫으면 나는 언제든 실질적으로 해고될 수 있었다. 실제로 많은 고객이 이 방법을 택했다. 인터넷 버블 동안에 내 펀드의 반은 문을 닫았다.

주주가 보내오는 편지나 이메일에는 언짢음이 묻어 있었다. 그래도 대부분의 편지는 상냥했으며, 어떤 편지는 유용하기까지 했다. 훗날 좋은 투자로 이어진 스톡 피치stock pitch(좋은 주식에 투자하라는 제언서. 보통 주식명, 현재 가격, 추정 가격, 가격 변동 이유 등이 포함되어 있다 - 옮긴이)가 포함되어 있었기 때문이다. 이 중에는 내게 생소한 주식이나 이미 투자하여 익숙한 이름의 주식도 있었다. 받은 편지 중 하나에서 고객은 자신이 내가 운용하는 펀드의 투자자라며 1,000주의 CMGI 주식을 소유하고 있다고 밝혔다. 나 역시 CMGI에 투자한다면 크게 돈을 벌 수 있을 것이란 생각을 했다. 1998년도에 받은 이 편지는 CMGI가 향후 1년 반 동안 엄청난 수익을 달성하기 전에 받은 아주 훌륭하고도 시기적절한 조언이었다.

이미 알고 있었음에도 난 언제나 그렇듯 너무 작은 양을 짧은 시기 동안 보유했다. 칼리지 마케팅 그룹College Marketing Group으로 시작한 이 기업은 주소를 팔며 인터넷 벤처의 대기업으로 성장했다. 1994년에 주당 8.50달러에 상장되어서 라이코스를 스핀오프 한 후에 총 24대 1 주식 액면 분할을 하여 25센트로 하향 조정되었다. 1999년 말에 주가는 238달러까지 올랐으며 이는 5년 새에 1,000배 상승된 수치였다. 매사추세츠주에 위치한 기업이었으며, 나는 칼리지 마케팅의 회장과 가까운 곳에 사는 사람을 여럿 알고 있었다. 내 동료인 닐 밀러Neal Miller는 칼리지 마케팅과 다른 인터넷 주식을 꿰뚫고 있었고 뉴 밀레니엄 펀드의 규모는 1999년 한 해에 거의 2배가 되었다.

1999년에 피드로우 펀드는 5.1퍼센트 밖에 상승하지 않았다. 나는 또 잘못 판단한 것이었다. 내 벤치마크인 러셀 2000 지수에는 인터넷 주식이 여럿 포함되어 있었으며, 칼리지 마케팅은 내 벤치마크에 포함되어 있는 정도가 아니라 그중 가장 중요한 주식이 되었다. 모두가 내게 이 주식을 보유하지 않는 것이 얼마나 위험한 것인지 이야기했고, 내 상사 중 한 명 역시 지수를 구성하는 절반이라도 이곳에 투자하라고 조언했다. 하지만 나는 그러지 않았다. 만일 내가 그만큼 칼리지 마케팅 주식을 보유했다면 이는 펀드의 가장 큰 비중을 차지할뿐더러 다음으로 많이 보유한 주식의 3배가 됐을 것이다. 칼리지 마케팅은 현금 흐름이 한 번도 마이너스를 벗어난 적이 없다. 나는 그린 위치Green Witch, 레이징 불Raging Bull, 트라이벌 보이스Tribal Voice와 같은 칼리지 마케팅의 사업들이 무엇인지 알 수가 없었다.

전직 기술 기업 애널리스트였던 한 포트폴리오 매니저는 나와 생각이 달랐다. 그는 나보다 10살 많았으며, 장기적으로는 실적이 좋았지만 최근에는 실적이 부진했다. 그는 항상 훌륭한 조언을 해 주었고 크게 잃는 것을 피해야 한다고 말했다. 그의 펀드는 나보다 규모가 컸으며 소규모 기업과 인기는 없지만 성장하고 있는 기업으로 이루어져 있었다. 그가 은퇴하기로 결정한 것이 개인적인 이유였는지는 모르겠다. 그는 이 상승세를 튤립 버블에 비교했고, 그로 인해 많은 사람이 그의 저조한 실적을 비판하기 시작했다. 그가 떠나고 몇 주 후, 새로운 매니저는 필수 소비재 주식, PER이 낮은 주식과 소규모 기업을 팔아 치우고 최신 기술과 반짝거리는 주식으로 대체하기 시작했다. 그때 버블은 꺼지기 시작하고 있었다.

반면 비니는 세상 꼭대기에 있는 듯했다. 그는 내가 물어보지 않았는데도 자산 규모가 얼마나 상승하고 있는지 끊임없이 자랑했다. 한번은 내가 내 펀드의 저조한 실적에 대해 투덜대는 어리석은 짓을 하고 말았다. 그러자 그는 내가 쓰레기를 산 벌을 받고 있다고 말했다. 그가 보기에 나는 미래의 적이었다. 비니는 조지 글라이더George Gilder가 1999년 12월 31일에 『월스트리트 저널』에 언급한 "재무제표가 그의 선택이 옳다는 것을 확인시켜 줄 때까지 아무것도 하지 않는 투자자는 거짓된 합리화 때문에 실패할 것이다"라는 논리에 동의했다.

버블 경제의 심리학은 게임 이론가인 마틴 쉬빅Martin Shubik 박사가 고안한 마성의 달러 게임을 떠오르게 한다. 이 게임에서 1달러는 1센트 단위로 경매되며 가장 높은 가격을 제시한 참가자가 우승한다. 단 보통 경매와 차이점은 두 번째로 높은 가격을 제시한 사람 역시 입찰 비용을 지불해야한다는 것이다. 입찰가가 1달러를 초과한다고 해도 두 번째로 높은 가격을 제시한 사람은 페널티를 면하기 위해 계속 더 높은 가격을 부르게 된다. 아무에게도 이득이 되지 않는 게임이지만 참가자는 멈출 수가 없다. 말이 되지 않는다는 것을 깨닫는 것과 그만두는 것은 별개다. 이와 비슷하게 가치가 상승 중인 자산을 보유하지 않은 투자자는 뒤처지지 않기 위해서라도 그 자산을 보유해야 한다는 압박을 받을 수 있다. 마틴 쉬빅 박사의 게임과 버블 모두 참가자 모두에게 좋지 않은 결과를 초래한다.

버블이 터지다

2000년에 나스닥 100은 고점에서 PER이 100을 넘었고 그다음 2년 동안 78퍼센트가 더 올랐기 때문에 IT 버블이 있었다는 사실을 반박하는 사람은 많지 않다. 그런데 S&P 500이 수익 대비 1929년과 1966년을 초과하는 수치인 30배 이상에 거래된 후 반 이상의 가치가 날아갔음에도, 규모가 큰 성장주에 버블이 있었다는 것을 반박하는 사람은 꽤 많다. 『다우 36,000』의 저자들이 언급했듯, 가치를 예상하는 데에 차이가 클 수 있지만 큰 버블이 존재했다는 것은 확실하다. 이런 추론은 어렵지 않다. 다만 가치보다 싼 주식을 사고 가치 대비 비싼 주식을 팔려는 가치 투자자에게는 유용한 결론이 아니다. 주식이 가치 대비 2배에 거래되고 있다면, 이미 오래 전에 팔았어야 한다.

여기서 어려운 것은 버블의 군중 심리학이다. 군중의 심리는 세상이 빠르게 변한다는 옳은 전제하에서 시작한다. 그런데 기대 이상으로 좋은 결과를 얻으면 오랜 과거를 기반으로 한 기대가 너무 보수적으로 느껴지기 시작한다. 사람들이 사실에 대한 오해를 주고받기 시작하면 그를 기반으로 더 큰 오해가 퍼지기 시작한다. 기업의 가치를 평가하는 것이 무의미하다는 생각을 하게 된다. 금융의 역사는 벼락 경기와 불경기의 연속이며, 이를 공부한 사람이라면 다수가 맞는 경우가 있기나 한지 고민하게 된다. 이야기가 틀린 것은 아니지만 가격은 옳지 않다.

아무도 버블이 언제 끝날 것인지 정확하게 예측할 수 없다. 교수들이 지적하듯, 내 판단은 옳고 수많은 다른 투자자는 틀렸다고 생각하는 것은 자만이다. 하지만 버블이 존재하느냐의 질문이 아닌 언제라는 질문에 많은 사람들은 주의를 기울였다. 씨티그룹의 CEO인 척 프린스Chuck Prince가 훗날 이야기한 것처럼, 비슷하지만 다른 상황에 놓여 있을 때는 "음악이 꺼지지 않는 한 일어나서 같이 춤을 춰야 한다." 금융의 역사에서 버블은 언젠가 반드시 터졌다. 그러나 그게 언제가 될지는 항상 예측 불허다.

미래를 예측할 수 없다는 가장 뚜렷한 근거는 거의 모든 사람이 벼락 경기와 불경기의 한 면만 맞춘다는 것이다. 광신자는 광신자로, 의심하는 자는 의심하는 자로 남을 것이다. 상승세를 타서 불경기에 모든 것을 잃거나, 버블을 따르지 않고 나중에 뜻밖의 소득을 얻거나 둘 중 하나다. 나는 후자에 속한다. 물론 마크 큐번Mark Cuban의 경우 브로드캐스트닷컴Broadcast.com을 가장 비쌀 때 팔아서 여전히 백만장자다. 하지만 상승세의 대부분을 놓치고 늦게 합류하며 큰 피해를 본 사람이 대부분이다.

버블 중에는 수익을 제어할 수 없다는 것을 이해해야 한다. 제어할 수 있는 것은 어느 정도의 투자 리스크를 감수할 것이며 언제 그리고 얼마에 거래할 것인지이다. 이런 요소들은 궁극적으로 투자자가 얻게 될 수익을 결정짓지만, 시장에서 일어나는 일은 투자자의 영역 밖이다. 주기란 욕심과 두려움 사이를 오간다. 추가 어디에 있는지 감지할 수는 있지만, 모든 주기는 다른 형태와 크기로 오기 때문에 앞으로의 일을 예측하려 하는 것은 무의미하다. 현재 상황이 영원히 지속될 것이라 느껴지더라도 금융시장에서의 기억이란 매우 짧다. 2008년과 2009년에 정크 본드의 수익률은 10대 초반이었지만 2년 후에는 역사상 최저치를 기록했다.

21

결론: 두 가지 투자의 패러다임

비합리적인 사람은 환경을 자기에게 맞추려고 한다.
모든 진보는 비합리적인 사람에게 달려 있다.

- 조지 버나드 쇼 -

내 인생의 가장 큰 후회는 내가 다른 사람이 아니라는 것이다.

- 우디 앨런 -

현대 투자의 두 아이콘인 워런 버핏과 존 보글의 지혜는 서로 완전히 다른 방향을 가리키지만, 결국은 한 지점에서 다시 만난다. 워런 버핏은 능동적 투자의 굉장히 특수한 스타일을 개인화시켰고, 존 보글은 뱅가드 S&P 500 지수 펀드를 만들었다. 당연히 투자자의 포트폴리오는 시장과 완전히 같은 형태를 띠는 동시에 시장과 대단히 다른 형태를 취할 수는 없다. 하지만 그 두 가지 방식 모두 이 책에서 우리가 다룬 후회를 최소화하는 체계적 방법이다. 인덱스 투자의 기발한 점은 평균적인 성과를 냄으로써 극단적인 감정, 무지, 수탁자의 기만 행위, 쇠퇴, 과한 레버리지, 과대평가 등으로 인해 발생하는 후회스러운 결과를 피할 수 있다는 것이다. 그리고 어떤 사람이라도 인덱스 투자를 할 수 있다. 인덱스 투자자는 모든 종목을 조금씩 보유하고 있기 때문에 놓친 기회를 후회하지 않는다. 워런 버핏의 방법은 더 많은 노력을 필요로 한다. 후회 자체를 하지 않는 것을 목표로 하기 때문이다. 그는 다양한 각도의 분석을 통해 충분한 안전 마진을 확보하지 않는 이상 증권을 매입하지 않는다.

워런 버핏과 존 보글이 안전하게 투자할 수 있는 유일한 방법을 대표하는 것은 아니다. 어떤 사람은 좀 더 투기적인 방식을 선호할 수도 있다. 투자자가 선택하는 방식과 때때로 더 발전시켜야 하는 방식은 감정적 캐릭터, 지식, 그리고 호기심에 따라 달라진다. 한 사람의 동기부여, 능력, 그리고 한계를 합리적으로 분석하는 일은 항상 고통스럽다. 하지만 이는 중요하다. 많은 사람은 쉽게 실행 가능한 방법에서 오는 만족감을 굉장히 높은 목표를 설정해서 때로 실패하기도 하는 것보다 더 선호한다.

워런 버핏처럼 복잡한 분석을 할 능력이 없다면, 굳이 스스로를 괴롭게 만들 필요는 없다. 오래 전에 워런 버핏은 평생의 투자 펀치 카드에는 20개의 구멍만 뚫으면 된다고 말했다. 내 펀드는 한 순간도 그렇게 적은 주식에만 투자한 적이 없다. 내 지론은 버핏이 완전히 인정할 만한 주식이 하나도 없더라도, 일단 행동을 취하는 것이다. 나는 세상을 흑백으로 보지 않고, 여러 명암을 가진 회색으로 본다. 또한 호기심이 많고 배우는 것을 좋아하기 때문에, 내 경쟁력의 한계를 자주 시험한다. 나는 사물을 다른 이의 시각으로 바라보려고 시도하며, 사람에 대한 판단을 내리기 전에 그 사람의 장점을 찾아내려고 애쓴다. 나는 이런 과정에서 나쁜 사람도 몇 명 만났다. 지속성과 탄력성 또한 내 흥미를 일깨우지만 실험과 적응성도 나를 매혹시킨다. 나는 대다수의 사람에 비해 참을성이 있는 편이지만, 그렇다고 갑작스러운 횡재의 기쁨에 면역력이 있는 것은 아니다. 그럼에도 나는 안전하게 투자하고 싶다.

나는 다음과 같은 조건이 충족되지 않는 이상 투자하지 않는다.

첫째, 성급한 의사 결정으로부터 안전할 것.

둘째, 사실에 대한 오해로부터 안전할 것.

셋째, 피신탁자의 권한 남용 가능성으로부터 안전할 것.

넷째, 쇠퇴, 진부화, 과한 레버리지의 사용으로부터 안전할 것.

다섯째, 상상한대로 미래가 펼쳐지지 않더라도 안전할 것.

1. 시장을 믿지 마라

존 보글과 워런 버핏은 자신의 투자 의사 결정을 감정으로부터 분리시키려고 하며 더 합리적인 소수의 판단을 내리는 것을 목표로 한다. 그들은 감정을 섞지 않고 꼼꼼하게 관찰하는 방법을 구축한다. 감정이 성급한 결정으로 이어지는 것을 원치 않는다. 고통이 행동을 이끌지 않게 하기 위해, 존 보글의 추종자 중 일부는 시장 상황이 어떻든 미리 정해 둔 금액을 매달 투자한다. 그들은 시장의 피크에서 투자할 뿐만 아니라 바닥에서도 끊임없이 투자한다. 결국 마지막에는 좋은 결과가 나올 것이라고 믿기 때문이다. 인덱스펀드는 광범위하고 재미 없고, 개별 종목에서 존재하는 군침 도는 뜨거운 소문이나 환상도 없다. 비유를 하자면, 단백질 보충제나 셀러리나 두부 다이어트가 칼로리가 낮기 때문이 아니라, 먹는다는 행위 자체를 덜 매력적으로 만들기에 성공할 수 있다고 생각하는 것이다. 하지만 인덱스펀드에도 존 보글이 나무라는 데이트레이더들이 있다. 턴오버를 최소화하는 것은 나쁜 결정과 수수료를 피할 수 있게 해 주고, 자본 이득 세금을 지연시켜 준다.

행복의 레시피 중 하나는 선택적인 부주의와 권태다. 1달러의 손실에 대한 고통이 1달러의 이익에 대한 기쁨보다 크기 때문에, 가격 변동을 자주 보면 볼수록 더 우울해진다. 주식의 가격 변동보다 그 주식의 가치에 영향을 줄 만한 정보를 모으는 데 더 많은 시간을 사용해라. 만약 뉴스가 1년 후에는 상관이 없을 것이라면 무시해라. 때때로 진짜 터닝포인트를 놓칠 수도 있다. 내가 제안하는 영구적인 솔루션은 더욱 많은 책과 보고서, 경제 잡지와 같은 것을 더욱 많이 읽는 것이다.

훌륭한 결혼 생활은 눈을 크게 뜨고 시작되지만, 작은 결점에는 의도적으로 눈을 감음으로써 지속된다. 주식 투자에서도 같은 원리가 적용된다. 뭐하러 성급하게 의사 결정을 내리는가? 내일 더욱 많은 것을 알게 될지도 모르는데 말이다.

워런 버핏은 사실이 더욱 명확해질 때까지 반사적인 감정적 반응을 억제할 뿐만 아니라, 다른 이들이 불편해하거나 고통스러워 할 때 매입함으로써 수익을 올린다. 가장 갑작스러운 가격 반응은 변덕스러운 미스터 마켓이 정확하게 실존적 위험을 감지할 때 나타난다. 1973년 그는 워싱턴 포스트Washington Post가 워터게이트 스캔들을 폭로한 직후 그 기업의 주식을 매입했다. 알려진 바로는 리처드 닉슨Richard Nixon 대통령은 해당 신문사를 폐쇄시키려고 했으며 플로리다 방송권도 박탈하려 했다. 그런 일은 이론적으로 민주주의에서 일어나면 안 되지만, 모든 게 이론적으로 돌아가는 세상이라면 워터게이트 스캔들 자체는 일어나지 않았어야 했다. 계속되는 불황으로 몇몇의 광고주가 워싱턴 포스트와의 계약을 해지했다. 투자자로서 가까운 미래에 기업의 이익이 손상되고 신문사 자체가 망할 리스크가 크다고 결론짓는 것이 그다지 비합리적으로 보이지 않는 상황이었다. 실제로 그러지 않았다는 것은 미래를 내다볼 능력이 있어야 가능하다. 워싱턴 포스트의 위상은 오히려 상승했으며, 같은 언론사의 기자인 우드워드Woodward와 번스틴Bernstine은 국민 영웅이 되었다.

워런 버핏의 주요 투자 중 1970년대 가이코 매입만큼 끔찍한 배경은 없었을 것이다. 워런 버핏의 다른 성취들과는 다르게 가이코는 심하게 손실을 내고 있었으며, 많은 사람은 가이코가 망할 것이라고 믿었다. 이러한 손실은 가이코가의 본래 경쟁력을 가지고 있던 낮은 리스크의 공무원 대상 자동차 보험업에서 벗어나면서 시작되었다. 막대한 보험금 지출 손실은 가이코가 보험금 지급을 위한 현금을 마련하기 위해 하락하는 장세에서 보유한 증권들을 싸게 팔아야 했음을 의미했다. 보험 담당관은 당장이라도 가이코의 파산을 선고할 듯했다. CEO는 해임되었고 기업의 부부 창업주는 세상을 이미 떠난 상황이었다. 아들도 스스로 목숨을 끊었다. 이 중 어떤 부분이 "도망쳐라!"라는 신호를 주지 않는가? 하지만 성공적인 암 수술과 마찬가지로 그 환자는 대체로 건강했으며 해로운 부분도 고립시켜 제거할 수 있었다. 그런데도 몇 년 동안은 쉽게 숨을 쉬지 못했다.

2. 아는 것에 투자하라

능력 범위circle of competence를 정의하면 투자를 오해로부터 안전하게 지킬 수 있다. 수입을 몇 년 동안 결정할 주요 요인 몇 가지를 구분해 낼 수 있는 기업들에 집중하고 이러한 요인이 어떻게 상호 작용하는지 살펴보라. 인덱스 투자자에게 주요 요인은 개별 주식보다는 더 거시적인 요인일 것이다. 애널리스트들은 기업의 이익 마진이 주기적으로 봤을 때 추세선을 상회하는지 하회하는지에 대한 의견부터 시작해서, 평균 회귀가 도움을 줄지 피해를 줄지에 대해 이야기한다. 그리고 예측 성장률을 집어넣는데, 성장률은 많은 경우 GDP 성장률에 인플레이션을 값으로 정의된다. 이 성장률은 과대 계상되는 경향이 있다. 그것에는 스톡옵션으로부터 발생하는 희석 효과나 지수에 포함되지 않은 스타트업이나 중소기업의 성장률은 포함하지 않기 때문이다. (구글, 페이스북, 그리고 우버를 생각해 보라.) 끝으로 합리적인 할인율이 필요하다. 여기까지 읽은 독자라면, 아마도 S&P 500 지수를 능력 범위에 포함시킬 정도의 재무 해석 능력자일 것이다.

S&P 500 인덱스펀드 투자자는 모든 산업에 노출되어 있기 때문에, 탑다운 방식의 섹터 순환 투자에 참여하지 않는다. 하지만 시장 일부의 주인으로서, 그들은 탑다운의 경제적 방식이 마켓 타이밍이라는 기회를 준다는 것을 깨닫는다. 나는 기본적으로 그 누구도 산업의 순환 주기를 알아채거나 시장의 타이밍을 잴 수 있는 능력을 보유하고 있지 않다고 생각한다. 특히 높은 빈도로 타이밍을 알아내는 것은 불가능하다. 자산 배분이라는 이름의 슬로 모션 버전의 마켓 타이밍조차 제대로 실행하기는 까다로운 편이며, 아주 극소수의 사람만 이 방법의 투자를 지속하기 위해 필요한 인내력을 가지고 있다. 경제적 절차가 너무 복잡하고 쉽게 변동할 수 있는 인간 행위를 포함해서 너무 많은 숨겨진 연결점이 있기에 기계적인 시스템이 안정적으로 작동할 수 없다.

워런 버핏과 존 보글은 섹터 순환 투자와 마켓 타이밍 전략을 평가절하함으로써 투자자가 능력 범위 안에서 투자를 할 수 있도록 하려는 것이다. S&P 500 지수는 또한 다른 인덱스펀드와 달리 투자자의 능력 범위에서 벗어나 있을 수 있는 외국에 본사를 둔 사업체나 알기 어려운 파생상품 등에 심하게 노출되어 있지 않다. 논쟁의 여지는 있지만, 더 큰 분산 효과를 얻기 위해 외국 인덱스펀드에 투자할 필요는 없다. 왜냐하면 S&P 500 내의 기업이 이미 외국에 광범위한 영업 활동을 하고 있기 때문이다. 만약 그래도 외국 인덱스펀드에 투자하기로 결정한다면, 그 국가가 중장기 예측을 신용할 수 있을 만큼 충분한 정치적 안정성과 법규를 보유하고 있는지 꼭 확인해 보라. 재무 정보가 어떻게 해석될지 고려하고, 특히 그 국가의 문화, 제도, 그리고 언어가 당신의 것들과 다르다면 더욱 말이다.

S&P 지수와는 다르게, 버크셔 해서웨이는 모든 산업에 노출되어 있지 않

으며 많은 산업이 자신의 능력 범위 바깥에 있다고 분명하게 생각한다. 워런 버핏 본인의 기록에 따르면, 그는 브랜드 소비재 그리고 서비스에 대단한 기술을 보유하고 있으며, 또한 보험 및 금융 쪽에도 자신이 있다고 한다. 제약업은 그가 자신 있는 분야에 들어갈 수도 있으나, 의료 기기 및 의료 서비스업에는 자신이 없다고 한다. IBM을 제외하고 테크 주식은 그의 포트폴리오에 존재하지 않는다, 마치 PC, 스마트폰, 그리고 인터넷이 존재한 적이 없는 것처럼 말이다. 기본 자재 및 광업은 완전히 무시되며, 농업 원자재도 마찬가지다. 하지만 버크셔 해서웨이가 일반적으로 피하는 자동차 제조업 같은 산업에서도 자신이 강점을 가질 수 있는 부문을 찾아 투자한다. 철도는 투자하지만, 트럭 운송 및 선박주는 피한다.

워런 버핏은 경제 지표를 예측할 능력은 없다고 주장하며, 따라서 경제 지표를 사용한 투자 의사 결정은 대체로 하지 않는다. 평균적으로 버크셔 해서웨이의 산하에 있는 기업은 특별히 경기순환의 영향을 받지 않으며, 그래서 그는 경제적 예측에 의존하지 않아도 된다. 워런 버핏이 좋아하는 경제적 베팅은 장기적으로 미국의 경제가 성장할지, 그를 통해 화물량이 증가할지, 결론적으로 기업의 고정비용이 상대적으로 줄어들어 수익이 상승할지 등에 대한 것이다.

버크셔 해서웨이가 복잡한 금융 파생상품에 손을 댄 적은 있지만, 워런 버핏은 이를 그의 능력 범위에 포함시키고 싶어 하지 않는 것 같다. 그는 파생상품을 '금융 대량 살상 무기'라고 표현한 적이 있으며, 대규모 재보험사인 젠 리[Gen Re]의 인수로 인해 떠안게 된 파생상품 포트폴리오를 해체하는 작업에 수년을 소비했다. 나는 파생상품을 다루는 데 경쟁력을 가진 기업이 있다면, 아지트 제인[Ajit Jain]과 같이 유명하고 뛰어난 직원을 보유하고 있는 버크셔 해서웨이일 것이라고 조심스럽게 생각한다.

때때로 버크셔 해서웨이는 해외 대부분 유럽, 주식에 손을 댔는데 기네스, 글락소, 테스코, 사노피 등에 투자한 일이 있다. 다시 한 번 말하지만, 이들은 대부분 비경기순환주였으며, 복잡하지 않은 사업 모델과 강력한 브랜드, 특허권, 혹은 경쟁 우위를 가지고 있었다. 수십 년 동안 유지되었고 앞으로도 진부화될 위험이 거의 없는 산업이었다. 나 혼자만의 착각일 수도 있으나, 워런 버핏은 영어가 모국어인 국가를 좋아하는 것 같다. 내 생각에 그는 라틴 아메리카, 아프리카, 그리고 서아시아 등을 포함한 개발도상국 대부분은 그의 능력 범위 바깥에 위치한다고 생각하는 것 같다.

가이코와 워싱턴 포스트는 둘 다 상대적으로 간단하고, 이해하기 쉽고, 안정적이며 회복력이 강한 기업이다. 자동차 보험업은 다른 부문의 보험업보다 '당신이 보는 게 당신이 얻게되는 것'이라는 성향이 더 강하다. 보험 프리미엄은 보험 청구가 이루어지기 전에 지불되기 때문에 적절한 심사 과정 시스템을 보유하고 있다면 보험업의 현금 흐름은 대부분 항상 양의 값을 갖는다. 직접 판매 모델 특성상, 가이코는 에이전트를 사용하는 보험사 대비 낮은 간접 비용 구조를 가지고 있다. 가이코의 정책 한계는 작으며, 보험금 청구가 연 단위로 길어질 때도 있지만 대체로 몇 달 안에 정리된다. 사고 이후, 프리미엄은 상승한다. 가이코는 역사적으로 안전한 운전자에 집중했으며, 덕분에 보험 청구로 초래하는 손실이 평균 이하였다. 대신 가이코는 낮은 프리미엄을 요구했다. 대부분의 피보험인은 가이코의 서비스에 장기간 머물렀기에 가이코는 미래 프리미엄 수입을 예측하기 쉬웠다. 가이코의 비즈니스를 고치기 위해서 무엇을 해야 하는지 파악하기 위해 경영 도사가 필요하지 않았다. 수익성이 없는 피보험인을 떨어뜨리거나 프리미엄을 인상하면 되었다.

1970년대에 워싱턴 포스트와 같은 신문사의 구독 수입은 예측하기 쉬웠지만, 광고 수입은 경기에 따라 변동이 심했다. 워싱턴 DC는 정부 직원 수가 증가하고 있었기 때문에, 판매 부수와 광고 모두 꽤 안정적으로 상승하고 있었다. 워싱턴 포스트가 동네 선두 주자 신문사로서 가장 넓은 폭의 고객층을 확보하자, 광고주들이 다른 신문사에서 워싱턴 포스트로 옮겨갔다. 또한 더 뛰어난 뉴스실을 만드는 데 돈을 투자하거나 넓은 독자층에 비용을 넓게 퍼뜨림으로써 더 높은 이익률을 달성할 수 있었다. 신문 인쇄 및 잉크 비용은 일반적으로 어느 정도 가변성이 있지만, 워싱턴 포스트는 한 제지 공장의 일부 지분을 확보했다. 워런 버핏은 워싱턴 포스트나 가이코에서 어떤 일이 일어나고 있는지를 파악하기 위해 3000줄짜리 엑셀 모델을 만들 필요가 없었다. 그들은 모두 절대적으로 그의 능력 범위 안에 있었다.

3. 정직하고 능력 있는 중개인을 찾아라

다행인지 불행인지 모르겠지만 우리 중 그 누구도 자신의 자본 배치를 처음부터 끝까지 통제할 수는 없다. 우리는 특정 시점에 신뢰하는 대리인에게 의존하게 된다. 단순화하자면, 대리인을 완전히 없애려면 투자자가 모든 기업의 직원 모두의 일을 전부 해야 한다. 분명히 어떤 대리인은 다른 대리인보다 더 중요하다. 가장 가슴 아픈 상황은 투자자가 완벽하게 신뢰한 누군가에게 배신당하는 것이다. 금융의 목적 중 하나는 한 대리인을 다른 대리인, 그리고 결국에는 주인과 신뢰의 망에서 이어 주는 것이다. 신뢰가 응당하여 화답될 때, 모든 것이 완벽하게 돌아간다. 하지만 야단법석 없이 이득만 챙기고 싶어 하는 사람에게는 이런 시스템이 어떻게 작동하는가? 우리 모두 각자의 이익에 따라 행동하겠지만, 모두가 같은 방식으로 자기 이익을 정의하지는 않는다.

인덱스펀드 투자자는 완전한 남용과 횡령 등으로 부터는 안전하지만, 투자액의 통계와 비례하는 일부의 위험에는 노출된다. 만약 500명 중 2명의

CEO가 사기꾼이고 20명이 바보라면, 인덱스 투자자는 평균과 같은 수준의 피해를 보게 된다. 시스템이 구조적으로 매우 부패되었거나 고장이 나 있지 않은 이상, 이러한 피해는 여러 주식이 섞이는 과정에서 희석되기 마련이다. 인덱스펀드 운용 수수료는 대부분 수익의 극도로 작은 부분인 0.1퍼센트 정도다. 하지만 패시브 투자자 조차도 수탁자가 보호하고 있는 것이 진짜 투자자의 이익인지를 보장하기 위해 항상 예의주시해야 한다. 내 생각에는 일부 인덱스 스폰서가 최근 이러한 걱정을 더 심각하게 하기 시작했고, 기업 지배 구조를 향상시키는 방향으로 지분 투표를 하기 시작했다. 일본 기업이 현금을 쌓아 두기 시작할 때, 결국 이를 통해 아무 이익도 창출 하지 못할 때, 그리고 이 현금을 재투자하거나 배당으로 주주에게 환원하지 않을 때, 경영진은 주주 이외의 이익을 대변하고 있는 것이다.

전체적으로 봤을 때, 나는 S&P 500 기업이 기준을 준수하고 있다고 생각한다. 그들은 미국에서 가장 큰 기업이며, 적어도 역사적으로는 잘 경영되었기 때문에 현재의 지배적인 위치에 와 있게 되었다고 생각한다. 틈새시장 기업은 가끔 S&P 기업보다는 독특한 제품군과 문화를 가지고 있고, 적응력 또한 높다. 자본 배분에 있어서는 대기업이 더 유리하다. 주목을 받게 되면 엔론 혹은 밸리언트처럼 숫자를 조작하게 만드는 압박을 받을지도 모르나, 투명성의 요구와 더불어졌을 때 스포트라이트는 나쁜 행동을 억제시키는 소독약으로 작용하는 경우가 더 많다.

버크셔 해서웨이는 전체적으로 포지셔닝이 잘되어 있고 잘 경영되고 있는 기업에게 그런 구조를 유지하도록 권장한다. 워런 버핏 경영 스타일의 주요 비판점은 그가 너무 신뢰를 많이 한다는 점이다. 사업 부문들은 철저하게 장부를 감사당하고, 잉여 현금은 대규모 자본 배분을 위해 오마하로 보내지지만, 버크셔 해서웨이는 그 이외에는 거의 관여하지 않는 편이다. 본사의 20명 남짓한 직원이 수십만을 고용하는 사업을 감독한다. 세부적인 예산과 타깃을 찾는 대신, 경영진으로 하여금 "해자를 넓히고, 내구성이 좋은 경쟁 우위를 쌓고, 고객을 기쁘게 하고 비용을 낮추도록 가차 없이 싸워라"라고 지시한다. 워런 버핏이 상정하는 가장 큰 세 가지의 적은 오만, 관료 체계, 그리고 안주하는 것이다. 의도는 좋지 않은 자본 분배 혹은 사기로 이어지는 압박과 유혹을 피하는 것이다. 여기서 내가 얻은 교훈은 "인센티브가 적절하게 도입되어 있지 않은 이상 투자하지 마라"이다. 경영진이 주식을 많이 보유하고 있으면 좋은 시그널이다.

    버크서 해서웨이는 (고객에게 독특한 무언가를 제공하는) 좋은 경영진과 자본 배분을 잘하는 능력 두 가지 모두를 가지고 있다. 첫 번째는 독립된 사업 단위에서 만들어지고, 두 번째인 자본 배분은 중앙에서 이루어진다. 워런 버핏의 투자 중 다수는 버크서 해서웨이 자체의 구조와 닮았다. 아메리칸 익스프레스American Express와 상류층 신용카드, 질레트와 면도, 디즈니와 가족 엔터테인먼트, 코카콜라와 탄산 음료 등이 그 예시다. 완전히 인수한 기업체 또한 차별화되어 있지만, 대개 좀 더 좁은 맥락에서 그렇다. 예를 들면 벤자민 무어, 데어리 퀸 듀라셀, 프루트오브더룸, 플라이트 세이프티, 그리고 시즈 캔디 등이다. 기업이 고객을 만족시키는 한, 고객은 기업이 성장하기 위해 필요한 양보다 더 많은 현금을 안겨 줄 것이다. 부수적으로 고객을 만족시키는 데 집중하다 보면 나쁜 경영진을 걸러 주는 효과를 얻을 수도 있다. 왜냐하면 고객을 함부로 대하는 경영진은 주주를 포함한 다른 이들에게도 함부로 대할 가능성이 크기 때문이다.

4. 경쟁과 진부화를 피해라

그 누구도 처음부터 진부화되고 노후화되어 부채에 허덕이는 기업과 엮이려고 하지 않는다. 그러나 다수의 투자자는 그런 최후를 맞이하게 된다. S&P 500에는 언제나 망해 가는 주식이 포함되어 있지만, 또한 신선하고 반짝반짝 빛나는 기업도 포함된다. 나는 대부분의 S&P 500 기업이 수십 년의 세월을 버텼다는 이유 하나만으로도 그들이 앞으로 더 생존할 수 있는 확률이 평균 이상이라고 생각하는 편이다.

1960년도쯤, S&P 지수 내의 기업 평균 수명은 60년 정도였다. 최근 이 수치는 16년으로 줄었다. 짧은 기업 수명은 투자자에게 나쁘지만은 않다. 이는 대부분 증가한 인수 합병을 반영한다. S&P 500 비중이 시가 평균으로 계산되기 때문에, 해당 인덱스는 가치가 하락한 주식에서 멀어져 가치가 상승한 주식으로 채워 넣는 리밸런싱을 항시 하고 있다. 여기서도 평균은 투자자가 극단적인 선택을 하는 것을 어느 정도 막아 준다.

자본 배분의 중요성은 1958년 제너럴 모터스에 주당 43달러를 가상으로 투자해 봄으로써 설명할 수 있다. 이 투자는 9퍼센트 수익률을 올렸을 수도 있고, 완전한 손실이 될 수도 있다. 제너럴 모터스는 2009년 파산 신고를 했으며, 주식은 휴지조각이 되었다. 제너럴 모터스 주식에 모든 배당과 기업 분할로 나온 수익금을 모두 투자한 투자자는 돈을 전부 잃었을 것이다. 반세기 동안, 제너럴 모터스는 배당으로 190달러를 배분하고 델파이Delphi와 휴스Hughes를 포함한 기업 분할을 실시했다. 분사된 기업의 가치는 즉시 매각했을 때 주당 36달러에 달했을 것이다. 수익금을 사용하거나 다른 더 좋은 기회에 재투자했다면 수익률은 만족스러웠을 것이다. 이것이 S&P 인덱스펀드가 하는 일과 정확히 동일하진 않지만, 인덱스펀드가 포트폴리오 내 500개의 주식에 이러한 수입을 재투자하는 것은 사실이다.

버크셔 해서웨이는 워런 버핏이 주식을 사들였을 때, 시설은 낙후되어 있고, 제품은 차별성이 없는, 희망이라고는 찾아보기 힘든 방직 공장이었다. 이 투자 실패가 없었다면, 워런 버핏은 해자와 독특한 능력이 제공하는 안전에 눈을 뜨지 못한 채 살아갔을 수도 있다. 버크셔 해서웨이는 가장 큰 규모의 정장 안감 생산자였지만, 안감은 정장 구매자가 찾아나서는 브랜드 품목이 아니었다. 수입으로 인한 경쟁에 부딪히자, 버크셔 해서웨이는 어느 순간 더 이상 저비용 생산자가 아니었고 필요한 가격 인상을 하지 못했다. 방직 공장에 재투자하지는 않았지만, 방직 공장을 닫는 순간 주변 지역 사회가 망가질 것이라는 걸 잘 알고 있어 손실에 불구하고 공장 문을 오랫동안 닫지 않았다.

미국이 큰 규모의 무역 수지 적자를 용인하는 정책을 채택하면서 강한 브랜드가 없거나 해외에서 더 값싸게 만들 수 있는 제품은 불운한 처지에 놓이게 되었다. 정장 안감과 덱스터Dexter 신발 라인은 쇠퇴화되지 않았지만, 그 제품을 미국 내에서 생산하자는 아이디어는 쇠퇴화되었다. 버크셔 해서웨이는 프루트오브더룸 속옷 및 가라니멀 아동복 등의 브랜드가 있는 섬유 사업에서는 더 운이 좋았다. 그리고 국제적으로 거래되는 원자재 제품 기업에 투자한 건들에 관해서는 저임금 국가 내 저비용 생산자를 선호했다. 예를 들어, 대한민국 철강 생산자인 포스코Posco는 일본 자동차 생산자들의 엄격한 품질 기준을 만족시키는 동시에 일본 공장보다 낮은 비용을 소비한다.

버크셔 해서웨이는 노후화와 진부화로부터 자신을 보호하기 위해서 급속히 변하지 않고 수입 경쟁이 없으며 주기적으로 구매되는 브랜드 서비스와 제품으로 항로를 틀었다. 디즈니, 질레트, 그리고 코카콜라와 같은 소비자 브랜드에게 국제 시장은 위험이 아니라 매우 좋은 기회의 장이었다. 워런 버핏이 찾는 또 다른 특징은 진입 장벽, 혹은 해자다. 초기에 나는 버크셔 해서웨이가 철도 및 전력 회사와 같은 원자재 특성의 서비스 비즈니스를 인수하는 이유를 알 수 없었지만, 생각해 보니 이러한 산업은 여러 가지 이유로 신규 진입자가 시장을 교란시킬 가능성이 적을 수밖에 없다. 수요는 안정적이며 반복되는 구조다. 자율 주행 트럭 혹은 신재생 에너지와 같은 기술이 상용화되어 수익을 내기 전까지는 이런 산업이 노후화되기는 어렵다. 그런데 철도와 전력 회사도 새로운 기술에 적응할 수도 있다.

내부분의 기술 기업은 워런 버핏의 진화적 변화, 차별화된 제품, 충성심 있는 단골 고객, 그리고 적은 경쟁 등의 패턴에 맞지 않는다. 마지막 세 가지를 충족하는 몇 안 되는 테크 기업은 알파벳(구글), 애플, 아마존, 페이스북, 그리고 넷플릭스 등으로, 굉장히 좋은 기업들이다. 변화가 항상 존재한다면, 재발명 또한 항상 있어야 한다. 세상을 지배한 기업은 특정 시점에 버핏이 언급한 실패의 원칙 세 가지에 노출되게 된다. 오만, 관료 시스템, 그리고 안주다. 고객을 현금화하는 것이 그들을 만족시키는 것보다 더 중요해지기 시작한다. 요약해서 말하면, 테크 주식은 어렵다. 워런 버핏이 투자한 유일한 테크 주식은 IBM 밖에 없었는데 그마저도 대단한 투자 성과를 안겨 준 것은 아니었다.

워싱턴 포스트는 미국 굴지의 신문사 중 하나지만, 워런 버핏은 신문의 역할이 인터넷에 의해 줄어들 것이라고 예견하지 못했다. 왜냐하면 그가 투자할 당시만 해도 인터넷이 존재하지 않았기 때문이다. 사실 그 신문사는 2013년 아마존 창립자인 제프 베조스Jeff Bezos에게 40년 전 가격보다 높지 않은 2억 5,000만 달러에 매각되었다. 워런 버핏은 내구성 좋고 성장성이 있으며 잉여 현금을 만들어내는 프랜차이즈를 정확하게 찾아냈다. 그리고 그 현금으로 방송 사업과 케이블 TV 자산을 사들여, 그 당시 신문사에 명확한 경쟁적 위협을 가할 부분에 대한 보호막을 만들었다. 나중에 워싱턴 포스트는 스탠리 캐플런Stanley Kaplan을 인수하여 교육 서비스 분야로 사업을 확장시켰다. 상당한 시간이 지나고 워싱턴 포스트는 인터넷 잡지사인 슬레이트Slate를 인수했다. 워싱턴 포스트가 베조스에게 매각될 때, 매각 금액은 지주회사 자산의 10의 1도 채 되지 않았다. 그 누구도 인터넷의 출현을 예측하진 못했을 것이다. 하지만 워싱턴 포스트는 적응을 잘함으로써 생존하고 또 번영했다. 나는 점쟁이로서는 그다지 성공적이지 못하기 때문에 배우려는 태도의 경영진을 찾는다.

인터넷은 가이코에게는 예측하지 못한 축복이었다. 왜냐하면 인터넷이 마케팅, 요율 계산, 그리고 고객 서비스를 쉽고 저렴하게 만들어 주어 비용 경쟁력을 강화시켰다. "신기술의 이용자를 사고, 그 테크 주식을 사지는 말아라"의 전형적인 케이스다. 가이코는 경쟁에서 점유율을 확대해 갔으며, 현재 자동차 보험업에서 2위를 차지하고 있다. 이외에 자동차 보험업의 기본적인 특성은 크게 변하지 않았다. 자율 주행이 실패 염려가 전혀 없는 시점이 오지 않는 이상, 자동차 보험업은 없어지지 않을 것이다. 가이코에서 워런 버핏은 40년 동안 노후화와 진부화를 이겨내고, 심지어 변화에서 이득까지 챙긴 기업을 찾아냈다. 가이코는 버크서 해서웨이의 일부가 되면서 필요한 적응을 해 나가게 할 수 있는 강력한 재무적 뒷받침을 가지게 되었다. 한 가지 주목할 만한 것은 만약 워런 버핏이 1970년대 중반에 자본 구조를 개편하지 않았다면, 가이코는 추후 발생한 기회를 이용할 수 있는 유연성을 가지지 못했을 것이다.

많은 이들이 버크서 해서웨이의 저부채 접근 방식을 비효율적이고 보수적이라고 생각한다. 하지만 이런 구조는 기업이 강제적인 결정을 내려하는 상황에 몰리는 것을 방지해 주며, 생각하지 못했던 기회가 보일 때 올라탈 수 있도록 해 준다. 경기순환주의 모순은 가장 큰 기회가 올 때, 필요한 자금이 부족하다는 것이다. 세계 금융위기 때, 주식 첨가제equity kicker 옵션을 가지고 있는 높은 수익률의 우선주를 매입할 만한 용기와 자금을 가진 사람은 거의 없었다. 골드만 삭스가 지불하는 10퍼센트짜리 쿠폰은 우등 등급 채권 그 어느 곳에서도 찾아볼 수 없었고, 이러한 채권에 첨부되있던 보증서는 그 가치가 수십억 달러로 상승했다. 내 결론은 다음과 같다. 빠르게 변하거나 기회가 나타났다가 사라지는 모든 산업에서 나는 적은 부채를 선호한다.

5. 절대로 전액을 지불하지 말아라

투자에서 안전한 가격에 대해 어떻게 생각하느냐는 효율석 시장 가실을 얼마나 완전하게 믿고 있느냐에 따라 달라진다. 진실된 추종자에 따르면, 주가는 언제나 공정하며 그로 인해 안전하다. 혹은 최소한 주식이 안전할 수 있는 최대한으로 안전하다. 열광과 버블은 존재하지 않는다. 달리 말하자면 그 누구도 그 둘을 이용해 돈을 벌 수 없다. 이 논리에 따르면, 투자자는 적절한 기대 수익률을 정하는 데 초점을 맞춰야 한다. 효율적 시장 가설은 S&P 인덱스펀드의 개발에 이론적 기초를 제공해 주었다. 존 보글은 비용도 중요하다는 가설을 제시함으로써 효율적 시장 가설을 한 단계 더 발전시켰다. 투자자의 기대 수익률은 시장 평균 수익률 빼기 세금 및 비용이어야 한다.

이것의 함의 중 하나는 개별 증권의 주인들은 동일한 시장 수익률을 기대해야 되지만, 인덱스펀드보다는 훨씬 더 큰 변동성에 노출되어야 한다는 것이다. 존 보글은 같은 수익률과 더욱 낮은 리스크를 가진 인덱스펀드를 사라고 주장할 것이다. 인덱스펀드는 운용 수수료가 낮기 때문에, 개별 구성 주식을 가지고 있는 주인들은 트레이딩을 잦게 하지 않는다면 더 낮은 비용을 지불할 것이다. 하지만 나와 같은 액티브펀드 매니저에게 이는 경고 신호다. 액티브펀드는 더 높은 운용 수수료를 부과하며, 어떤 펀드는 높은 회전율을 가지고 있다(최근, 내 펀드는 벤치마크인 러셀 2000 지수 대비 더욱 낮은 회전율을 기록했다). 모든 액티브펀드가 동일한 가중 평균 비중을 가지고 있을 때, 대부분의 액티브펀드는 존 보글이 예견한 대로 시장을 하회하는 성과를 보일 것이다. 하지만, 비용이 낮고 큰 펀드 그룹에 속한 숙련된 매니저가 운용하는 펀드에 투자한 금액은 눈에 띄게 나은 성과를 보인다.

내가 보기에 평균적인 주가는 장기적으로 주식의 내재 가치와 비슷한 수준에서 형성될 것이다. 하지만 극단적인 아웃라이어들은 어떤가? 이것을 효율적 시장 가설의 '엉성한' 버전이라고 불러야 할 것이다. 효율적 시장 가설은 시장보다 많이 안다고 자만하면 안 된다는 것과 증권 분석은 어려운 일이라는 것을 상기시켜 주는 일종의 교훈적 이야기다. 모든 인간 행동이 그렇듯, 능력과 응용에는 범위가 있다. 평균적인 플레이어는 평균적이지만 양극단에는 거장이 있고 서투른 사람이 있다. 마찬가지로 양극단에는, 버블주와 버블 주식시장 그리고 공짜나 다름없는 값싼 주식이 있다. 대부분의 경우 사물은 거의 평균에 가깝기 때문에 존 보글 추종자들은 대부분의 경우 별탈이 없다.

내가 걱정하는 것은 시장이 정상이 아니라 미쳐 날뛸 때다. 일상에서 나타나는 집단 환각은 전체 시장보다는 몇 개의 선호 상품과 관련 있지만, 버블은 실제로 나타나며 구분할 수 있다. 버블은 터지며 그 타이밍은 알 수 없다. 세상과 다른 의견을 끈질기게 고수하면, 궁극적으로 정당했음이 확인되기 전까지 대개 미친 사람으로 낙인찍힌다. 만약 어떤 투자자가 2000년에 미국 국채가 6퍼센트의 수익률을 보장하고 있었을 때, 장래 주식 수익률을 생각하고 있었다면, 3.2퍼센트의 이익률과 2.3퍼센트의 실러 이익률을 경고의 신호로 받아들였을 것이다.

마찬가지로 1989년 일본 주식시장이 들떠있을 때, 니케이의 이익률은 1.3퍼센트를 기록하고 일본 국채 수익률은 4.5퍼센트의 수익률을 보장하고 있었다. 그리고 사람의 행동이 시장보다 더 비합리적이었던 오스트리아와 같은 비극적인 사대도 있다. 이러한 맥락에서 인넥스 투자자가 안전하다는 인식은 모두가 공유하는 오판에 잘못이 없다는 정도의 의미로 이해할 수 있다.

워런 버핏은 남의 바보 같은 행동을 이용하여 돈을 벌었다. 그리고 할인을 찾아다니는 것은 의미 없다고 가르치는 교수들에게 감사를 느낀다고 말했다. 특히, 그는 평소 뛰어난 기업이 심각하지만 고칠 수 있는 문제에 부딪

했을 때 시장이 과민 반응하는 경우를 찾아 투자한다. 이러한 투자는 가치의 4가지 요소 모두를 조합한다. 높은 이익률, 성장 가능성, 실패로부터 방어해 줄 수 있는 해자 혹은 경쟁 우위, 그리고 미래에 대한 확신성이다. 가이코의 경우에서와 같이 중단된 활동을 제외하고, 워런 버핏의 기업들은 하나같이 조정이 적은 투명한 회계, 그리고 보고된 숫자에 대응하는 주주 이익 등의 공통점을 보인다. 이런 상황은 다른 데서는 쉽게 찾기 힘들다.

로봇도 워런 버핏의 주식 매입 절차의 첫 단계인 낮은 계절 조정 PER 주식을 골라내는 일을 문제없이 할 수 있다. 워싱턴 포스트는 워런 버핏이 매입할 때 이 비율이 8배였다. 버크셔 해서웨이는 가이코 지분 일부를 당시 과거 최고 수익 대비 1.5배에 달하는 가격에 인수했으며, 지분 대부분을 7.4퍼센트 수익률의 우선주 취득을 통해 인수했다. 이 우선주는 당시 과거 최고 수익 대비 2.5배에 달하는 가격에 보통주로 전환될 수 있는 옵션을 가지고 있었다. 웰스 파고Wells Fargo는 장부가로 취득했는데, 이익 대비 5배도 안 되는 가격에 인수했다. 아메리칸 익스프레스는 1965년 PER이 10배였다. 코카콜라는 인기주였는데, PER이 15배였다. 만약 과거 수익이 지침을 줄 수 있는 게 있다면, 매입 가격은 안전 한도를 제공했다.

형언할 수 없을 정도로 멋진 부분은 매 경우마다, 버크셔가 투자를 감행한 기업의 수익은 역사적 기록을 뒤엎어 버려서 버크셔 해서웨이의 매입가를 믿기 어려운 변칙 사례처럼 보이게 만들었다는 것이다. 1980년대 초반에 가이코의 주당 순익은 버크셔가 초반에 매입한 주식의 매입가보다 높았다. 5년 후, 워싱턴 포스트의 순익은 매입가 절반까지 올라왔다. 4년 동안, 아메리칸 익스프레스의 순익은 주당 3달러에서 12달러까지 상승했다. 코카콜라의 순익은 10년 동안 4배 상승했다. 모든 사례에서 해당 기업의 문제는 실제로 일시적인 문제에 불과했으며, 그 기업은 팽창하는 고객층에 매우 독특한 가치를 제공하고 있었다. 일시적 문제점을 제외하면, 이 기업들은 매우 예측 가능한 사업을 영위하고 있었다. 모든 것을 종합 해볼 때, 그들의 가치는 이익률 하나가 제시하는 것보다 훨씬 높았다. 프리미엄 가격을 누릴 만한 자격이 있었다.

워싱턴 포스트의 경우, 워런 버핏의 매입가에는 75퍼센트 정도의 안전 마진이 존재했다고 본다. 미디어 자산을 매매하는 활발한 비공개 시장이 있었으며, 워싱턴 포스트의 평가액은 4억 달러에서 4억 5,000만 달러 정도로 이야기되고 있었다. 당시 워싱턴 포스트의 시가총액은 1억 1,000만 달러였으며, 한때 7,500만 달러까지도 하락했었다. 이 상황에서 효율적 시장 가설을 받아들일 수 있는 유일한 방법은 워싱턴 포스트가 망할 확률이 4분의 3이었고, 다른 자산은 쓸모 없다고 생각하는 것뿐이었다.

안전 마진들은 서로를 강화시킨다

한 차원에서의 안전 마진은 다른 차원에서의 안전 마진을 강화하게 된다. 예를 들어, 합리적으로 사고하는 사람은 자신의 한계를 능력 범위로 한정시켜서 받아들이기 더욱 쉽다. 한계를 알고 실수를 인정하도록 훈련한다면, 타인의 윤리적 실수와 한정된 능력을 찾아내기가 더욱 쉬워질 것이다. 만약 숙련된 경영진을 찾는다면 그들은 아마 노후화, 진부화, 그리고 과도한 부채 등의 위협에 대비하고 적응할 가능성이 크다. 만약 미래를 예측하려 할 때 투자자들이 흔히 가는 가망이 없는 길을 회피했다면, 추정 가치에 대한 신뢰도가 더욱 높아진다.

그 어떤 것도 절대적이지 않다

인생과 투자는 태생적으로 안전하지 않다. 그래서 앞서 이야기한 모든 종류의 안전 마진은 상대적이고, 상황에 따라 변하며 선택의 대가를 수반한다. 합리성이라는 개념을 고려해 보라. 어떤 이들은 담배, 주류, 도박과 같은 죄악 주식에 투자하기를 거부하는데, 나에게 이러한 행동은 비합리적으로 보이지 않는다. 그들은 개인적인 가치를 투자 활동을 통해서 얻을 수 있는 수익보다 앞에 두는 것뿐이다. 워런 버핏이 최소한의 연구만 하고 20~30개의 대한민국 주식을 샀을 때, 그게 비합리적이었을까? 아니면 그가 한 자릿수 PER로 거래되는 산업에서 좋은 실적을 내고 있는 주식들을 더 깊이 있게 연구하는 것을 정당화할 만큼 결과를 개선시키기 힘들다고 결론 내리는 게 합리적이었을까? 우리 모두는 변덕이 심한 미스터 마켓이 되는 순간이 있다. 그런 순간이 많지는 않기를 바란다.

가끔 유코스의 경우처럼 서로 다른 종류의 안전성 사이의 충돌이 발생하는 경우가 있다, 유코스의 경우 자산 가치 대비 주가가 매우 할인된 가격으로 거래되고 있었는데, 이는 러시아에서 재산권에 대한 보호가 취약하다는 것을 암시했다. 반대로 슈퍼스타 CEO들과 멈출 수 없는 성장률을 자랑하는 인기주들은 대체로 불안정성의 한계를 가격에 포함시킨다.

타협하지 말아야할 안전 한도는 제어할 수 있는 것들이다. 나처럼 능력 범위에 대해 관대한 편에 속하는 사람은 평생 배우는 자세로 살아가는 게 가장 좋은 방어 수단이다. 사실을 계속 수집하는 동안에도 작은 범위의 베팅과 분산화는 도움이 된다(물론, 인덱스펀드를 통해서도 이러한 효과를 얻을 수 있다). 투자하기 전에 안전 한도 내에서 가장 약한 부분을 찾아내야 하고, 혹시 이 약점 하나가 결과를 좌우지할 수 있는지를 생각해 봐야 한다.

당신이 가려는 방향이 존 보글의 길과 닮았던 워런 버핏의 길과 더욱 닮았던 간에, 다음 다섯 단계를 통해 안전 마진을 찾음으로써 후회를 줄일 수 있다. 첫째, 동기부여를 명시하고, 감정이 재무적 판단을 이끌도록 하지 마라. 둘째, 어떤 것은 이해될 수 없고, 당신도 이해하지 못한다는 것이 있을 수 있음을 인정하라. 셋째, 정직하고 신뢰할 수 있을 만한 사람, 그리고 독특하고 가치 있는 것을 행하는 사람에게 투자하라. 넷째, 시대의 변화에 맞추어 지나친 부채로 무너지지 않을 만한 기업을 찾아라. 다섯째, 항상 지불하는 가격보다 훨씬 더 높은 가치를 창출할 투자처를 찾아라.

옮긴이 후기

컬럼비아 대학교Columbia University MBA 과정에 입학하기 전, 서울 소재 헤지펀드에서 일하는 선배 매니저가 내게 투자자로서의 식견을 넓힐 겸 책을 번역해 보면 어떻겠냐고 물었다. 마침 여유 시간도 조금 있는 상태라 정말 좋은 기회라고 생각했는데, 원문을 훑어보고 내용이 너무 좋고, 직관적이라 망설이지 않고 바로 수락했다. 그리고 금융 분야에 종사해 온 우수한 MBA 입학 동기 두 명을 설득해 나누어 번역하기로 했다.

한국투자공사에서 채권, 원자재 등 매크로 투자에 집중했던 내게 주식 투자는 솔직히 너무 어렵게 느껴졌다. 대중에게는 투자 가능한 여러 자산군 중 주식이 그나마 가장 친근하게 느껴질 수 있겠지만, 내게는 몇 가지 요소에 의해 가격이 변화하는 채권 등에 대한 투자와는 달리, 주식 투자는 그 가격을 도저히 예측할 수 없어 도박처럼 느껴졌다. 도대체 어떤 요소를 보고 가격을 예측해야 하는지, 나아가 주가를 '예측'한다는 것이 정말 가능하기는 한 건지 항상 의구심이 들었다.

이런 고민을 비단 나만 하는 것은 아닐 것이다. 왜 주식 투자는 도박처럼 느껴질까? 아마도 평범한 투자자는 항상 삼성전자, 현대차, SK하이닉스 등

몇 개의 큰 규모의 주식에만 노출 되어있기 때문일 것이다. 특히 지인의 말만 듣고 조사도 제대로 하지 않고 '투기'를 했다가 쪽박을 찬 사례가 주위에 만연하여 '주식 투자=도박'라는 편견이 생겼을 가능성이 높다. 반대로 만약 특정 기업의 주가에 유리하게 작용할 내부자 정보를 가지고 있다고 생각해 보자. 해당 기업의 주가가 상승할 것이라는 확신이 100퍼센트에 가깝게 된다. 이 책을 통해 많은 투자자가 투자 대상에 대해 마치 내부자 정보를 가졌을 때만큼의 확신을 가질 수 있는 리서치 역량이 생기길 바란다.

그렇다고 이 책이 주식으로 10배, 100배의 이득을 얻게 해 주겠다고 약속하지는 않는다. 그보다는 지극히 평범한 개인 투자자가 노력에 비례하는 보답을 받을 수 있는 기본적인 도구를 마련해 준다. 사실 유사한 이론과 원리를 담은 책은 이미 많다. 『현명한 투자자』, 『증권 분석』 등은 특히나 좋다. 그러나 이런 책은 매우 주식 투자의 기본 원리를 가르쳐줌에도 불구하고 생각보다 전문 용어가 많고 어려워서 전문가가 아니면 읽기 어렵다는 아이러니가 있다. 반면, 틸링해스트는 이 책에서 친근한 사례를 들어가며 주식 투자의 원리를 알기 쉽게 풀어냈다. 결국 그 어떤 좋은 책도 흥미를 붙이지 못하면 무용지물인데, 이 책을 통해 주식 투자 초급자가 흥미를 붙였으면 하는 바람이다.

『빅 머니 씽크 스몰』은 조엘 틸링해스트의 첫 출판물로 기술적인 내용 혹은 특별히 난해한 내용은 많지 않다. 다만 중서부 출신 저자 특유의 미국적인 농담 혹은 관용적인 표현을 많이 사용해 직역하기 어려운 표현이 많았는데, 원래 의미를 최대한 살리려고 노력했고, 필요한 경우 설명을 덧붙여 우리 실정에 맞게 수정 보완했다. 일부 미진한 부분도 있겠지만 모든 장에서 최선을 다했으며, 이 번역본이 우리나라 투자자에게 조금이나마 도움이 되었으면 한다.

끝으로 번역 작업에 선뜻 응해주고 멕시코, 유럽 등에서 휴가를 보내는 와중에도 마감 시간 맞추려 함께 고생한 나승민, 박주연 컬럼비아 동기에게도 감사를 전한다. 또한 출판의 불황 속에서도 가치투자를 보편화하기 위해 좋은 도서를 꾸준히 펴내는 워터베어프레스 관계자 분들, 작업하도록 설득해 주신 주종률 선배님, 그리고 가족에게 진심으로 감사를 전한다.

- 역자 대표 백진호

한국 투자자와 조엘 틸링해스트의 인터뷰

아래의 내용은 서면을 통해 진행한 조엘 틸링해스트와의 인터뷰입니다. 인터뷰 질문은 네이버 카페 〈가치투자연구소〉에서 이벤트를 통해 한국 투자자들이 틸링해스트에게 궁금한 것을 취합하여 출판사가 정리했습니다. 이벤트에 참여하여 양질의 질문을 해 주신 〈가치투자연구소〉 회원님들께 깊은 감사의 말씀을 드립니다. 질문자가 없는 질문은 출판사가 마련한 것입니다.

투자 철학

Q

위대한 기업을 적당한 가격에 사는 것을 선호하시나요, 보통의 기업을 엄청나게 저렴하게 사는 것을 선호하시나요?

-질문자: 우용오요옹

A

I much prefer to invest in outstanding companies, but there are few of them. Those few are only rarely available at moderate prices. Most often I try to invest in companies that I understand, with somewhat superior management, with sturdy business models at the best prices available.

훌륭한 기업에 투자하는 것을 선호하지만 그런 기업은 매우 적습니다. 그리고 소수의 훌륭한 기업을 염가에 매수하는 더 희귀합니다. 많은 경우에 저는 이해할 수 있고, 어느 정도 우수한 경영진이 경영하는 견고한 사업의 기업을 가능한 최적의 가격에 투자하려고 노력합니다.

Q

어떤 기업을 눈 여겨 보시나요? 그리고 그런 기업에 투자하기 전에 얼마 동안 관찰하시나요?

-질문자: OmegaPoint

A

To catch my eye, a company must offer something unique to customers. Or its management must have unusual ability. Or the share price must be visibly undervalued. I will buy tiny holdings in interesting companies and add to them as I learn more. Often I watch companies for years.

제 시선을 빼앗는 기업은 고객에게 뭔가 독특한 걸 제공하거나, 경영진이 매우 빼어나거나, 현저히 저평가를 받고 있는 기업입니다. 처음에는 아주 작은 비중으로 투자를 시작하고 기업에 대해서 더 알기 시작하면서 비중을 늘려 나갑니다. 대부분의 경우 수년 동안 두고 관찰합니다.

Q

기업의 자산 가치, 사업 가치, 성장 가치 중 어떤 가치가 가장 중요하다고 생각하시나요?

A

For longer-term investors, business value and growth value become most important, but they are harder to estimate than asset value. When estimates of growth value are just guesses, I look for something firmer, like asset value.

좀 더 장기적인 안목의 투자자에게는 사업 가치와 성장 가치가 가장 중요합니다. 다만 예측하기가 어렵지요. 성장에 대한 가치평가가 추측에 가까울 때는 자산 가치 같이 좀 더 단단한 가치를 찾습니다.

Q

가장 큰 어려움을 겪은 주식은 무엇이고, 어떤 대처를 했나요? 그리고 거기서 어떤 교훈을 얻었나요?
-질문자: 안전마진 후 인내

A

American International Group(AIG) was a very painful stock for me during the Global Financial Crisis. After things happened that I had not imagined, I realized that I did not understand its businesses well. Having made a massive investment, I only saw the facts that confirmed my holding, and was slow to accept the truth.

금융위기 시절, AIG에 투자했던 일이 굉장히 고통스러운 경험이었습니다. 제가 상상치 못한 일들이 벌어진 후에야, 제가 그 기업을 온전히 이해하지 못하고 있었다는 걸 깨달았습니다. 큰 규모의 투자를 하고 나니, 그 투자를 정당화해 주는 사실들만 보았고 진실을 빠르게 수용하지 못했습니다.

Q

시장의 뷰와 자신의 뷰가 극단적으로 달랐던 경우가 있었나요? 자신의 뷰를 어떻게 끝까지 유지했나요?
-질문자: 정중동, karma

A

As I value investor, I often think differently than the market. Stocks would never become deeply undervalued if someone did not believe the outlook was bleak. Sometimes the gloomy forecast is correct. So I keep checking my facts and logic, and hold my position if I still believe a stock is undervalued.

저는 가치투자자이기 때문에, 시장과 의견이 다른 경우가 많습니다. 기업의 전망을 암울하게 생각하는 사람이 없다면 현저히 저평가 되는 기업도 없을 것입니다. 암울한 전망이 맞을 때도 있습니다. 그래서 저는 투자의 논리와 사실을 지속적으로 확인하고, 그래도 기업이 저평가되었다는 믿음이 깨지지 않으면 기존의 포지션을 유지합니다.

밸류에이션

Q

재무제표에서 가장 중요하다고 생각하시는 항목은 무엇인가요?
-질문자: 원도군

A

Free cash flow is probably the single most important item, since dividends and share repurchases are funded with it.

배당이나 자사주 매입의 원천이 되는 잉여 현금 흐름이 아마 가장 중요한 항목일 겁니다.

Q

성장 가치나 영업 가치는 작지만 자산 가치에 비해 매우 저평가 되어있는 기업이 있다면 그러한 회사도 투자 대상이 될 수 있나요? 만약에 고려한다면 얼마 이상의 할인율이 필요한가요?

A

Asset value matters only if it somehow will be converted into cash. If that will take time, the business has to earn an interesting return while I wait. For example, cigarette companies have no growth in units sold, but very high profitability and large free cash flow. Or a company that was selling assets and buying back stock with the proceeds.

자산 가치는 어떤 방식으로든 현금으로 전환될 수 있을 때 고려 대상이 됩니다. 만약에 그 시간이 오래 걸린다면 기다리는 동안 괜찮은 수익이 필요합니다. 예를 들자면, 담배 회사는 판매량 성장을 기대하기는 힘들지만, 수익성이 매우 높고 순현금흐름이 굉장히 큽니다. 자산을 매각하여 그 자금으로 자사주를 매입하는 기업도 고려 대상이 될 수 있습니다.

Q

지금처럼 전통적인 기업의 이익 성장이 부진하고 새로운 테크 기업의 성장이 시장을 주도할 경우, 투자 방법을 새로운 시장 환경에 어떻게 적용하시나요?
-질문자: 장기투자85

A

Value is the present value of future cash flows, so faster-growing companies can be very valuable. I try to learn about new industries. But I also accept that I will miss out on some fast-developing industries that will change in ways that I can't predict.

기업의 가치는 미래 현금흐름의 현재 가치입니다. 따라서 더 빠르게 성장하는 기업은 매우 가치 있습니다. 저는 새로운 산업에 대한 공부를 멈추지 않지만, 제가 예측할 수 없는 방식으로 매우 빠르게 성장하는 몇몇 산업은 놓칠 수 있다는 점을 인정합니다.

Q

성장 가치를 어떻게 평가하시나요?

A

Generally my approach to growth is not very numerical. Instead I look for very well-defined growth prospects, and reasons why a company will keep a large market share and earn high profits.

제가 성장 가치에 접근하는 방식은 보통 그렇게 수치 중심은 아닙니다. 대신 매우 명확한 성장 전망과 기업이 높은 시장 점유율과 고수익을 유지할 수 있는 이유를 찾습니다.

Q
경영진의 역량을 어떻게 가치 평가에 반영하시나요?

A
Value is the present value of future cash flows. Good management will allow you to see further into the future with greater certainty. Conservative value investors will only count future earnings that they can see with certainty.

기업의 가치는 미래 현금흐름의 현재 가치입니다. 훌륭한 경영진은 투자자로 하여금 더 먼 미래를 더 큰 확신을 갖고 볼 수 있게 해 줍니다. 보수적인 가치투자자는 높은 확신을 가질 수 있는 미래 수익만을 기업 가치로 인정할 겁니다.

포트폴리오 운용

Q
포트폴리오에 거시 경제 전망을 반영하시나요?

A
Usually I find more undervalued stocks when profits and share prices have fallen, but I don't try to predict the next move of the economy. There are too many moving parts in the economy and the read-across to a specific company is not always easy.

이익과 주가가 하락하고 난 후에 저평가된 주식을 더 많이 찾을 수 있습니다. 하지만 저는 거시 경제를 예측하려 하지 않습니다. 변수가 너무 많고, 기업에 미치는 영향력을 정확히 읽기가 어렵기 때문입니다.

Q
포트폴리오에서 한 주식의 비중을 어떻게 정하나요?

A
Until I know a company very well, I start with a small position. As I learn more, I add more. To become a large weight, a company has to pass multiple tests: I have to believe I understand the business. The business must be resilient and growing. The management must be honest and capable. The stock has to be visibly undervalued at time of purchase.

기업에 대한 이해도가 매우 높지 않은 이상, 작은 비중으로 시작합니다. 기업에 대해 배워가면서 비중을 늘립니다. 높은 비중의 종목이 되기 위해서는 여러 검증을 거쳐야 합니다. 제가 기업을 이해하고 있다는 믿음이 있어야 합니다. 사업은 탄력성이 있고 성장 중이어야 합니다. 경영진은 정직하고 유능해야 합니다. 그리고 매수하는 시점에 주가가 눈에 띄게 저평가되어 있어야 합니다.

Q
주식을 사는 것보다 파는 게 더 어렵고 복잡하다고 느껴질 때가 많습니다. 주식을 잘 파는 노하우가 있을까요?

A
Don't sell unless you think a stock is clearly overvalued or you have a better opportunity.

종목이 명확하게 고평가가 되거나 다른 좀 더 좋은 기회가 있지 않는 이상 매도하지 마세요.

해외 투자

Q
미국이 아닌 타국의 주식시장에 투자할 때, 추가로 고려하는 사안은 무엇인가요?
-질문자: 넥클리스

A
In countries that lack rule of law, unpleasant things can happen to foreign investors, or even domestic investors. I also prefer countries that score well on the Corrupt Perceptions Index and have good corporate governance. Beyond that, moderate taxes and regulation and low inflation are favored.

법치의 원리가 정착하지 않은 국가에서는 외국인 투자자, 심지어 국내 투자자도 불쾌한 상황에 노출될 수 있습니다. 저는 '부패 인식 지수'에서 높은 점수를 받거나 기업 지배구조가 건전한 국가를 선호합니다. 이외에는 저당한 세율과 규제, 그리고 낮은 인플레이션 등을 선호합니다.

Q
한국과 아시아 시장에 대한 솔직한 의견을 여쭤어도 될까요?
-질문자: 홍영표

A

Based on price/earnings and price/book ratios, Korean stocks are among the most attractive in the world. Samsung is a globally competitive company, and I think that reflects well on South Korea. The drawback is that corporate governance in Asia can be problematic. Also, your judgment about trade and political tensions is probably better than mine.

PER과 PBR 관점에서 보면 한국 시장은 전 세계에서 가장 매력적인 시장 중 하나입니다. 삼성전자는 전 세계적으로 경쟁력 있는 기업이고, 저는 이 사실이 한국을 잘 설명해 준다고 생각합니다. 하지만 아시아 시장의 기업 지배구조는 마이너스 요소입니다. 그리고 국제무역과 정치 긴장 상황에 대한 판단은 저보다 아마 한국 투자자가 더 잘하리라 생각합니다.

Q

투자에 있어서 선호하는 국가가 있으신가요? 그 이유는 무엇인가요?
-질문자: 돈으로부터의 자유

A

Japan, South Korea and the United Kingdom all have a large number of companies with low price-earnings ratios.

한국, 일본 그리고 영국에 낮은 PER의 종목이 많습니다.

기타 질문

Q

최근 금융시장에는 ETF, AI 로보-어드바이저 등 다양한 새로운 투자 상품이 소개되고 있습니다. 어떤 사람은 과거에 비해 액티브펀드의 매력이 떨어졌다고 생각합니다. 액티브펀드의 매력이나 강점에 대해 어떤 의견이 있으신가요?

-질문자: 에코피디아, 밸런스 굿

A

New investment products wouldn't be popular unless some customers believed they were helpful—or investment salespeople were highly paid to convince customers. In the future there's a role for live humans and for algorithms. I believe live humans assisted by algorithms will beat a human alone or an algorithm alone.

새로운 투자 상품은 고객 누군가가 유익하다고 생각해야(혹은 투자 상품 판매원이 고객을 설득하는 보상으로 고액이 주어져야) 유행하게 됩니다. 미래에는 인간의 역할이 있을 것이고, 알고리즘의 역할이 있을 것입니다. 저는 인간 단독이나 알고리즘 단독보다 알고리즘의 지원을 받는 인간이 더 좋은 성과를 낼 것이라 생각합니다.

Q

자신이 개인 투자자라면 어떻게 투자하실 건가요? 펀드 투자와 종목 투자, 집중 투자와 분산 투자 중 어떻게 투자할 것인가요? 만약 펀드에 투자한다면 어떻게 펀드를 선택하는 기준은 무엇인가요?

-질문자: Sheret, 에코피디아

A

My advice depends on how interested you are in investing. Investors who have little time to spend on investing should invest in a diversified fund. I personally own bond funds rather than individual bonds. I'm fascinated by individual stocks and own several.

제가 어떤 조언을 하느냐는 당신이 '얼마나 투자에 흥미를 갖고 있는가'에 달렸습니다. 투자에 흥미가 별로 없거나 시간이 모자란 사람은 분산화된 펀드에 투자를 하는 것이 좋습니다. 저는 개인적으로 개별 채권보다는 채권 펀드에 투자하고 있습니다. 몇몇 기업은 제 마음을 사로잡았고 현재 다수의 주식을 보유하고 있습니다.

Life 인생

Q

투자자로서 동기부여와 영감을 얻는 근원은 무엇인가요?

A

The world is unpredictable so I'm delighted when I anticipate outcomes more accurately than average.

세상은 예측할 수 없습니다. 저는 제 예상이 평균보다 정확할 때 큰 기쁨을 느낍니다.

Q

투자자로서 가장 큰 영향을 준 사람은 누구인가요?
-질문자: OmegaPoint

A

Peter Lynch (former manager of Fidelity Magellan Fund) taught me so many important lessons: keep gathering new information, don't be afraid to change your mind, management matters, stay calm and let winners run.

저는 피델리티 마젤란 펀드의 매니저였던 피터 린치로부터 중요한 가르침을 많이 받았습니다. 항상 새로운 정보를 수집하라, 본인의 의견을 바꾸는 것을 두려워 말라, 경영진은 매우 중요하다, 침착하라, 그리고 성공할 기업들이 성장하게 기다려라.

Q

투자 외에 인생에서 가장 중요한 가치들은 무엇인가요?
-질문자: 반달엑스

A

In investing and in every part of life understanding the world and seeking the truth matters.

투자에서 그리고 인생의 모든 부분에서 세상을 이해하고 진실을 추구한다는 것은 매우 중요합니다.

부록 2

피드로우 펀드의 한국 기업 보유 주식 및 전체 보유 주식 목록

○ 피델리티 로우 프라이스드 스탁 펀드 Fidelity Low-Priced Stock Fund

- 1989년 12월 27일 설정되었으며, 최초 설정 당시부터 현재까지 이 책의 저자인 조엘 틸링해스트가 운용하고 있다.

- 피드로우 펀드는 전 세계 주식시장에서 35달러 이하인 저가주 혹은 저평가된 주식 보유를 원칙으로 한다. 2019년 말 현재 288억 달러 상당의 자산을 운용 중이며, 30여 년간 누적 수익률 4,821%를 기록했다.

○ 보유 종목 현황 (2019년 10월 31일 기준)

- 피드로 펀드는 총 785개 종목을 보유 중이다. 같은 회사의 주식이지만 우선주나 클래스가 다른 경우에는 별도의 종목으로 분류되어 있다.

- 펀드의 총자산은 288억 1,184만 달러로, 이 중 주식 비중은 95.30%, 나머지는 거의 대부분 현금성 미국 달러 자산이다.

- 전체 포트폴리오 구성비는 다음과 같다.

- 시장별 비중

    § 미국 주식 319 종목, 58.60%

    § 선진국(developed market) 주식 316 종목, 29.40%

    § 신흥국(emerging market) 주식 140 종목, 7.30%

    § 현금성 미국 달러 자산 4.30%

    § 기타 0.00%

- 산업별 비중 (2020년 1월 31일 기준)

    § 선택소비재 25.15%   § 에너지 3.75%

    § IT 16.64%   § 소재 3.60%

    § 헬스케어 13.12%   § 통신서비스 1.97%

    § 금융 12.47%   § 유틸리티 1.38%

    § 필수소비재 10.51%   § 부동산 0.31%

    § 산업재 7.17%

- 국가별 비중 (2020년 1월 31일 기준)

    § 미국 58.54%   § 대만 2.13%

    § 일본 9.62%   § 한국 1.83%

    § 영국 8.73%   § 중국 1.17%

    § 캐나다 5.12%   § 기타 6.82%

    § 네덜란드 2.14%   § 현금 등 3.90%

    § 산업재 7.17%

○ 포트폴리오 내에서 한국 비중은 1.92퍼센트로 작아 보이지만, 펀드의 규모가 워낙 커서 총 평가금액은 5억 5,616만 달러, 당시 환율로 6,499억 원 수준이다. 어지간한 대형 공모 펀드 수준을 보유하고 있는 것이다. 그리고 2019년 10월말 기준 MSCI EM 지수에서 한국 기업의 비중은 12.19퍼센트이고, 펀드의 EM(신흥국) 투자 비중(7.30퍼센트)에서 한국 기업 비중은 26.17퍼센트이기 때문에 비중으로 보더라도 높은 편이다. 책의 또 다른 부록인 한국 독자와의 인터뷰에서, 저자는 투자 대상 국가 중 한국, 일본, 영국을 선호하고, PER과 PBR 관점에서 한국 시장이 매력적이라고 평가한 것과 일치하는 부분이다.

- 보다 자세한 정보는 피델리티의 웹사이트에서 확인 가능하다. https://fundresearch.fidelity.com/mutual-funds/summary/316345305

- 부록의 모든 내용은 투자 참고사항이다. 피델리티 홈페이지에 공개된 자료를 정리하였으나, 실제 펀드의 데이터와 다를 수도 있다. 또한 범주별 기준 시점에 따라 데이터가 다를 수 있다. 제공된 정보에 의한 투자 결과에 대해 법적인 책임을 지지 않는다.

피드로우 펀드 한국 기업 보유 주식

기업명	평가금액($)	포트폴리오 비중	평가금액 (억원)	19/10/31 종가	보유 주식 수	상장 주식 수	지분율
한섬	48,654,607	0.17%	569	29,200	1,950,000	24,630,000	7.92%
영원무역홀딩스	39,984,072	0.14%	468	52,600	889,600	13,635,592	6.52%
동국제약	37,039,665	0.13%	433	69,500	623,700	8,892,000	7.01%
한국단자	27,590,158	0.10%	323	46,100	700,401	10,415,000	6.72%
리노공업	26,138,820	0.09%	306	53,200	575,000	15,242,370	3.77%
대원제약	25,725,501	0.09%	301	15,650	1,923,725	19,662,677	9.78%
퍼시스	25,205,291	0.09%	295	31,050	950,000	11,500,000	8.26%
환인제약	24,523,836	0.09%	287	16,400	1,750,000	18,600,070	9.41%
무학	21,599,161	0.08%	253	9,030	2,799,256	28,500,000	9.82%
모토닉	20,432,115	0.07%	239	8,390	2,850,000	33,000,000	8.64%
인탑스	19,973,682	0.07%	234	13,750	1,700,000	17,200,000	9.88%
선진	19,498,388	0.07%	228	9,600	2,376,955	23,779,604	10.00%
광동제약	18,224,543	0.06%	213	6,880	3,100,000	52,420,851	5.91%
동서	15,327,397	0.05%	179	17,500	1,025,000	99,700,000	1.03%
한국쉘석유	13,171,735	0.05%	154	331,500	46,500	1,300,000	3.58%
계룡건설	12,516,128	0.04%	146	21,700	675,000	8,930,907	7.56%
S&T홀딩스	11,911,963	0.04%	139	15,750	885,108	16,303,886	5.43%
영원무역	11,877,398	0.04%	139	34,750	400,000	44,311,468	0.90%
미창석유	11,843,073	0.04%	139	79,700	173,900	1,739,672	10.00%
근화피에스시	9,028,531	0.03%	106	29,350	360,000	6,000,000	6.00%
아이디스홀딩스	8,886,686	0.03%	104	13,000	800,000	10,347,756	7.73%
현대에이치씨엔	8,588,882	0.03%	101	3,690	2,723,979	112,876,596	2.41%
KPX케미칼	7,497,172	0.03%	88	53,800	163,083	4,840,000	3.37%
성우하이텍	7,455,632	0.03%	87	3,465	2,518,110	80,000,000	3.15%
경동제약	6,439,430	0.02%	75	7,850	960,000	26,550,000	3.62%
가비아	6,098,488	0.02%	71	7,320	975,000	13,535,684	7.20%

기업명	평가금액($)	포트폴리오 비중	평가금액 (억원)	19/10/31 종가	보유 주식 수	상장 주식 수	지분율
한국전자금융	5,999,581	0.02%	70	6,850	1,025,000	34,147,728	3.00%
경동도시가스	4,640,255	0.02%	54	26,100	208,063	5,895,406	3.53%
미원상사	4,395,926	0.02%	51	57,300	89,782	5,088,000	1.76%
대웅	4,261,764	0.02%	50	14,250	350,000	58,141,980	0.60%
남양유업	4,221,390	0.02%	49	470,500	10,500	720,000	1.46%
SIMPAC	4,150,104	0.01%	49	3,275	1,483,000	65,429,516	2.27%
유나이티드제약	3,962,113	0.01%	46	19,350	239,629	16,231,822	1.48%
삼성공조	3,686,752	0.01%	43	8,630	499,950	8,126,314	6.15%
세원정공	3,456,408	0.01%	40	8,090	500,000	10,000,000	5.00%
나이스정보통신	3,333,041	0.01%	39	31,200	125,020	10,000,000	1.25%
SJM	3,319,229	0.01%	39	3,030	1,282,000	15,604,898	8.22%
인포바인	3,147,724	0.01%	37	21,050	175,000	3,192,883	5.48%
현대해상	2,606,449	0.01%	31	25,250	120,804	89,400,000	0.14%
KPX홀딩스	2,578,723	0.01%	30	54,700	55,171	4,224,646	1.31%
경동인베스트	2,330,696	0.01%	27	32,350	84,315	2,365,023	3.57%
SJM홀딩스	2,155,426	0.01%	25	3,115	809,783	14,934,008	5.42%
이크레더블	2,083,440	0.01%	24	18,850	129,349	12,043,600	1.07%
미원화학	1,991,403	0.01%	23	42,300	55,095	2,199,268	2.51%
삼화왕관	1,976,006	0.01%	23	46,250	50,000	2,154,379	2.32%
부산가스	1,581,016	0.01%	19	36,300	50,971	11,000,000	0.46%
인지컨트롤스	1,268,916	0.00%	15	4,950	300,000	15,160,128	1.98%
진로발효	1,074,461	0.00%	13	30,350	41,431	6,621,120	0.63%
인팩	1,047,410	0.00%	12	3,770	325,139	10,000,000	3.25%
쎌바이오텍	830,991	0.00%	10	19,450	50,000	9,400,000	0.53%
남양유업우	722,662	0.00%	8	172,000	4,917	166,662	2.95%
뷰웍스	103,393	0.00%	1	24,200	5,000	10,001,865	0.05%
합계	556,157,633	1.92%	6,509				
적용 환율	1170.29						

피드로우 펀드 전체 보유 주식

적용 환율	1170.29

기업명	평가금액($)	포트폴리오 비중	평가금액(억원)
TOP TEN HOLDINGS			
UnitedHealth Group, Inc.	1,746,984,593	6.00%	19,424
Ross Stores, Inc.	1,068,103,218	3.70%	11,876
Seagate Technology LLC	1,032,466,394	3.60%	11,480
Metro, Inc. Class A (sub. vtg.)	1,030,856,321	3.60%	11,462
Next PLC	1,021,387,353	3.50%	11,356
Best Buy Co., Inc.	850,281,017	2.90%	9,454
AutoZone, Inc.	782,353,098	2.70%	8,699
Amgen, Inc.	606,282,972	2.10%	6,741
MetLife, Inc.	604,653,133	2.10%	6,723
Barratt Developments PLC	579,271,742	2.00%	6,441
Top Ten Holdings Total:	9,322,639,841	32.20%	103,656
Domestic Equities			
UnitedHealth Group, Inc.	1,746,984,593	6.04%	19,424
Ross Stores, Inc.	1,068,103,218	3.69%	11,876
Seagate Technology LLC	1,032,466,394	3.57%	11,480
Best Buy Co., Inc.	850,281,017	2.94%	9,454
AutoZone, Inc.	782,353,098	2.71%	8,699
Amgen, Inc.	606,282,972	2.10%	6,741
MetLife, Inc.	604,653,133	2.09%	6,723
ANSYS, Inc.	560,822,659	1.94%	6,236
Anthem, Inc.	494,523,565	1.71%	5,498
Unum Group	406,513,589	1.41%	4,520
The Western Union Co.	397,936,461	1.38%	4,425
Synchrony Financial	386,180,943	1.34%	4,294
Monster Beverage Corp.	372,481,599	1.29%	4,142
Amdocs Ltd.	358,384,644	1.24%	3,985
PPL Corp.	332,578,942	1.15%	3,698
SYNNEX Corp.	318,979,442	1.10%	3,547

기업명	평가금액($)	포트폴리오 비중	평가금액(억원)
State Street Corp.	310,218,405	1.07%	3,449
Murphy Oil Corp.	251,447,641	0.87%	2,796
Santander Consumer U.S.A. Holdings, Inc.	241,818,752	0.84%	2,689
Lincoln National Corp.	239,798,830	0.83%	2,666
Walgreens Boots Alliance, Inc.	193,668,609	0.67%	2,153
Helen of Troy Ltd.	163,701,458	0.57%	1,820
Celgene Corp.	161,997,791	0.56%	1,801
Seaboard Corp.	155,768,803	0.54%	1,732
Bed Bath & Beyond, Inc.	155,245,852	0.54%	1,726
Fresh Del Monte Produce, Inc.	151,655,758	0.53%	1,686
D.R. Horton, Inc.	141,301,225	0.49%	1,571
CVS Health Corp.	137,603,433	0.48%	1,530
Marathon Petroleum Corp.	126,948,936	0.44%	1,412
AECOM	122,398,592	0.42%	1,361
Universal Health Services, Inc. Class B	119,943,060	0.42%	1,334
Comcast Corp. Class A	115,859,969	0.40%	1,288
RenaissanceRe Holdings Ltd.	112,194,007	0.39%	1,247
FMC Corp.	107,944,563	0.37%	1,200
Annaly Capital Management, Inc.	105,860,550	0.37%	1,177
HP, Inc.	105,791,968	0.37%	1,176
Discover Financial Services	104,907,284	0.36%	1,166
Urban Outfitters, Inc.	96,230,698	0.33%	1,070
The Buckle, Inc.	93,547,044	0.32%	1,040
Cleveland-Cliffs, Inc.	91,470,273	0.32%	1,017
Lazard Ltd. Class A	74,696,023	0.26%	831
Guess?, Inc.	67,115,642	0.23%	746
AXA Equitable Holdings, Inc.	66,255,840	0.23%	737
Gentex Corp.	65,989,476	0.23%	734
Chase Corp.	64,459,679	0.22%	717
The Mosaic Co.	63,547,016	0.22%	707
Discovery Communications, Inc. Class A	61,542,982	0.21%	684
Ebix, Inc.	60,781,513	0.21%	676
Innospec, Inc.	54,985,199	0.19%	611

기업명	평가금액($)	포트폴리오 비중	평가금액(억원)
Keysight Technologies, Inc.	52,955,348	0.18%	589
ConocoPhillips Co.	50,256,950	0.17%	559
Sally Beauty Holdings, Inc.	48,995,268	0.17%	545
Williams-Sonoma, Inc.	48,791,364	0.17%	542
World Fuel Services Corp.	46,386,086	0.16%	516
ScanSource, Inc.	44,880,559	0.16%	499
Fossil Group, Inc.	44,512,376	0.15%	495
Laboratory Corp. of America Holdings	43,975,630	0.15%	489
Southwestern Energy Co.	42,137,432	0.15%	469
Viacom, Inc. Class B (non-vtg.)	41,830,863	0.15%	465
Whiting Petroleum Corp.	40,535,107	0.14%	451
Waddell & Reed Financial, Inc. Class A	40,452,636	0.14%	450
Ingredion, Inc.	37,490,398	0.13%	417
Biogen, Inc.	36,582,118	0.13%	407
National Western Life Group, Inc.	34,920,878	0.12%	388
VSE Corp.	32,970,469	0.11%	367
Oil States International, Inc.	32,559,731	0.11%	362
Big Lots, Inc.	31,246,190	0.11%	347
Diamond Offshore Drilling, Inc.	30,862,220	0.11%	343
Leidos Holdings, Inc.	28,212,559	0.10%	314
Prudential Financial, Inc.	26,312,574	0.09%	293
Triple-S Management Corp.	25,976,410	0.09%	289
Transocean Ltd. (United States)	25,361,699	0.09%	282
Utah Medical Products, Inc.	25,087,628	0.09%	279
MEDNAX, Inc.	24,950,381	0.09%	277
Super Micro Computer, Inc.	24,029,901	0.09%	274
AFLAC, Inc.	23,538,132	0.08%	262
Cathay General Bancorp	23,070,951	0.08%	257
Marathon Oil Corp.	23,046,418	0.08%	256
Computer Services, Inc.	22,988,790	0.08%	256
General Electric Co.	22,093,455	0.08%	246
AZZ, Inc.	21,795,636	0.08%	242
HD Supply Holdings, Inc.	21,776,418	0.08%	242

기업명	평가금액($)	포트폴리오 비중	평가금액(억원)
Warrior Metropolitan Coal, Inc.	20,972,752	0.07%	233
Insight Enterprises, Inc.	20,493,493	0.07%	228
AllianceBernstein Holding LP	20,377,866	0.07%	227
Corrections Corp. of America	20,304,819	0.07%	226
Nielsen Holdings PLC	19,178,168	0.07%	213
Navient Corp.	18,916,262	0.07%	210
First Bancorp, Puerto Rico	18,627,554	0.06%	207
Tegna, Inc.	18,594,274	0.06%	207
CDW Corp.	17,720,268	0.06%	197
Hope Bancorp, Inc.	17,700,779	0.06%	197
Liberty Oilfield Services, Inc. Class A	15,942,252	0.06%	177
Science Applications International Corp.	15,809,998	0.06%	176
Hyster-Yale Materials Handling Class B	15,723,200	0.05%	175
CMS Energy Corp.	15,644,036	0.05%	174
Codorus Valley Bancorp, Inc.	14,902,453	0.05%	166
GameStop Corp. Class A	14,476,411	0.05%	161
Global Payments, Inc.	14,211,966	0.05%	158
CACI International, Inc. Class A	13,932,689	0.05%	155
QEP Resources, Inc.	13,321,868	0.05%	148
Norfolk Southern Corp.	13,262,340	0.05%	147
M/I Homes, Inc.	13,193,385	0.05%	147
Axalta Coating Systems Ltd.	12,954,986	0.05%	144
Maximus, Inc.	12,729,554	0.04%	142
Entegris, Inc.	12,518,880	0.04%	139
Discovery Communications, Inc. Class C (non-vtg.)	12,453,769	0.04%	138
Civeo Corp.	12,384,259	0.04%	138
Saga Communications, Inc. Class A	12,305,046	0.04%	137
Gilead Sciences, Inc.	12,161,029	0.04%	135
Granite Construction, Inc.	11,941,842	0.04%	133
First Hawaiian, Inc.	11,640,421	0.04%	129
Geospace Technologies Corp.	11,309,862	0.04%	126
Exelon Corp.	11,223,065	0.04%	125
Hyster-Yale Materials Handling Class A	10,903,836	0.04%	121

기업명	평가금액($)	포트폴리오 비중	평가금액(억원)
Jeld-Wen Holding, Inc.	10,841,110	0.04%	121
Colony Capital, Inc.	10,580,405	0.04%	118
Contango Oil & Gas Co.	10,447,577	0.04%	116
OFG Bancorp	10,267,660	0.04%	114
American Airlines Group, Inc.	10,167,104	0.04%	113
NACCO Industries, Inc. Class A	10,022,634	0.04%	111
Hanmi Financial Corp.	9,818,828	0.03%	109
EMCOR Group, Inc.	9,773,262	0.03%	109
MRC Global, Inc.	9,580,581	0.03%	107
Cabot Microelectronics Corp.	9,520,258	0.03%	106
Allison Transmission Holdings, Inc.	9,514,001	0.03%	106
Murphy U.S.A., Inc.	9,297,719	0.03%	103
Genesco, Inc.	9,103,410	0.03%	101
Strattec Security Corp.	8,535,968	0.03%	95
Sensata Technologies, Inc. PLC	8,482,746	0.03%	94
CNX Resources Corp.	8,421,444	0.03%	94
Altair Engineering, Inc. Class A	8,401,936	0.03%	93
LivePerson, Inc.	8,320,055	0.03%	93
Fiserv, Inc.	8,261,513	0.03%	92
First American Financial Corp.	8,255,785	0.03%	92
Quest Diagnostics, Inc.	7,938,000	0.03%	88
Berry Petroleum Corp.	7,834,387	0.03%	87
Primerica, Inc.	7,615,846	0.03%	85
Livent Corp.	7,569,283	0.03%	84
RealPage, Inc.	7,536,477	0.03%	84
Silgan Holdings, Inc.	7,518,742	0.03%	84
Knight-Swift Transportation Holdings, Inc. Class A	7,451,075	0.03%	83
Lear Corp.	7,446,479	0.03%	83
ePlus, Inc.	7,442,195	0.03%	83
Iridium Communications, Inc.	7,424,883	0.03%	83
Amphenol Corp. Class A	7,266,902	0.03%	81
Brooks Automation, Inc.	7,219,178	0.03%	80
Tejon Ranch Co.	6,868,878	0.02%	76

기업명	평가금액($)	포트폴리오 비중	평가금액(억원)
Cummins, Inc.	6,851,423	0.02%	76
WPX Energy, Inc.	6,710,402	0.02%	75
The New York Times Co. Class A	6,691,673	0.02%	74
TTM Technologies, Inc.	6,623,855	0.02%	74
Steven Madden Ltd.	6,611,573	0.02%	74
AutoNation, Inc.	6,557,667	0.02%	73
JetBlue Airways Corp.	6,508,771	0.02%	72
Performance Food Group Co.	6,480,896	0.02%	72
ON Semiconductor Corp.	6,382,303	0.02%	71
Pegasystems, Inc.	6,043,424	0.02%	67
Deckers Outdoor Corp.	5,824,114	0.02%	65
Generac Holdings, Inc.	5,721,013	0.02%	64
ExlService Holdings, Inc.	5,612,457	0.02%	62
Vitamin Shoppe, Inc.	5,581,763	0.02%	62
Nexstar Broadcasting Group, Inc. Class A	5,541,444	0.02%	62
Burlington Stores, Inc.	5,456,283	0.02%	61
Louisiana-Pacific Corp.	5,384,166	0.02%	60
ResMed, Inc.	5,280,300	0.02%	59
MKS Instruments, Inc.	5,254,406	0.02%	58
Onto Innovation, Inc.	5,125,821	0.02%	57
Wayside Technology Group, Inc.	5,092,978	0.02%	57
F5 Networks, Inc.	5,092,075	0.02%	57
NIC, Inc.	5,060,563	0.02%	56
Store Capital Corp.	5,053,145	0.02%	56
Boston Scientific Corp.	5,042,948	0.02%	56
Globe Life, Inc.	5,012,495	0.02%	56
FedEx Corp.	4,928,017	0.02%	55
Redwood Trust, Inc.	4,909,451	0.02%	55
Builders FirstSource, Inc.	4,890,701	0.02%	54
Taylor Morrison Home Corp.	4,854,064	0.02%	54
Camden National Corp.	4,697,037	0.02%	52
MSG Network, Inc. Class A	4,628,620	0.02%	51
Cinemark Holdings, Inc.	4,581,881	0.02%	51

기업명	평가금액($)	포트폴리오 비중	평가금액(억원)
Kennametal, Inc.	4,438,230	0.02%	49
Mohawk Industries, Inc.	4,437,754	0.02%	49
Gibraltar Industries, Inc.	4,305,455	0.02%	48
Casey's General Stores, Inc.	4,259,147	0.02%	47
Associated Banc-Corp.	4,251,475	0.02%	47
Allstate Corp.	4,229,450	0.02%	47
Cullen/Frost Bankers, Inc.	4,220,248	0.02%	47
Jabil, Inc.	4,158,966	0.01%	46
Toll Brothers, Inc.	4,131,506	0.01%	46
The Chemours Co. LLC	4,080,182	0.01%	45
Huntsman Corp.	4,074,310	0.01%	45
Rocky Mountain Chocolate Factory, Inc.	3,992,245	0.01%	44
ITT, Inc.	3,991,414	0.01%	44
PNC Financial Services Group, Inc.	3,977,330	0.01%	44
Core Molding Technologies, Inc.	3,974,103	0.01%	44
Walmart, Inc.	3,915,311	0.01%	44
Bank of America Corp.	3,896,617	0.01%	43
American Woodmark Corp.	3,784,243	0.01%	42
Aspen Technology, Inc.	3,783,551	0.01%	42
Vectrus, Inc.	3,772,995	0.01%	42
BancFirst Corp.	3,759,492	0.01%	42
ACNB Corp.	3,757,215	0.01%	42
Adams Resources & Energy, Inc.	3,752,910	0.01%	42
United Natural Foods, Inc.	3,752,205	0.01%	42
The Travelers Companies, Inc.	3,685,014	0.01%	41
Principal Financial Group, Inc.	3,679,644	0.01%	41
Eaton Corp. PLC	3,676,042	0.01%	41
Hamilton Beach Brands Holding Co. Class A	3,629,905	0.01%	40
Steel Partners Holdings LP Series A, 6.00%	3,567,844	0.01%	40
Lennar Corp. Class A	3,556,392	0.01%	40
Hartford Financial Services Group, Inc.	3,515,786	0.01%	39
DowDuPont, Inc.	3,494,482	0.01%	39
PulteGroup, Inc.	3,455,200	0.01%	38

기업명	평가금액($)	포트폴리오 비중	평가금액(억원)
Fabrinet	3,454,827	0.01%	38
Hamilton Beach Brands Holding Co. Class B	3,424,009	0.01%	38
Regal Beloit Corp.	3,422,073	0.01%	38
Universal Corp.	3,394,312	0.01%	38
Hurco Companies, Inc.	3,392,408	0.01%	38
Schweitzer-Mauduit International, Inc.	3,320,180	0.01%	37
Ares Capital Corp.	3,294,000	0.01%	37
Aaron's, Inc. Class A	3,258,106	0.01%	36
Dick's Sporting Goods, Inc.	3,174,703	0.01%	35
Jones Lang LaSalle, Inc.	3,169,960	0.01%	35
Adient PLC	3,160,022	0.01%	35
Ventas, Inc.	3,154,290	0.01%	35
Continental Building Products, Inc.	3,122,365	0.01%	35
Rexnord Corp.	3,120,868	0.01%	35
Capri Holdings Ltd.	3,077,297	0.01%	34
OneMain Holdings, Inc.	3,077,040	0.01%	34
LKQ Corp.	2,991,120	0.01%	33
Luxfer Holdings PLC sponsored	2,968,506	0.01%	33
Semtech Corp.	2,948,983	0.01%	33
Hamilton Lane, Inc. Class A	2,938,908	0.01%	33
The Children's Place Retail Stores, Inc.	2,935,736	0.01%	33
Westlake Chemical Corp.	2,919,820	0.01%	32
Integra LifeSciences Holdings Corp.	2,891,388	0.01%	32
First Citizens Bancshares, Inc.	2,853,136	0.01%	32
Thor Industries, Inc.	2,848,598	0.01%	32
Delek U.S. Holdings, Inc.	2,841,883	0.01%	32
CTS Corp.	2,837,551	0.01%	32
Voya Financial, Inc.	2,830,148	0.01%	31
Ryder System, Inc.	2,799,289	0.01%	31
TRI Pointe Homes, Inc.	2,783,288	0.01%	31
Wyndham Destinations, Inc.	2,781,908	0.01%	31
Jazz Pharmaceuticals PLC	2,763,860	0.01%	31
Humana, Inc.	2,759,890	0.01%	31

기업명	평가금액($)	포트폴리오 비중	평가금액(억원)
American Express Co.	2,750,451	0.01%	31
United Community Bank, Inc.	2,716,272	0.01%	30
Vistra Energy Corp.	2,703,000	0.01%	30
Laureate Education, Inc. Class A	2,697,284	0.01%	30
Bonanza Creek Energy, Inc.	2,676,386	0.01%	30
Tutor Perini Corp.	2,659,896	0.01%	30
GMS, Inc.	2,654,456	0.01%	30
Apogee Enterprises, Inc.	2,627,800	0.01%	29
Meridian Bank/Malvern, PA	2,613,599	0.01%	29
Valmont Industries, Inc.	2,590,284	0.01%	29
Central Pacific Financial Corp.	2,583,886	0.01%	29
Unit Corp.	2,459,196	0.01%	27
VEREIT, Inc.	2,457,629	0.01%	27
AVX Corp.	2,392,693	0.01%	27
Nicholas Financial, Inc.	2,368,399	0.01%	26
GNC Holdings, Inc. Class A	2,337,501	0.01%	26
Alexion Pharmaceuticals, Inc.	2,211,292	0.01%	25
Amerisafe, Inc.	2,161,227	0.01%	24
East West Bancorp, Inc.	2,153,211	0.01%	24
Robert Half International, Inc.	2,111,201	0.01%	23
Patterson Companies, Inc.	2,053,613	0.01%	23
CubeSmart	2,044,650	0.01%	23
Chevron Corp.	2,030,476	0.01%	23
National Health Investors, Inc.	1,979,862	0.01%	22
Flanigans Enterprises, Inc.	1,959,462	0.01%	22
GAMCO Investors, Inc. Class A	1,949,291	0.01%	22
Popular, Inc.	1,864,275	0.01%	21
Ark Restaurants Corp.	1,845,062	0.01%	21
Star Gas Partners LP	1,825,513	0.01%	20
Knoll, Inc.	1,810,298	0.01%	20
CONSOL Energy, Inc.	1,779,197	0.01%	20
Southwest Airlines Co.	1,683,900	0.01%	19
KeyCorp	1,671,336	0.01%	19

기업명	평가금액($)	포트폴리오 비중	평가금액(억원)
Oshkosh Corp.	1,654,750	0.01%	18
Steel Dynamics, Inc.	1,630,423	0.01%	18
Signature Bank	1,580,400	0.01%	18
TJX Companies, Inc.	1,555,051	0.01%	17
Public Storage	1,551,551	0.01%	17
Peoples Bancorp, Inc.	1,548,819	0.01%	17
Dimeco, Inc.	1,534,567	0.01%	17
Old Republic International Corp.	1,461,662	0.01%	16
Carbo Ceramics, Inc.	1,392,006	0.01%	15
Acuity Brands, Inc.	1,347,732	0.01%	15
Enterprise Products Partners LP	1,300,172	0.00%	14
Net 1 UEPS Technologies, Inc.	1,298,304	0.00%	14
Kroger Co.	1,243,285	0.00%	14
FNB Corp., Pennsylvania	1,204,770	0.00%	13
Natural Alternatives International, Inc.	1,160,269	0.00%	13
Servotronics, Inc.	1,147,354	0.00%	13
Air T, Inc.	1,127,885	0.00%	13
PG&E Corp.	1,109,526	0.00%	12
Cimarex Energy Co.	1,054,445	0.00%	12
JLM Couture, Inc.	1,022,583	0.00%	11
LCNB Corp.	1,000,041	0.00%	11
Umpqua Holdings Corp.	991,867	0.00%	11
Collectors Universe, Inc.	951,512	0.00%	11
Webco Industries, Inc.	923,607	0.00%	10
Trio-Tech International	819,424	0.00%	9
Sigmatron International, Inc.	697,037	0.00%	8
Central Valley Community Bancorp	620,005	0.00%	7
McRae Industries, Inc.	549,815	0.00%	6
Packaging Corp. of America	544,126	0.00%	6
Q.E.P. Co., Inc.	490,932	0.00%	5
Flexsteel Industries, Inc.	456,156	0.00%	5
Houston Wire & Cable Co.	424,278	0.00%	5
Denbury Resources, Inc.	399,866	0.00%	4

기업명	평가금액($)	포트폴리오 비중	평가금액(억원)
Wireless Telecom Group, Inc.	358,337	0.00%	4
Image Sensing Systems, Inc.	326,986	0.00%	4
Air T Funding 8.00%	84,821	0.00%	1
Acme United Corp.	71,095	0.00%	1
Tidewater, Inc. warrants 11/14/24	69,160	0.00%	1
Air T Funding warrants 6/7/20	9,231	0.00%	0
Domestic Equities Total:	**16,934,876,718**	**58.60%**	**188,294**
Developed Markets			
Metro, Inc. Class A (sub. vtg.)	1,030,856,321	3.57%	11,462
Next PLC	1,021,387,353	3.53%	11,356
Barratt Developments PLC	579,271,742	2.00%	6,441
Aalberts Industries NV	264,284,742	0.91%	2,939
Cosmos Pharmaceutical Corp.	195,978,840	0.68%	2,179
AEGON NV	190,889,984	0.66%	2,122
DCC PLC (United Kingdom)	187,326,015	0.65%	2,083
Gildan Activewear, Inc.	165,917,621	0.57%	1,845
Bellway PLC	158,438,530	0.55%	1,762
Yahoo! Japan Corp.	154,293,169	0.53%	1,716
Genworth MI Canada, Inc.	139,234,106	0.48%	1,548
Create SD Holdings Co. Ltd.	130,982,365	0.45%	1,456
Yara International ASA	122,487,292	0.42%	1,362
Indra Sistemas SA	119,068,998	0.41%	1,324
Eni SpA	109,275,249	0.38%	1,215
Sundrug Co. Ltd.	99,123,257	0.34%	1,102
Total SA sponsored ADR	96,484,158	0.33%	1,073
USS Co. Ltd.	92,882,106	0.32%	1,033
Itochu Corp.	85,948,125	0.30%	956
Britvic PLC	79,448,224	0.28%	883
Belc Co. Ltd.	78,488,776	0.27%	873
John David Group PLC	73,583,431	0.26%	818
Recordati SpA	66,333,158	0.23%	738
Sakai Moving Service Co. Ltd.	63,847,493	0.22%	710
ALTEN	60,383,460	0.21%	671

기업명	평가금액($)	포트폴리오 비중	평가금액(억원)
VST Holdings Ltd.	59,629,477	0.21%	663
Melexis NV	59,485,686	0.21%	661
Trancom Co. Ltd.	55,812,222	0.19%	621
The Pack Corp.	54,375,297	0.19%	605
K's Holdings Corp.	54,110,329	0.19%	602
Bank Ireland Group PLC	53,977,085	0.19%	600
Mitani Sekisan Co. Ltd.	48,876,943	0.17%	543
Piolax, Inc.	48,071,279	0.17%	534
Origin Enterprises PLC	47,677,048	0.17%	530
Societe Pour L'Informatique Industrielle SA	43,492,228	0.15%	484
NN Group NV	43,385,531	0.15%	482
Belluna Co. Ltd.	42,735,765	0.15%	475
Hamakyorex Co. Ltd.	42,289,116	0.15%	470
Nippon Seiki Co. Ltd.	40,352,735	0.14%	449
Token Corp.	39,549,438	0.14%	440
Yaoko Co. Ltd.	39,192,687	0.14%	436
Kusuri No Aoki Holdings Co. Ltd.	36,930,700	0.13%	411
Mitani Shoji Co. Ltd.	36,519,586	0.13%	406
WIN-Partners Co. Ltd.	32,698,611	0.11%	364
Arcadis NV	32,444,120	0.11%	361
Halows Co. Ltd.	32,137,068	0.11%	357
BMTC Group, Inc.	32,099,494	0.11%	357
Tocalo Co. Ltd.	29,876,711	0.10%	332
Hiday Hidaka Corp.	29,308,296	0.10%	326
Intage Holdings, Inc.	29,123,881	0.10%	324
AddTech AB (B Shares)	28,382,244	0.10%	316
Maruzen Co. Ltd.	27,749,068	0.10%	309
The Restaurant Group PLC	27,616,001	0.10%	307
Daiichi Kensetsu Corp.	27,140,670	0.09%	302
Know IT AB	27,083,319	0.09%	301
Alconix Corp.	26,488,683	0.09%	295
Abbey PLC	26,480,995	0.09%	294
Mitie Group PLC	26,340,007	0.09%	293

기업명	평가금액($)	포트폴리오 비중	평가금액(억원)
Qol Holdings Co. Ltd.	25,639,530	0.09%	285
Ricoh Leasing Co. Ltd.	25,506,397	0.09%	284
AJIS Co. Ltd.	24,532,409	0.09%	273
Van Lanschot NV (Bearer)	24,187,306	0.08%	269
Beach Energy Ltd.	23,572,131	0.08%	262
C. Uyemura & Co. Ltd.	23,490,501	0.08%	261
Senshu Electric Co. Ltd.	23,189,945	0.08%	258
SK Kaken Co. Ltd.	23,016,832	0.08%	256
Nafco Co. Ltd.	22,969,757	0.08%	255
Elematec Corp.	22,459,379	0.08%	250
Lifco AB	22,223,150	0.08%	247
Buzzi Unicem SpA (Risparmio Shares)	21,784,603	0.08%	242
Lifestyle International Holdings Ltd.	21,556,583	0.08%	240
Argo Graphics, Inc.	21,511,904	0.07%	239
Hi-Lex Corp.	21,134,796	0.07%	235
Yutaka Giken Co. Ltd.	20,951,299	0.07%	233
Kohsoku Corp.	20,523,746	0.07%	228
Scandinavian Tobacco Group A/S	20,226,223	0.07%	225
ASR Nederland NV	20,151,322	0.07%	224
Alps Logistics Co. Ltd.	19,535,859	0.07%	217
Totech Corp.	19,400,942	0.07%	216
Murakami Corp.	19,091,961	0.07%	212
A.G. Barr PLC	19,016,090	0.07%	211
McMillan Shakespeare Ltd.	18,596,874	0.06%	207
Shibaura Electronics Co. Ltd.	18,381,460	0.06%	204
Cranswick PLC	17,912,956	0.06%	199
Sparebanken Nord-Norge	17,625,428	0.06%	196
First Juken Co. Ltd.	17,130,319	0.06%	190
Sanei Architecture Planning Co. Ltd.	17,109,623	0.06%	190
Prim SA	17,037,044	0.06%	189
Perenti Global Ltd.	16,983,153	0.06%	189
AT-Group Co. Ltd.	16,697,177	0.06%	186
Calian Technologies Ltd.	16,622,175	0.06%	185

기업명	평가금액($)	포트폴리오 비중	평가금액(억원)
UKC Holdings Corp.	16,441,005	0.06%	183
Genworth Mortgage Insurance Ltd.	16,429,638	0.06%	183
Genky DrugStores Co. Ltd.	16,234,917	0.06%	181
Richelieu Hardware Ltd.	16,073,741	0.06%	179
CSE Global Ltd.	15,520,164	0.05%	173
Food Empire Holdings Ltd.	15,287,249	0.05%	170
Kondotec, Inc.	14,715,061	0.05%	164
Fuso Chemical Co. Ltd.	14,691,005	0.05%	163
Total Produce PLC	14,366,199	0.05%	160
Chilled & Frozen Logistics Holdings Co. Ltd.	14,245,968	0.05%	158
Aros Quality Group AB	14,153,812	0.05%	157
Stella-Jones, Inc.	14,141,955	0.05%	157
Step Co. Ltd.	13,983,616	0.05%	155
Fujikura Kasei Co., Ltd.	13,956,483	0.05%	155
Relo Group, Inc.	13,450,599	0.05%	150
Nippon Rietec Co. Ltd.	13,437,143	0.05%	149
Hill & Smith Holdings PLC	13,414,944	0.05%	149
AerCap Holdings NV	13,283,344	0.05%	148
Ihara Science Corp.	13,200,947	0.05%	147
Tomen Devices Corp.	13,024,778	0.05%	145
TOW Co. Ltd.	12,911,388	0.05%	144
Daikokutenbussan Co. Ltd.	12,904,061	0.05%	143
SpareBank 1 SR-Bank ASA (primary capital certificate)	12,783,879	0.04%	142
T&K Toka Co. Ltd.	12,748,801	0.04%	142
Hi-P International Ltd.	12,426,576	0.04%	138
Shinnihon Corp.	12,228,206	0.04%	136
Raiznext Corp.	11,801,259	0.04%	131
United Drug PLC (United Kingdom)	11,258,049	0.04%	125
Tokyo Tekko Co. Ltd.	11,022,582	0.04%	123
Texwinca Holdings Ltd.	10,977,823	0.04%	122
S Foods, Inc.	10,706,936	0.04%	119
Uni-Select, Inc.	10,411,837	0.04%	116
Softcreate Co. Ltd.	10,389,577	0.04%	116

기업명	평가금액($)	포트폴리오 비중	평가금액(억원)
Aeon Credit Service (Asia) Co. Ltd.	10,205,465	0.04%	113
TKH Group NV (depositary receipt)	10,139,972	0.04%	113
Parker Corp.	9,857,024	0.03%	110
Hoshiiryou Sanki Co. Ltd.	9,787,488	0.03%	109
Isewan Terminal Service Co. Ltd.	9,684,337	0.03%	108
Henry Boot PLC	9,444,041	0.03%	105
Meiwa Corp.	9,084,579	0.03%	101
Meiko Transportation Co. Ltd.	9,068,881	0.03%	101
Foremost Income Fund	8,997,802	0.03%	100
EcoGreen International Group Ltd.	8,970,692	0.03%	100
VICOM Ltd.	8,893,637	0.03%	99
KSK Co., Ltd.	8,851,807	0.03%	98
Meisei Industrial Co. Ltd.	8,677,821	0.03%	96
Honshu Chemical Industry Co. Ltd.	8,612,193	0.03%	96
Total Energy Services, Inc.	8,562,971	0.03%	95
Fuji Pharma Co. Ltd.	8,467,914	0.03%	94
Mars Group Holdings Corp.	8,317,429	0.03%	92
Nippon Soda Co. Ltd.	8,294,294	0.03%	92
Nakanishi, Inc.	8,241,077	0.03%	92
Tohoku Steel Co. Ltd.	8,184,886	0.03%	91
Aichi Electric Co. Ltd.	8,184,365	0.03%	91
Hilton Food Group PLC	8,179,541	0.03%	91
Excel Co. Ltd.	8,090,717	0.03%	90
Tokai Corp.	7,882,632	0.03%	88
Mitsui Sugar Co. Ltd.	7,553,901	0.03%	84
Ibersol SGPS SA	7,545,272	0.03%	84
Soken Chemical & Engineer Co. Ltd.	7,505,807	0.03%	83
Chori Co. Ltd.	7,456,577	0.03%	83
Chiyoda Integre Co. Ltd.	7,300,459	0.03%	81
Ku Holdings Co. Ltd.	7,205,116	0.03%	80
Dorel Industries, Inc. Class B (sub. vtg.)	7,143,129	0.03%	79
Vitec Software Group AB	7,142,308	0.03%	79
Sparebanken More (primary capital certificate)	7,062,140	0.02%	79

기업명	평가금액($)	포트폴리오 비중	평가금액(억원)
Yue Yuen Industrial (Holdings) Ltd.	6,997,563	0.02%	78
Nadex Co. Ltd.	6,622,672	0.02%	74
Data#3 Ltd.	6,573,687	0.02%	73
SPK Corp.	6,554,543	0.02%	73
Linamar Corp.	6,459,522	0.02%	72
ICT Automatisering NV	6,379,440	0.02%	71
Mirait Holdings Corp.	6,355,365	0.02%	71
JB Hi-Fi Ltd.	6,326,155	0.02%	70
Pico Far East Holdings Ltd.	6,251,184	0.02%	70
Pro-Ship, Inc.	5,948,988	0.02%	66
Trinity Industrial Corp.	5,938,647	0.02%	66
DVx, Inc.	5,881,456	0.02%	65
Sun Hing Vision Group Holdings Ltd.	5,753,547	0.02%	64
Tokyo Kisen Co. Ltd.	5,446,632	0.02%	61
Yachiyo Industry Co. Ltd.	5,345,028	0.02%	59
SITC International Holdings Co. Ltd.	5,212,601	0.02%	58
Hour Glass Ltd.	5,152,448	0.02%	57
Selvaag Bolig ASA	5,147,102	0.02%	57
Semperit AG Holding	5,129,901	0.02%	57
Taro Pharmaceutical Industries Ltd.	5,128,409	0.02%	57
ElringKlinger AG	5,115,864	0.02%	57
Encana Corp.	4,868,276	0.02%	54
JSR Corp.	4,864,276	0.02%	54
K&O Energy Group, Inc.	4,835,702	0.02%	54
Chuoh Pack Industry Co. Ltd.	4,654,690	0.02%	52
A&D Co. Ltd.	4,591,842	0.02%	51
Olvi PLC (A Shares)	4,586,354	0.02%	51
LSL Property Services PLC	4,435,064	0.02%	49
WOWOW INC.	4,387,237	0.02%	49
The Monogatari Corp.	4,266,405	0.02%	47
Valor Holdings Co. Ltd.	4,214,387	0.02%	47
Hokuriku Gas Co.	4,133,534	0.01%	46
Select Harvests Ltd.	4,121,119	0.01%	46

기업명	평가금액($)	포트폴리오 비중	평가금액(억원)
Emak SpA	4,103,187	0.01%	46
IA Group Corp.	4,086,430	0.01%	45
Kabe Husvagnar AB (B Shares)	4,071,211	0.01%	45
Carr's Group PLC	4,014,222	0.01%	45
Cash Converters International Ltd.	3,949,528	0.01%	44
TBK Co. Ltd.	3,831,034	0.01%	43
Koshidaka Holdings Co. Ltd.	3,783,013	0.01%	42
Arts Optical International Holdings Ltd.	3,670,476	0.01%	41
Banca Generali SpA	3,612,557	0.01%	40
Synergie SA	3,580,860	0.01%	40
Cross-Harbour Holdings Ltd.	3,570,471	0.01%	40
Nihon Parkerizing Co. Ltd.	3,569,083	0.01%	40
Nippo Ltd.	3,508,183	0.01%	39
Arata Corp.	3,486,509	0.01%	39
John Wood Group PLC	3,453,565	0.01%	38
Aeon Delight Co. Ltd.	3,395,473	0.01%	38
TVA Group, Inc. Class B (non-vtg.)	3,364,494	0.01%	37
Sky Network Television Ltd.	3,341,033	0.01%	37
Renesas Electronics Corp.	3,309,695	0.01%	37
Daito Pharmaceutical Co. Ltd.	3,267,230	0.01%	36
Keiyo Gas Co. Ltd.	3,226,115	0.01%	36
Amsterdam Commodities NV	3,201,757	0.01%	36
Brampton Brick Ltd. Class A (sub. vtg.)	3,177,829	0.01%	35
Naked Wines PLC	3,023,594	0.01%	34
Toshiba Plant Systems & Services Corp.	3,020,697	0.01%	34
Kirindo Holdings Co. Ltd.	2,992,664	0.01%	33
ASTI Corp.	2,991,692	0.01%	33
Sportscene Group, Inc. Class A	2,987,017	0.01%	33
G-Tekt Corp.	2,982,573	0.01%	33
IMMOFINANZ Immobilien Anlagen AG	2,908,514	0.01%	32
Lion Rock Group Ltd.	2,885,456	0.01%	32
Nakayamafuku Co. Ltd.	2,856,133	0.01%	32
Delek Automotive Systems Ltd.	2,832,553	0.01%	31

기업명	평가금액($)	포트폴리오 비중	평가금액(억원)
Tullett Prebon PLC	2,826,262	0.01%	31
Mears Group PLC	2,734,388	0.01%	30
Severfield PLC	2,723,859	0.01%	30
Otec Corp.	2,715,764	0.01%	30
Goodfellow, Inc.	2,713,909	0.01%	30
Hammond Power Solutions, Inc. Class A	2,698,938	0.01%	30
Aucnet, Inc.	2,680,955	0.01%	30
Asiakastieto Group Oyj	2,650,391	0.01%	29
Sino Land Ltd.	2,618,939	0.01%	29
H&T Group PLC	2,611,711	0.01%	29
Takamatsu Machinery Co. Ltd.	2,555,288	0.01%	28
Wing Tai Holdings Ltd.	2,542,341	0.01%	28
GUD Holdings Ltd.	2,542,276	0.01%	28
Miroku Corp.	2,538,259	0.01%	28
Servcorp Ltd.	2,523,902	0.01%	28
Granges AB	2,519,030	0.01%	28
Leon's Furniture Ltd.	2,510,816	0.01%	28
PHX Energy Services Corp.	2,477,574	0.01%	28
Ultra Electronics Holdings PLC	2,463,795	0.01%	27
Chubu Steel Plate Co. Ltd.	2,459,184	0.01%	27
Pickles Corp.	2,403,972	0.01%	27
Mr. Bricolage SA	2,391,710	0.01%	27
Aoki Super Co. Ltd.	2,387,073	0.01%	27
Mincon Group PLC	2,380,934	0.01%	26
Persol Holdings Co., Ltd.	2,370,270	0.01%	26
North West Co., Inc.	2,364,458	0.01%	26
Ship Healthcare Holdings, Inc.	2,310,099	0.01%	26
ASAX Co. Ltd.	2,307,401	0.01%	26
Inghams Group Ltd.	2,305,492	0.01%	26
Boustead Singapore Ltd.	2,277,924	0.01%	25
RKB Mainichi Broadcasting Corp.	2,252,672	0.01%	25
Fuji Kosan Co. Ltd.	2,247,783	0.01%	25
TECHNO ASSOCIE Co. Ltd.	2,239,590	0.01%	25

기업명	평가금액($)	포트폴리오 비중	평가금액(억원)
Corus Entertainment, Inc. Class B (non-vtg.)	2,224,909	0.01%	25
Dah Sing Banking Group Ltd.	2,189,996	0.01%	24
Proto Corp.	2,169,682	0.01%	24
Lassonde Industries, Inc. Class A (sub. vtg.)	2,161,968	0.01%	24
Daiwa Industries Ltd.	2,161,748	0.01%	24
Mayr-Melnhof Karton AG	2,103,906	0.01%	23
Japan Meat Co. Ltd.	2,070,022	0.01%	23
Air New Zealand Ltd.	2,030,195	0.01%	23
Miraial Co. Ltd.	2,017,242	0.01%	22
NIBC Holding NV	2,012,382	0.01%	22
Isuzu Motors Ltd.	1,966,089	0.01%	22
RHI Magnesita NV	1,959,550	0.01%	22
HERIGE	1,957,115	0.01%	22
PALTAC Corp.	1,953,133	0.01%	22
DaikyoNishikawa Corp.	1,936,010	0.01%	22
Clip Corp.	1,911,002	0.01%	21
Western Forest Products, Inc.	1,902,574	0.01%	21
SHL-JAPAN Ltd.	1,883,191	0.01%	21
Hiscox Ltd.	1,814,496	0.01%	20
Aub Group Ltd.	1,767,543	0.01%	20
Pacific Andes Resources Development Ltd.	1,675,659	0.01%	19
Moneysupermarket.com Group PLC	1,659,928	0.01%	18
Elec & Eltek International Co. Ltd.	1,650,373	0.01%	18
Kyowakogyosyo Co. Ltd.	1,616,653	0.01%	18
Iida Group Holdings Co. Ltd.	1,582,426	0.01%	18
Control Automotive Products Ltd.	1,458,027	0.01%	16
Estore Corp.	1,433,134	0.01%	16
FBD Holdings PLC	1,417,065	0.01%	16
Boe Varitronix Ltd.	1,391,877	0.01%	15
Century21 Real Estate Japan Ltd.	1,385,233	0.01%	15
Muto Seiko Co. Ltd.	1,380,241	0.01%	15
ASL Marine Holdings Ltd.	1,373,746	0.01%	15
Boustead Projs. Pte Ltd.	1,368,252	0.01%	15

기업명	평가금액($)	포트폴리오 비중	평가금액(억원)
AKITA Drilling Ltd. Class A (non-vtg.)	1,271,294	0.00%	14
Whitecap Resources, Inc.	1,256,878	0.00%	14
Anabuki Kosan, Inc.	1,123,075	0.00%	12
Higashi Twenty One Co. Ltd.	1,114,438	0.00%	12
Buffalo Co. Ltd.	1,100,096	0.00%	12
Strongco Corp.	1,058,692	0.00%	12
Axell Corp.	1,029,588	0.00%	11
Pacific Andes International Holdings Ltd.	990,243	0.00%	11
McColl's Retail Group PLC	914,012	0.00%	10
Fugro NV (Certificaten Van Aandelen)	909,225	0.00%	10
NetGem SA	880,920	0.00%	10
Techno Medica Co. Ltd.	799,975	0.00%	9
Nitchitsu Co. Ltd.	786,680	0.00%	9
Victory City International Holdings Ltd.	667,978	0.00%	7
Ted Baker PLC	515,455	0.00%	6
Daido Signal Co. Ltd.	461,831	0.00%	5
Winas Ltd.	442,836	0.00%	5
Kura Sushi, Inc.	420,697	0.00%	5
NSI NV	382,134	0.00%	4
Cathedral Energy Services Ltd.	239,059	0.00%	3
Tanaka Co. Ltd.	229,108	0.00%	3
Watts Co. Ltd.	187,761	0.00%	2
Orvana Minerals Corp.	98,227	0.00%	1
KS Energy Services Ltd.	47,677	0.00%	1
Second Chance Properties Ltd. warrants 1/23/20	1,427	0.00%	0
Australasian Foods Holdco Pty Ltd.	24	0.00%	0
Fenix Outdoor AB Class B	0	0.00%	0
Developed Markets Total:	**8,497,231,679**	**29.40%**	**94,478**
Emerging Markets			
Hon Hai Precision Industry Co. Ltd. (Foxconn)	385,797,807	1.33%	4,290
Kingboard Chemical Holdings Ltd.	200,380,798	0.69%	2,228
Jumbo SA	193,500,087	0.67%	2,151
Oil & Natural Gas Corp. Ltd.	71,222,744	0.25%	792

기업명	평가금액($)	포트폴리오 비중	평가금액(억원)
Simplo Technology Co. Ltd.	58,046,429	0.20%	645
Handsome Co. Ltd.	48,654,607	0.17%	541
Youngone Holdings Co. Ltd.	39,984,072	0.14%	445
DongKook Pharmaceutical Co. Ltd.	37,039,665	0.13%	412
Compal Electronics, Inc.	36,999,147	0.13%	411
Sarantis SA	34,978,379	0.12%	389
Daqin Railway Co. Ltd. (A Shares)	34,932,710	0.12%	388
Compania de Minas Buenaventura SA sponsored ADR	34,221,346	0.12%	380
TPV Technology Ltd.	33,662,518	0.12%	374
St.Shine Optical Co. Ltd.	32,810,348	0.11%	365
Mega First Corp. Bhd	32,248,858	0.11%	359
Gujarat State Fertilizers & Chemicals Ltd.	32,195,248	0.11%	358
Powertech Technology, Inc.	31,477,474	0.11%	350
Korea Electric Terminal Co. Ltd.	27,590,158	0.10%	307
Leeno Industrial, Inc.	26,138,820	0.09%	291
Daewon Pharmaceutical Co. Ltd.	25,725,501	0.09%	286
Fursys, Inc.	25,205,291	0.09%	280
Whanin Pharmaceutical Co. Ltd.	24,523,836	0.09%	273
Redington India Ltd.	23,302,928	0.08%	259
Haitian International Holdings Ltd.	22,138,823	0.08%	246
Muhak Co. Ltd.	21,599,161	0.08%	240
Motonic Corp.	20,432,115	0.07%	227
INTOPS Co. Ltd.	19,973,682	0.07%	222
Great Eastern Shipping Co. Ltd.	19,820,899	0.07%	220
Sunjin Co. Ltd.	19,498,388	0.07%	217
Kwang Dong Pharmaceutical Co. Ltd.	18,224,543	0.06%	203
I-Sheng Electric Wire & Cable Co. Ltd.	16,761,099	0.06%	186
Thai Carbon Black PCL (For. Reg.)	15,717,137	0.05%	175
Dong Suh Companies, Inc.	15,327,397	0.05%	170
Gujarat Narmada Valley Fertilizers Co.	14,634,599	0.05%	163
Hankook Shell Oil Co. Ltd.	13,171,735	0.05%	146
Kyeryong Construction Industrial Co. Ltd.	12,516,128	0.04%	139
S&T Holdings Co. Ltd.	11,911,963	0.04%	132

기업명	평가금액($)	포트폴리오 비중	평가금액(억원)
Youngone Corp.	11,877,398	0.04%	132
Michang Oil Industrial Co. Ltd.	11,843,073	0.04%	132
eClerx Services Ltd.	10,229,718	0.04%	114
Gree Electric Appliances, Inc. of Zhuhai (A Shares)	10,004,925	0.04%	111
Mytilineos SA	9,080,330	0.03%	101
Geumhwa PSC Co. Ltd.	9,028,531	0.03%	100
IDIS Holdings Co. Ltd.	8,886,686	0.03%	99
Zensar Technologies Ltd.	8,783,799	0.03%	98
Hyundai HCN	8,588,882	0.03%	95
Reunert Ltd.	7,945,648	0.03%	88
Yip's Chemical Holdings Ltd.	7,540,804	0.03%	84
KPX Chemical Co. Ltd.	7,497,172	0.03%	83
Sungwoo Hitech Co. Ltd.	7,455,632	0.03%	83
FDC Ltd.	7,135,316	0.03%	79
Bliss Gvs Pharma Ltd.	7,116,765	0.03%	79
Pinnacle Technology Holdings Ltd.	6,937,252	0.02%	77
Goldlion Holdings Ltd.	6,728,982	0.02%	75
Qingdao Port International Co. Ltd. (H Shares)	6,640,921	0.02%	74
EOH Holdings Ltd.	6,499,374	0.02%	72
Kyung Dong Pharmaceutical Co. Ltd.	6,439,430	0.02%	72
Muramoto Electronic Thailand PCL (For. Reg.)	6,417,596	0.02%	71
Dynapack International Technology Corp.	6,337,465	0.02%	70
Dawnrays Pharmaceutical Holdings Ltd.	6,269,559	0.02%	70
Grape King Bio Ltd.	6,180,733	0.02%	69
Lumax International Corp. Ltd.	6,111,115	0.02%	68
Gabia, Inc.	6,098,488	0.02%	68
NICE Total Cash Management Co., Ltd.	5,999,581	0.02%	67
Ff Group	5,773,756	0.02%	64
China Petroleum & Chemical Corp. sponsored ADR (H Shares)	5,593,979	0.02%	62
Lifestyle China Group Ltd.	5,542,750	0.02%	62
Yantai Changyu Pioneer Wine Co. Ltd. (B Shares)	5,459,744	0.02%	61
Anhui Expressway Co. Ltd. (H Shares)	5,247,082	0.02%	58
Tripod Technology Corp.	5,242,639	0.02%	58

기업명	평가금액($)	포트폴리오 비중	평가금액(억원)
Hi-Clearance, Inc.	4,988,229	0.02%	55
Genomma Lab Internacional SA de CV	4,953,416	0.02%	55
KyungDong City Gas Co. Ltd.	4,640,255	0.02%	52
WNS Holdings Ltd. sponsored ADR	4,485,688	0.02%	50
Miwon Commercial Co. Ltd.	4,395,926	0.02%	49
Daewoong Co. Ltd.	4,261,764	0.02%	47
Lee's Pharmaceutical Holdings Ltd.	4,232,847	0.02%	47
Nam Yang Dairy Products	4,221,390	0.02%	47
SIMPAC, Inc.	4,150,104	0.01%	46
Korea United Pharm, Inc.	3,962,113	0.01%	44
Samsung Climate Control Co. Ltd.	3,686,752	0.01%	41
Estacio Participacoes SA	3,574,143	0.01%	40
China Resource Gas Group Ltd.	3,557,292	0.01%	40
Sewon Precision Industries Co. Ltd.	3,456,408	0.01%	38
Hengan International Group Co. Ltd.	3,456,091	0.01%	38
Kingboard Laminates Holdings Ltd.	3,371,271	0.01%	37
Nice Information & Telecom, Inc.	3,333,041	0.01%	37
SJM Co. Ltd.	3,319,229	0.01%	37
InfoVine Co. Ltd.	3,147,724	0.01%	35
Reliance Industries Ltd.	2,955,587	0.01%	33
Thai President Foods PCL	2,936,449	0.01%	33
Formosa Optical Technology Co. Ltd.	2,831,359	0.01%	31
Thai Rayon PCL (For. Reg.)	2,717,420	0.01%	30
Star Petroleum Refining PCL	2,674,836	0.01%	30
Spritzer Bhd	2,624,105	0.01%	29
Hyundai Fire & Marine Insurance Co. Ltd.	2,606,449	0.01%	29
United Integrated Services Co.	2,602,689	0.01%	29
KPC Holdings Corp.	2,578,723	0.01%	29
Nucleus Software Exports Ltd.	2,563,248	0.01%	28
Asia File Corp. Bhd	2,550,834	0.01%	28
Kyungdong Invest Co. Ltd.	2,330,696	0.01%	26
TravelSky Technology Ltd. (H Shares)	2,263,500	0.01%	25
Manila Water Co., Inc.	2,161,879	0.01%	24

기업명	평가금액($)	포트폴리오 비중	평가금액(억원)
SJM Holdings Co. Ltd.	2,155,426	0.01%	24
E-Credible Co. Ltd.	2,083,440	0.01%	23
Miwon Chemicals Co. Ltd.	1,991,403	0.01%	22
United Microelectronics Corp.	1,990,753	0.01%	22
Samhwa Crown & Closure Co. Ltd.	1,976,006	0.01%	22
Mega First Corp. Bhd warrants 4/8/20	1,956,484	0.01%	22
Best Pacific International Holdings Ltd.	1,943,739	0.01%	22
PAX Global Technology Ltd.	1,760,525	0.01%	20
Deepak Fertilisers and Petrochemicals Corp. Ltd.	1,720,761	0.01%	19
Busan City Gas Co. Ltd.	1,581,016	0.01%	18
China Petroleum & Chemical Corp. (H Shares)	1,410,563	0.01%	16
AMVIG Holdings Ltd.	1,392,285	0.01%	15
Far East Horizon Ltd.	1,337,748	0.01%	15
INZI Controls Co. Ltd.	1,268,916	0.00%	14
Thai Oil PCL (For. Reg.)	1,122,338	0.00%	12
Jinro Distillers Co. Ltd.	1,074,461	0.00%	12
Shandong Weigao Medical Polymer Co. Ltd. (H Shares)	1,060,790	0.00%	12
INFAC Corp.	1,047,410	0.00%	12
Essex Bio-Technology Ltd.	921,221	0.00%	10
Sporton International, Inc.	920,707	0.00%	10
Phison Electronics Corp.	909,896	0.00%	10
Cell Biotech Co. Ltd.	830,991	0.00%	9
AdaptIT Holdings Ltd.	812,730	0.00%	9
Bharat Heavy Electricals Ltd.	795,915	0.00%	9
Nam Yang Dairy Products	722,662	0.00%	8
Dimerco Data System Corp.	673,077	0.00%	7
Kaveri Seed Co. Ltd.	552,062	0.00%	6
Apex Biotechnology Corp.	542,003	0.00%	6
Karelia Tobacco Co., Inc.	479,099	0.00%	5
Embry Holdings Ltd.	407,996	0.00%	5
Medica Sur SA de CV	367,632	0.00%	4
Bonia Corp. Bhd	155,367	0.00%	2
Vivimed Labs Ltd.	125,587	0.00%	1

기업명	평가금액($)	포트폴리오 비중	평가금액(억원)
Vieworks Co. Ltd.	103,393	0.00%	1
Apex Healthcare Bhd	102,860	0.00%	1
Thai Rayon PCL NVDR	85,403	0.00%	1
CRG, Inc. BHD	53,912	0.00%	1
Emerging Markets Total:	**2,124,929,598**	**7.30%**	**23,626**
Bonds			
Centrus Energy Corp. 8.25% 2/28/27	3,549,878	0.01%	39
Bristow Group, Inc. 6.25% 10/15/22	744,951	0.00%	8
Bonds Total:	**4,294,829**	**0.00%**	**48**
Cash and Other Securities			
Fidelity Cash Central Fund 1.83%	1,250,771,831	4.33%	13,907
Jpy Spot Cc	-37,517	0.00%	0
Eur Spot Cc	-225,142	0.00%	-3
Cash and Other Securities Total:	**1,250,509,172**	**4.30%**	**13,904**

지은이 **조엘 틸링해스트** Joel Tillinghast

피델리티 자산운용Fidelity Investments의 전설적인 가치투자 펀드 피델리티 저가주 펀드Fidelity Low-Priced Stock Fund, 피드로우 펀드의 대표 펀드매니저다. 1986년 피델리티에 합류하여 펀드매니저 경력을 시작했는데, 피터 린치가 그와 통화를 마친 후 "이 사람 반드시 고용해야 한다"고 평한 것으로 유명하다. 입사 후 직접 피터 린치의 사사를 받았으며, 1989년 피드로우 펀드를 런칭하여 현재까지 운용 중이다. 피드로우 펀드는 전 세계 주식시장에서 35달러 이하인 저가주 혹은 저평가된 주식 보유를 원칙으로 한다. 2019년 말 현재 288억 달러 상당의 자산을 운용 중이며, 30여 년간 누적 수익률 4,281%를 기록했다.

빅 머니 씽크 스몰

초판 1쇄 인쇄 2020년 4월 23일
초판 2쇄 발행 2020년 5월 29일

지은이 조엘 틸링해스트
옮긴이 백진호 나승민 박주연
감수자 설윤성

기획 장동원 이상욱 김기동 **책임편집** 오윤근
표지디자인 전강우 **본문디자인** 이경은
제작 제이오엘앤피

펴낸곳 워터베어프레스 **등록** 2017년 3월 3일 제2017-000028호
주소 서울시 마포구 성미산로 29안길 7 3층 워터베어프레스
홈페이지 www.waterbearpress.com
이메일 book@waterbearpress.com
ISBN 979-11-961590-5-4

＊ 책값은 뒤표지에 있습니다. 잘못된 책은 구입하신 곳에서 바꿔 드립니다.

이 도서의 국립중앙도서관 출판예정도서목록(CIP)은 서지정보유통지원시스템 홈페이지 (http://seoji.nl.go.kr)와 국가자료공동목록시스템(http://www.nl.go.kr/kolisnet)에서 이용하실 수 있습니다. (CIP제어번호 : CIP2020013875)